KB152513

이나모리 가즈오

마음에 사심은 없다

이나모리 가즈오

마음에 사심은 없다

기타 야스토시

양준호 옮김

思 い 邪 な し

한국경제신문

경영의 신, 이나모리 가즈오를 말하다

전설의 시작

연말연시는 번잡한 와중에도 시끌벅적한 분위기가 있는 법이다. 특히 1958년의 새해는 전례 없는 밝은 분위기에 휩싸여 있었다. 아키히토 왕세자와 쇼다 미치코의 혼약이 발표되어 그녀의 청초한 미모에 때 아닌 '미치코 붐'이 일고 있었기 때문이다. 당시 고가였던 TV 보급이 빠르게 이뤄졌다. 결혼 축하 퍼레이드를 직접 보기 위한 것이었다. 이런 분위기 속에서 어떤 결심을 가슴에 품은 7명의 젊은이와 한 명의 초로의 남자가 교토 남쪽 교외에 있는 사원 기숙사의 방에 모여 있었다.

　방석 하나 없는 살풍경한 방. 히에이 산을 넘어 바람이 불어오는 교토의 겨울은 험난한 것으로 알려져 있다. 마감이 나쁜 창문의 유리가 달각달각 울고 웃풍이 들어왔다. 그런데 어찌된 일인지 그 방은 전열기의 힘을 빌리지 않고도 훈훈한 열기가 충만해 있었다. 8명의 남자들을 낡은 백열등이 밝혀주고 있었지만 그 황색 빛이 도는 빛 속에서도 그들의 얼굴이 상기되어 있다는 것을 확실히 알 수 있었다. 회담의 중심에 있던 것은 흐트러진 머리에 검은 안경을 낀 마르고 키가 큰 청년이었다. 흥분해 열변을 토하는 와중에 가고시마 사투리가 섞여 있었다. 그 이루 말할 수 없는 소박함이 이야기하는 내용의 과격함을 순화하고 성실함을 더해주고 있었다.

그는 그때 전 상사, 동료들과 함께 독립해 새 회사를 세우려 하고 있었다. 그 젊은이의 이름은 이나모리 가즈오. 아직 26세의 젊은이였다. 그가 이후 전 세계에 많은 신봉자를 가진, 일본을 대표하는 경영자가 될 것이라고는 다른 7명은 물론 본인도 상상조차 하지 못했다. 애당초 당시의 그는 '경영의 초심자'였다. 그럼에도 빨갛게 불타오르는 정열만큼은 그 누구에게도 지지 않을 만큼 가지고 있었다.

어린 시절의 이나모리는 어디서든 볼 수 있는 평범한 아이였다. 어리광쟁이에 장난꾸러기…. 예를 들어 성적표에 '조금 더 노력해보자'라는 평가가 많이 적힌 아이였다. 절대로 순조로운 인생을 살아온 것이 아니었다. 오히려 종종 방치되었다고 말하는 쪽이 맞을 것이다. 구제 중학교 입시에 두 번 실패하고, 대학 입시에서도 지망하던 학교에 불합격했다. 또한 희망하던 회사에 차례로 낙방해 차라리 고학력 야쿠자라도 되어볼까 하고 폭력단 사무소 앞까지 갔던 적이 있었다. 보다 못한 대학 교수가 소개해준 교토의 애자● 제작 회사도 들어간 지 얼마 지나지 않아 도산 직전의 회사임을 알게 되어 하늘을 올려다보며 한숨을 쉬

● 전선로나 전자기기의 나선(裸線) 부분을 절연하고 동시에 기계적으로 유지 또는 지지하기 위해 사용되는 절연체.

기도 했다. 동기들까지 하나둘 그만두던 중 어떻게든 살아남기 위해 버티던 그는 지금 자신에게 도대체 무엇이 가능한지를 고민하고 또 고민했다.

때마침 이 도산 직전의 회사는 제 분수에 맞지 않는 꿈의 신소재 연구에 몰두해 있었다. 수요가 대폭 늘어난 TV 부품에의 응용이 기대되던, 특수자기라 불리는 세라믹 재료의 개발이었다. 당시 패전국 일본과 유럽이나 미국의 기술 격차는 절망적일 정도로 벌어져 있어 기술력에서 뒤떨어지던 일본인이 이런 고도의 물건을 만들 수 있을 리가 없다고 모두들 생각했다. 그러나 이나모리는 그것에 과감히 도전해 타고난 열정과 남다른 의지력으로 성공해낸 것이다.

하지만 그 2년 후 하늘은 또다시 그에게 시련을 주었다. 세라믹 진공관 제작에 몰두하고 있을 당시, 이에 대해 아무것도 알지 못하는 신임 기술부장이 해서는 안 될 말을 입에 담은 것이다. "자네로는 무리겠네. 우리 회사에는 교토대 출신의 기술자도 있으니 다른 이에게 맡겨야겠어." 기술자가 중요하게 여기는 것은 무엇보다도 자존심이다. 그의 인내심을 넘어서는 생각 없는 한마디에 이나모리는 당장에 사표를 냈다. 그것은 앞뒤를 생각하지 않은 충동적인 행동이었지만 금세 그를 따르는 동료가 모여들었고, 마침내 그들과 새 회사 설립을 추진하게 된 것이다.

이렇게 그들, '8인의 사무라이'는 이나모리의 기숙사 방에 모여 새 회사 설립을 맹세했다. 1958년 12월의 일이었다. 회사에 배신당해 생긴 분노, 성공시키겠다는 결의, 회사 경영이라는 미지의 세계에 도전하는 긴장감 등이 한데 뒤섞여 흥분이 절정에 이르렀다. 감격한 이나모리는 이렇게 외쳤다. "오늘의 감동을 잊지 않도록 맹세의 혈판을 하지 않겠는가!" 그러자 이에 호응해 찬성을 외치는 남자들의 굵직한 목소리가 일제히 울려퍼졌다. 이런 구시대적 제안에 이견을 내지 않았던 것을 보면, 그들이 이상할 정도로 고양감에 휩싸여 있었다는 것을 알 수 있다.

재빠르게 종이가 준비되었고 '맹세'를 적어나갔다. 이나모리는 준비한 면도칼을 쥐고 주저 없이 새끼손가락을 그었다. 그 순간 선혈이 흘러나왔다. 황급히 손수건으로 마무리했지만 손가락 사이를 타고 흘러내린 피는 순식간에 다다미 위에 스며들고 말았다. 흥분한 탓에 꽤 깊이 베었기 때문이다. 하지만 그 누구도 놀라지 않았다. 당시의 그라면, 면도칼을 살짝 긋는 정도로도 신체에 충만하던 뜨거운 피가 솟구치는 것이 당연시되었던 것이다.

계속해서 동료들이 면도칼을 이어받았다. 그때까지 소란스러웠던 방이 순식간에 정숙해졌다. 교토도 교외로 나가면 혼잡함과는 거리가 멀다. 메밀국수 노점의 차르멜라 외에는 들개의 울음소리 정도가 전부다. 연초의 연기가 방을 가득 채우고 머리 위의 전구를 타고 흐르는 것이 보였으나, 누구도 머리를 들어올리지 않았다. 그들의 눈은 손에서 손으로 옮겨가는 면도칼의 움직임만을 쫓고 있었다. 마침내 모두가 완성한 혈판장을 이나모리가 머리 위로 높게 들어올렸다. 그것이야말로 교세라 설립의 결단식이었다. 이 8인의 '마음'이 대하의 첫 물방울이 된 것이지만, 그것은 물이 아니라 맹세의 피 한 방울이었다.

"그 당시는 이나모리 씨를 따라가자고 해 우와 하고 흥분했었죠. 혈판장도 싫다고는 전혀 생각이 들지 않았었습니다. 그래도 실제로 차례가 왔을 때는 실은 조금 무서웠어요. 그게 그렇잖아요? 혈액검사 할 때와 같이 따끔한 정도의 바늘이 아니고, 면도칼로 긋는 것이니까. 엄청 긴장했던 기억이 납니다." 이토 켄스케(교세라 전 사장)와 인터뷰했을 때 그는 이 당시의 일을 농담조로 이야기했지만, 그 표정에는 전설의 한 장면에 있었다는 것에 대한 자랑이 넘치고 있었다.

추억은 살아 있다면 시간의 흐름과 함께 쌓여가게 된다. 행운이 있다면 마음을 뒤흔들 만한 경험을 하게 될 것이다. 하지만 그러한 추억을 '일화'로 바꿔 더욱이 '전설'로까지 승화시킬 수 있는 사람은 그리 많지 않다. 그러한 힘을 이나모리 가즈오는 가지고 있었다.

'경영의 신'이라 불리기까지

"진지하게 살아라", "손을 베어낼 수 있을 것 같은 제품을 만들어라", "고객의 머슴이 되어라", "절대 포기하지 마라", "벡터를 한데 모아라", "사건의 중심이 되어라", "씨름판의 정중앙을 취해라", "인간으로서 무엇이 바른 것인지를 생각해라" 등 이나모리 가즈오는 자신의 '생각'을 담은 정열적인 말로 사원들의 혼을 뒤흔들어 뜨겁게 불태우게 했다.

'저 정도면 마치 교토세라믹이 아니라, 광신도 세라믹이지 않은가?' 세간에서는 이렇게 중상모략을 하는 사람도 있었지만, 함께 꿈을 추구하며 그것을 실현해나가는 것으로 모든 직원을 물심양면으로 행복하게 하는 것이 가능하다고 그는 확신하고 있었다. 결과적으로 세라믹은 그 시대의 최첨단 분야의 발전을 이끌어내는 역할을 하면서 급속한 기술 진화를 이끌어냈다.

한 사례로, 'IC(Integrated Circuit)패키지'가 있다. 전자 기기에 필수적인 부품으로 등장한 반도체(IC)는 짧은 시간 만에 '산업의 쌀'이라고 불릴 정도가 되지만, 정말로 무르다. 그렇기 때문에 절연체인 용기(패키지)에 넣을 필요가 있는데, 그 재료로 세라믹이 적합하다는 것을 알게 된 것이다. 주변의 전자회로와 접속될 수 있도록 가공하는 것은 고도의 기술이 요구되었으나, 그 벽을 뛰어넘어 IC패키지는 교세라의 주력 상품이 되었다. 이후에도 여러 가지 상품이 개발되어 심해의 초고압 세계나 우주의 가혹한 조건에서도 교세라의 파인 세라믹스가 선택받기에 이른다.

하지만 그는 성공에 우쭐하거나 안주하지 않고 '도전자'의 입장을 견지했다. 교세라그룹을 크게 성장시킨다는 새로운 도전을 시작했다. 바로 제2전전(DDI)의 설립이었다. 통신 자유화를 커다란 비즈니스 찬스라고 생각한 그는 현재의 KDDI의 전신인 DDI를 설립했다. 거인 NTT에 과감하게 도전해 통신 비용의 커다란 절감을 실현시켜 국민 경제에 커다란 이익을 가져온 것이다.

기업 활동만이 아니었다. 그는 사회 공헌에도 애썼다. 국제적인 스케일을 가진 교토상을 설립하고 DDI를 설립한 해에 제1회 수상식을 개최해 인류를 위한 공헌을 시작했다. 그런 이나모리 가즈오의 삶의 방식에 공감해 그를 스승 삼은 젊은 경영자들은 '세이와주쿠'라는 이름의 공부회를 설립했고, 이는 순식간에 전 세계적으로 퍼져나갔다.

그의 도전은 계속 이어졌다. 78세에 그는 일본공항(JAL)의 재생에 도전하게 된 것이다. 몇 명인가의 경영자가 경영 재건에 실패한 바 있는, 세계의 공항 역사상 두 번째로 커다란 사고를 일으킨 항공사였다. 국가를 위해서 굳이 어려운 일에 뛰어든 이나모리는 채무 초과 상태에서 고작 2년 만에 창립 이래 최고 수익을 내는 V자 회복을 실현했다. 일본 경영 역사에 남을 '기적'을 일으켜 세간을 놀라게 한 것이다.

교세라 창업 이래 60년이 되었다. 첫 해의 매출은 약 2,600만 엔에 지나지 않았지만, 2018년 3월에는 연속 베이스로 1조 5,770억 엔을 달성했다. 그 당시의 소비자 물가지수의 성장이 5.5배 전후라는 것을 감안한다면 매상이 약 만 배 증가한 것이 되는 셈이다. 창업 당시 28명이었던 직원도 지금은 7만 5,940명에 달한다. 인터뷰 당시 늘어난 사원 수에 대해 그가 대수롭지 않다는 듯 말하는 것에 깜짝 놀랐다. "올해로 59년 연속 흑자를 이뤄냈습니다." 인터뷰한 해(2018년)가 창업 59년째가 되는 해였는데, 이 말은 창업해서 지금에 이르기까지 한 번도 적자를 낸 적이 없다는 의미였다.

이나모리 가즈오의 경영수법에서 가장 유명한 것은 철학이다. 그가 만들어낸 경영철학을 말하는 것인데, 그중 하나로 '인생방정식'이 있다. 인생방정식은 '인생·일의 결과＝가치관×열의×능력'이라는 것이다. 능력은 하나의 요소에 불과하다. 그리고 합 연산이 아닌 곱 연산이다. 후천적인 노력으로 인생을 개척해나갈 수 있다는 의미다. 단지 마이너스의 가치관을 가지고 있다면 능력이나 열의가 있어도 커다란 마이너스가 되고 만다. 마이너스의 가치관이란 말하자면 '사심'이다. '마음에 사심이 없는 것'이야말로 이나모리에게 있어 인생의 기본인 것이다.

해외에서는 우리가 생각하는 것 이상으로 이나모리 가즈오에게서 배우고자 하는 의욕이 강하고, 그를 과거 마쓰시타 고노스케에 필적하는 '경영의 신'이라 부르는 목소리가 매우 크다. 그런 이나모리 가즈오의 대표작이 《삶의 방법》[*]이다. 이 책은 2004년 7월에 발간된 이래 해외 14개국에 번역되었으며, 일본에서 129만 부, 해외에서 314만 부(중국에 304만 부)의 판매를 자랑하는 베스트셀러다(2018년 10월 기준). 일본에서는 물론 중국에서만 304만 부라는 판매 기록은 실로 경이로울 정도다. 센카쿠 문제를 계기로 중국에서 반일 폭동이 일어났을 당시 서점에서 일본 관련 서적이 일제히 철거 되던 중에도 이 책만은 선반에 남아 있던 것으로 알려져 있다.

이나모리의 많은 저서들 중 가장 많이 팔린 책이 경영 노하우의 책이 아니라 《삶의 방법》이라는 것은 다시금 생각해볼 만하다. 많은 사람들이 그의 삶과 인생관을 통해서 어떻게 살아가야 하는지를 익히고자 하는 것이다. 그런 의미에서 이 책 《마음에 사심은 없다》 역시 이나모리 가즈오가 걸어온 길을 간접적으로 체험하게 해주는 것을 넘어, 인생이라는 앞이 보이지 않는 항해를 밝게 비춰주는 등대 같은 역할을 해줄 것이라 확신한다.

● 이 책은 국내에 《카르마 경영》(2005, 서돌)으로 출간되었다.

稲盛和夫

1장

꿈을 향해 나아가다

응석받이 골목대장

이나모리가의 가풍을 물려받다

이나모리 가즈오는 1932년 1월 21일 인쇄업에 종사하던 아버지 케사이치, 어머니 키미의 차남으로 가고시마 섬 약사마을에서 태어났다. 그가 태어난 1932년은 만주국이 건국되는 등 군부의 힘이 급속도로 성장하던 시기였으나, 어두운 분위기는 아직 없었다. 오히려 청일전쟁과 러일전쟁 이 두 번에 걸친 승리로 세계 일류 국가로의 길을 걷고 있다는 고양감에 휩싸여 있었다. 그리고 고작 십수 년 후 공습에 의해 도망가는 상황이 될 것이라고는 그 누구도 상상조차 하지 못했다.

가고시마 섬에는 유신의 회천(回天)을 이룬 사쓰마의 전통이 면면히 살아 숨 쉬고 있다. 유신 삼걸의 한 명으로 중앙집권 체제를 확립시킨 오쿠보 도시미치, 경찰 제도를 만든 '일본 경찰의 아버지' 가와지 도시요시, 해군대신, 총리대신을 역임한 '일본해군의 아버지' 야마모토 곤베에, 러일전쟁의 일본해(동해) 해전을 승리로 이끈 해군사령관 도고 헤이하치로 등 기라성과 같은 인재를 배출해왔다. 그중에서도 발군의 인기를 자랑하는 것이 사이고 다카모리다. 메이지 유신을 성공적으로 이끈 사이고가 태어난 마을은 이나모리가 태어난 약사마을에서 남서쪽으로 고작 1.5Km 떨어진 곳에 있다. 애당초 가고시마에는 사람들이 큰 뜻을 품고자 하는 풍토가 있었다.

남부 지방답게 햇볕이 강하고 강우량도 많다. 올려다봐야 하는 커다란 녹나무가 여기저기에 있고, 특히 카모마치(현 아이라시)의 대녹나무는 일본 최대를 자랑하는 거목이다. 그리고 가고시마 섬 시내의 대부분 지역에서 금강만 너머로 검은 연기를 뿜고 있는 사쿠라지마를 볼 수 있었다.

우리 가슴속에서 타오르는 마음과 비교하면

그 연기가 옅었던 사쿠라지마 산

막부 말기의 지사 히라노 쿠니오미는 이 땅을 방문한 감동을 이런 시를 통해 읊었지만, 고금을 막론하고 가슴속 "타오르는 마음"을 돋우는 무언가가 이 산에는 숨겨져 있다. 한편으로 자연은 이 땅의 주민들에게 시련을 주었다. 흰 모래로 이뤄진 대지는 배수가 너무 좋아 조금만 비가 내려도 붕괴되곤 했다. 쌀농사에 적합하지 않았으며 비옥함과도 연이 없었다. 이에 더해, 태풍이 지나는 일이 잦아 태평양에서 커다란 태풍이 세력을 그대로 유지한 채 상륙하곤 했다.

그런 험난한 풍토가 '사쓰마 하야토'라 불리는 가고시마 사람의 강인한 정신력을 키워냈다. 무엇보다도 그들은 고난을 웃음으로 해소하는 유쾌함을 지니고 있다. 이나모리의 인격 형성에도 이런 가고시마의 기후 풍토가 커다란 영향을 주었다.

아버지 케사이치는 1907년 가고시마 섬의 북서부에 있는 코야마다

촌(현 가고시마시 코야마다 마치) 농가의 장남으로 태어났다. 이나모리라는 성은 전국적으로 드물지만, 코야마다 마치의 아자마야마 근처에 가면 이나모리라는 이름의 간판이 여기저기 보인다. 그렇다고 해도 케사이치라는 이름은 드문 이름이다. '케사'는 일본에서 만들어진 글자이기 때문에 훈독밖에 존재하지 않는다. 승려가 입는 '가사(케사)'가 담긴 이름을 통해 신앙심이 깊었던 이나모리가(家)의 가풍을 느낄 수 있다.

케사이치는 4형제의 장남으로 밑으로 6살 아래인 이치스케, 10살 아래인 켄이치, 그리고 11살 아래인 카네오가 있다. 이나모리 가즈오는 훗날 이 3명의 숙부들과 같이 살았기에 친척이라는 말이 어울리지 않을 정도로 깊은 관계를 맺는다. 케사이치의 아버지이자 이나모리 가즈오의 할아버지인 시치로 씨는 이름대로 7형제의 막내였다. 형제가 많았기에 상속받은 것은 아자마야마에서 조금 떨어진 오오야마라는 곳 근처에 있는 자그마한 밭뿐이었다. 이것만으로는 먹고살 수가 없어 야채의 행상으로 생계를 잇고 가정을 꾸렸다. 그럼에도 생활은 어려워서 가난으로 인해 어린 시절의 케사이치는 이루 말할 수 없는 고생을 했다. 중이염을 앓아 귀에서 고름이 나오는데도 의사를 찾아갈 돈이 없었다. 그렇게 방치되어 한쪽 귀가 들리지 않게 되었다.

가계를 돕고자 케사이치는 어린 시절부터 아르바이트를 했다. 초등학생 시절 하카타 기온 야마카사*에 가마지기가 좋은 돈벌이가 된다고 듣고, 이를 하러 간 적이 있었다. 그렇게 그는 나이에 비해 체격이 커서

● 매년 7월 1일부터 15일간 후쿠오카 구시다신사를 중심으로 열리는 민속 축제.

무거운 장식가마를 멜 수 있었다. 겉으로 보기에는 건장해도 근육의 발달은 아직이었기에 그 중량을 견디지 못해 쓰러지고 말았고, 그때 당시의 후유증으로 일평생 요통에 시달리게 되었다.

양친이 일을 하고 있었기 때문에 그는 학교에 어린 동생들을 업고 가야 했으며 동생들을 돌보지 않으면 안 되었다. 기저귀가 젖어오면 아기가 울기 시작한다. 주변의 친구들로부터 "시끄러워!"라는 소리를 듣거나, "냄새나!" 하는 소리를 듣게 된다. 수업에 방해가 되었기에 교실에서 빠져나와 기저귀를 가는 등 필사적으로 동생들을 키웠다. 공부가 하고 싶어도 할 수 없는 상황이었다. 쌀을 살 수 없어서 도시락으로 조로 지은 주먹밥을 싸왔는데, 쌀과 달리 끈기가 없어서 그것을 뭉치는 것 또한 애달팠다.

"아버지는 후일 그런 이야기를 하시면서 당시의 기억을 떠올리며 여러 번 눈물을 흘리셨습니다." 이나모리 가즈오의 첫 번째 여동생인 아야코는 차분한 표정으로 이렇게 말했다. 케사이치는 종종 "중요한 건 마음이야, 마음"이라고 입에 담았고, 우직하다고 말할 수 있을 정도로 직선적이고 정직한 성격이어서 돌려 말하는 것이나 요행을 굉장히 싫어했다. 사기를 당해도 화내는 일이 없었다. "아버지가 다른 사람의 악담을 하는 것을 단 한 번도 들어본 적이 없습니다"라고 이나모리가의 형제들은 이구동성으로 말했다.

케사이치의 가세가 좋아지고 난 후의 일이다. 먼 친척이 도움이 되고 싶다며 무심히 돈을 준 일이 있다. 그의 아내인 키미가 아무리 반대를 해도 그는 반드시 얼마간의 돈을 쥐어 돌려보냈다. 쥐어준 돈을 돌려받지 못할 것이라는 걸 알고서도 말이다. 아야코는 어린 마음에도 아버지

이나모리가의 가계도

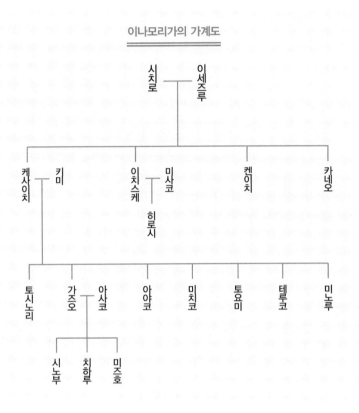

가 너무 사람 좋다고 생각했다 한다. 이 '호인'의 피는 이나모리 가문에도 확실하게 흐르고 있다. 후일 이나모리 가즈오가 지닌, '이익'은 물론 '이론'적으로도 설명할 수 없는 정은 사실 아버지로부터 물려받았을 것이다.

진조 소학교를 나오고 바로 케사이치는 시내의 인쇄소 도제가 되었다. 당시 가난한 가정에 있어서 기술을 익힐 수 있는 도제는 더 이상 좋을 수 없는 취직 방법이었다. 케사이치는 열심히 일해 숙련된 장인이 되어갔다. 도제가 된 후 한동안은 무급으로 일을 했지만 케사이치가

20세가 된 때 어머니가 돌아가셨다. 집에 여성이 없으면 곤란할 것이라며 혼담이 들어오기 시작해 이듬해인 1928년 긴코만 근처에 있는 덴포잔에 살던 3살 연하의 키미가 시집을 오게 되었다. 케사이치가 21세, 키미는 아직 18세의 어린 나이였다.

키미는 몸집이 작고 날씬했고, 케사이치는 키가 훤칠한 장부였다. 게다가 성실하다는 것이 바로 눈에 보이는 사람이었다. 키미의 아버지는 케사이치를 보고 "이런 남자라면 장래 물건이 되겠군!" 하고 말했다고 한다. 하지만 키미의 입장에선 한창 잘 먹을 나이의 도련님이 갑자기 셋이나 생겼으니 여러모로 힘들었을 것이라는 건 틀림없다. 하지만 가난한 집에서 자란 키미는 그러한 고생을 고생이라 여기지 않는 다부진 면이 있었다. 그렇게 바로 이나모리 가문에 녹아들었고 결혼한 이듬해 장남인 토시노리가 태어났다.

인쇄 공장에서 일하는 케사이치의 월급은 그다지 많지 않았다. 때문에 귀가 후에는 다양한 부업을 하고 있었다. 그러던 어느 날 거래처의 종이 도매상이 중고 인쇄 기계를 양도하고 싶다고 전해왔는데, 여기에는 사정이 있었다. 토시노리가 태어난 1929년의 일본은 10월 24일 미국 주식 시장의 대폭락(검은 목요일) 영향으로 심각한 위기에 처해 있었다. 이에 종이 도매상은 납품처인 인쇄 회사가 도산하면서 자산 가치가 있는 인쇄 기계를 압류하게 된 것이다. 하지만 종이 도매상은 자신이 인쇄 기계를 쓸 일이 없었기에 대금을 이후 벌어서 갚는 조건으로 케사이치에게 그것을 싸게 양도하게 된 것이다.

이를 계기로 케사이치는 독립해서 '이나모리 인쇄소'라는 간판을 내걸었다. 달마가 앉아 있고 그 좌우로 벼 이삭이 늘어져 있는 무늬가 상표였다. 이야기가 나온 김에 말하자면, 이나모리 가문의 묘비들을 찾아 조사해봤지만 어떤 가문에도 이 문양은 없었다. 이는 케사이치가 고안한 문양이었던 것이다.

독립한 케사이치의 실력이 좋자 연이어 일이 들어오기 시작했다. 인근 가고시마 실업학교의 발주도 도맡아 하게 되었다. 그렇게 일이 바빠지자 키미는 집안일을 돌보는 것만으로도 힘이 들 텐데도 케사이치의 일을 돕기 시작했다. 그러던 중 옆집이 이사를 가게 되어 부동산 업자로부터 그 집을 사지 않겠느냐는 이야기가 들어왔다. 케사이치는 일단 거절했지만 집주인이 호가에 넘기겠다고 해 끝내 구입하기로 했다. 그렇게 그간 살던 집은 공장으로 삼고 새로 산 집에서 거주하게 되었다. 이 시기에 태어난 것이 차남 이나모리 가즈오다. 실제로 태어난 것은 1932년 1월 21일. 호적상으로는 1월 30일이다. 일이 바빠 출생 신고가 늦은 탓이었다.

못 말리는 응석받이

출생 신고는 늦더라도 납기는 철야로 맞추고, 일처리는 꼼꼼하며 공임에 불평 또한 하지 않는 그런 케사이치에게 반한 종이 도매상은 이번엔 종이봉투 자동 제작기를 추천했다. "후쿠오카에 좋은 기계가 있다는데, 다들 다루질 못해서…. 이나모리 씨, 하나 써보시겠소? 계산은 몇 년이 걸려도 괜찮고, 종이봉투 판매처도 소개해줄 테니." 이렇게까지 이야기하는데도 케사이치는 좀처럼 승낙하지 않았다. 실력은 있어도 욕심이 없었으며 돌다리도 두들겨보고 건너는 성격이었던 것이다.

결국 종이 도매상은 반 강제로 그 기계를 가지고 왔다. 결과적으로는 좋은 일이었다. 종이 도매상이 예상한 대로 케사이치의 손재주는 기계를 사용하는 데도 통했고, 덕분에 새 기계 또한 잘 다뤘다. 그 덕분에 이나모리가의 가계에는 점차 여유가 생겨갔다. 그러던 중 인근의 아주머니들을 고용하게 되었다. 키미는 척척 일을 지시하고 업무를 분담했다. 모두들 "키미 씨, 키미 씨" 하며 그녀의 지시를 받아 일했다.

'장인 정신으로 과묵한 아버지, 그와 대조적으로 밝고 다부진 어머니'는 잘 어울리는 한 쌍이었다. 케사이치의 동생들도 성장해 인쇄소 일을 도와주게 되었다. 또한 장남 토시노리는 얌전한 성격으로 그다지 손이 가지 않는 아이였다. 그런데 여기에 한 가지 문제가 있었다. 가즈오가 두 명분의 응석을 부린 것이다. 터무니없는 응석받이였다. 어린 시절의 이나모리 가즈오는 전형적인 응석받이였다. 사시사철 어머니의 뒤를 쫓으며 어머니 옷자락을 잡고 부엌에 가면 부엌으로, 화장실에 가면 화장실로 따라다니곤 했다. "손에 뭐가 있다 싶으면, 가즈오의 손이더라"라고 키미가 말했을 정도니 얼마나 응석받이였는지 알 수 있을 것이다. 가장 주위를 힘들게 한 것은 한 번 울기 시작하면 좀처럼 그치지 않았던 점이다. 손발을 동동 구르며 장지문을 부수곤 했다.

인터뷰 당시 이나모리 가즈오는 이렇게 말했다. "제가 울면 '세 시간 울보'라고 할 정도로 울곤 했죠. 어머니가 안 보인다는 생각이 들면 바로 울기 시작해 발을 동동 구르곤 했습니다. 어머니가 와서 "이제 뚝" 하고 달래주곤 했습니다만, 그러면 어리광을 부리며 울곤 했죠. 일손이 바쁘니 어머니가 다시 일하러 가면 또다시 울곤 했습니다."

'명경영자로서의 편린이 이미 어린 시절부터 보였다'고는 결코 말할수 없는 에피소드지만, 그가 축복받은 것은 주위에 '열심히 땀 흘리며 일하는' 사람이 많이 있었다는 것이다. 할아버지인 시치로 씨는 일할 때는 일에만 몰두하는 노인의 귀감 같은 사람이었다. 옛날에는 야채 행상이 중심이었지만, 이나모리 가즈오가 철이 들었을 시절에는 여름엔 아이스크림이나 수박을 수레에 싣고 행상했다. 그는 그런 할아버지의 행상을 보는 것을 좋아했다. 물론 가끔 팔고 남은 것을 주었기 때문이지만.

"시치로 할아버지는 발명가였습니다." 이나모리 가즈오는 어린 시절의 놀라움을 그대로 담아 시치로가 아이스크림을 만들던 모습을 재현해줬다. "네모난 나무틀에 얼음과 함께 바닷물을 넣고 거기에 시험관과 같은 아이스크림 거푸집을 넣고 꿀을 섞어 넣습니다. 잠시 후 거푸집에서 빼면 아이스크림이 완성되는 셈입니다. 그러한 것을 보며 어린 마음에 대단하다는 존경심이 들곤 했습니다."

이나모리 인쇄소의 일은 그 후에도 순조롭게 성장해 이웃 아주머니들뿐만 아니라 직공을 고용하게 되었다. 당시 인쇄소 하면 납으로 된 활자를 맞춰 활판을 만들던 시대였다. 다양한 활자가 큰 나무케이스에 즐비해 있었고 한 손에 활자 상자를 들고 원고를 읽으며 활자를 맞춰가는 모습은 이른바 장인 정신의 세계와도 같았다.

집 옆에 있는 인쇄소는 어린 이나모리 가즈오에게 있어 최고의 놀이터였다. 특히 관심을 가진 것은 종이봉투 자동 제작기계였다. 모터 위가 따뜻해서 자주 그 위에 올라타 따뜻함을 즐기곤 했다. 벨트에 말려들어가면 크게 다칠 위험한 행동이었지만 정작 혼난 적은 한 번도 없었다고한다. 인쇄소 일에 흥미를 가졌으니 바쁜 아버지의 심부름이라도 했냐

하면 그렇지는 않았다. 우리가 아는 휴일조차 모르는 '일벌레'의 어린 시절은 실상은 집안일조차 제대로 하지 않는 응석꾸러기였던 것이다.

언제나 케사이치는 아이들이 일어날 무렵에는 작업에 착수했지만 아무리 바빠도 식사는 가족들과 함께하려고 노력했다고 한다. 실로 가족 사랑이 넘치는 사람이었다. 덴포잔 마을에 있는 키미의 친정에도 이나모리 아이들은 자주 놀러갔다고 한다. 그중에서도 기억하는 것은 소학교 신입생 시절 신년인사를 갔을 때의 일이다. 당시 여동생 아야코가 태어난 지 얼마 안 된 시기로 아이는 세 명밖에 없었지만 나들이옷을 입혀준 상태였는데, 그것을 본 이웃들이 "키미는 좋은 곳으로 시집을 갔구나" 하며 부러워했다고 한다.

키미의 아버지 쿠라노스케는 혈기가 넘치는 호쾌한 사람으로 젊은 시절 싸움을 하다 다쳐 다리가 조금 불편했다. 당시 이나모리 가즈오는 귀여움을 받아 한 푼으로 다과를 살 수 있던 시기에 쉰 푼을 세뱃돈으로 받은 바도 있었다. 알뜰한 생활을 하던 것을 생각하면 이례적인 일로 아직 시집을 가지 않은 이모들은 "손자만 이뻐하네" 하며 토라졌다고 한다.

울지 말고 뛰어라

가고시마시의 인구는 인근 마을을 포함해 현재 약 60만 명 정도지만, 이나모리 가즈오가 어렸을 때는 18만 명 정도였다. 시내에도 중심부를 조금만 벗어나면 한적한 전원 풍경이 펼쳐져 있었다. 이나모리 가즈오가 태어난 약사마을은 사쓰마 성 아래에 있는 마을로, 마을 이름은 사쓰마 섬에 약초재배 농장이 있었던 것에서 유래되었다.

집 앞에는 코츠키(甲突) 강이 흐르고 있다. 코츠키 강이라는 이름은 갑옷을 꿰뚫으라는 의미에서 유래되어 용맹을 미덕으로 삼는 지역 풍토에 잘 어울리는 이름이다. 이전에는 범람을 반복하는 난폭한 강이기도 했다. 토시노리와 가즈오는 자주 코츠키 강에서 물고기를 잡곤 했다. "가즈오, 강에 놀러가자!" 토시노리가 말하면, 그는 바로 물통을 가지고 형의 뒤를 따르곤 했다.

강에 도착하면 토시노리는 첨벙첨벙 강에 들어갔다. 그 모습은 마치 성의 용맹한 장수와도 같았다. 토시노리는 물고기의 그림자를 확인하려는 요량으로 허리까지 물이 잠기는 곳까지 강 속을 유유히 걸어갔다. 마침 둑 공사를 위해 말뚝을 쳐둔 곳 근처가 그들의 어장이었다. 토사가 쌓여 물고기들의 거처가 되어 있는 곳이었다. 운동신경이 좋고 민첩한 토시노리는 계속해서 물고기를 잡아갔다. 말뚝 사이에 손을 넣어 새우나 붕어, 때로는 커다란 잉어까지 맨손으로 잡곤 했다.

"여기 봐, 가즈오!" 이나모리 가즈오는 물 밖에서 기다리며 형이 잡아온 물고기를 받아드는 역할을 했다. "당시 제 눈에는 형이 진짜 영웅처럼 보였습니다. 양손 가득 새우를 가지고 돌아가면 어머니께서 간장과 설탕으로 달짝지근하게 삶아줘 친구들과 함께 먹곤 했었습니다." 아직 공해 같은 것과는 연이 없었던 당시, 강물은 맑았고 여름이 되면 속옷 차림으로 수영을 하곤 했다.

코츠키 강의 바로 앞에 보이는 산성은 역대 사쓰마 영주의 거처였던 츠루마루 성의 배후지다. 고도는 1,907m밖에 안 되지만 상상할 수 없는 거대한 산괴를 형성하고 있으며 천연의 요새다. 산성은 사이고 다카

이나모리가 부근에서 본 현재의 코츠키 강(좌측 위는 성산, 저자 촬영).

이나모리 가즈오의 어린 시절,
어머니와 형과 함께.

세발자전거를 탄 이나모리 가즈오와
형 토시노리.

모리가 종언을 맞이한 땅으로 알려져 있고, 산중에는 1877년 서남전쟁 당시 그가 마지막 출진을 하기 직전 숙영했다고 전해지는 '사이고 동굴'이 남아 있다. 격렬한 포격으로 인해 오랫동안 황량한 민둥산이 되어 있었다지만 이나모리 가즈오가 태어났을 무렵에는 나무가 울창하게 우거져 있었다.

겨울이 되면 산성으로 동박새를 잡으러 가곤 했는데, 이것이 또 즐거웠던 추억 중 하나였다. 동박새 잡이용 미끼로 익은 감을 넣어둔 바구니에 실을 감은 나뭇가지를 걸어 동박새가 들어가기를 기다리는 것이다. "함정에 걸리는 것을 기다릴 때의 기분은 지금 생각해도 심장이 두근거릴 정도였습니다." 이렇게 말하는 이나모리 가즈오의 표정은 소년 시절로 돌아간 듯했다.

"어린 시절에는 소심해 밖에 나가면 형의 뒤만 졸졸 쫓아다니곤 했었습니다. 형과 형의 친구들과 함께 논두렁을 걷고 있을 때 작은 관개 용수로를 보고 모두들 뛰어넘으며 놀았던 적이 있었습니다." 하지만 당시 자그마했던 그가 뛰기엔 쉽지 않은 곳이었다. 어떻게 뛰어넘을지를 고민하다가 결국 울음을 터뜨렸는데, 그 모습을 본 아이들이 "울 거냐, 뛸 거냐. 울지 말고 뛰어라" 하는 노래를 부르기 시작했다고 한다.

"그 말은 가고시마에 전해지는 유명한 속담이었습니다. 생각할 여유가 있으면 우선 행동하라는 양명학의 사고방식에 근거한 사쓰마 무사들의 정신적 근간이었지요." 그때의 일을 '절체절명의 위기였다'고 이나모리 가즈오는 회상했다. "어쩔 수 없이 도움닫기를 해서 뛰어넘어보려고 했습니다만 보기 좋게 수로에 빠져버렸지요. 우에엥 하고 울었던 당시를 지금도 선명하게 기억하고 있습니다."

과감히 도전해 성공한 에피소드보다 오히려 이런 얘기가 흐뭇하다는 생각이 들었다. 청일전쟁과 러일전쟁에서 승리한 이후 일시적으로 고양감에 휩싸여 있던 일본은 군부가 너무 많은 힘을 가지게 되면서 외교적으로 고립되어가기 시작했다. 그 결과 무모한 전쟁으로 향하게 된다. 1938년 1월 당시의 수상이었던 고노에 후미마로는 '이후로는 국민정부와 이야기하지 않겠다'는 성명을 발표하고 평화의 문을 닫았고 중일전쟁이 본격화되었다. 그리고 5월 국가 총동원법이 시행되면서 본격적인 전시 체제에 돌입하게 되었다. 하지만 그런 일의 의미를 알 리가 없는 어린 이나모리 가즈오는 그저 매일을 즐겁게 보내고 있었다.

하지만 주위에 어리광을 마구 독차지하며 살아온 그의 삶에 전환점이 찾아온다. 그해 봄 가고시마 시립 니시다 소학교에 입학하게 된 것이다. 입학식 날 그는 어머니 키미의 손을 붙잡고 겁에 질린 채 소학교 문을 지났다. 식이 끝나고 각 반으로 흩어져 자기 자리를 찾아 앉았다. 남녀칠세부동석을 따지던 시대여서 남녀 분반이었다.

"오늘 수고하셨습니다. 학부모님들은 여기서 돌아가셔도 좋습니다." 담임선생님 말씀에 키미가 다른 학부모들과 함께 교실 밖으로 나가려고 한 순간 사건이 일어났다. "엄마!" 가즈오가 울음을 터뜨리며 자리에서 일어나 키미에게 매달려온 것이었다. 이 같은 행동을 하는 아이는 그뿐이었다. 모두 희귀한 것을 바라보듯 두 사람을 바라보고 있었다. 교실의 온 시선이 모이고, 키미는 얼굴이 새빨개졌다. '세 시간 울보'의 울음 스위치가 켜져버린 것이다. 아무리 달래도 소용이 없었다. 돌아갈래야 돌아갈 수 없게 된 그녀는 교실 뒤에 혼자서 끝까지 남게 되었다. "그때만큼 창피한 일도 없더라." 이는 두고두고 이나모리가의 이야깃거리가 되었다.

입학 후 일주일 정도는 키미가 데리고 다녔지만 이후 그녀도 바빴기에 당시 4학년이던 토시노리가 동생을 데리고 등교했다. 아침마다 "빨리 가자!" 하고 재촉했지만 좀처럼 속도가 붙지 않았다. 그러는 사이 마음이 급해진 토시노리가 먼저 출발해버리면 가즈오는 "우에엥!" 하고 울음을 터뜨리곤 했다. 그때마다 삼촌 켄이치가 대타가 되어 울고 있는 가즈오를 자전거에 태워 학교에 데려다줬다고 하니, 여러 가지로 손이 많이 가는 아이였다.

그런데 한 학기가 끝날 무렵 그 문제아는 전과목 '갑'●을 받고 돌아온 것이다. 키미는 기쁨을 주체하지 못했다. "친척들 중에서도 이 정도로 해낸 아이는 없었어!" 그렇게 말하며 인근에 자랑을 했다. "박사나 장관이 되려나?" 하고 꿈에 부풀어 있었지만, 전과목 갑은 그때뿐이었고 놀기에 열중하기 시작하면서 그의 성적표에는 을이 점차 늘어갔다. 그래도 가즈오는 부모로부터 공부하라는 잔소리를 들어가며 무럭무럭 성장했다.

자유롭고 평등한 가정환경

가고시마의 봄에는 '목시장(木市)'이라는 행사가 있다. 정원수와 화초

● 당시에는 갑·을·병·정의 4단계로 성적을 표시했다.

화분이 늘어서 있고, 작은 새나 과자 등을 파는 가게도 있기 때문에 남녀노소 누구나 즐길 수 있는 행사였다. 키미와 함께 목시장에 와 있던 가즈오의 발걸음이 어린 흰 토끼를 팔고 있는 포장마차 앞에 멈췄다. 키미는 안 좋은 예감을 느꼈는데, 결국 일이 일어나고 말았다. "토끼 키우고 싶어!" 이렇게 말하고는 그만 그 가게에 주저앉아버린 것이다.

전부터 이런 상태가 되면 말을 듣지 않는 아들이었기에, 그의 어머니는 "네가 먹이 주는 것을 잊지 않겠다고 분명히 약속한다면" 하는 조건을 붙여 마지못해 사줬다고 한다. 의기양양하게 한 쌍의 토끼를 집에 가지고 돌아간 그는 수일간 코츠키 강에서 풀을 뜯어와 먹이를 주곤 했지만 결국 작심삼일이 되고 말았고, 가뜩이나 바쁜 키미의 일만 늘어났을 뿐이었다. (카토 카츠미, 《한 소년의 꿈: 교세라의 기적》)

토끼는 번식력이 강했고 순식간에 수가 늘어 정원은 토끼의 놀이터가 되었다. 닭도 방목하고 있었고 산에서 잡아온 동박새도 있었다. 거기에 염소까지 키우고 있었다. 마치 동물원이나 다름없었다. 키미는 당시 뒤뜰에 작은 텃밭을 일구고 있었는데, 팔 수 없는 야채들은 동물들의 먹이로 사용되곤 했다.

당시는 정부가 출산을 늘릴 것을 권장하고 있던 시대였고, 지금의 저출산·고령화는 상상도 할 수 없게 곳곳에 어린이로 가득했다. 이나모리가도 예외는 아니어서 차례로 여동생, 남동생이 태어나 어느덧 사남삼녀의 대가족이 되어갔다. 장남 토시노리(1929년생), 차남 가즈오(1932년생), 장녀 아야코(1934년생), 차녀 미치코(1937년생), 삼남 토요미(1941년생), 삼녀 테루코(1944년생), 사남 미노루(1948년생). 이름은 모두 부모가 붙였어도 각각 작명소의 감정을 받았는데, 그 감정서는 전쟁 속에서 타버린 듯하다.

아이들은 사이가 좋았다. 장녀 아야코가 소학교에 들어갔을 때 하교 시간에는 토시노리와 가즈오가 항상 아야코가 있는 교실로 갔다. 당시 가즈오는 교실까지 마중을 나가고 토시노리는 밖에서 기다리곤 했다. 그리고 아야코를 가운데 둔 채 손을 잡고 집으로 돌아가곤 했다. 전시 체제와는 무관한 흐뭇한 일상이 계속되고 있었다.

이나모리 가즈오가 소학교 2학년이 되던 1939년에 제2차 세계대전이 시작되었고, 2년 후인 1941년 12월 8일에 진주만 공격으로 태평양 전쟁의 막이 올랐다. 그로 인해 식량 사정은 점점 나빠져 갔지만 이나모리가에서는 그것을 아직 체감하지 못하고 있었다. 이나모리 가즈오가 초등학생이던 시절은 집이 가장 풍족하던 시대였기 때문이다.

사원 여행 겸 일하고 있는 아줌마를 데리고 사쿠라지마에 비파열매를 따러 가기도 했다. 당시 사쿠라지마 산 한쪽에 비파 밭이 늘어서 있었다. 우선 열매를 닥치는 대로 뱃속에 넣은 후 배낭 가득 담아 돌아오곤 했다. 명절이 되면 가족 모두 온천에 갔다. 가고시마현은 온천 수가 전국 2위를 자랑한다. 온천은 이나모리가에 매우 익숙한 것이었다. 자주 가던 온천은 코가시라 온천이다. 케사이치의 고향인 오야마다에 있는 유서 깊은 온천이었다. 케사이치가 '코가시라'라고 입에 담으면 아이들은 환호성을 질렀다. 여관에 도착하면 반드시 스키야키가 나왔기 때문으로 이것이 이나모리가 최대의 사치였다.

이나모리 가즈오가 훗날 소고기 덮밥을 좋아하고, 덮밥 체인 업체 요시노야의 유라쿠초 점에 자주 나타나는 것은 고기를 좋아하는 이나모리 가문 유전 탓인 듯하다. 평소 사치를 하지 않는 케사이치지만 가끔

고기가 손에 들어왔을 땐 아침부터 고기를 먹을 정도였고, 노년에도 스테이크를 매우 좋아했다. 살면서 많은 고생을 하며 성공한 보상으로 젊은 시절에는 먹고 싶어도 못 먹던 고기를 즐긴 것이 아닐까 하고 아야코 씨는 말했다. 하지만 당시 소고기는 고가였다. 축하할 일이 있으면 집에서 기르는 닭을 잡는 것이 통례였고, 키미의 특기 요리도 닭 요리였다. 우선 신선할 때 닭을 손질해 장비 식초에 넣고, 남은 뼈로 육수를 내고, 무조림을 만드는 것. 이 3종 세트가 이나모리가의 '어머니 맛'이었다.

이나모리 가즈오가 초등학교 2~3학년이었던 때 형 토시노리가 닭을 잡는 것을 도우러 코츠키 강변에 갔던 적이 있었다. 가즈오가 목을 잡아 덜미를 발로 누르고 토시노리가 깃털을 뽑았다. "어린 마음에 너무 꽉 붙드는 것이 불쌍했던 것일까요. 조금 느슨하게 잡고 있었던 기억이 있습니다. 그랬더니 깃털이 반쯤 뽑혔을 때 갑자기 닭이 날뛰는 바람에 그만 놓쳐서 벌거벗은 채로 닭을 쫓아 달렸던 추억이 있습니다." 어린 시절에는 유쾌한 에피소드가 참 많았다고 회상한다. 부모님 말에 따르면, 그는 밝고 활발한 아이로, 예를 들어 친척이 모이게 되면 주변을 웃게 하곤 했다고 한다. (이나모리 가즈오, 《인생과 경영》•)

이나모리 가즈오가 밝은 성격으로 자란 이유 중 하나는 가정의 분위기일 것이다. 봉건 풍조가 남아 있어 가고시마에서는 장남이 특별 취급받는 것이 보통이었지만, 이나모리가에서는 그런 일이 전혀 없었다. 가

● 이 책은 국내에 《사장의 도리》 (2014, 다산북스)로 출간되었다.

정이라는 작은 세계였지만 '자유와 평등'을 마음껏 만끽하고 자란 그는 성장한 후에도 그를 속박하는 것은 결코 용서할 수 없었다.

'의'를 중시한 향토 교육
—

겁쟁이에 울보, 소심하기까지 했던 이나모리 가즈오가 강건한 기풍을 몸에 지니게 된 것은 이 땅에 전해지는 향토 교육으로 단련된 면이 있다. 아이들이 지역별로 모여 학문과 무술 단련을 하는 것이다. 이나모리 가즈오가 어릴 때는 학교 행사의 일환이기는 했지만 '학사'라는 시설에서 교육을 받았다. 기본 교재가 몇 가지 있었는데, 그중 하나가 시마즈가를 부흥시키는 데 가장 일조한 일신공의 〈이로하 노래〉다.

지난날의 일을 듣고 읊조리면서도
이를 행하지 않으면 아무런 보람 없으니

이 〈이로하 노래〉의 첫 번째 구절은 '이치'는 말하는 것이 아닌 직접 실행하는 것이라는 양명학의 정신을 단적으로 보여주고 있다. 이를 배우며 신의와 인의를 중시하고 예절 바른 과거 무사도의 기본을 단련했다. 그리고 〈이로하 노래〉와 함께 중요하게 여겨진 것이 '3계명'이다. '지지 말 것', '거짓말하지 않을 것', '약자를 괴롭히지 않을 것'이라는 3계명은 사쓰마 지역의 사람들에게는 절대적인 것이었다.

초보적인 일본 역사와 중국 고전 그리고 사쓰마가 낳은 위인들에 대해서도 배웠다. 그중 최고 인물이 사이고 다카모리였던 것은 더 말할 것도 없다. 이나모리 가즈오의 인생에 일본을 대표하는 위인의 존재가 짙게 투영되는 것은 필연적인 것이었다.

사이고의 언행록인 〈남주옹유훈(南洲翁遺訓)〉에 "자신을 사랑하는 것은 선(善)에의 첫 걸음"이라는 말이 있다. 후에 이나모리 가즈오가 경영 의사 결정을 할 때, 자신 스스로에게 물었다는 '동기가 선한가? 사심은 없는가?'라는 말은 고향의 영웅 사이고 다카모리의 무아 정신에 비춰 자신의 행동에 부끄러운 곳이 없냐는 질문인 것이다.

이런 공부뿐 아니라 몸도 단련했다. 가고시마에서 유명한 것이 '시현 류'로 알려진 검도다. 단련 방법은 매우 간단한데 통나무를 세워두고 계속 치는 것이다. 대련의 특징은 필승과 단칼 승부를 지향하는 검도다. 이를 어기면 목숨을 내놓을 정도의 신념이 그들의 자랑이기도 했다. 따라서 신선조의 곤도 이사미는 "사쓰마 무사를 상대할 때는 단칼 승부를 피하라"라고 부하들에게 철저히 가르쳤다고 한다. 추운 겨울 날씨에도 맨발로 서릿발을 밟으며 통나무를 두드리고, 친구와 어느 쪽이 먼저 그것을 부러뜨리는지 경쟁하곤 했다.

'묘원사 참배', '소가 형제의 우산 태우기', '《충신전(忠臣蔵)》* 읽기'의 세 가지 주요 전통 행사 또한 향토 행사로 가고시마에서 자란 모든 사람들이 공통으로 경험하는 것이다. 묘원사 참배는 세키가하라 전투 당시 시마즈 요시히로가 적진을 돌파했을 때의 고난을 기리는 행사로

● 아코번(赤穗藩)의 무사 47인이 주군의 원수를 갚은 사건을 제재로 한 작품으로, 영주가 억울한 일로 할복하게 되자 47인의 사무라이가 복수를 행하고 모두 자살한다.

장거리 행군 훈련이다. 가고시마 시내의 조국 신사에서 히오키시의 덕중 신사(별칭 '묘원지 남')까지 편도 약 20Km의 거리를 왕복한다. 옛날에는 모두 무거운 갑주를 입고 행군했다고 하니 놀라울 따름이다.

소가 형제의 우산 태우기는 소가 고로, 쥬로 형제가 부모의 원수인 쿠도 스케츠네를 죽인 고사에서 따온 것으로 매년 7월 이나모리 집 근처의 코츠키 강에서 열렸다. 당시 강에 모래톱이 있고 거기에 '오다이바' 라는 흙의 무대를 마련했다. 아이들은 우산 태우기를 하는 약 10일 정도 전부터 고장난 종이우산이나 정월 금줄을 모았다. 어느 마을에서 더 많이 모으는지 하는 경쟁도 있었기 때문에 필사적이었다. 이에 아직 쓸 수 있는 우산도 거기에 섞여 있곤 했다. 그리고 축제 당일이 되면 '오다이바' 에 우산을 쌓아 장작에 불을 점화하며 큰 소리로 노래하고 춤을 추었다. 손에 든 종이우산에 불을 붙이면 좋든 싫든 웅장한 기분도 들었다.

1941년 3월 초등학교령이 공표되어 이나모리 가즈오가 3학년이던 때 니시다 소학교는 니시다 초등학교가 되었다. 아코 의사의 습격이 이뤄졌던 12월 14일이 되면 전교생이 강당에 모여 《충신전》 읽기를 했다. 교장선생님이 《충신전》을 읽어주고 그들이 어떻게 충의의 마음을 두텁게 가지고 있었는지를 가르치는 것이었다. '충' 도 중요하고 '효' 도 중요하다. 하지만 가고시마 사람에게 무엇보다 중요한 것은 '의' 였다. 가고시마와 관련이 없는 아코 47사의 이야기를 소중히 구전해왔다는 것은 그것에 막부 권위에 도전했다는 '의' 가 있었기 때문이었다.

《충신전》 읽기의 날은 '늘' 이라고 말해도 좋을 정도로 추웠다. 그런데 학교를 오갈 때는 물론 교내에서도 아이들은 맨발에 짚신 차림이었다. 게다가 마루 강당에서는 맨발로 정좌를 하게 했다. 장시간 이야기를 듣는 동안 발은 차가움과 아픔을 넘어 마비되어갔다. 행사가 끝나면 마음속으로 안도가 될 정도였다. 그럴 때마다 키미는 따뜻한 단팥죽을 만들어놓고 있었다. 화로에 놓인 삼발이 위에서 냄비가 서서히 끓고 있었다. "많이 추웠지?" 하며 김이 모락모락 피어나는 단팥죽을 아이들에게 건네곤 했다. 《충신전》 읽기는 이나모리 가즈오에게 상냥했던 어머니의 기억과 깊이 연결되어 있었다.

가고시마라는 곳은 에도시대부터의 전통이 있는 한편 봉건적인 사고방식도 많이 남아 있었다. 소학교나 중학교에 갈 때도 원서에 신분을 적지 않으면 안 되었다. 케사이치가 원서에 평민이라고 적는 것을 보고 이나모리 가즈오는 "왜 우리는 사무라이가 아닌 거야?" 하고 불평한 적도 있었다. 그가 살았던 동네는 '시마즈 저택'이라고 불리는 사쓰마 영주의 하급 무사들 거주지였던 곳이다. 인쇄소로 성공하고 원래 무가의 저택이었던 것을 구입한 것으로 케사이치는 말하자면 동네의 신참이었던 것이다. 그런 신참은 노골적으로 차별받곤 했다. 이나모리 가즈오는 이렇게 밝혔다. "개중에는 '하급무사의 아들'이라고 조롱하는 아이도 있어, 그 분함을 이루 말할 수 없었다. 내 오기는 그 당시의 경험에서 나오는 것일지도 모른다." (이나모리 가즈오, 《응석받이》)

반골 정신은 이나모리 가즈오라는 인물의 특성 중 하나였다. 그는 가고시마를 사랑하면서도 이런 봉건 풍조에 강한 반발심을 가지고 있었다.

숨은 염불의 힘

정치인과 경영자는 신앙을 가진 사람이 많다. 목숨을 걸고 싸운 전국시대 무장의 갑주에서 그들의 믿음의 증거를 볼 수 있는 것과 같이, 피가 튀지 않는 싸움이라고 표현할 수 있는 험난한 세계에 몸을 담고 있는 정치가나 경영자가, 마음의 안식을 종교에 요구하는 것은 자연스러울 것이다. 아니모리 가즈오도 그러했지만 거기에는 가정환경과 고향 가고시마의 역사가 관계되어 있었다.

이나모리가에서는 매일 부모님과 함께 아이들도 불단에 기도하는 것이 일상의 습관이며, 케사이치는 아이들이 독립할 때마다 반드시 불단을 사주곤 했다. 이나모리 가즈오는 어린 시절 "강물에 뜨거운 물을 버려야만 할 때는, 시진님에게 '죄송합니다' 하고 말하고서 버리거라" 하는 말을 어머니에게 듣곤 했다. '시진님'이란 물의 신을 부르는 다른 표현이다. 만물에는 각기 신이 깃들어 있다는 가치관을 이런 일상 속에서 배우며 자라왔던 것이다.

'지켜보고 계신다' 라는 것도 이나모리가의 가르침 중 하나였다. '지켜보고 계신다' 는 것은 정토신앙의 중심인 아미타불을 뜻한다. 키미는 "아미타불께서는 아무리 거짓말을 해도 전부 간파하실 수 있단다" 하고 덧붙이는 것을 잊지 않았다. 그리고 이렇게 말했다. "엄마도 알고 있단다. 앞에서 보고 있는 것뿐만 아니라 뒤에도 눈이 달려 있으니까."

아이들에게 있어 아미타불 이상으로 키미의 눈이 무서웠던 것은 말할 것도 없다. 어린아이의 마음은 스펀지처럼 무엇이든 빠르게 흡수한다. 새하얀 마음에 검은 점이 찍히기 전에 가정에서 이러한 도덕심을 가르치는 데 이런 신비스런 비유는 매우 효과적이었다. 그리고 훗날 출가까지 하게 되는 이나모리 가즈오의 신앙심에는 좀 더 특수한 종교적 체험이 있었다. 그것이 '숨은 염불'이다. '숨은 염불'의 배경에는 이 땅의 토착 신앙과 그 탄압의 역사가 있다.

아미타불 앞에서 모든 살아 있는 것들의 생명은 동일하게 귀한 것이라는 교리는 위정자들에게 매우 위험한 것이며, 이러한 신앙 아래서 발생한 견고한 결속력에 오다 노부나가조차 일향일규*나 이시야마 혼간지(本願寺) 등에 시달렸다고 하는 것은 유명한 일화다.

가고시마에서도 1957년 2월 제17대 사쓰마 영주 시마즈 요시히로에 의해 영내의 토착신앙이 금지되었지만 그럼에도 신자들은 종교를 포기하지 않았다. 깊은 동굴 등에서 집회를 여는 등 신앙을 지킨 것이다. 이를 '숨은 염불'이라 불렀다. 이런 제제 하에서 오야마다 마을의 한 사람이 '숨은 염불'을 하는 것이 발각되어 관에 붙잡혀 갔을 때, 이나모리 쵸이치라는 사람이 그를 감쌌다는 문헌이 있다고 한다. (카스야 마사, 《숨은 염불에 관하여》)

1876년 종교 제재가 풀려 더는 신앙을 숨길 필요가 없어졌지만, 이를 지켜온 신자들의 유대를 확인하고 신앙심을 드높이기 위해 일부 지역에서는 그 비밀스러운 의식을 이어가고 있다. 그중에서도 케사이치의 고향인 오야마다는 '숨은 염불'이 뿌리 깊게 남아 있는 지역으로 알려져 있었다. 키미의 할머니는 오야마다 출신으로 케사이치와의 혼담

● 무로마치 시대 일향종 승려와 신자들이 지배 계급에 반항해 궐기한 폭동.

이 왔을 때 매우 기뻐했다고 한다. 그것은 케사이치가 '숨은 염불'을 하고 있을 것이 틀림없다고 생각했기 때문이다. '숨은 염불'에 참여하는 것은 일종의 통과의례 같은 것이 되어 있었다.

이나모리 가즈오는 자신이 어린 시절에 겪은 '숨은 염불'의 기억을 자신의 저서 《삶의 방법》에서 다음과 같이 말하고 있다. "다른 몇 조인가의 부모와 함께 일몰 후 어두운 산길을 초롱의 불빛에 의지해 올라갔다. 모두들 조용히 무서움과 신비함 등의 감정을 가지고 부모의 뒤를 따라갔다." 집회가 있는 것은 비밀이며, 거기에 갈 때까지 아무런 대화도 불가능했다.

필자도 이나모리 가즈오가 '숨은 염불'로 갔다고 생각되는 쿠리노사코라는 장소까지 차를 타고 가봤지만 좁고 가파른 언덕길임을 보고 매우 놀랐다. 아이가 이런 곳을 밤에 걸었다면 매우 불안했을 것 같았다. 그 길의 끝에는 한 채의 민가가 있었다. 그 안에 들어가면 옷장 속에 훌륭한 불단이 놓여 있었고, 그 앞에 가사를 입은 스님이 경을 올리고 있었다. 작은 촛불을 몇 개 켜뒀을 뿐 매우 어두웠다. 아이들은 스님의 뒤에 정좌하고 조용히 낮은 목소리로 이어지는 경을 듣고 있었고 독경이 끝나자 한 명씩 향을 올리고 경을 읊었다. 이나모리 가즈오 또한 같았는데, 이때 그는 스님에게 이런 말을 들었다고 한다. "너는 이제 됐다. 오늘의 참배로 충분하다. 앞으로 살아 있는 동안 매일 '남만, 남만, 감사합니다' 하고 부처님께 인사만 꾸준히 올리면 되겠구나."

반면 다시 한 번 오도록 한 아이도 있었다. 사실은 이것이 꽤 중요한데, 더 이상 오지 않아도 된다는 허락을 받기 전에는 혼담도 받지 못했다고 한다. 이나모리 가즈오는 어떤 시험에 합격한 것과 같이 인정받은 기분이 들었다고 한다. 덧붙여서 '남만'이란 나무아미타불을 의미한다. 이후 이나모리 가즈오에게 "남만, 남만, 감사합니다"라는 말은 특별한 의미를 갖게 되었다.

유럽의 성당을 방문하고 그 장엄함에 감동된 때도 무심코 이 말이 입에서 나왔다. 그는 입버릇이라고 표현하고 있지만 오랫동안 피와 살이 되고 겸손과 감사를 잊지 않기 위한 기도문이 되었다. 2018년 말에 취재했을 때 "이 말은 제가 살아 있다는 것을 실감하게 해줍니다. 그러고 보니 얼마 전에도 이 말을 입에 담을 기회가 있었어요"라고 웃으며 말했다. 그는 한 달 후 87번째 생일을 앞두고 있었는데, '세 살 버릇 여든까지 간다'는 말은 바로 이런 경우에 해당될 것이다.

울보에서 골목대장으로

아이들에게는 상냥한 키미였지만, 그녀는 자신의 아버지를 닮았는지 '여장부'의 기질도 가지고 있었다. 이나모리 가즈오가 태어나기 전의 무용담이다. 막내삼촌인 카네오가 아직 초등학생이던 시절 얼굴에서 피를 흘리며 돌아온 적이 있었다. 집에서 조금 떨어진 곳에 가고시마 대학에 다니는 학생이 살고 있었는데, 카네오가 친구들과 떠들고 있자 "시끄러워서 공부를 할 수 없잖아!" 하며 구타했다고 한다. "아직 초등학생인 아이를 때리다니!" 키미는 케사이치에게 항의하라고 요구했지만 온순했던 그는 "애들이 많이 시끄러웠겠지" 하고 사람 좋은 소리만 할 뿐이었다.

납득하지 못한 그녀는 케사이치가 없을 때 목검을 가지고 카네오의 손을 잡고 그 학생의 집으로 가서 "지식도 교양도 있는 사람이 이런 어린아이가 조금 떠들었다는 이유로 피가 날 정도로 때린다는 게 말이 됩니까? 내가 상대해줄 테니 어서 나오세요!" 하고 소리쳤다고 한다. 이 사건의 전말은 전해지지 않지만 목검을 손에 쥔 악마 같은 표정을 한 키미를 앞에 두고 그 대학생이 고개 숙여 사과했을 것이라는 것은 상상하기 어렵지 않다.

훗날 이나모리 가즈오가 싸움에 져서 울고 돌아왔을 때 키미는 전말을 듣고 "자신이 옳다고 생각한 것이라면, 왜 울면서 돌아오는 거니?" 하고 꾸짖고는 담에 기대어둔 빗자루를 쥐어주며 "때려 눕히고 오렴!" 하고 돌려보냈다고 한다. 이나모리 가즈오는 이후 어떤 강한 상대를 앞에 두고도 자신이 옳다고 생각하면 적에게 뒤를 보이지 않겠다는 다짐을 했다고 한다.

가즈오는 케사이치와 같이 훤칠한 키를 가지고 있지만 머리가 크다. 이마가 넓고 턱이 가는 역삼각형의 얼굴도 케사이치를 닮았다. 집안에서는 '가즈오 짱'이라 불렸지만 오래지 않아 '가분수'라는 별명이 붙었다. 가뜩이나 약간 검은 피부를 가진 가즈오는 가고시마의 소박한 자연 속에서 햇볕에 새까맣게 피부를 태우며 뛰어놀았다. 천연 곱슬머리인데 어릴 땐 특히나 곱슬기가 더 심했었다. 때문에 '에티오피아인'이라는 별명도 생겼었다. 이것은 대각선 앞집 할아버지가 붙인 별명이었다.

향토 교육에 키미의 스파르타식 교육도 더해져 그는 학년이 올라갈수록 울보의 오명도 내려놓고 씩씩한 대장부가 되어갔다. 부하 같은 친구도 네다섯 명이 생겼고, 자신의 자서전을 《이나모리 가즈오의 악동 자서전》이라 명명할 정도로 자타가 공인하는 '골목대장'이 되어갔다. 어떤 놀이도 그가 리더였고, 군사 놀이를 해도 가즈오가 계획을 짜고 친구들이 그 지시대로 움직였다. 지시대로 잘 움직이면 풀로 만든 훈장을 달아주곤 했다. 부하를 지키는 것도 리더의 임무다. 약점을 보이면 즉시 부하들로부터 버림을 받고 만다. 이길 수 없을 것 같은 상대라도 용기를 내어 맞서 싸웠다. 여동생 아야코가 말하길, 부하가 왕따를 당해 이를 도우러 갔던 무용담을 재밌게 이야기하곤 했다고 한다.

초등학교에서 돌아올 시간이 되면 바쁘더라도 키미는 간식을 준비해 주곤 했다. 머핀 만들기를 특히 잘했다고 한다. 고구마를 쪄주기도 했는데 가즈오는 친구들을 데려와 함께 나눠먹고 놀러가곤 했었다. 가즈오에게 대들었다간 간식을 못 먹었는데, 당시 식량난이었던 만큼 이게 잘 먹혔다.

당시 반에 항상 따돌림을 당하던 아이가 있었다. 그 아이가 어느 날 "50전짜리 은화가 있어" 하고 속삭였다. 그때 가즈오가 받던 용돈은 하루 한 푼이었다. 50전은 매우 큰돈이었다. 처음에는 무시했지만 그 아이가 "할머니한테 받은 돈이야, 네가 맘대로 써도 좋아"라고까지 말해 왔다고 한다. "그럼, 가져와봐"라고 했더니, 며칠 지나서 정말로 가지고 왔다. "진짜 내가 써도 돼?" 하고 다시금 물으니 "응, 써도 돼" 하는 답변이 돌아왔다. 그렇게 그 돈을 받아 과자를 살 수 있는 만큼 사서 부하들과 나눠 먹었다. 통쾌한 기분이 들었다.

하지만 그다음이 문제였다. 다음 날 학교에 갔더니 그 아이의 엄마가 와 있었고, 교무실로 불려가 전후사정도 듣지 않은 채 선생님으로부터 꾸중을 들었다. 그 50전은 아이가 어머니 지갑에서 훔쳐온 것이었다고 했다. 그 아이가 어머니와 선생님에게 "가즈오가 훔치게 했어요" 하고 거짓말을 했던 것이다.

또 이런 일도 있었다. 같은 반에 대만에서 온 아이가 있었다. 이마 위에 한 푼 크기의 '땜빵'이 있었고 아이들에게 '한 푼 대머리'라고 놀림을 받았다. 어느 날 그 아이가 "집에 감이 여물고 있어서 할아버지가 친구들하고 같이 감을 따 먹어도 된대"라고 말했다고 한다. 지난번 50전으로 빚어진 상황이 될지도 모른다는 생각에 처음엔 거절했지만, 너무 끈질기게 초대해 "그럼 오늘 감을 먹으러 가도 될까?" 하고 물었는데, "오늘은 할아버지가 안 계셔서 안 돼"라는 답변을 받았다. 다음 날 다시 가즈오가 물었을 때도 다른 이유를 붙여서 안 된다는 답변이 돌아왔다. 그렇게 몇 번인가 물어보다가 일단 된다고 했었으니 괜찮겠지 하고 10명 정도의 친구들을 데리고 가서 감을 남김없이 따 먹었다. 그런데 이것 역시 거짓말이었다. 나중에 화가 난 할아버지가 학교까지 찾아왔다. "감을 못 먹게 한다고 괴롭혀서 어쩔 수 없었어요" 하는 그 아이의 이야기만 듣고 선생님은 가즈오를 책망했다.

편애에 불타오른 반골 정신

노는 데만 정신을 팔고 공부는 하지 않아 신통치 않은 성적인 채로 6학년이 되었다. 불행히도 초등학교 6학년 때 담임이었던 창백하고 음침한 남자 선생님과는 결정적으로 합이 맞지 않았다. 학년 초 가정 방문이 있었는데, 마침 이나모리 가즈오의 집이 제일 구석에 있었기 때문에 급우들 중 가즈오의 집이 가장 마지막 순번이었다. 그날 방과 후 가정 방문이 있었고, 해당 아이들은 선생님을 따라 줄줄이 걸어갔다. 그중에는 과일 가게의 아들이 있었고, 생선 가게의 아들도 있었다. 선생님은 그 집들을 차례로 들러 잠시 그 부모와 이야기를 했고, 나머지 아이들은 조금 떨어진 곳에서 기다렸다. 그렇게 점점 밖에서 기다리는 아이가 줄었고, 가즈오의 바로 앞 순번으로 도쿄에서 이사온 카마다 타다아키라는 아이의 집에 들르게 되었다.

공부를 잘하는 잘생긴 부잣집 아들이었다. 현관에서 나온 엄마도 어린 마음에 봐도 깨끗하고 예의 바르다고 생각되는 여성이었다. 그러자 선생님의 태도도 바뀌었다. 지금까지는 서서 간단히 이야기를 했는데, 집안으로 들어가 이야기에 열중하기 시작한 것이다.

밖에서 기다리고 있자니 너무 오래 걸렸다. 이상하게 생각한 가즈오가 현관을 조금 열고 살짝 훔쳐봤는데, 선생님이 싱글벙글 웃으며 차와 과자를 대접받고 있었다. 어린 마음에도 참 이상하다고 생각했다. 그 뒤로도 한참을 기다린 끝에 선생님은 카마다의 집을 나왔고, 마지막으로 가즈오의 집으로 향했다. 바쁘게 일하던 키미가 하던 일을 멈추고 선생님을 맞이하기 위해 달려나왔다. 그런데 선생님의 태도는 아까와는 전혀 달랐다. 어딘지 모르게 무정한 태도를 보이며 간단한 인사 정도에서 가정 방문을 끝내버린 것이다. 키미는 당시 질끈 묶은 머리에 화장기도 없었다. 그러나 가즈오에게는 둘도 없는 소중한 엄마였다. 가즈오는 어머니가 모욕을 받은 듯한 기분이 들어 매우 불쾌했다. '이건 편애가 아닌가!' 그는 어린 마음에 그렇게 생각했다.

그때부터였다. 가즈오가 카마다를 괴롭히기 시작한 것은. 약자를 괴롭히지 말라는 것은 향토 교육의 3계명 중 하나였지만, 가즈오에게 있어서 그는 '약자'가 아닌 '강자'로 여겨졌던 것이다. 그러나 실제로는 약한 아이를 왕따시킨 것과 같았다. 게다가 질이 더 나빴던 것은 자신이 직접 괴롭히는 일 없이 자신의 부하를 시켜 괴롭혔던 것이었다. 카마다는 이를 계속 참으며 침묵했다. 주변에 이를 알렸다가 오히려 보복당할지도 모른다고 생각했기 때문이다.

하지만 이런 부정은 곧 들어나는 법이라, 부하 중 한 명이 당시 유행하던 징 달린 장갑을 끼고 카마다를 괴롭히던 중 그의 뺨에 상처를 내버렸다고 한다. 감출 수 없는 상처로 인해 그의 어머니에게 그간의 괴롭힘이 모두 알려지게 되었다. 다음 날 등교하자 가즈오는 평소와는 다른 분위기를 느꼈다. 평소처럼 바로 옆에 다가오는 부하들도 없었다. 게다가 조례 시간이 다 되어도 선생님이 교실에 나타나지 않았다. 안 좋은 예감과 함께 그는 교무실로 불려가게 되었다. 교무실에 가자 부하들이 선생님의 심문을 받고 있었는데, 그들은 입을 모아 "가즈오가 시켰어요" 하고 대답했다.

이나모리 가즈오는 《이나모리 가즈오의 악동 자서전》에서 그들의 배신을 비난하고 있지만 어디까지나 나쁜 것은 따돌림을 했던 가즈오 본인이었다. 당연하게도 선생님께 꾸중을 듣는 처지가 되었다. 그러나 그는 보통의 악동이 아니었다. "왜 카마다를 괴롭힌 거니?"라는 선생님의 질문에 특유의 반골 정신을 드러냈다. "선생님이 편애했기 때문입니다!" 이렇게 단언한 것이다. 선생님의 표정이 살짝 바뀌었다. 그러고는 편애라고 생각한 이유를 말하려는 가즈오에게 다가가 주먹을 날렸다. 원래 가고시마에서는 장로나 상사에게 말대꾸를 하면 꾸중을 듣거나 제재를 받는 것이 상식이었다. 게다가 어른이 아이에게 지적을 받는 것만큼 창피한 일은 없었다.

화가 난 선생님의 얼굴은 무서웠지만 가즈오도 지고 있지 않았다. 선생님의 얼굴을 바짝 노려보며 반항했다. 그러자 선생님은 폭주를 시작했다. 쓰러져 있는 가즈오의 목덜미를 잡고 때리기 시작한 것이다. 지금이라면 신문 1면에 올라올 대사건이었다. 당시엔 일반 가정에 전화 같은 것이 없었기에 청소부가 가즈오의 집까지 가 키미를 학교로 불렀다. 깜짝 놀라 학교로 달려온 키미에게 선생님은 폭언을 시작했다. "어머님, 이나모리 군은 우리 학교 개교 이래 최고의 불량아입니다. 이런 나쁜 놈은 졸업시켜선 안 돼요."

당시 교사의 사회적 지위는 지금에 비할 수 없었다. '몬스터 교사'는 있을지언정, '몬스터 학부모'가 있을 리가 없었다. 그렇게 키미는 가만히 듣고 있을 수밖에 없었고, 저녁 어두워질 무렵에야 가즈오의 손을 잡고 집으로 돌아갈 수 있었다. 키미는 "가즈오, 왜 그런 짓을 한 거니?" 하고 물었지만 꾸짖지는 않았다. 어디까지나 상냥한 어머니였다. 그 순간 가즈오에게 있어 마음을 무겁게 하는 것은 아버지 케사이치였다. 불호령이 떨어질 것을 걱정하고 있었다.

그렇게 식사 시간이 되고 드디어 아버지가 "가즈오, 어째서 그런 일을 했지?" 하고 물어왔다. 가즈오는 "선생님이 편애했기 때문에 그랬어요." 하고 짧게 대답했다. 그러자 놀랍게도 "아, 그런가" 하고 넘어간 것이다. 말없이 그를 믿어준 것이다. 이나모리 가즈오는 이렇게 말했다. "마치 구원을 받은 듯한 기분이었습니다."

후일담이지만, 가즈오가 괴롭힌 카마다는 이후 가고시마 제2중학교

(현 코난 고등학교)로 진학 후 얼굴을 볼 수 없었지만 아사히에 입사해 총무 및 인사부장 등 요직을 역임했다. 어느 날 그가 이나모리 가즈오에게 전화를 걸어왔다고 한다. 당시 아사히 맥주의 실적이 부진했고 구조조정을 담당하게 된 카마다는 책임을 느끼고 퇴사를 결심했다고 한다. 그리고 교세라 취업을 타진해왔던 것이다. 이미 둘 사이에는 아무런 앙금도 없었다. 원래 이나모리 가즈오는 선생님에게 화가 났을 뿐이었다. 이나모리는 카마다의 제안을 흔쾌히 수락해 교세라로 받아들이게 된다. 이후 이나모리가 설립한 휴대전화 회사 중 하나인 홋카이도셀룰러전화의 전무를 역임하게 된다. 실로 기분 좋은 화해였다.

가고시마 사투리로 '보케몬'이라는 말이 있다. 대담하고 거침이 없다는 것을 의미하며 사쓰마 남자의 전형을 뜻한다. 이나모리 가즈오는 '보케몬'의 피를 갖고 있으면서도, 한편으로 매우 신중한 일면도 가지고 있었다. 케사이치가 신중한 성격이라는 것은 이미 언급했지만 사업에 있어서는 어떤 의미에서 아버지와 가까운 성격을 가지고 있었다. 교세라에는 '한 되 구매'의 원칙이라는 것이 있다. '한 말을 사는 편이 유리하다'는 말이 있지만 당장 필요한 '한 되'만을 산다. 이러한 생각의 이면에는 어린 시절의 경험이 있었다.

오야마다에는 할아버지인 시치로가 그랬던 것처럼 야채를 수레에 싣거나 멜대에 메고 다니며 행상을 하는 사람이 많았다. 팔다 남은 물건을 가지고 돌아가는 것은 멍청한 짓이었다. 그래서 물건을 사줄 것 같은 집에 남은 물건을 염가로 넘기고 가곤 했다. 그 주된 대상이 이나모리 가즈오의 집이었다. 그중에는 먼 친척도 있었다. 정이 많은 키미는 늘 후하게 사줬다. 그런 키미의 모습을 보고 있던 가즈오는 '엄마는 또 좋은 일을 하고 있군' 하고 생각했지만, 케사이치는 달랐다. "다음에 필요할 때 사면 되지" 하고 책망한 것이다. 하지만 키미도 가만히 있지는 않았다. "그래도 싸게 사고 있어요. 당신의 친척들에게도 도움이 되고, 우리도 싸게 사는 거니 칭찬받을지언정 혼날 일은 아니에요" 하고 반박했다. 이 대화를 듣던 가즈오는 속으로 '엄마 말이 옳구나' 생각했다고 한다.

그러던 어느 여름날 학교에서 돌아오니 키미가 가정부까지 동원해 마당을 파고 있었다. 먹다 남은 고구마를 묻고 있던 것이었다. 가서 보니 대부분이 썩어 있었다. 이른바 '싼 게 비지떡'이었던 것이다. 그제야 가즈오는 아버지 케사이치가 말하고자 했던 바를 깨달을 수 있었다. 아무리 싸도 당장 불필요한 것을 사서는 안 되는 것이었다. 그렇게 '한 되 구매'의 원칙은 그의 안에서 절대 규칙이 되었다.

《생명의 실상》을 통해 익힌 마음가짐

장남 토시노리는 이나모리 집안에서 '큰 팥고물'이라 불리며 동생들에게 존경을 받고 있었다. 나이 차가 있는 동생들은 식사 예절 등을 토시노리에게 훈육받았다. 말하자면 토시노리는 그들의 '부모 대역'이었다. 청소 방법도 엄격하게 지도했다. 다다미의 눈을 따라 꼼꼼하게 쓸도록 가르치고 동생들이 청소하는 것을 종종 뒤에서 감독했다. 초등학교를 졸업하고 가고시마 실업학교에 진학하고 나서도, 토시노리는 동생들의 동경의 대상이었다.

"'큰 팥고물'은 학생회장을 하고, 교내 웅변대회에 나가 우승한 적도 있습니다. 웅변대회 때 집이 근처라서 목소리가 들리는 거예요. 아버지와 어머니도 '또 하고 있다'며 기쁜 듯이 말했었죠. 머리도 좋았다고 생각합니다. 사실은 대학에 가고 싶었겠지만 스스로 포기하고…."

여동생과 남동생들의 의견에 따르면 토시노리의 평은 흠잡을 곳이 없었다. 그런데 '작은 팥고물'이라 불렸던 가즈오는 제멋대로여서 연말의 대청소 때 등에도 토시노리의 눈을 피해 어느새 없어지는 등 요령을 피웠다고 한다. 1944년 봄 진학의 계절이 왔다. 이나모리 가즈오는 망설이지 않고 명문 가고시마 제1중학교(현 츠루마루 고등학교)에 도전하고자 했다. 형인 토시노리가 가고시마 실업학교에 진학했지만, 구 제국학교의 경우 고등학교와 대학 진학률이 실업학교보다 훨씬 높았다. 그중에서도 가고시마 제1중학교는 가고시마 내에서도 제1의 학교였다. 어떻게든 그곳에 붙어 부모님을 기쁘게 해주고 싶었던 것이다.

그런데 가즈오의 성적은 1학년 때는 올(All) 갑이었지만 6학년이 되어선 거의 모든 과목이 을인 '적당히 하는 아이' 수준에 지나지 않았다. 게다가 그 편애하는 선생님의 평가는 최악이었다. 가즈오가 "제1중학교에 지원하고 싶습니다"라고 하자 선생님의 얼굴에는 싸늘한 미소가 떠올랐다. "너처럼 나쁜 짓만 하고 있는 녀석을 제1중학교에 추천할 수는 없다"는 답변만 돌아왔다. 하지만 가즈오는 한 번 결정하면 남의 말을 듣지 않는 성격이었다. "그래도 지원하겠습니다!" 그렇게 억지로 지원했다. 당일의 시험 성적만 좋으면 어떻게든 될 거라고 생각했지만, 결과는 불합격이었다.

어쩔 수 없이 초등학교 고등과에 진학했다. 입시 실패는 당시 흔한 일이지만, 자존심이 강했던 이나모리 가즈오에게는 대단한 충격이었다. 왕따를 당하던 카마다 군은 가고시마 제2중학교(현 코난 고등학교)에 진학했다. 그가 가슴을 펴고 걷고 있는 것을 보면 몰래 숨고 싶을 만큼 비참한 생각에 사로잡혔다. 이나모리 가즈오가 경애하는 사이고 다카모리는 두 번의 귀양을 경험하는 등 많은 어려움을 극복하고 대성했다. 후에 이나모리 가즈오는 자신의 삶을 되돌아보면서 이러한 좌절이야말로 성공을 이루는 데 중요한 시련임을 깨닫게 되지만, 당시의 어린 그에게 그런 대국관을 가지라고 하는 것은 무리였다. 그저 분함이 앞서 제1중학교에 다시 한 번 도전을 하고자 마음먹는다.

그가 인생 첫 번째 실패에 마음이 꺾일 뻔한 그때, 일본은 패전의 비탈길을 구르고 있었다. 1944년 7월 7일에는 사이판이 함락되어 B29기가 일본 본토를 직접 공습할 수 있게 되었다. 당시 국무대신이었던 기시 노부스케가 도조 히데키 총리에게 항복을 진언할 정도의 위기 상태였다. 당시 가고시마에는 치란, 반세이, 카노야 등 특공대 출격 기지가 있었다. 이나모리 가즈오와 그다지 나이 차이가 나지 않는 젊은이들이 약 250Kg의 폭탄을 가지고 출격하기도 했다. 그들의 희생도 헛되이 소모되고, 열세는 뒤집히지 않은 채 본토 공습이 본격화되었다.

가즈오는 신문 배달을 시작했다. 매일 일찍 일어나 공부에도 기합을 넣었다. 하지만 얼마 있지 않아 신문 배달을 할 경황이 없게 되었다. 그것에는 케사이치의 두 번째 동생인 켄이치 삼촌이 관계되어 있었다. 켄이치 삼촌은 징병되어 만주에 갔다 와서 제대 후 케사이치의 일을 돕고 있었다. 고지식한 사람이 많은 이나모리 집안 치고는 드물게 가벼운 면이 있어 일요일이 되면 가즈오에게 "영화라도 보러 갈까?" 하며 권하기도 했었다. 이나모리 가즈오는 이렇게 밝혔다. "거창하게 말하자면 켄

이치 삼촌을 통해 난생 처음으로 외부 문화를 접하게 되었다."《이나모리 가즈오의 악동 자서전》)

이후 다시 만주에 경찰관으로 부임하게 되었지만 그곳에서 아메바 이질에 걸려 1944년 말 요양을 위해 가고시마로 돌아와 있었다. 석 달 정도 케사이치 집에서 요양하고 간신히 체력도 회복하고 만주로 돌아가게 되어, 출발 전날 신세를 갚는다며 토시노리와 가즈오를 데리고 가고시마 제일의 번화가인 천문관 거리에 있는 중국집에 데려갔다. 그런데 켄이치 삼촌은 엉뚱한 선물을 두고 가버린다. 그것은 바로 '이' 였다. 켄이치 삼촌의 옆에서 잤던 가즈오가 온몸을 물렸고 단순히 가려운 걸넘어 고열로 몸져눕게 된다(이에 물린 것치고는 증상이 매우 심했다).

키미는 예리했다. 어머니의 직감으로 심상치 않다는 것을 깨닫고 그를 곧장 의사에게 데려갔다. 이나모리 집안의 단골 병원은 근처인 소무타에 있는 우에무라 병원이었다. 어릴 적부터 열이 나거나 하면 그곳으로 가곤 했다. 걸어서 10분 거리지만 아프고 몸이 무거워 몇 배는 멀게 느껴졌다. 우에무라 의사 선생님은 청진기를 가슴에 대어 진찰을 하고는 "결핵일 수도 있겠구나…" 하고 중얼거렸다. 키미의 얼굴이 단숨에 새파래졌다. 전쟁 후 스트렙토마이신이 보급되기 전까지 결핵은 죽음에 이르게 하는 공포의 병이었다. 만약을 위해 가고시마 시내의 큰 병원에 가서 엑스레이를 찍었는데, 진단은 폐결핵 초기였다. 충격이었지만 의외로 느낌은 없었다. 당시 이나모리 집안은 동네에서 '결핵의 둥지' 라 불리고 있었기 때문이다.

조금 떨어져 살던 케사이치의 바로 아래 동생 이치스케는 1941년 10월 결핵으로 사망했고, 그의 아이를 임신하고 있던 부인도 결핵으로 몸이 약해진 것에 출산이 겹쳐 불과 두 달 후인 12월에 숨을 거뒀었다. 비극은 여기서 끝이 아닌데, 막내동생 카네오가 각혈을 했다. 식량 사정의 악화도 있고 순식간에 몸이 약해져 집의 정원을 창백한 얼굴로 거닐게 되었다. 이나모리 가즈오는 불과 12살에 죽음을 의식하게 된 것이다.

해가 잘 들고 통풍이 잘되는 자리에서 특별히 영양가 있는 것을 먹이며 한동안 집에서 요양하게 되었다. 병세는 일진일퇴. 시험이 코앞에 있는 것만으로도 마음이 초조했다. 그러던 어느 날 이웃집 부인이 정원의 울타리 너머로 말을 걸어왔다. 하야시다 버스의 운전수를 하고 있던 나가노 씨 댁 부인이었다. 약간 갸름하고 기모노가 어울리는 미인이었다. 젊고 예쁘고 상냥한 그녀를 이나모리 집안의 아이들은 모두 선망하고 있었다. 그 부인이 "가즈오 군, 조금 어렵겠지만 이 책 읽어보렴" 하고 건넨 것이 '생장의 집'의 주재자 다니구치 마사하루가 저술한《생명의 실상》이었다. 검은 가죽 표지의 호화로운 책이었다고 한다.

생장의 집은 1930년 다니구치 마사하루에 의해 탄생한 신흥 종교로 다니구치가 방대한 저작을 통해 그 내용을 알기 쉽게 전달한 것이었는데, 다른 종교를 배척하는 것이 없다는 점 때문에 순식간에 신자 수를 늘려가고 있었다. 그리고 그 종교의 교전이《생명의 실상》이었던 것이다. 하토야마 이치로가 생장의 집의 교도인 것으로 알려져 전국에 신자를 가지고 있었기 때문에 이나모리 집 옆집이 그 신자였다고 해도 하등 이상할 것도 없었다. 불안에 사로잡혀 있던 때이기도 해 지푸라기라도 잡는 심정으로 책을 읽었다. 그리고 페이지를 넘기고 있는 가운데 이런 대목을 만났다.

우리들의 마음 안에 재액을 끌어당기는 자석이 있어, 주위로부터 칼, 총, 재난, 질병, 실업 등 모든 것을 끌어당기고 있는 것입니다.

그러고 보면, 짐작이 가는 부분이 있었다. 결핵이 공기를 통해 감염되는 것으로 알고 있었던 가즈오는 카네오 삼촌이 결핵으로 몸져 누워 있을 무렵, 그의 앞을 지날 때면 감염되는 것이 무서워서 항상 코를 잡고 달리곤 했다. 케사이치로부터도 "전염될 수 있으니 가까이 가지 말아라"는 말을 들었기 때문에 새삼 의식하고 있었던 것이다. 하지만 결국엔 어린아이였던 터라, 채 지나가기 전에 숨이 차올라 오히려 깊게 숨을 들이마시곤 했다.

'거기에서 도망치려고 했던 내가 이런 일을 당하게 된 것은 결핵을 걱정하는 마음 때문이 아닐까. 오히려 그것이 재앙을 불러온 것은 아닐까?'

형인 토시노리의 생각은 달랐다. "뭐 그리 쉽게 전염되겠어?" 하고 별 신경을 쓰지 않았다. 케사이치는 카네오 삼촌을 위해 염소를 사와서 피와 고기를 먹이고 영양을 보충시키려고 했었다. 많은 돈이 들었지만 그래도 카네오 삼촌은 회복되지 않았다. 회복이 더 늦어지면 안 된다는 생각에 각오를 굳힌 케사이치는 "앞으로 카네오의 관리는 내가 도맡겠다"라고 주위에 공표했다. 결핵 말기에는 균의 배출이 비정상적으로 증가한다. 그것을 알면서도 가족을 멀리하고 스스로 무엇인가를 하겠다고 선언한 것이다.

그런 케사이치도 태연하게 걷고 있었다. 토시노리도 마찬가지로 결핵에 걸리는 일은 없었다. 그러나 그 누구보다 주의 깊게 행동했을 가즈오만 결핵에 걸려버린 것이다. 《생명의 실상》에 쓰인 대로였다. 그리고 자신도 결핵에 걸릴지도 모름에도 동생을 보살필 각오를 한 케사이치의 마음 씀씀이를 생각했다. 헌신적인 자기희생에 감명한 사신이 아버지를 데려가지 않았던 것이다.

가즈오는 어린아이임에도 깊이 반성했다. 그는 자신의 책에서 그렇게 회고하고 있었다. "이 책은 내 마음가짐에 대해 생각하는 계기가 되었다." 《《이나모리 가즈오의 악동 자서전》》

가고시마 공습을 통해 본 삶과 죽음

그러던 중 공습경보가 빈번하게 울기 시작했다. 카네오 삼촌은 이미 죽음을 각오하고 달관해 "병을 옮길 수 있으니 방공호에는 들어가지 않겠어. 나는 신경쓰지 않아도 돼"라며 공습경보가 울려도 꼼짝하지 않았다. 그런 가운데 입시에 실패하고 1년이 지난 1945년 봄 다시 가고시마 제1중학교에 도전할 때가 돌아왔다. 담임인 도이 선생님이 일부러 집까지 와서 부모님께 재응시할 수 있도록 격려하고 가즈오의 컨디션을 걱정해 대신 원서를 시험장까지 전달해주기도 했다. 하지만 이번에도 합격자 명단에는 그의 이름이 없었다. 눈앞이 캄캄해져 그냥 집에 돌아와 이불을 뒤집어쓰고 드러누워버렸다.

아직 집 근처에 있는 구 제국 가고시마 중학교(현 가고시마 고등학교)에 응시할 수 있었다. 제1중학교의 합격 발표일이 가고시마 중학교의 원서 마감일이라는 것도 알고 있었다. 하지만 자포자기한 가즈오는 응시

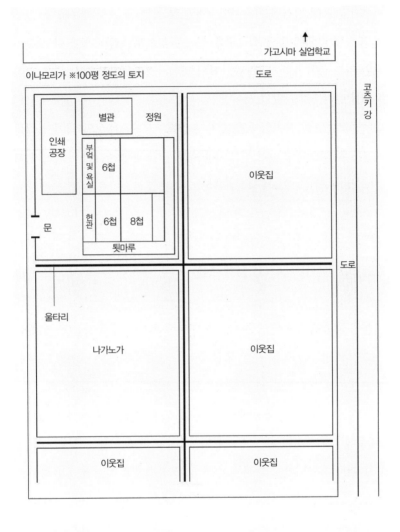

가고시마 실업학교

이나모리가 ※100평 정도의 토지

도로

코츠키강

인쇄공장

별관

정원

부엌 및 욕실

6첩

문

현관

6첩

8첩

툇마루

이웃집

울타리

나가노가

이웃집

도로

이웃집

이웃집

1945년 당시 소실 전의 이나모리가 약도(이나모리 토시노리와의 인터뷰를 통해 재구성).

할 생각조차 하지 못했다. '이제 진학은 포기하자….' 천장을 멍하니 바라보고 있는데, 공습경보가 울려퍼졌다. 다시 방공호에 가지 않으면 안 되었다. 나른한 몸을 천천히 일으킨 그 순간 그의 불합격을 알게 된 도이 선생님이 방공 두건을 쓰고 집을 찾아왔다. "남자라면 포기하지 마!" 그는 멍한 눈을 하고 있는 가즈오를 격려하고 부모님에게 말했다. "아무리 생각해도 가즈오는 꼭 중학교에 보내야 합니다. 아직 가고시마 중학교가 남아 있습니다. 원서는 제가 내놓았습니다. 시험을 칠 수 있도록 해주세요!"

케사이치는 물론 이나모리 가즈오 자신도 "이제는 괜찮습니다"라는 말이 목구멍까지 차올랐지만, 선생님의 열정에 다시 한 번 마음을 다잡고 시험을 치르게 되었다. 이번에는 무사히 합격했다. 도이 선생님이 억지로 설득해주지 않았다면 그는 초등학교를 졸업하고 아버지를 따라 장인이 되었을지도 모른다. 구 제국 중학교 이상의 학력을 가진 사람과 초등학교 졸업자의 장래 진로는 그만큼이나 차이를 보였던 것이다. 그렇게 되었다면 오늘날의 이나모리 가즈오는 없었을 것이다. 불운이 계속되고 있는 것처럼 보이는 그의 삶에 반짝이고도 운이 좋은 만남이 기다리고 있었던 것이다.

1945년 4월 가즈오는 가고시마 중학교에 입학했다. 집 바로 뒤쪽이라 수업종이 울리고서 달려가도 늦지 않을 정도였다. 제1중학교, 제2중학교에 떨어져서 온 아이들이 많았지만 학력 수준은 낮지 않았다. 육군사관학교와 해군사관학교 등 지금의 도쿄 대학보다 어려운 상급 학교로 진학하는 선배도 많았다. 하지만 시험 실패의 충격은 꼬리를 이어 자신은 운이 없다는 부정적인 생각으로 이어지고 있었다. 교복 배급의 추첨일에도 줄을 서긴 했지만 당첨되지 않을 것이라 생각했다. 제비뽑기에 당첨된 적도 없었고 신사에서 길흉을 점쳐도 좋게 나온 적이 없었기 때문이다. 아니나 다를까, 이날도 추첨에서 탈락해 한숨을 내쉬었다. "남만, 남만 감사합니다"라는 말을 입에 담을 기회는 좀처럼 찾아오지 않은 것이다.

그러나 이런 암울한 기분일 때 약간의 좋은 일이나 위로의 한마디가 구원이 되기도 한다. 담임선생님인 사이토 타케시가 1학년 1학기 통지표에 "유망하다. 노력하면 더 발전할 수 있을 것이다"라고 비고 란에 써 준 것이 격려가 되어 겨우 앞을 보며 전진할 수 있었다. 그의 장래희망은 당시 소년 대부분이 그러했듯 군인이 되는 것이었다. 육군항공사관학교에 들어가 조종사가 되고 나라를 위해 목숨을 다한다고 당연한 듯이 생각하고 있었지만, 전쟁은 이미 최종국면을 맞이하고 있었다.

공습경보가 울릴 때마다 수업이 중단되고 하교해 방공호로 숨어드는 생활이 반복되었다. 공습이 무서웠냐고 하면 그렇지 않았다. 결핵으로 죽는 공포 등도 날아가버려 어느새 몸이 회복되고 있다는 것을 깨달았다. "불행은 불행을 의식할 때 온다. 잊고 있으면 떠나간다"는《생명의 실상》에 적힌 말 그대로였다.

그 당시 이나모리가에는 노쇠한 환자가 두 명 있었다. 한 명은 할아버지인 시치로였다. 그때까지 건강하게 행상에 나가고 있었지만 세월의 흐름을 이기지 못하고 뇌출혈로 손발이 부자유스럽게 되었다. 카네오 삼촌은 이미 생명이 위급한 상황으로 치닫고 있었다. 당시의 이나모리가는 대가족이었다. 토시노리와 가즈오 외에도 아야코, 미치코, 토요미, 갓 태어난 테루코, 거기에 결핵으로 사망한 삼촌 부부의 유산인 사촌동생 히로시도 있었다. 이만큼 대가족이면 도망치는 것도 고생이었다. 그래서 케사이치는 키미와 여동생들을 오야마다로 피난시켰다.

시치로의 고향집 인근에 퇴비창고가 있어 그곳을 빌렸다. 근처에 있던 외양간 등과 달리 냄새는 그다지 나지 않았다. 다다미 20장 정도 넓이로 돌로 토대를 쌓은 튼튼한 건물이었다. 이나모리 본가도 10명 가족인 대가족이었지만, 키미와 여동생들에게 음식을 나눠주기도 했다. 그러던 중 카네오 삼촌이 숨을 거뒀다. 1945년 6월 15일의 일이었다. 이나모리 가즈오는 이렇게 밝혔다. "임종이 가까워지면서 일광욕을 하고 있던 삼촌은 정말로 무언가 깨달은 모습으로, 표정도 맑고 훌륭하게 바뀌어 있었다." (이나모리 가즈오, 《너의 생각은 반드시 실현된다》*)

6월 17일 오야마다에 피신해 있던 키미가 카네오 삼촌의 장례식을 위해 젖먹이인 테루코와 장녀 아야코, 차녀 미치코를 데리고 집으로 돌아왔다. 시신을 화장하고, 장례 후 의무 채식을 끝내는 식사자리에 고인을 그리며 가족이 한데 모였다.

그날 밤이었다. 키미가 이변을 깨달았다. 어쩐지 밖이 소란스러웠다. 의구심을 가지고 문을 열어 밖을 보니 코츠키 강 건너편 방향으로 불길이 오르고 있었다. 가고시마 최대의 공습, 그것의 시작이었다. 장지문 너머로 불길이 보인 순간 케사이치는 "도망가자!"라고 소리치며 전원을 일으켰다. 한쪽 귀가 들리지 않았던 이유로 징집되지 않았던 케사이치는 대신 자경단의 단장을 맡고 있었기에 긴급 상황 시 피난 방법에

● 이 책은 국내에 《소호카의 꿈》 (2006, 선암사)으로 출간되었다.

대해 숙지하고 있었다. 조금 떨어진 곳에 있던 튼튼한 방공호에 가족을 대피시킨 다음 그는 집으로 돌아가 남은 음식을 보자기에 싸서 돌아왔다. 이것이 나중에 큰 도움이 되었다.

그러는 사이 불길이 점점 다가오기 시작했다. '여기도 이젠 위험하다….' 다시금 케사이치는 냉정하게 판단해 숨어 있던 방공호를 나서기로 결정했다. 방공 두건을 물에 적셔 쓰고 케사이치가 시치로를 자전거 짐받이에 태우고 이동했다. 키미는 아기였던 테루코를 안고 아야코는 키미의 옷자락을 쥔 채 뒤따랐다. 미치코는 토시노리가 업고 가즈오는 담요를 물에 적셔 머리에 쓰고 있었다.

코츠키 강 유역에 나오니 강 건너는 이미 불바다였다. 많은 사람들이 강을 건너 이곳으로 피난길에 오르고 있었다. 산성 방면으로 수많은 소이탄이 빗줄기와 같이 쏟아져 팍 하는 소리와 함께 지면에 꽂힐 때 안에 들어 있는 화약이 흩어져 맹렬히 불을 붙였다. 제방 건너편의 사람이 불길에 휩싸여 굴러다니는 모습이 검은 실루엣으로 보이기도 했다. 지옥과도 같은 형상이었다.

그곳도 언제 공격당할지 알 수 없었다. 그들은 코츠키 강 상류의 오야마다를 목표로 걷기 시작했다. 제방의 정상은 도심에서 벗어나려고 하는 사람들로 북적거렸다. 중간에 소 떼와 만나 놀란 아야코가 잡고 있던 키미의 옷을 놓치고 순식간에 인파에 휩쓸리기도 했다. 하마터면 놓칠 뻔했지만, 50m 정도 앞에서 찾을 수 있어 안도의 한숨을 내쉬었다.

오야마다까지 4~5Km 정도의 여정이었지만 이나모리 가즈오는 거의 밤새도록 걸었다고 기억하고 있다. 피로와 전신을 감싸는 긴장감이 시간을 더 길게 느끼도록 한 것이다. 도망가면서 그는 카네오 삼촌을 생각했다. '고생 끝에 마지막은 후련한 표정을 하고 있던 삼촌은 오늘의 대공습을 예견하고 그저께 생을 마감한 거로구나.' 가족애가 깊은 케사이치이기에 동생을 두고 도망칠 리가 없었을 것이다. 시치로뿐이라면 몰라도 카네오까지 있으면 도망칠 수 없었을 것이다. 여러 가지 생각이 오가는 이나모리 가즈오의 마음에 깊은 음영이 새겨졌다.

가고시마는 인근 도시 중 공습이 가장 잦은 도시였지만, 그중에서도 6월 17일의 공습은 최대급의 피해를 입혔고, 역 앞에 떨어진 1톤 규모의 폭탄에 의해 생긴 구멍은 전쟁이 끝나고도 한동안 메우지 못한 채 끔찍한 모습을 보이고 있었다. 가고시마 시내는 온통 잿더미였다. 가고시마 중학교도 강당 이외에는 전소되었다. 산성의 정상에 설치되어 있던 고사포 진지는 완파되었고 미군 전투기인 그루먼이 초 저공에서 선회하고 있었다.

학교 운동장에서 가즈오가 야외 수업을 받고 있을 때 갑자기 뒷산 사이에서 그루먼이 나타나 폭격을 받은 적이 있었다. 불에 탄 그루터기 뒤에 숨어 있자 가까운 곳에 총알이 모래 먼지를 일으키며 박혀왔다. 살아도 산 기분이 아니었다.

전쟁 후의 이나모리가

6월의 대공습에도 이나모리 가족들은 기적적으로 살아남았는데, 그런 기쁨도 잠시, 종전 전전날의 공습으로 인쇄기나 종이봉투 자동 제작기 등이 전소해버린 것이다. 그리고 1945년 8월 15일 일본은 종전을 맞이했다. 집이 불타 결국 가족들 전부 오야마다로 피난갈 수밖에 없게 되었다. 다행히 피난시켜놓은 가재도구도 있어서 퇴비창고뿐 아니라 터널의 동굴도 사용하게 해 달라고 했다.

필자 역시 현지를 방문해 그들이 잠시 살았다는 동굴을 볼 수 있었다. 화산재가 퇴적되어 생긴 응회암의 천장이 무너져 터널 한쪽이 막혀 있었지만 동굴은 현존하고 있었으며 당시 느꼈을 고생을 체감할 수 있었다.

오야마다에서 가고시마 중학교까지 통학하는 것은 힘든 길이었다. 국도를 오가는 트럭 화물칸에 타서 통학하는데, 공짜로 태워주는 경우도 있는가 하면 돈을 받는 경우도 있었다. 난폭운전으로 차에서 떨어지는 경우도 더러 있었다. 도쿄에서 '식량 쟁탈 시위'가 일어났을 만큼 식량 부족은 심각했다. 요시다 총리가 맥아더와 협상하고 GHQ(General Headquarters, 연합국 최고사령부)에 의한 식량 배급이 이뤄진 것도 이때의 일이었다.

학교에 배급 물자가 오게 되었다. 어느 날 반으로 자른 드럼통에 따뜻한 물로 데운 쇠고기 통조림이 한 사람당 한 개씩 배급되었다. 전시에는 있을 수 없는 사치품이었다. 입에서 녹는 듯한 맛에 이런 걸 만들어낼 수 있는 나라에 이길 수가 없다며 미국의 풍요로움을 실감했다. 수업은 푸른 하늘 아래서 진행되었다. 농사일을 돕고 있는 시간이 긴 것은 전시 때와 다를 바 없었다. 밭일을 하고 있을 때, 나쁜 친구들과 짜고 고구마를 서리해서 군고구마를 구워먹곤 했다. 연기가 나면 선생님에게 걸릴 수 있어서 서투르게나마 연기를 흩뜨리며 굽곤 했지만, 고구마 굽는 냄새에 들켜 혼나곤 했다.

생장의 집의 주재자 다니구치 마사하루가 지은
《생명의 실상》.

이나모리 가즈오(좌측 교복)의 어린 시절, 여동생 아
야코(앞줄 우측)와 형 토시노리(우측 교복)와 함께

피난처였던 동굴 속 모습(저자 촬영).

집안 사정도 힘들었다. 본가에 도움을 받아 시치로가 상속해준 땅에 오두막을 짓고 이사를 갔다. 죽순대를 반으로 자른 것을 지붕으로 삼고, 가까운 우물에서 물을 끌어왔다. 더 이상 친척들에게 의존하고만 있을 수도 없었다. 케사이치는 소주를 담그기 시작했다. 고구마를 찌고 으깨 누룩을 섞어 땅속에 파묻은 항아리에 밀봉해 발효시켰다. 때가 되면 증류하고 적당히 물에 타면 완성이었다.

물베개에 넣으면 두 되 이상 들어갔다. 그것을 앞뒤로 복대처럼 허리에 감고 암시장에 가져가면 불티나게 팔렸다. 하지만 무면허 밀주 장사였기에, 증류할 때 나오는 찌꺼기를 밭 구석에 파묻어봤지만 술 냄새는 여전했다. 경찰의 단속에 걸리면 체포될 일이었다. 평소의 케사이치라면 절대 하지 않을 행동이었지만 그렇게 할 수밖에 없을 만큼 절박한 상황이었던 것이다. 하지만 죄책감에 얼마 지나지 않아 그만두고 말았다.

그러던 중 케사이치, 토시노리, 가즈오 세 사람은 키미의 친정으로부터 바다 가까이 방을 빌려 소금을 만들기 시작했다. 드럼통을 잘라 냄비 대신 삼고 폐목을 태워 바닷물을 끓였다. 만들어진 소금은 농촌에 매물로 가져가 식량과 교환했다. 하지만 이런 생활을 오래 지속할 수는 없었다. 한계를 느끼고 가족은 약사마을로 돌아가기로 했다.

피난처에 지었던 오두막을 그대로 옮겨갔다. 판잣집이나 다름없었기에 운반은 비교적 쉬웠다. 오두막을 옮기며 방도 증축했다. 급하게 지었던 오두막이기에 태풍이라도 오면 위험할 것 같았다. 그래서 장대를 박고 줄을 매달아 바람에 날아가지 않도록 했다. 담도 허술했기 때문에 동생 토요미 등은 어린 나이에도 담을 지탱하고 있었다고 한다.

그럼에도 담이 무너져 항상 다음 날 아침 수리해야만 했다.

1947년 6월 21일 시치로가 향년 70세의 나이로 사망했다. 가즈오는 결핵에 걸렸던 몸이 회복되면서 '골목대장' 기질이 되살아나기 시작했다. 가고시마 중학교 1학년 시절의 어느 날 사소한 일로 반의 불량배 하나와 싸움을 하게 되었다. 정말 바보 같은 이유였다. 가즈오가 책받침 썰매를 타고 있었는데 거기에 부딪힐 뻔했다는 것이다.

가고시마 중학교와 가고시마 실업학교 사이에 좁은 골목이 있어 하굣길에 거기서 결투를 하게 되었다. 가즈오 반은 물론 옆 반 아이들까지 구경을 하러 모여들었다. 아무도 가즈오가 이길 것이라고는 생각하지 않고 있었다. 가즈오는 2~3학년 때 갑자기 키가 자라기 시작해 성인이 되었을 때 178cm가 되었기에 당시 기준으로 꽤나 장신이지만, 1학년 때는 아직 평균적인 신장이었고 상대 쪽이 훨씬 몸집이 컸기 때문이다. 하지만 가즈오에게는 비책이 있었다. 그는 이렇게 밝혔다. "우선은 선수필승이라 생각해서 힘껏 뛰어올라 얼굴에 한 방 먹여줬습니다. 저는 그 반동으로 엉덩방아를 찧을 정도였고요."《이나모리 가즈오의 악동 자서전》 그리고 취재 당시 그는 수줍어하면서 당시의 무용담을 말했다. "펀치가 코에 맞아 코피가 터졌습니다. 그렇게 상대가 주춤한 틈에 더 때렸습니다. 그렇게 싸움을 잘했던 건 아니었지만요."

그런데 여기에서 터무니없는 일이 벌어졌다. 화가 난 불량배가 숨겨왔던 단도를 꺼낸 것이다. "맨손으로 싸우지 못할까!" 하고 노려보고 있는 사이 소란을 들은 상급생이 달려와 단도를 빼앗아줬기에 무사했지만, 위험한 상황이었다. 그리고는 건방진 녀석들이라며 둘 모두 상급생들에게 실컷 얻어맞았다.

그렇게 가즈오는 다시금 청춘을 즐기기 시작했지만, 케사이치는 달랐다. 전후에 소주를 담그고 소금을 만들기도 했으나 얼마 지나지 않아 완전히 힘을 잃어버렸다. 근면했던 케사이치였기에 지금까지 열심히 저축하고, "50세가 되면 이자로 먹고사는 거야" 하는 꿈을 이야기하곤 했지만, 전후의 인플레이션과 예금 봉쇄로 돈의 가치가 폭락해버렸던 것이다. 성실하게 저축하고 있던 사람일수록 피해가 컸다.

전쟁 전 키미는 케사이치에게 "돈의 절반은 남기고 나머지 절반은 토지 또는 주택을 구입하면 어때요? 그러면 임대료도 받을 수 있고 최악의 경우에는 가계의 보탬으로 삼을 수도 있어요" 하고 제안했었다. 이나모리 인쇄소의 경기가 좋은 것을 보고 부동산 공인중개사가 싼 물건을 몇 가지 소개하기도 했다. 케사이치에게 이야기해도 안 통한다는 것을 알고 있었기에 공인중개사가 키미에게만 정보를 전달했던 것이다.

키미는 이를 크게 신경 쓰고 있었지만 케사이치는 막무가내로 듣지 않았다. "무슨 말이야. 현물이 도움이 될 리가 없잖아. 돈이 최고지. 돈에는 이자가 붙지만 집이나 토지 등에는 이자가 붙지 않아. 몇 년이 지나도 늘지 않는다고." 금슬 좋은 부부였지만 자산 운용에 관해서는 계속 의견이 대립해 다투곤 했다. 그런데 결국 그것에 관해서는 키미의 의견이 옳았던 것이다. "내가 얘기했었잖아요…." 키미는 가끔 이렇게 푸념했지만, 케사이치는 아무런 반박도 하지 않고 가만히 입을 다물고 있었다고 한다. 《응석받이》

아직 마흔 전이었음에도 불구하고 갑자기 의욕이 꺾여버린 그는 신중한 성격에 더욱 박차를 가한다. 키미가 아무리 인쇄소를 재건하자고 권고해도 고개를 끄덕이지 않았다. 인쇄기계를 사게 되면 다시 큰 빚을 떠안아야 한다는 것이 싫었던 것이다. 대신 이나모리 인쇄소의 전 점원이 독립해 차린 가게로 일을 시켜 달라 부탁하러 갔다고 하니 키미가 보기에 너무 안쓰러웠던 것이 틀림없다. 당시를 회상하던 이나모리 가즈오는 "정말 자신감을 많이 잃고 있었다고 생각합니다" 하고 당시 아버지의 심경에 대해 말했다.

의외의 노력을 보인 것은 키미였다. 교외 농가에 나가 자신의 옷을 팔아 음식으로 바꿔오곤 했다. 당시 도시에 살던 사람이라면 어느 정도 다 경험한 것이지만, 키미의 경우 자그마한 아이디어가 있었다. 교환한 음식의 일부를 암시장에 재판매한 것이다. 얼마 안 가 중고 시장에서 옷을 구입해 그것을 농가에 가져가 쌀로 바꿔오는 상술까지 보였다. 그녀의 노력으로 이나모리 가족들은 조를 먹는 비참한 생활을 하지 않고 지낼 수 있었다. 이나모리 가즈오의 상술은 어머니에게 물려받은 것인지도 모른다.

일생의 친구를 만나다

가고시마 중학교에 진학해서 좋았던 점은 일생의 친구와 만났다는 점이다. 그의 이름은 카와가미 마스오라고 한다. 훗날 기계 제조 업체인 쿠보타에서 해외 발령을 받아 일하다 상무이사가 되고, 쿠보타크레딧의 사장을 역임하는 인물이다. 그 또한 제1중학교 입시에 실패해 가고시마 중학교에 들어오게 되었지만 이나모리 가즈오처럼 삼수를 하지는 않았기 때문에 나이는 한 살 아래였다.

카와가미 마스오의 아버지 카와가미 키요시(제3항공군 참모장, 중장)는 개전 시 독일에 파견되어 일본의 공군 설립을 연구한 엘리트 군인이었다. 종전의 전년 말레이 반도 상공에서 타고 있던 비행기가 격추되어 전사했지만 계급이 높았기 때문에 충분한 연금이 나와 그 가족은 비교적 풍요로운 생활을 하고 있었다. 마스오의 집이 가까웠던 이유도 있어 무엇을 하든 둘은 함께였다. 둘이서 기타나 만돌린 등을 몇 달 정도 배웠고, 마스오 집에 있던 축음기로 〈치고이너바이젠〉 등의 클래식을 자주 들었다.

구 제국 중학교라고 하면 지금으로 말하면 고등학교에 해당해서 개중에는 허세를 부리느라 담배를 피우기 시작하는 아이들도 있었다. 이후 골초가 될 이나모리 가즈오지만 20세가 되기 전까지는 담배를 피우지 않았다. 어린 시절에는 골목대장이었지만 성장하고 나서는 불량함과는 거리가 먼 사람이었다.

마스오와 가즈오의 공통점은 둘 다 야구를 좋아한다는 점이었다. 마스오가 글러브를 3개 정도 가지고 있었으며, 가죽 장인의 아이가 남은 가죽조각으로 만든 공을 가져다줬다. 방망이는 학교 건물의 창틀을 뜯어내 대신했다. 그 외 도구들을 사기 위한 돈을 벌기 위해 어설프게나마 비누를 만들어 팔았다고 하니 상당한 야구광이었던 것 같다. 가즈오는 자신의 포지션을 투수로 정했다. 고등학교 야구부에 들어간 마스오가 보기에도 가즈오의 언더에 가까운 사이드 암 투구는 꽤나 훌륭한 것으로 여겨졌다. 방과 후 둘은 운동장에서 매일 어두워질 때까지 야구를 하곤 했다.

가고시마 중학교 3학년이 되어 교육과정이 현재의 6-3-3으로 바뀌었지만 케사이치는 고등학교 진학을 반대했다. 토시노리는 가고시마 실업학교를 졸업하고 국철(현 JR)에 취업했다. 형과 마찬가지로 취직하기를 바랐던 것이다. 자신의 경험에 따르면, 학교에서 공부하는 것보다 빨리 사회에 나가 기술을 익히는 것이 훨씬 중요하다고 생각했다. 하지만 70% 정도의 학생들이 그대로 고등학교에 진학하고 있었다. 마스오도 마찬가지였다. 가즈오는 여기서 그만두면 중퇴나 다름없게 되기에 어떻게든 케사이치를 설득하려고 애를 썼다. 그리고 오야마다의 작은 밭을 어떻게 할지 케사이치가 고민하고 있던 것을 기억하고는 그 땅을 팔고 진학시켜 달라고 부탁했다. 부모의 지갑 사정까지 캐는 말도 안 되는 아들이었다.

《응석받이》에 따르면, "가난하더라도 저를 고등학교까지 진학시켜 주는 게 부모의 의무 아닙니까?"라고까지 말해 아버지의 뺨을 맞고 집에서 쫓겨나기도 했다. 그럼에도 가즈오는 끈질겼다. "고등학교를 졸업하면 취직할 겁니다"라는 약속까지 하고 나서야 진학할 수 있었다. 물론 이 약속은 지켜지지 않았다. 공식 기록상 가고시마 중학교 3학년 학생 25명은 가고시마 시립고등학교로 편입된 것으로 되어 있지만, 실질적으로는 가고시마 상업학교 보통과에 편입되어 그곳에서 2년간을 보낸 것이 카와가미 마스오와의 인터뷰로 밝혀졌다. 보통과와 상업과 사이가 항상 나빴고 분쟁이 생기면 항상 이나모리 가즈오가 중재를 했다고 한다.

가고시마 상업학교는 카모이케에 있었기 때문에 바다가 가까웠다. 가즈오는 점심 시간이면 수영을 하러 가기도 하고, 오후 체육 수업에 지각도 자주했다. 중학교 때와 거의 같은 것을 가르쳐줬기에 수업을 제대로 듣지 않아도 큰 지장은 없었지만, 방과 후는 항상 동네 야구 삼매경이어서 결국 키미가 쓴소리를 했다고 한다. "가즈오, 힘들게 고등학교에 보냈는데 놀기만 하면 되겠니? 형편도 어려운데 집안일을 좀 도우면 어떠니?" 이를 계기로 그는 야구를 그만두고 대신 뭔가 집안 살림에 보탬이 될 것을 궁리하기 시작했다. 그렇게 생각해낸 것이 종이봉투 행상이었다. "아버지, 다시 종이봉투를 만들죠. 제가 팔게요." 이런 그의 말을 아버지는 처음엔 받아주지 않았지만 몇 번이나 요구하자 결국 승낙하게 되었다.

예전부터 알고 지낸 종이 도매상에게 부탁해서 종이를 입수했다. 이렇게 다시 종이봉투 만들기가 시작되어 이전에 근무하던 이웃 아줌마들도 다시 모여들었다. 일하면 삯을 받을 수 있었기에 그녀들도 매우 기뻐했다. 종이봉투 자동 제작기는 타버렸기 때문에 완전 수작업으로 진행되었다. 기계가 생기기 전까지는 손으로 만들고 있었기 때문에 손에 익은 일이었다. 다다미 한 장 크기의 종이를 500장 정도 묶어 받침대 위에 놓고 큰 칼로 단번에 절단했다. 커다란 1호 크기에서 작은 10호 크기까지 만들어 집 전체에 놔두고, 이나모리 인쇄소라고 적힌 고무판으로 눌러 100장씩 묶어 다발로 만들면 완성이었다.

평일엔 학교가 끝나자마자 행상에 나가고 일요일은 아침부터 자전거를 타고 행상을 나섰다. 당시 자전거 짐받이가 매우 커서, 거기에 큰 대나무 바구니를 달고 산처럼 종이를 쌓았다. 너무 무거워 앞바퀴가 떠오를 정도였다. 가고시마 시내에는 큰 암시장이 많이 있었다. 처음에는 발길 닿는 대로 돌고 있었지만 효율이 좋지 않았기에 가고시마 시내를 7개로 나눠 요일을 정해 가는 것으로 결정했다.

당시 현지에 봉투를 만들고 있는 곳은 없었고 후쿠오카의 종이 도매상이 가고시마까지 팔러 오고 있었다. 암시장의 아주머니들을 상대로 "종이봉투 필요하지 않으세요? 후쿠오카의 도매상보다 싸게 팔아요"라고 얘기하면, "귀여운 아이가 그렇게 말하면 사야지" 하며 사가곤 했다. 바구니에 종이봉투가 조금 남아 있을 때는 남은 거 다 달라고 하기도 하고, '종이봉투 파는 아이'로 유명해졌다. "가게에 가서 '안녕하세요' 하고 인사했더니 비슷한 또래의 여자아이가 나와서 당황하고 아무 말도 못 하고 나온 적이 있던 일이 기억나는군요." 이나모리 가즈오는 당시를 이렇게 추억했다.

어느 날 과자 도매상의 아내가 이런 것을 알려줬다. "우리 가게는 구시키노나 센다이의 과자 가게에서 과자를 사러 온다. 그러니 우리 가게에 종이봉투를 두고 아줌마가 그걸 팔면 네가 일일이 팔러 돌아다니지 않아도 된단다." 편한 방법이라고 생각되어 알려준 대로 해봤더니 실제로 잘 팔렸다. 그때까지 하던 대로 가고시마 시내를 일일이 돌아다니며 행상을 하지 않아도 된다는 얘기였다.

당시 가고시마에는 자몽사탕을 만들던 현재의 세이카식품주식회사를 비롯해 세 개 정도의 과자 도매상이 있었다. 소문을 듣고 다른 과자 도매상에서 동일한 주문이 쇄도해, 현의 과자가게에서 이나모리 인쇄소에서 만든 종이봉투가 사용되게 된다. 그러는 사이 반년 만에 가고시마 시내의 가게를 모두 독점해버려 후쿠오카의 종이 도매상을 밀어내게 되었다.

장사 초보라고는 생각할 수 없는 큰 성공이었지만 이번에는 대량 주문에 손이 부족하게 되었다. 그래서 초등학교를 졸업한 지 얼마 안 된 아이를 고용했다. 케사이치가 도와줬다고 해도 학생 신분으로 사람을 고용하는 재치가 대단했다. 이 경우 상근이었기에 아르바이트가 아닌 직원이라고 할 수 있었다. 아야코에게 들은 바로는 성격이 매우 착한 아이였다고 한다.

그 아이를 위해 새 자전거도 샀다. 당시 자전거는 1만 5,000엔 정도 했다. 초등학교 교원의 초임이 4,000엔 정도였으니 지금으로 따지면 경차를 하나 구입한 셈이었다. 그런데 막상 사고 보니 아이가 자전거를 제대로 타지 못했다. 장사를 가르치면서 자전거를 타는 방법까지 가르쳐줘야 했다. 뒤에 짐받이 부분을 달고 집 뒤의 가고시마 실업학교의 운동장에서 매일 연습을 시켰다. 어떻게든 탈 수 있게 만든 다음 둘이서 행상에 나서는 생활을 1년 정도 이어갔다.

피곤해지면 길거리에서 아이스크림을 사서 "같이 먹자" 하곤 했다. 이 '직원 제1호'의 이름은 가즈오도 그 형제들도 기억하지 못했지만, 그는 이때를 돌아보며 《이나모리 가즈오의 악동 자서전》에 다음과 같이 적고 있다. "내 사업의 원점은 이 행상에 있었다."

'권토중래'를 기한 대학 입시

가고시마 상업학교 보통과에서 2년을 보낸 후 교쿠류 고등학교에서 고교 생활의 마지막 한 해를 보내게 되었다. 학교 이름은 욕룡산의 복창사(福昌寺)에서 따왔다. 복창사는 시마즈 묘소가 있는 사찰로 시마즈 히사미스의 커다란 무덤도 시마즈 나리아키라의 소박한 무덤도 여기에 있다. 메이지 유신 이후의 폐불훼석*으로 가고시마 시내의 불교 사원은 철저하게 파괴되었다. 북쪽의 시마즈 묘소 주변은 다행히 살아남았지만, 남쪽은 교쿠류 고등학교의 새 건물이 건설 중이었다.

패전과 함께 폐교가 된 육군사관학교와 해군사관학교 등의 학생이 고등학교에 편입되어왔으며, 다섯 살이나 많은 학생이 같이 수업을 듣는 경우도 더러 있는 혼란한 시절이었다. 방과 후 학교 건물 건설을 도와 지게를 지는 등의 일에 동원되기도 했다. 공부를 하고 싶은 마음에 부모를 무리하게 설득해 진학한 가즈오는 불만스러웠다고 한다. 그러나 이 당시의 가즈오가 참 재미있는 것이, 말똥이 떨어지는 등 사람이 싫어하는 일도 지시받으면 묵묵히 해냈다는 것이다.

교쿠류 고등학교는 다른 학교와 통합되어 1학년이 500명이나 되었다. 처음 가고시마 상업학교에서 합류한 이나모리 가즈오의 경우 학력이 낮을 것이라 평가되기도 했다. 하지만 가즈오와 마스오는 처음부터 학년 톱클래스의 성적을 가지고 있었고, 일부러 선생님에게 어려운 질문을 하며 괴롭히는 여유도 보이곤 했다. 예전에는 서툴렀던 수학도 이 무렵에는 특기 과목이 되어 있었다. 수학 선생님이 가고시마 중학교 교장이었던 가라시마 마사오 선생님이라는 것도 의욕을 높였다.

그런 교쿠류 고등학교 3학년 시절 여름, 카모이케 구장에서 가고시마 상업 고등학교와의 야구 경기에 마스오가 투수로 출전하게 되었다. 가즈오는 친구를 응원해야 한다며 집이 가까운 100명 정도의 친구들과

● 일본 메이지 정부가 불교 사원과 승려들이 받고 있던 특권을 무너뜨리기 위해 사원, 불경, 불상 등을 훼손한 사건.

함께 야구장을 찾는다. 그런데 가즈오는 집 근처에서 교쿠류 고등학교 근처 역까지의 정기권밖에 가지고 있지 않았다. '뭐, 살짝만 보여주면 괜찮겠지' 하며 동료들과 함께 무임승차를 했다. 큰 문제없이 구장에 도착했지만 경기는 아쉽게도 패배했다. 그래도 함께 응원할 수 있다는 충실감을 맛볼 수 있었다.

그런데 좋은 기분으로 돌아가는 길에 사건이 일어났다. 모두들 정기권을 보여주고 내려갔지만 그들이 어디에서 탔는지 차장이 모를 리 없었다. 마지막으로 조심조심 걸어나간 가즈오가 붙잡혀 막 구입한 정기권을 몰수당하고 정규 요금의 몇 배나 되는 벌금까지 물게 된 것이다.

'역시 난 운이 없구나.' 새로운 정기권을 살 여유가 없었던 가즈오는 그날부터 걸어다니기로 한다. 1.5km 정도의 거리였다. 그때 "너 하나만 희생시킬 순 없지"라며 함께 도보 통학을 해준 친구가 있었다. 같은 약사마을에 살던 카와베 요시히사였다. 매우 감격했지만, 훗날 요시히사가 "사실 나도 무임승차를 했었는데 네가 잡혀 있는 동안 나왔었거든" 하고 고백해 와 놀랐다고 한다. 함께 도보통학을 했던 이유가 알고 보니 속죄였던 것이다. 어쨌든 두 사람은 고등학교 3학년이었던 그해 9월부터 졸업할 때까지 7개월 가까이 걸어서 학교에 다녔다.

가즈오는 케사이치와의 약속도 있고, 고등학교 졸업 후 취직할 생각을 하고 있었다. 그런데 어느 날 학교에서 돌아오는 길에 친구 한 명이 잡지를 가지고 있는 것이 눈에 들어왔다. 그것이 무엇인지 묻자 "이거 〈형설시대〉잖아. 뭐야, 너는 몰라?" 하며 놀라워했다. 그것은 대학 수험생이라면 모르는 사람이 없는 유명한 입시 잡지였다. 주위 친구들이 진학을 준비하고 있다는 것에 적지 않은 충격을 받은 그는 그 친구로부터 낡은 〈형설시대〉를 빌려 읽던 중 대학에 진학하고 싶은 마음이 생겼다. 그러기 위해서는 우선 수험공부가 필수였다. 그래서 토시노리에게 자신의 생각을 털어놓고 종이봉투 판매 일을 그에게 맡기기로 했다. 토시노리는 지금까지 증기기관차 기관 조수로 일하고 있었지만, 기름 때문인지 피부 트러블로 고생해 철도 회사를 그만두고 쉬고 있었다. 토시노리라면 종이봉투 일을 잘 맡아줄 것이었다. 그렇게 공부에 전념할 수 있는 환경을 갖췄다.

'내게는 행상을 하며 공부를 소홀히 했던 핸디캡이 있다. 식사 시간도 아껴가며 공부해야 해. 남들의 2배는 노력하겠어. 남들이 2배 노력한다면 5배 노력하면 돼.' 가즈오는 이렇게 결심했다. 마스오의 집에서 자주 함께 어려운 문제를 풀기도 했는데, 가즈오의 끈기는 대단했다. 생각하고 생각한 끝에 "야, 됐다!" 하고 웃는 얼굴을 보이곤 했다고, 그 당시의 얼굴을 지금도 기억하고 있는 카와가미 마스오는 말했다. 당시의 대학 진학률은 남성의 경우도 그리 높지 않았다. 좁은 문이었지만 대학에 갈 수 없는 성적이라고는 생각되지 않았다. 목표로 하는 학부도 정해놓았다. 자신이나 가족이 결핵에 시달렸던 적도 있었고, 화학을 좋아해 약학 연구를 하고 싶다고 생각했다.

하지만 케사이치와의 약속이 마음에 걸렸다. 가난한 집안 사정을 생각하니 마음이 흔들렸다. 이에 마음을 접고 진로 지도 때 "대학 진학은 포기하고 가고시마 은행에 취직할까 합니다" 하고 약한 소리를 했다가 담임선생님인 가라시마에게 "너는 무슨 소리를 하는 게냐!" 하고 혼이 나기도 했다. 카와가미 마스오에 따르면, 이나모리 가즈오가 전국 학력고사에서 매우 우수한 성적을 내고 있었다고 하니 선생님이 화를 내는 것도 무리는 아니었다. 신설의 교쿠류 고등학교에 있어서 가즈오는 유명 대학에 진학하는 실적을 남겨줄 기대주였던 것이다.

바로 다음 날 선생님이 이나모리 집을 찾아와 "가즈오는 꼭 대학에 진학시켜야 합니다. 학비가 문제라면 걱정하지 않으셔도 됩니다. 장학금이 있습니다" 하며 케사이치를 설득해줬다. 그것도 한 번이 아니라 두 번이나 발길을 옮겨줬기에 케사이치도 마음이 기울었지만 조건을 달았다. "가즈오, 대학에 간다면 규슈 대학 정도는 가야 하지 않겠니?" 대학에 진학할 수 있다면 어디라도 좋았던 가즈오는 케사이치가 시키는 대로 규슈 대학에 진학하고 싶다고 가라시마 선생님에게 말했다. 그러자 선생님은 "후쿠오카에 친척이 살고 계시니? 차라리 오사카 대학을 지원하는 건 어떨까?" 하고 조언해줬다.

규슈 대학 이상의 난관이었다. 이 정도라면 케사이치도 불만이 없을 거라 생각해 오사카 대학의 의학부 약학과를 응시하게 되었다. 당시는 약학부를 가진 대학이 많지 않았고, 약과 대학 외에서는 의학부나 공학부에서 연구되는 것이 보통이었다. 당시의 이나모리 가즈오는 규슈를 벗어나본 적이 없었다. 그때까지 가본 가장 먼 곳이 하카타였다. 전쟁 전에 케사이치와 인쇄소 일로 함께 갔던 것이 전부였다. 그에게 오사카는 참 멀고도 먼 곳이었다.

다행히 이나모리 가족과 친하게 지내고 있던 이웃 친척이 오사카 타마츠쿠리에 살고 있어 그분들에게 도움을 구하고자 했다. 하지만 편지가 제대로 도착했는지는 알 수 없었다. 편지가 제대로 도착했더라도 그들을 잘 만날 수 있을지도 미지수였다. 최악의 경우 노숙도 할 작정으로 오사카 역에 도착했다. 당시는 열차 수도 적었고, 언제나 만원이었다.

여차여차해 타마츠쿠리에 도착했고, 적어온 주소를 물어물어 집을 찾아다녔다. 우연히 그 집을 찾고 있어 안심했지만, 잘 풀린 것은 여기까지였다. 이동에 신경을 너무 쓴 나머지 과로를 했고 제 실력을 발휘하지 못한 채 불합격했다. 젊은이에게 주어진 시련이었을까. '시험'이라는 것에 가즈오는 지속적으로 떨어지고 있었다.

40대 정도까지 이나모리 가즈오가 과거에 대해 말하는 것은 거의 없었다. 청춘의 날들은 달콤한 추억뿐이었다. 게다가 일이 바빠 과거를 회상할 겨를도 없었던 것이다. 빠르게 성장하는 기업으로 교세라가 유명해진 후에는 신문 등에서 취재 의뢰가 왔지만, 초기에는 좀처럼 받지 않았었다. 이나모리 가즈오의 어린 시절이 알려지게 된 것은, 카토 카츠미의 《한 소년의 꿈: 교세라의 기적》이 1979년에 간행되고 나서의 일었다. 마침내 그는 자신이 걸어온 길에 대해 이야기하기 시작했다. 이전의 이나모리 가즈오를 아는 사람들은 설마 그가 〈일본경제신문〉에 '나의 이력서'를 쓰게 될 줄은 상상도 못했을 것이다. 2001년에 게재된 '나의 이력서'는 나중에 《이나모리 가즈오의 악동 자서전》으로 발간된다.

여기에서 대학 입시 때로 이야기를 되돌려보자. 그때 마스오도 자신감에 차 오사카 대학 공학부를 응시했지만 결과는 마찬가지로 실패였다. 당시의 국공립대학은 2기 학교라고 하는 입학 시기가 느린 대학이 있어 1기 학교에서 떨어진 사람들의 방지 턱이 되고 있었다. 그 2기 학교인 지역 가고시마 현립대학 공학부를 응시한 두 사람은 모두 무사히 통과하게 된다. 참고로 이 대학은 1955년 7월 국립이 되어 가고시마 대학 공학부가 되었다.

규슈 대학 정도가 되어야 한다고 했던 케사이치였지만, 가즈오의 합격을 진심으로 기뻐해줬다. 친척들을 둘러봐도 대학에 간 사람은 아무도 없었다. 당시의 4년제 대학 진학률을 8%가 채 되지 않았었다. 50% 전후에 달하는 지금과는 비교가 되지 않는 엘리트였다.

대학 생활, 그리고 미래의 꿈
—

1951년 4월 가고시마 현립대학 공학부에 입학한 이나모리 가즈오는 응용화학과의 유기화학을 전공하기로 결정했다. 오사카 대학 의학부 약학과를 목표로 한 것과 같은 이유인 제약에 종사하고 싶다는 생각에서였다. "미래에 무슨 일이 있으면 내가 약을 만들어줄게." 가즈오는 고등학교 동창들에게 이렇게 미래의 꿈을 이야기하기도 했다고 한다.

석유화학이 세상을 떠들썩하게 했던 일도 있어 유기화학 쪽이 인기가 있었고, 계속해서 새로운 물질이 합성되어 매우 활기가 있었다. 응용화학과의 70%가 유기화학을 전공했다고 하니 그 인기를 짐작할 수 있다. 대학 등록금이 저렴했고, 당초 계획대로 장학금도 받을 수 있었다. 장학금과 아르바이트를 해서 번 돈의 절반을 학비에 충당하고 나머지 절반을 부모님께 드렸다.

'내년에 다시 오사카 대학에 도전하겠어!' 하는 생각도 있었지만, 포기하고 당장의 공부에 집중하기로 했다. 취업을 하는 것으로는 절대로 자신의 꿈을 이룰 수 없다고 생각해 1학년 때부터 열심히 공부를 시작했다. 돈이 없어서 비싼 교과서와 참고서는 살 수 없었다. 그래서 대학과 도서관을 철저히 이용했다. 도서관은 보물의 산이었다. 이후 그는 대단한 독서가가 되고 매일 밤 잘 때 책을 읽다 자는 것이 습관이 되었다.

공부만 하고 있으면 몸이 무뎌졌다. 그래서 가라데부에 들어가게 되었다. 가라데는 도복 한 벌만 있으면 되기 때문에 가난했던 그에게 딱 맞았다. '부'라고 해도 부원은 몇 명밖에 없었고 정해진 유파도 없었다. 오키나와에서 온 사람이 소림사 권법을 정리한 가라데를 가르쳐줘 그것을 집에서 반복 연습했다. 격투기는 좋아했기 때문에 연습도 열심히 했다. 마당에 짚단을 세우고 매일 걷어차기와 정권지르기 등을 반복했다.

친구와 연습을 하던 어느 날이었다. 가즈오의 정권지르기가 상대의 안면에 들어가 앞니 두 개를 부러뜨려버렸다. 정권지르기를 하면 그것을 막는 연습이었는데, 상대가 막지 못했던 것이다. 그는 의학부 학생이었고, 이후 가고시마에서 병원을 개원했다. 누군가 동창회에서 그를 만났을 때 "가즈오는 내 앞니 두 개를 부러뜨렸으니까"라며 개원 사실을 말하지 않았다고 한다.

이 사건 이후 그는 가라데부를 그만두고 시합을 보는 것만을 즐기기로 했다. 가즈오의 격투기 사랑은 예전부터 알려져 있었다. 격투기뿐만 아니라 교세라가 메인 스폰서인 축구팀 '교토 상가 FC'에 대한 응원도 열의가 넘치곤 했다. 어쨌든 승부가 걸리면 피가 끓어오르는 것이다. 사실 케사이치도 가고시마 시내에서 프로 레슬링 경기가 있으면 그것을 보고 오곤 했다는 것을 최근 알게 된 그는 실로 기쁜 듯 이렇게 말했다. "매우 놀랐습니다. 제가 격투기를 좋아하는 것은 아버지를 닮은 것이었군요."

가즈오의 결핵은 완쾌되었지만 1951년 키미 역시 결핵이 의심되기

가고시마 중학시절(첫째 열 가운데가 신시마 선생님, 그 우측에서 세 번째가 이나모리 가즈오).

교복 차림의 카와가미 마스오(우측)와
이나모리 가즈오(좌측).

대학 시절의 동급생들과 실험기구를 손에 들고
(앞줄 우측이 이나모리 가즈오).

시작했다. 그가 대학교 2학년이던 때다. 37.2도의 미열이 계속되었고 식욕을 잃어 점차 말라갔다. 키미는 결핵이 틀림없다고 확신했다. 실제로 검사를 받아보니 쇄골 아래에 무언가 발견되어 항생제를 처방받게 되었다. 그런데 키미는 만성적으로 위가 약해 독한 약을 먹지 못했고, 늑막 강내에 공기를 넣는 기흉 치료법을 통해 어떻게든 대처하게 되었다. 그럼에도 의료비는 가계를 어려움에 직면하게 만들었다. "병원에 가서 많은 돈을 쓰고도 죽어버리면 후에 남는 사람들한테 무슨 볼 낯이 있겠니. 병원도 필요 없고 약도 필요 없다"라고 키미는 말했지만 효자 토시노리가 "돈은 마련하면 되니까 걱정하지 마세요"라고 격려했다.

드물게 가족이 모두 함께 테루쿠니 신사에 참배를 하러 갔다. 제야의 종이 울림과 동시에 참배하는 '2년 참배'였다. 여동생들의 기억에 따르면, 그때 이나모리 가즈오는 드물게도 전통 의상 하카마를 입고 있었다고 한다. 그것은 질병으로 고통받는 어머니의 조속한 회복을 기원하는 것이 아니었을까 생각된다. 그날 그들은 '온노콘보'를 사서 돌아갔다. 그것은 홍백의 달마인형이었다. '오뚝이' 같은 것으로 가고시마에 전해지는 무병장수의 부적이었다.

가즈오가 대학에 들어간 해 토시노리는 자위대에 입대한다. 그는 종이봉투 파는 일을 맡은 뒤 그것이 인연이 되어 임시로 제과 회사의 임원을 하고 있었지만, 자위대가 있다는 것을 듣고 소년 시절의 꿈이 되살아나 조속히 응모한 것이다. 당시는 임기가 짧은 대신 대우가 좋았다. "토시노리도 이제 군인이 되었네!" 하고 가족들은 기뻐하며 출정 병사 수준의 잔치를 열어 환송했다.

한편 토시노리는 자위대에서 받은 월급의 대부분은 집에 송금해 가계를 지탱했고, 바로 아래 동생 아야코도 고등학교를 중퇴하고 집안일을 돕기 시작했다. 가즈오가 대학에 들어가 기뻐한 것도 잠시, 케사이치는 다시금 "대학을 그만두고 일하는 게 어때?" 하고 속삭이곤 했지만, 키미는 병상에서 "그만두지 않는 게 좋아. 뒷바라지는 못해주겠지만…" 하고 응원해줬다. 어머니의 사랑이 가슴에 사무쳤다.

어느 날 동네 의사의 아내가 키미에게 《생명의 실상》을 가져다줬다. 하지만 그녀는 책을 읽을 체력이 없었다. "어머니, 제가 읽어드릴게요." 가즈오가 대신 머리맡에서 그것을 읽어줬다. 그는 《응석받이》를 통해 "그 책 내용을 바탕으로 어머니와 이야기를 나누던 날들은 지금도 잊을 수 없는 추억이다"라고 밝히고 있다.

결핵이라 여겼지만, 아무리 검사해도 그녀의 몸에서 결핵균은 검출되지 않았다. 사실 결핵이 아니라 오랜 피로가 축적된 것 같았다. 아이러니하게도 비싼 기흉 치료는 폐 기능을 현저하게 저하시켰을 뿐이었다. 어머니를 매우 좋아하는 가즈오에게는 힘든 일이었지만 다행히 키미는 점차 건강을 회복했고 모두들 안심해 가슴을 쓸어내렸다.

여전히 집은 가난했다. 겨울에도 단벌 점퍼와 나막신을 신고 통학했으며 도서관에 다니면서 공부에 몰두했다. 지식욕에 휩싸여 있었고, 때로 카와가미 마스오의 실험을 돕기도 했다. 기계과였던 그는 가스터빈 등에 사용되는 내열 재료의 연구를 하고 있었다. 코발트와 니켈로 이뤄진 내열강의 크리프 시험(시료에 응력을 가해 변형을 측정하는 실험)에 참석한 것은 훗날 많은 도움이 된다.

아무리 바쁘더라도 아르바이트는 계속했다. 종이봉투를 팔던 당시 알게 된 제과점에 몇 달 정도 고용되어 팥을 끓여 앙금을 만들었다. 학생과로 날아온 구인광고를 통해 가고시마에서 가장 오래된 백화점인 야마가타 상점의 야간 경비일도 했다. 주 3일, 저녁부터 다음 날 아침까지 일했고 백화점 안을 여러 번 순찰했다. 젊기 때문에 체력에 자신은 있었지만, 그럼에도 한계는 있었다. 수위실에서 자주 졸고는 했다.

하지만 아침이 되면 확 잠이 깨 안절부절못했다. 상점의 근무자 대부분이 젊은 여성이었고, 그녀들이 출근을 했기 때문이다. 그중 눈에 띄게 예쁜 여성이 있었다. 일하고 있는 매장에 가서 몰래 훔쳐보기도 했다. 보면 볼수록 멋진 여성이었다. 이쯤 되면 부딪혀볼 수밖에 없었다. 마침 마스오의 사촌동생이 야마가타 상점에서 일하고 있었고 둘을 연결해줘 그녀와 영화를 보게 되었다. 갑자기 둘이서 갈 배짱은 없었기에 마스오와 셋이서 영화관에 갔다. 그런데 눈치 없는 친구가 영화가 끝난 뒤에도 계속 따라붙어왔다. 결국 식사를 마치고 집에 데려다줄 때까지도 단둘이 될 기회는 없었다. "그렇게 따라붙으면 어쩌자는 거야!" 하고 가즈오가 나무라자 마스오는 반성했지만 때는 이미 늦고 말았다. 얼마 지나지 않아 그녀로부터 "시집가게 되었어요"라는 말을 전해들었다고 한다. 그의 풋사랑은 그렇게 끝이 났다.

공부도 하고 청춘도 즐기며 미래의 꿈에 가슴 부풀어 있던 가즈오였지만 곧 취업이라는 벽에 직면하곤 어려운 현실을 알게 되었다. 졸업 당시 지도교수인 다케시타 쿄지오 교수로부터 "학과 창설 이후 학업적으로도, 인간적으로도 가장 뛰어난 학생이다"라는 말을 들었다고 한다. (하리기 야스오, 《이나모리 가즈오》) 그럼에도 당시의 취업 환경은 최악의 상황이었다. 대학에 들어갔을 무렵은 한국전쟁 특수로 경제가 활기를 띄고 있었지만, 졸업 전해인 1954년은 그 반동으로 불황이 심화되고 있었던 탓이었다. 구인이 줄어들고 취업 길은 좁아져버렸다. 필자의 아버지 역시 이나모리 가즈오와 같은 해에 대학을 졸업했는데 그 시절 취업의 어려움은 상상을 초월했다고 들은 바 있다. 게다가 역사가 짧은 가고시마 현립대학의 인지도가 낮은 탓에 기업 채용에 원서조차 내지 못하는 경우도 많았다.

가즈오가 난감해할 무렵 마스오가 구원의 손길을 내줬다. 그의 숙부가 통산성에서 광산국장을 하고 있었는데, 후일 중소기업청 장관이 되는 카와가미 타메지였다. 마스오는 가즈오와 함께 도움을 얻으려고 했다. 하지만 상대방의 의향도 확인하지 않은 채 무작정 상경을 밀어붙인 것이 화근이 될 줄은 몰랐다.

급한 마음에 야간 기차를 타고 새벽 6시에 도쿄에 도착한 뒤 온천에 갔다가 아침 식사를 했다. 그리고 카와가미 타메지 숙부 집의 문을 두드린 것이 무려 오전 7시 반 전후였다. 너무 이른 시각, 게다가 연락조차 없는 방문이었다. 그는 대노해 나오지 않았다. 그래도 숙모가 신경을 써줘 마스오만은 집 안으로 들여보내줬지만, 숙부는 "뭐하러 여기까지 왔냐!"고 일갈했다고 한다. 횡설수설하며 겨우 방문의 취지는 말했으나 도움을 얻을 만한 상황은 아니었다. 한편 집 안에 들어가지도 못한 가즈오는 현관 너머로 들려오는 대화를 통해 무리해서 여비를 만들어 도쿄까지 왔지만, 헛걸음이었다는 것을 이해했다. 마스오는 훗날 그때 너무도 미안했으며, 그 후로 숙부와는 소원해졌다고 털어놓았다.

가즈오는 곧 생각을 바꿨다. 그리고 당초 희망했던 제약 회사는 너무 좁은 문이었기에 포기하고 호조였던 석탄이나 석유 등 자원 에너지 산업에 초점을 맞췄다. 채용 인원이 많았기 때문이다. 그런데 안전한 길을 선택했음에도 불구하고 1지망이었던 제국석유에 떨어지고, 세키스이화학에도 떨어지는 등 지원한 기업에서 죄다 낙방해버렸다. '초라한 모습으로 면접을 봤기 때문일까…' 부정적인 상념이 머릿속을 빙빙 돌아 그는 정신적으로 힘들어졌다.

한편 마스오도 카와사키제철, 오사카가스에 연달아 떨어졌고, 오사카가스에선 기계과는 단 한 명밖에 채용하지 않는다는 이야기를 듣고 경악했지만, 끝내 쿠보타철공에 취직할 수 있었다. 현재의 글로벌 기업인 '쿠보타'와는 비교가 되지 않는 작은 회사였지만, 그래도 전후 경운기 제조 판매로 시작해 도쿄증권거래소에 상장된 회사였다. 결국 그렇게 이나모리 가즈오만 남겨지게 되었다.

평생의 스승을 만나다

일하고 싶으나 일할 수 있는 곳이 없다. 사회의 부조리 벽을 앞에 두고 그는 세상을 등지기 시작했다. '이렇게 되면 고학력 야쿠자라도 될까?' 진심으로 이렇게 생각한 그는 가고시마의 천문관 거리에 있는 코자쿠라 조직의 사무실 앞을 서성인 일도 있었다. 그는 이렇게 밝혔다. "그때 정말 그 길을 선택했다면, 적당히 출세를 해 작은 조직의 우두머리 정도는 되어 있었을지도 모릅니다." (이나모리 가즈오, 《삶의 방법》)

하지만 이때 다케시타 쿄지오 교수로부터 도움의 손길이 내밀어졌다. "경성 대학 시절의 친구가 교토의 애자 회사에서 부장을 맡고 있네. 거기라면 어떻게든 뽑아줄 것 같은데…" 다케시타 교수가 말한 회사

이름은 '쇼후공업'이었다. 들어본 적도 없는 회사였지만 어찌 되었든 교토의 전통 기업이라고 했다. 빨리 취업을 결정하고 부모님을 안심시켜주고 싶었던 가즈오는 그 자리에서 "부탁드립니다" 하고 고개를 숙였다.

애자는 전선을 전주나 철탑에 고정하기 위한 절연체로 당시에는 도자기 제품이 주를 이뤘다. 도자기 산업이라 하면 무기화학의 영역이다. 실제로 무기화학을 전공하는 학생을 바라고 있는 것이 쇼후공업이었다. 원래대로라면 추천받을 수 없었지만 다케시타 교수가 이나모리 가즈오를 위해 일자리를 찾아준 것이다. 대신 졸업 논문을 세라믹 관련 내용으로 써야 했기 때문에 다케시타 교수는 무기화학의 시마다 킨지 교수에게 가즈오의 논문 지도를 부탁했다.

당시 시마다는 젊었고 연구자로서도 신출내기였다. 학생의 졸업 논문 지도도 가즈오가 처음이었다. 졸업 논문 준비에 주어진 시간은 반년 정도밖에 없었고, 그 전에 가즈오에게 무기화학을 처음부터 가르쳐야 했다. 이것은 시마다 교수에게도, 가즈오에게도 힘든 시련이었다.

아무리 직장에서 요구했다고 하지만 유기화학 전공 학생을 도중에 무기화학 전공으로 전과시키는 것은 지금이라면 있을 수 없는 일이다. 하지만 당시 가고시마 현립대학은 신생 대학다운 융통성이 있었다. 이런 적극적인 취업 알선이 없었다면 지금의 이나모리 가즈오는 없었을 것이다. 지금까지의 운명은 이나모리 가즈오에게 가혹했지만 이때를 기점으로 갑자기 행운이 따르기 시작한다.

여기서 잠시 '교세라'라는 이름의 유래가 된 세리믹에 대해 설명하고자 한다. 이 단어는 그리스어 'Keramion(토기)', 'kerameia(도예)' 등에서 유래되었다. 도자기도 유리도 콘크리트도 내화 벽돌도 넓은 의미에서는 세라믹에 포함된다. 따라서 오랫동안 세라믹은 '구운 것'에 지나지 않는, 고도의 기술을 필요로 하지 않는다는 잘못된 인식이 있었다. 하지만 고순도의 재료로부터 내열성과 절연성 등이 뛰어난 제품이 만들어지게 되면서, 그것들이 '특수 도자기(뉴 세라믹)'라고 각광받기 시작했고, 이윽고 세라믹 제품은 이 특수 도자기를 가리키는 것이 되었다. 특수 도자기는 현재 '파인 세라믹'이라고 불리는 일이 많은데, 그 대부가 바로 이나모리 가즈오인 것이다.

그렇게 세라믹에 관한 졸업 논문에 종사하게 된 가즈오지만, 연구 테마는 시마다 교수와 상담한 결과 세라믹 재료인 점토가 되었다. 가고시마는 지금도 금광이 있다. 황금 광맥 근처에서 자주 볼 수 있는 것이 흰 점토층이다. 다만 이 무렵 가고시마현의 이리키 마을에서 점토 광산이 발견된 적도 있어 이리키 점토를 연구하기로 했다. 이리키 마을은 오야마다에서 북서부 방향 산속에 있는 곳이다. 시마다 교수와 함께 배낭을 짊어지고 샘플을 구하러 산에 들어가 분석한 결과, 하이드로 할로이사이트라는 종류의 점토인 것으로 나타났다. 나중에 이것은 공업 재료로 사용된다. 이리키 점토 조사 후 이부스키의 점토도 조사했다. 이것은 원래 사쓰마 도자기의 원료로 사용되고 있었던 것인데, 아주 좋은 품질이어서 옛 도공의 안목에 감탄했다.

졸업 논문 작성에 소요된 이 반년은 실험, 현장 조사, 도서관에서의 문헌 조사 그리고 아르바이트로 매우 바쁜 시간을 보냈다. 실험실에서는 맹렬한 집중력을 발휘했다. 지금처럼 충실한 연구 시설이 있는 것은 아니었다. 질량 분석에 들어가기 전에 먼저 측정기부터 만들 필요가 있었다. 시마다 교수는 다른 대학의 측정기를 보고 그린 스케치를 참고로 하면서, 열팽창계 등을 눈동냥으로 제작했다. 매우 바쁜 나날이었지만 망중한의 시간 정도는 있어, 실험에서 좋은 결과가 나왔을 때는 시마다 교수와 한잔한 적도 있었다. 당시 맥주는 사치품이었기 때문에 마시는 것은 오로지 고구마 소주였다. 시마다 교수에게는 정말 많은 신세를 졌다. 가즈오는 그 은혜를 잊지 않고 나중에 교수님에게 일을 부탁하고 후배들을 교세라로 채용하는 등 맺은 인연을 소중히 했다.

이렇게 고생한 보람으로 〈이리키 점토의 기초적 연구〉라는 제목의 졸업 논문이 완성된다. 1955년 2월 17일 발표회가 이뤄졌고 발표 순서는 첫 번째였다. 이후의 전개에서도 평가가 가장 좋았던 것으로 보인다. 왜냐하면 이 논문은 그해 가고시마 현립대학에 부임한 우치노 마사오 교수의 눈에 띄었기 때문이다.

우치노 교수는 이나모리 가즈오보다 40살 연상의 구마모토 출신으로 동경대 공과대학 응용화학과를 졸업했다. 후루카와광업에 입사해 구리 정련법의 개발에 종사한 후 상공부의 기사 등을 거쳐 만주철도중앙시험소 무기화학과장에 취임, 압록강 수력 발전소의 전력을 이용한 알루미늄 정련을 지도했고 만주철골제조의 이사장 겸 기사장을 지낸 권위자였다. 전후 공직 추방의 대상이 되었지만 추방 해제 후 친구였던 후쿠다 토쿠시 가고시마 현립대학 학장의 초청으로 교수가 된 분이었다.

그런 우치노 교수가 졸업논문 발표회에 참석해 "내가 많은 논문을 읽어왔지만, 가즈오 군의 논문이 도쿄대생의 것보다 훨씬 좋았다!"라고 극찬해준 것이다. 졸업식 후의 사은회에서도 "자네는 미래에 훌륭한 엔

지니어가 될 걸세" 하며 말을 걸어왔고, 돌아갈 때도 "가즈오 군, 함께 차라도 마시러 가세" 하고 천문관대로의 모던 과일카페에도 따로 초대했다. 가난한 학생이었던 그는 이런 장소에 출입해본 적이 없었다. 긴장하면서 따라갔는데, 거기서 엔지니어의 마음가짐 등 의미 있는 이야기를 들을 수 있어서 교수님의 호의를 크게 실감했다고 한다.

우치노 교수로서는 가고시마 현립대학의 학생 수준이 어느 정도인지 몰라 불안했던 차에 이나모리 가즈오와 같은 높은 수준의 연구를 하는 학생을 알게 된 것이 반가웠던 것이다. 안도의 마음을 품게 됨과 동시에 이나모리 가즈오라는 학생에게 강하게 매료된 것이다. 이러한 인연으로 우치노 마사오 교수와는 무슨 일이든 상담이 가능한 '평생의 스승'이 되었다.

2장

파인 세라믹스와 만나다

교세라 창립의 비화

쇼후공업에 입사하다

쇼후공업은 1917년 시미즈의 도공 쇼후(松風) 카죠우에 의해 설립되었다. 당시 애자 제조는 도공들이 맡는 경우가 대부분이었고 쇼후공업이 교토에서 창업한 것도 교토의 도공들의 역사가 길었기 때문이다. 이러한 교토라는 지역이 가지는 역사적 배경은 오늘날의 교세라로 이어지고 있다.

고압 송전망이 정비되어가면서 쇼후공업이 전문으로 하는 고압 애자의 수요는 날이 갈수록 높아져 사업이 매우 발전했고, 창업자인 쇼후의 재산은 지금도 남아 그의 저택이었던 오룡각(국가 등록 유형문화재)에서 그 자취를 확인할 수 있다. 참고로 현재 도쿄증권거래소에 상장되어 있는 쇼후공업은 3대째 회장이 설립한 송풍의치생산이 그 전신이다.

그런데 이나모리 가즈오가 입사할 무렵엔 그러한 명문 기업의 모습은 볼 수 없었다. 전쟁이 끝나고 노동조합운동이 활발해진 이후, 창업가 사이에 경영권을 둘러싼 내분이 일어나 간부 대부분이 해임되거나 퇴직하는 등 고객의 신용 또한 잃어버리고 있었다. 또 경쟁 업체가 성장해 추격해오고 있었다. 일본도자기(현재의 노리타케컴퍼니)에서 독립한 일본애자 외에도 일본스테어타이트, 카와바타제작소, 나루미도자기 등 경쟁사의 대두로 시장 점유율이 빠르게 감소하고 있었다.

가즈오가 입사하기 2년 전, 3대 사장의 동생인 쇼후 켄지 사장은 부채가 3억 엔 이상 쌓이게 된 책임을 지고 사임했다. 주거래 은행인 제1은행의 지지에 의해 전무였던 쇼후 코조우가 사장에 취임해 은행 주도로 본격적인 경영 재건이 시작되었다. 그런 상황이라는 것을 당시의 이나모리는 알지 못했다.

그의 부모님은 교토의 명문, 그것도 애자를 제조하는 튼실한 회사라 듣고는 완전히 안심하고 있었다. 이나모리를 대학까지 보낸 보람이 있었다고 지금까지의 고생을 회상하며 기쁜 마음으로 성대한 송별회를 열어줬다. 형 토시노리는 양복을 사주기도 했다. 가족 모두의 배웅을 받으며 가고시마 역에서 교토로 향하게 되었다. 그는 《이나모리 가즈오의 악동 자서전》에서 이렇게 밝혔다. "나는 대학에서 상당히 노력했다는 자부심이 있었다. 우수한 성적이기에 채용해준 것이라고 확신해 조금 우쭐해 있었다."

도카이도 선의 코우타리 역(현재의 JR 나카오카 역)에 내려서 본사에 인사를 한 뒤 회사 기숙사로 안내를 받았다. "여기가 자네가 들어갈 기숙사라네." 이나모리는 그 건물을 보고 숨을 삼켰다. 다 쓰러져가는 폐가였기 때문이다. 꿈에서 깨어나 현실을 알게 된 순간이었다. 방 안은 외관보다 더 심했다. 다다미의 올이 다 나가 있어 다다미라고 보기 어려울 정도였다. 근처 구멍가게에서 돗자리를 사다 덮고 생활을 해야 했다. 기숙사에는 식당도 없었다. 그렇다고 외식을 하기에는 비쌌기에 작은 화로에 숯으로 불을 피워 요리를 했다. 미래에 대한 불안으로 가슴이 옥죄는 듯했다.

입사 후 대졸 신입사원은 모두 제조부 연구 부문에 배속되었다. 입사 동기인 다른 네 사람은 본업인 애자를 연구하게 되었고, 이나모리만 특수 도자기 중에서도 특히 고주파 절연성이 높은 고토감람석 소재의 연구를 맡게 되었다. 세라믹의 제조 과정은 크게 이야기하면, 재료를 섞어 건조, 성형의 순서다. 그 후에 용광로에 넣고 약 1,400도 정도의 고온에서 '소성(燒成)'을 하면 완성이다. 원료의 분말을 혼합하는 것은 볼밀이라는 실험 기구를 사용한다. 안에 원료를 분쇄하기 위한 공이 들어 있어 거기에 가루를 넣고 돌리면서 섞어간다. 두뇌를 쓰는 작업이 아닌 체력을 사용하는 작업이었다. 오래지 않아 콧구멍에 세라믹 원료의 분말이 들이쳐와 입을 다물었다.

처음에는 자신의 가고시마 사투리가 부끄러웠다. 그가 유일하게 사용하던 간사이 사투리가 '오오키니'*였다. 그 외에는 간사이 사투리를 할 줄 몰라 전화가 와도 받지 않았다. 또 자신이 직접 전화를 거는 것도 싫어했다. 그가 교토에 대해 가지고 있던 첫인상은 음침한 곳이라는 인상이었다. 그것은 남쪽 지방인 가고시마와의 풍경 차이뿐만이 아니었다. 가고시마 사람은 밝고 낙천적이지만, 교토 사람은 겉과 속이 달랐다. 교토 사람들의 그런 특색에 정을 붙일 수 없었다.

음침한 땅에서 초라해지는 일은 정말로 참을 수 없어서 가고시마가, 고향이 그리웠다. "회사에서의 연구도 인간관계도 잘되지 않았고, 해가

● '매우', '대단히'라는 의미를 지닌 말.

지면 기숙사 뒤편의 벚꽃길이 펼쳐져 있는 시냇가를 혼자 거닐었습니다. 그리고 시냇가에 걸터앉아 노래 〈고향〉을 자주 부르곤 했습니다. 마음의 아픔이 쌓이고 쌓여서 어쩔 도리가 없었습니다. 저는 힘껏 노래를 부르는 것으로 자신을 격려하는 수밖에 없었습니다."(이나모리 가즈오, 《마음을 높이는 경영 스트레칭》^{●●})

정말 안타까운 광경이었다. 일이 끝나면 저녁 식사 준비를 위해 가까운 코우타리 역 인근 상가에 쇼핑하러 갔다. 가게가 닫히기 직전밖에 시간이 없었기 때문에 대부분 물건이 팔리고 없었다. 항상 파, 튀김 부스러기, 미소로 만든 된장국뿐이었다. 튀김 부스러기는 고명을 늘리기 위해 넣는 것이었다. 매일 밤 그것을 반찬으로 밥을 먹었다. 어느 날 반찬가게 주인이 말을 걸어왔다.

"못 보던 얼굴인데, 어느 회사요?"

"쇼후공업입니다."

"저런, 망해가는 회사에 다니는 겐가. 어디서 왔소?"

"가고시마입니다."

"멀리서도 왔구먼. 저런 회사에 다니면 장가도 못 가."

그는 이때 나눈 대화를 두고두고 잊을 수 없었다. 당시에도 친구인 카와가미 마스오와는 서로 오가며 석 달에 한 번 정도 만나곤 했다. 직장에서의 힘든 일을 일절 입에 담지 않은 이나모리였지만, 당시만 해도 아직 젊었다. 마스오는 자주 그의 푸념을 듣곤 했다고 한다. 마스오 또

●● 이 책은 국내에 《일심일언》(2013, 한국경제신문)으로 출간되었다.

한 그 나름대로 고생을 하고 있었다. 입사하자마자 경운기의 내구 시험을 치르고, 매일 아침 8시부터 5시까지 회의를 하는 등 이런 일을 하려고 대학 나온 것이 아니라는 회의감이 있었기에 둘의 한탄은 끊임없이 이어졌다.

어찌 되었든 쇼후공업의 내부 사정은 상상 이상이었다. 입사 초기 급료가 한 달에 4번에 걸쳐 나눠 지급되고 있었다. 급료가 지연 지급되거나 분할 지급되는 것이 일상이었던 것이다. 경영이 부실했기 때문에 자신과 같은 지방 대학 출신자까지 채용한 것이라는 것을 깨달았을 때는 이미 늦었다. 이 회사에 들어가기 위해 필사적으로 무기화학 공부를 한 것이나 가족과 친구들의 성대한 배웅을 받고 가고시마를 뒤로한 것을 생각하니, 이나모리는 의기소침해졌다.

5명이던 대졸 동기들도 하나둘 그만뒀고, 함께 면접을 봤던 교토 공예섬유대학 졸업 동기는 마쓰시타전기(파나소닉)로 이직해갔다. 그리고 입사 후 반년도 지나지 않아 그해 가을에는 교토 대학교를 나온 아마쿠사 출신의 남자와 단둘만 남게 되어버렸다. 그러자 두 사람도 다른 곳을 알아보기로 결정하고 함께 육상 자위대에 원서를 냈다. 그렇게 이타미 주둔지에서 시험을 보고 둘 다 통과한 것까지는 좋았지만, 입대에 필요한 호적 초본을 보내 달라고 가고시마의 친가에 부탁했는데, 아무리 기다려도 오지 않았다. 지금처럼 쉽게 전화할 수 있는 시대가 아니었기 때문에 그만 제출 기한을 놓쳐버렸다.

나중에 알게 된 것이지만 토시노리가 "교수님의 소개로 간신히 들어간 회사인데, 반년도 지나지 않아 그만둔다니 말도 안 된다!"라고 호적 초본을 보내는 것을 반대했던 모양이었다. 그는 그렇게 퇴로를 잃어버린 것이다. 떨떠름한 마음으로나마 돈을 털어 자위대에 들어간 그 동기를 위해 송별회를 해줬다고 하니 그는 참 좋은 사람이었다. 혼자 남겨지게 된 그는 이렇게 결심했다. '어쩔 수 없다. 생각을 바꿔 눈앞에 있는 연구 개발에 전력을 기울여보자.'

고토감람석 소재 도자기와 U자형 켈시마

이나모리 가즈오가 담당한 고토감람석 소재를 합성하는 연구 과제에는 마쓰시타전자공업의 자회사 마쓰시타전기가 크게 관계하고 있었다. 익히 알려진 마쓰시타 고노스케가 설립한 가전 업체다. 전후 혼란으로 일본의 전기 회사와 유럽, 미국 업체 간의 기술력 차이는 자체 개발로는 따라잡을 수 없을 정도로 벌어져버렸다. 이에 1950년 즈음부터 일본 내 전기 회사는 해외 대기업 전기 회사와의 제휴를 진행해갔다.

도시바는 제너럴일렉트릭(GE), 미쓰비시는 미국의 웨스팅하우스, 후지전기는 서독의 지멘스와 제휴했다. 그리고 1952년 12월 마쓰시타는 네덜란드의 필립스와 제휴해 그들과의 공동 출자로 마쓰시타전자공업을 설립하고 1954년 3월부터는 다카쓰키 공장을 가동시키고 있었다.

TV 방송이 시작된 것은 이나모리가 쇼후공업에 입사하기 불과 2년 전의 일이었다. 마쓰시타전기는 이 방송 시작에 맞춰 파나소닉이 재빨리 출시한 '내셔널 TV'의 진공관과 브라운관 등 주요 부품을 제작하고 있었다. 당시 내각총리대신의 월급이 6만 엔이던 시절, 내셔널 TV는 12인치 탁상형이 23만 엔, 17인치 디럭스형이 29만 엔이나 했고, 타사

제품들도 마찬가지여서 서민들은 거리에 진열해둔 TV로 역도산의 활약 등을 즐기고는 했지만, 일반 가정에 보급하는 것은 아직 갈 길이 멀다고 생각하고 있었다.

그러나 왕세자의 결혼을 계기로 '두 사람의 성혼 기념 퍼레이드를 TV로 보고 싶다'는 요구가 높아지면서 비싼 TV가 갑자기 팔려나가기 시작했다. 내셔널 TV는 필립스의 기술 도입이 주효해 품질 면에서 높은 평가를 받았지만 문제는 양산화였다. 부품을 필립스에서 수입하기 위해서는 외화가 필요했다. 당시 1달러당 360엔이던 시대였고 거기에 외화 규제까지 있었다. 외화가 부족하게 되면 대외 채무를 지불할 수 없게 되어 디폴트 상태가 되어버린다. 즉 국가 파산이다. 그렇게 되지 않도록 정부는 엄격한 외환 할당 규제를 마련했다. 그 제약이 있었기 때문에 마쓰시타전기는 생산을 늘리고자 해도 수입에 의지할 수 없는 상황에 빠진 것이다.

그래서 그들은 부품의 국산화를 모색하기 시작했다. 브라운관 본체 제조를 시작한 일본전기초자나 아사히글라스, 컬러 TV화 이후 섀도우 마스크의 제작을 수주한 대일본스크린과 니치아화학 등 마쓰시타전기에서의 발주 덕분에 급성장을 이룬 회사는 이루 말할 수 없을 만큼 많다. TV 양산화는 일본 기업들에게 큰 기회가 되었던 것이다. 그리고 마쓰시타전기가 일찍이 국산화를 생각한 부분 중 하나가 브라운관의 전자총 부분에 사용하는 세라믹 절연 부품이었다. 단면이 U자 모양을 하고 그 홈에 유리 납이 포함되어 있기 때문에 'U자형 켈시마'라고 불렀다. 금액적으로 TV 부품 전체에서 차지하는 위상은 극히 작은 것이었지만 TV 성능을 좌우하는 매우 중요한 부품 중 하나였다.

같은 도카이도 선 역세권에 공장이 있던 인연도 있어서 1954년 9월 마쓰시타전기에서 쇼후공업에 U자형 켈시마 제작 의뢰가 들어왔다. 하지만 유리 솔더를 만들고자 하면 다 깨져버리는 것이었다. 팽창 계수가 유리와 달랐기 때문이었다. 필립스의 제품 견본을 조사해본 결과 그것이 고토감람석 소재의 도자기로 되어 있다는 것을 알 수 있었다. 다잇뉴 세라믹의 주류는 동석 도자기였으며, 이때도 동석 도자기로 시작하고 있었기 때문에 쉽게 깨지곤 한 것이다.

고토감람석 도자기는 고온에서도 절연 저항이 높고, 전기 부하를 걸어도 잘 발열되지 않는다. 게다가 팽창 계수가 금속이나 유리에 가깝기 때문에 전자 부품을 만드는 데 적합했다. 일 년 전 GE에서 상용화에 성공했지만 제조 비법은 기밀이었다. 만약 개발에 성공하면 기사회생의 상품이 될 것은 틀림없었다. 이렇게 쇼후공업은 U자형 켈시마를 제작하기 위해 고토감람석 재료 합성에 도전하기 시작했다. 이나모리가 입사한 때가 바로 이 시기였다.

쇼후공업 현장에서 배울 것이 아무것도 없었냐 하면 그렇지는 않았다. 어느 날 선배가 원료의 세척장에 앉아 열심히 볼밀을 수세미로 씻고 있는 것을 보았다. 볼밀의 공에 간혹 흠이 있는 경우도 있었고, 그 흠에 이전 실험에서 사용한 원료가 묻어 있는 경우도 있었다. 선배는 그것을 주걱으로 파내고 수세미로 깨끗이 씻고 있었다. '대학까지 나온 사람이 무슨 이런 사소한 일을 하는 거야….' 이렇게 생각하면서 그를 바라보곤 했지만, 실험에서 생각한 결과가 나오지 않았을 때 이나모리 뇌리에는 문득 그 선배의 모습이 떠올랐다.

살짝 씻는 경우, 전에 사용한 원료가 남아 다음 실험 시 섞이게 되고 도자기의 미묘한 특성이 변한다. 선배는 실험기구를 정성껏 씻은 후 거기에 더해 수건으로 깨끗이 볼을 닦아내기까지 했다. '그래서 철저하게 세척하고 닦아냈던 것이구나…' 그 선배의 뒷모습은 현장의 소중함을 일깨워주는 계기가 되었다. '지식보다 체득을 중시한다'는 자세는 이후 그의 일관된 '철학'의 하나가 되었다.

이나모리 가즈오의 강점은 남다른 집중력이다. 여러 번 시행착오를 반복하면서 실험을 실시한 결과 마침내 그 전에 목표로 한 것의 윤곽이 떠오르기 시작했다. 산화마그네슘 및 활석(이산화규소와 산화마그네슘을 주성분으로 하는 광물)의 분말을 혼합하고 여기에 소결 조제로서 붕규산의 유리를 더하면 고토감람석 재료의 합성이 가능하다는 것까지 알아낸 것이다.

하지만 기업은 대학 연구실이 아니었다. 대량생산하지 못하면 아무런 의미가 없는 것이다. 그 방법을 생각해내기까지 또 고생을 했다. 원료 분말이 건조해서 어떻게 여기에 찰기를 더할 수 있는지를 몰랐던 것이다. 전통 도자기의 세계에선 찰기를 더하기 위해 점토를 사용했는데, 그렇게 하면 불순물이 섞여 제품에 원하는 성질을 얻을 수 없었다. 매일매일 그 해결 방법을 모색했다.

그러던 어느 날 실험실을 지나던 때의 일이다. 생각하면서 걷고 있었기 때문인지 무언가에 걸려 넘어질 뻔했다. 발밑을 보니 신발에 갈색 송진 같은 것이 달라붙어 있었다. 그것은 선배가 실험에 사용하던 파라핀 왁스였다. '이거다!' 순간 그의 머릿속에 빛이 스쳐 지나갔다. '분말 원료 사이에 왁스를 연결고리로 사용하면 성형할 수 있지 않을까?'

그야말로 이는 이나모리를 성공으로 이끈 '하늘의 계시'였다. 조속히 냄비에 재료와 왁스를 넣어 볶음밥을 볶듯이 틀에 넣어 소성해봤다. 그러자 훌륭하게 성형되는 것이 아닌가. 연결고리로 사용된 왁스는 소성 도중에 모두 불타 완제품에 불순물이 남지 않았다. 회사에 정밀 측정기가 없었기 때문에 처음에는 필요한 성질을 얻었는지 알 수 없었지만 조사해보니 U자형 켈시마에 충분히 사용할 수 있음을 발견했다. 고토감람석 원료의 함성을 실용화 수준으로 이끌어낸 것은 일본 최초의 쾌거였다. 대학 시절에 꿈꾸었던 신약의 발견은 없었지만 신약 발견에 뒤지지 않는 가치 있는 연구 성과를 올린 것이었다. 1956년 여름 이나모리 가즈오가 아직 24세의 젊은 나이일 때였다.

그해 7월 〈경제백서〉가 "더 이상 전후가 아니다"라고 선언했듯, 일본 국민들의 생활양식은 큰 변모를 이루려 했다. 그것을 가능하게 한 것이 고도 성장기였다. 국민의 생활수준이 향상되고 TV에 이어 세탁기, 냉장고도 서민의 손이 닿는 가격이 되기 시작해 그것들은 '3종의 신기'라고 불리게 되었다. 이 세 가지를 사고 갖추는 것이 사람들의 목표가 된 것이다. 바로 가전 산업의 붐 시기였다.

고토감람석 재료의 합성 성공 소식을 듣고 가장 기뻐한 것이 마쓰시타 전기였다. 조속히 주문이 들어와 U자형 켈시마 제조에 착수하게 되었다. 처음에는 프레스를 이용해 3개씩 제조했지만 이것으로는 대량생산을 할 수 없었다. 그래서 원료를 진공토련기에 넣어 U자형으로 우무처럼 밀어나가는 방법을 고안했다. 처음에는 생각대로 되지 않아 몇 번이나 시행착오를 거듭했다. 당시의 제품은 수제라고 하면 이미지는 좋았지만, 약간의 오차가 발생할 수밖에 없었다. 제품의 정밀도 향상도 큰 과제였다. 때로는 철야도 했다. 젊었기 때문에 체력적으로 가능했던 것이다.

마쓰시타전기의 자재부장이었던 야마구치 야스히코가 어느 날 쇼후 공업의 이나모리를 찾았다. 마쓰시타전기 입장에서도 U자형 켈시마의 국산화는 정말 중요한 과제였다. 그것에 성공했다고는 해도 지속적인 양질의 제품 공급은 필수적이었다. 그래서 그는 현장을 확인하러 온 것이었다. 해가 완전히 저문 시간이었다. 쇼후공업이 있던 근처는 모기가 매우 많은 장소였고, 게다가 그 모기들은 바지나 양말 위에도 맹렬히 달려들었다. 그러던 중 한 곳만 밝게 불을 밝히고 있는 부서가 있었다. 그것이 이나모리의 부서였다. 무언가에 홀린 것처럼 그는 일심으로 일을 하고 있었다. 그런 모습을 보고 야마구치는 가키에몬의 고사를 떠올렸다고 한다. 아리타의 명공인 초대 가키에몬이 선명한 붉은색을 내려고 밤낮없이 노력해 석양에 빛나는 감과 같은 붉은 도자기를 만들어냈다는 전설은 노력의 소중함을 가르쳐주는 교훈으로 교과서에서 흔히 볼 수 있던 이야기였다.

"마치 쇼와의 가키에몬이구나." 그는 무심코 이나모리를 보며 이렇게 중얼거렸다고 한다. (이나모리 가즈오, 《경천애인》) '이 남자라면 믿을 수 있겠다.' 야마구치의 눈에 착오는 없었다.

소용돌이의 중심에서 일하다

U자형 켈시마도 점차 오차를 줄여나가고 있었고, 마쓰시타전기에서 유리 솔더의 조합도 배워 완제품으로 납품하게 되었다. U자형 켈시마 수주로 인해 이나모리 팀은 적자투성이의 쇼후공업에 있어 유일한 수입

원이 되었다.

그의 활약을 놀라운 눈으로 보고 있던 이가 제조부장 아오야마 세이지(후 교세라 사장)였다. 이나모리가 입사할 때의 면접관이었다. 그보다 30살이 더 많았는데, 면접 때는 차분한 인상이던 그의 어디에 이런 활력이 있었는지 눈을 의심했다고 한다. "이후 이나모리 가즈오의 일처리의 훌륭함에 놀라 '쓰레기장에 학이 날아 든다는 것은 이런 것을 말하는구나' 하고 생각했습니다."(아오야마 세이지, 《마음의 교세라 20년》)

이나모리 가즈오는 훗날 '소용돌이의 중심이 되라'고 자주 입에 담았다. "반드시 자신부터 적극적으로 업무를 찾아 일을 해서 주위에 있는 사람들이 자연스럽게 협력해주도록 유도해야 합니다. 이것이 '소용돌이의 중심에서 일을 한다'는 것입니다."(이나모리 가즈오, 《교세라 철학》*)

그는 바로 쇼후공업에서 '소용돌이의 중심'이 되려 하고 있었다. 그리고 아오야마 또한 알게 모르게 이나모리가 일으킨 소용돌이 속에 좋은 의미로 말려들어가게 된 것이다. '그는 자유롭게 놔뒀을 때 힘을 발휘하는 타입이다. 그의 위에 관리자를 둬선 안 된다.' 이렇게 느낀 아오야마는 공장을 살펴본 뒤 설계실의 동쪽을 정리하면 연구실을 만들 공간이 있다는 것을 깨달았다. 전무와 상담을 하고 동의를 얻어 그곳으로 실험실을 옮겼다. 1956년 11월 이나모리 가즈오의 연구팀은 연구부에서 '특자과'라는 부서로 독립한 것이다. 이나모리는 연공 서열상 과장이 될 수 없었지만 입사 2년 만에 그 공을 인정받아 젊은 리더가 되었다.

● 이 책은 국내에 《바위를 들어올려라》(2015, 서울문화사)로 출간되었다.

쇼후공업의 전경.

쇼후공업 시절의 동료들과 함께.

쇼후공업 정문 앞에서.

TV 시장은 빠르게 성장하고 있었기 때문에 U자형 켈시마의 수요가 늘고 있는 한편 수주량을 생산량이 따라가지 못하기 시작했다. 양산 체제를 취할 필요를 통감한 이나모리는 특수 도자기 소성용 전기 터널로를 고안한다. 지금까지 한 번에 가마에 넣어 굽고 소성이 끝나면 꺼내는 간단한 방식이었지만 그가 설계한 것은 가마에서 벨트가 움직이고 그 위를 타고 움직이면서 차례차례로 구워내는 획기적인 것이었다. 스스로 설계도를 만들어 도카이고열공업에 제작을 요청해 대량생산을 목표로 했다. 대학 시절 실험 기계를 스스로 만들었던 것이 도움이 된 것이다. 1957년의 일이었다.

그런데 아오야마 세이지가 《마음의 교세라 20년》에서 밝히고 있는 바에 따르면, 이때 부장이었던 그를 깜짝 놀라게 한 일이 있었다고 한다. 이나모리의 의견이 올라와 전기 터널로를 발주한 때 이미 도카이고열공업에선 터널로가 완성되어 납입 단계에 와 있었던 것이다. 당시 쇼후공업은 적자 기업이었다. 자금 사정도 빠듯했고 약간의 설비 증설도 은행의 허가가 필요한 부도 위기의 상태였다. 조사해보니 전기 터널로 설계 협의에 참여한 영업과장 기타오지 스에마사가 이 일은 조속히 처리해야 할 필요가 있다고 생각해 독단으로 움직이고 있었던 것이다.

결국 아오야마 세이지가 도카이고열공업에 고개를 숙이고 1년이나 지불을 미루는 것으로 무마했다. 기타오지는 주위를 잘 돌보는 사람이어서 이나모리가 매우 의지하고 있던 인물이었다. 그의 열정이 기타오지를 움직인 것이다. 결과적으로 전기 터널로가 빨리 완성되게 되어, 마쓰시타전기는 매우 만족했고 조기 생산 증대로 이어졌다.

전기 터널로의 구입뿐만 아니라 증원도 이뤄졌다. 마쓰시타전기로부터의 수주를 맞추기 위해서는 20~30명 정도의 직원이 더 필요했다. 여기에서 이나모리는 샐러리맨으로서는 생각할 수 없는 놀라운 행동에 나선다. 인사부가 내온 증원안을 일축한 것이다. 여기에는 이유가 있었다. 그 무렵 경영 측은 애자 부서의 인원을 정리하고 싶다고 생각하고 있었지만, 노조의 반대가 강해 해고하지 못하고 있었다. 그래서 인사부는 애자 부문에서 필요 없게 된 인재를 돌리려 한 것이다. 가뜩이나 사내의 사기가 떨어지고 있었다. 그런 와중에 다른 부서의 능력 미달자들을 맡게 되어봐야 곤란할 뿐이었다. 보다 못한 그가 스스로 채용 활동에 나서기 시작한다. 때로는 교토 역 앞의 직업소개소에 발길을 옮기기도 했다.

당연히 채용은 인사부의 일이다. 덕분에 인사부와 충돌을 반복했다. 그의 반골 정신은 사회인이 되어서도 맹렬하게 살아 있었던 것이다. 상황에 따라 흰색을 검다고 할 수 있는 사람이라면, 그것은 제대로 된 사람이 아닐 것이다. 그러나 축이 흔들리지 않는 사람은 보통 사람이 어른스러운 대응(이 경우에는 상황에 따른 비굴한 대응)을 할 때도 절대로 굽히지 않는다. 이나모리의 반골 정신은 그런 부류의 것이었다. 승진도 승급도 보통 인사부가 결정한다. 샐러리맨 중에 인사부를 적으로 돌리는 사람은 없다. 하지만 이나모리는 그랬다. '권위'에 아첨하지 않았던 것이다. 자신이 옳다고 생각하면 대립도 불사했다. 그것이야말로 '이나모리 가즈오의 반골 정신'이었다.

아오야마 세이지는 이렇게 회고하고 있다. "기간마다 부장급이 모여 부하의 성적 평가를 했을 때 나는 당연히 이나모리 가즈오에게 최고점을 주었지만, 그를 잘 모르는 부장 중에는 '자기 맘대로 하는 건방진 녀석'이라고 비난하는 사람도 있었다."(《마음의 교세라 20년》) 하지만 그는 타협하지 않았다. 오를 산이 험준하더라도 우회하지 않고 정면으로 부딪쳐 가려고 마음먹었다. 안이한 삶을 참을 수 없었다. 그의 말을 빌리자면 '수직 등반'의 길을 택한 것이다.

기업의 실적은 사람에 달려 있다. 고토감람석 도자기 재료의 합성에 성공한 1956년 8월에는 하마모토 쇼이치(후 교세라 전무)를, 같은 해 12월에는 이토 켄스케(후 교세라 사장)를, 이듬해 3월에는 도쿠나가 히데오(후 교세라 상무)를 채용했다. 돗토리공업 고등학교를 졸업한 하마모토는 1936년생으로 이나모리보다 4살 연하였다. 돗토리의 친가는 반농반어의 시골이었고, 그는 어려서부터 밭일에 단련되어 힘과 체력도 있었다. 말수가 적었고 눈에 띄는 것을 싫어했으나 꼼꼼한 성격이었다. 쿠라공업 고등학교를 졸업한 이토는 1937년생이다. 하마모토와 마찬가지로 과묵하고 참을성 있는 성격이었다.

이나모리가 어떤 인재를 모으려고 했는지 알 것 같다. 향상심이 왕성했던 이토는 회사에 들어온 이후 도시샤 대학의 야간학교에 다니기 시작했지만 이나모리는 "이제 와서 대학에 가지 않아도 돼. 내가 가르쳐 줄게"라고 했다. 이토의 입장에서 보면 불만이었을지도 모르지만, 이나모리의 입장에서 보면 이미 그들은 장래에 활약하기에 충분한 자질을 가지고 있었던 것이다. "아마추어는 일견 불리하게 보이기 십상이지만 자유로운 발상이 가능하고, 왜 그런지에 대해 항상 의문을 가집니다. 풍부한 기술도 없기 때문에 항상 위기감과 성장욕을 회사에 충만하게 해 창의력을 낳습니다."(《마이니치신문》, 2006년 7월 11일)

그들은 기존의 쇼후공업 직원들 중에서 좋은 의미로 붕 뜬 존재가 되어갔다. "이나모리 가즈오의 특자과 특수부대네" 하는 목소리가 회사 내부에서 들려왔다. 이때 채용한 인재가 교세라 창립 멤버가 된다. 이나모리도 처음부터 사람을 다루는 데 명수였던 것은 아니었다. 쇼후공업에서 처음 조수가 붙었을 때 그를 다루는 데 상당히 애를 먹었다. 그는 집이 가난했기 때문에 대학에 가지는 않았지만 매우 머리가 비상한 남자로 세상의 불합리함을 빨리 맛본 사람 특유의 염세적인 측면이 있었다.

어느 날 그에게 맡겼던 실험에서 기대한 대로의 검사치가 나와 이나모리가 무심결에 "해냈다!" 하며 기뻐했지만, 그는 싸늘한 눈으로 응시할 뿐이었다. "충분히 기뻐해도 돼"라고 해도 그저 차분할 뿐이었다. 그리고 그의 입에서 나지막이 "이런 경박한…." 하는 말이 새어나왔다. 여기에는 이나모리가 정색했지만 그는 침착하게 이렇게 반박해왔다. "당신은 실험이 조금 잘되면 즉시 기쁨을 금치 못하는데, 남자가 그렇게 경망스럽게 기뻐하면 안 됩니다. 그런데 당신은 한 달에 몇 번이고 그렇게 경망스런 행동을 합니까?"

"감동이 있어야, 그것이 에너지가 되어 다음 연구의 추진력이 되지 않겠어?" 이렇게 말해도 그는 납득하는 모습을 보이지 않았다. 그때 느낀 절망적인 생각을 이나모리 가즈오는 이렇게 말했다. "그때 나는 교토 사람들의 냉담함을 알았습니다. 그리고 이 상태로는 사람을 이끄는 것은 물론 그들을 데리고 사업을 하는 것은 도저히 무리라고 생각했습니다."《이나모리 가즈오의 악동 자서전》

이 조수의 반응을 교토 사람의 성격이라고 단언해버리는 것은 잘못되지 않았나 하고 생각하지만, 긍정적인 가고시마 사람과는 다르다는 것을 피부로 느낀 것이다. 그리고 이대로는 리더 실격이라는 위기감을 느끼게 되었다. 그래서 이나모리는 이렇게 생각하게 된다. "애당초 '너 바보냐' 하고 상대를 비하해봐야 경멸받을 뿐이고, 존경받을 행동이 아닙니다. 그래서 저는 '좋아, 그렇다면 우선 나 자신이 교토의 냉담함을 배워보자. 사이고 다카모리와 같은 밝음은 가지고 있으니, 교토 사람 특유의 논리성과 합리성을 철저히 배워보자' 하고 생각했습니다. 그 이후 저의 인간성은 점차 변해갔습니다." 《이나모리 가즈오의 악동 자서전》

경영자로서 대성할 사람의 대부분은 냉철함을 지니고 있다. 그것은 '사이고 다카모리적 밝음'과 정반대에 있는 '오오쿠보 도시미치적'인 것이다. 젊은 시절에는 동향 사람인 사이고가 좋아 오오쿠보는 싫어했던 이나모리지만, 결국 이렇게 깨닫게 되었다. "사이고 다카모리의 '뜻'이나 '이념'만으로 경영을 할 수 없기 때문이다. 그러나 한편 오오쿠보 도시미치의 '합리'나 '논리'만으로 민심을 장악하고 집단을 이끌어나갈 수 없다. 메이지 유신을 이룬 이 두 역사적 인물에게서 비정과 온정, 세심함과 대담함과 같은 양 극단을 동시에 가지고 있어야 새로운 일을 이뤄낼 수 있다는 것을 나는 배웠다." 《인생과 경영》

이나모리가 리더의 방향에 대해 고민하고 있을 무렵, 여동생인 아야코가 오빠를 걱정해 가고시마에서 나왔다. 마침 쇼후공업 근처의 메이지제과의 캐러멜 공장에서 포장하는 인부로 일을 시작한 때였다. 지금까지 그녀는 야마가타 상점에서 일해 가계를 돕고 있었지만 대학생이었던 오빠 가즈오에게 용돈을 줄 정도로 착한 동생이었다. 어머니를 닮아 착실한 아야코가 매우 든든해서 그는 식사 준비는 물론 가계 관리까지 그녀에게 맡겼다.

그렇다고 해도 예산을 결정하고 관리하는 일이었다. 그것은 간신히 해나갈 수 있을 정도의 힘든 일이었다고 아야코는 당시의 고생담을 이야기했다. 당시 이나모리의 취미는 의외로 소주가 아닌 위스키를 마시는 것이었다. "작은 병을 책상 속에 넣고, 가끔 꺼내어 조금씩 마시고 있었습니다." 하지만 결국 아야코는 1년 정도 뒤 가고시마로 돌아가게 된다. 키미의 건강이 아직 정상이 아니라 여동생 미치코에게 부담이 된 것도 있지만, 무엇보다 교토의 추운 겨울 날씨를 버티지 못했기 때문이다.

동생이 떠나기로 한 날, 이나모리는 조금 무리를 해서 타카시마 상점에서 맞춤 더블 코트를 만들어줬다. 이제 가고시마로 돌아갈 터이니 그럴 필요 없다고 아야코는 말했지만, 그는 "지금까지 고생했으니 선물해줄게"라며 기꺼이 사줬다. 오빠의 상냥함이 담긴 그 추억의 코트를 아야코는 그 후로 오랫동안 소중히 입었다고 한다.

특자과를 경영하다

ㅡ

고민하면서도 이나모리 가즈오는 점차 자신의 일에 자신감을 가지게 되어 젊음에서 비롯한 강렬한 리더십을 발휘해 특자과를 경영하기 시작했다. 당시 쇼후공업에 충분한 시설이 없고, 분말 혼합 등의 작업은 더러운 일이라고 말해도 좋을 정도였다. 그런 노동 환경에서 부하직원들의 사기를 유지하는 것은 어려웠다. 그래서 이나모리는 매일 밤 그들을 한데 모아서 자신의 생각을 말해줬다. "우리는 지금 도쿄에서도 교토에서도 할 수 없는 고급 연구에 종사하고 있다. 실천 없이 도자기의 본질은 볼 수 없다. 세상을 깜짝 놀라게 할 수 있을 훌륭한 제품을 세상에 내보내지 않겠는가?'

개중에는 이런 이야기는 어떻게 되어도 좋으니 빨리 집에 가고 싶다고 생각했던 사람도 있을지 모른다. 그러나 열정은 전염되는 법이다. 이나모리의 말을 경청하는 한 사람 한사람의 마음에 뜨거운 불이 켜지기 시작했다. 일이 끝나고 퇴근길에 한잔하러 가는 일도 있었다. 쇼후 공업 정문을 나와 200~300m 정도 떨어진 코우타리 역 근처에 잔술을 파는 술집이 있었다. 퇴근길에 자주 부하직원들을 거기로 데려가 우동에 한잔하면서 이야기를 나눴다.

그때에 이나모리는 반드시 그 시기의 과제에 대해 이야기를 했다. 그것에 대해 철저하게 논의하고 마지막에는 "좋아, 그럼 내일은 그 방법으로 시도해보자!" 하고 결론을 내기 일쑤였다. 알코올의 힘을 빌리면 부하들에게서 평소 들을 수 없는 이야기를 들을 수 있었고 기분도 고양되곤 했다. 감동이 다음 날까지 이어져 사기도 올랐다. 이를 깨닫게 된 이나모리는 공장에서의 논의를 줄이고 한잔하면서 이야기를 나누는 시간을 늘려갔다. 나중에 그는 이것을 '콘파'라고 명명해 경영 노하우의 하나로 승화시켜나간다. 그 시작은 코우타리 역 근처의 술집이었던 것이다.

당시 이나모리의 월급은 실 수령액 8,000엔이었다. 국가 공무원 초임이 9,000엔이었던 시대이기에 생각만큼 낮지는 않았지만 그중 2,000엔을 본가로 보내고 남은 돈을 부하직원들과의 술값으로 쓰고 나면 당연히 생활은 힘들었다. 월급을 가불하기도 했지만 사람들과의 일체감은 더해갔다. 그가 말하는 '벡터'가 모이기 시작한 것이 기뻐서 조금도 돈이 아깝다고 생각지 않았다. 이미 그에게 있어서 일의 의미는 생계 수단을 넘어서기 시작한 것이다.

특자과를 경영하려고 하는 이나모리의 시도는 그 후에도 계속되었다. 차기 '경영 개혁'은 잔업을 없애는 것이었다. 월급의 지연이 일반화되고 있는 회사였기 때문에 잔업 수당이 생활급의 일부로 변해버렸다. 따라서 정시 근무 시간은 그다지 힘을 쓰지 않고 잔업을 버텨보고자 하는 이상한 행동이 보이기 시작했다. 하지만 자신이 이끄는 특자과는 그런 일이 없어야 했다. 그래서 그는 이렇게 선언했다. "앞으로 잔업 금지!" 업무의 효율성을 높여 정시 퇴근을 지향하고자 한 것이다.

단번에 생산 효율이 올랐다. 그래도 잔업을 완전히 없앨 수는 없었다. 단지 지금까지와 다른 점은 초과 근무수당을 벌기 위해 잔업하는 것이 아니라 '목표치를 달성하기 위해 어쩔 수 없이 잔업한다'는 잔업 본연의 취지로 돌아간 데 있었다. 대단한 것은 그가 과장이나 계장, 주임이 아님에도 자신이 경영자가 된 듯 이러한 활동을 실행한 것이다. 과연 나중에 자신이 만들어낸 '아메바 경영'의 리더였기에 가능한 모습이었다. 그의 상사였던 아오야마는 이렇게 기록하며 당시의 놀라움을 전하고 있다.

"당시 쇼후공업은 전에 언급한 바와 같이 경영 상황이 나쁘고, 직원의 월급도 낮았다. 당연히 모두 잔업수당을 원했다. 일이 있어서 잔업을 한다면 불만이 없지만, 낮에 제대로 일하면 되는 일을 무리하게 지연시켜 팀장도 함께 잔업을 했다. 계장이나 과장은 아무것도 말하지 않았다. 부장이나 이사들은 일단 입으로는 엄중히 그만두게 하라고 과장에게 말했지만 전혀 개선되지 않았다. 이렇게 말하고 있는 나도 한 명의 부장으로서 부끄러울 따름이다. 변명 같지만 쇼후공업의 조직 구조상 나에게 그것을 개선할 힘이 없었던 것이다. 그런데 이나모리는 달랐다. 처음부터 특수 도자기 생산을 주도했던 것이다. 주임도 계장도 아니었다. 과 직원이 5명에서 10명, 10명에서 20명으로 늘어가는 가운데 항상 자신이 앞장서서 자신의 몸을 불살라 업무에 종사해 부하들도 어쩔 수 없이 따라오게 만들었다. 일사불란하게 자신의 생각대로 부하들을 이끌어갔다. 업무 시간 동안 힘껏 일하고 일이 남아 있으면 잔업을 했지만, 일이 없으면 정시에 끝냈다. 다른 애자 부문이 잔업벌이를 하고 있어도 자신의 부문에서는 절대로 그러지 않았다."《마음의 교세라 20년》

이나모리의 노력이 있어서인지 쇼후공업에 밝은 조짐이 보이기 시작했다. 1956년 10월 제1물산(현 미쓰이물산)이 쇼후공업의 수출 총판 대리점이 되어 제1은행과 함께 산자협정을 맺고 경영 재건에 대한 자금 지원을 결정하게 된 것이다. 그 직전에 제1물산이 실태 조사를 위해 쇼후공업을 찾았다. 조사단의 단장은 고문인 요시다 미나모토였다. 전쟁 전에는 뉴욕 지점장을 역임한 거물로 알려진 인물이었다. 쇼후공업 측은 긴장했다.

그런데 조사가 끝날 무렵 갑자기 "이곳에 가고시마 대학을 나온 이나모리 가즈오라는 젊은 직원이 있다고 들었습니다. 꼭 만나보고 싶습니다"는 말을 꺼냈다. 그 말에 모두들 매우 놀랐다. 어떻게 일개 평직원에 대해 알고 있는가? 임원이 이나모리를 부르고자 했지만, 요시다는 그를 제지하고 스스로 연구실로 발길을 옮겼다. 이나모리가 나오자 요시다는 정중한 어조로 이야기를 하기 시작했다. "당신이 이나모리 군인가? 실은 가고시마 대학의 우치노 교수가 도쿄 대학 시절 내 동급생이네. 그와 도쿄에서 만날 때마다 자네 이야기를 들었다네. 오늘밤 천천히 이야기하고 싶으니 내가 머물고 있는 신 오사카 호텔(현 리가 로얄 호텔)로 와주겠는가?"

그날 저녁 이나모리는 신 오사카 호텔로 갔다. 전쟁 전 오사카 재계가 총력을 결집해 지은 호텔인 만큼 품격이 있었다. 긴장하고 있는 그에게 요시다는 신경을 써주며 "부디 긴장 풀어주게. 나를 요시다 씨라고 불러도 좋네"라고 말해줬다. 그리고 이나모리를 '이나모리 기사' 라고 부르며 한 사람의 기술자로 취급해줬다. 이나모리는 그 자리에서 입사 이후 고토감람석 도자기 개발에 종사하게 되고, 사업화 궤도에 오게 된 것, 일렉트로닉스 산업에 장래성이 있으며 거기에 쇼후공업의 살길이 있다는 것, 이 회사를 살리기 위해서는 이 분야에 집중 투자를 하고 나아갈 방향을 직원들에게 명확하게 지시해야 한다는 것 등 평소 품고 있던 생각들을 쏟아냈다.

그러자 가만히 생글생글 웃으면서 듣고 있던 요시다가 갑자기 "이야, 훌륭하군. 젊지만 자네는 자신만의 철학을 가지고 있어" 하고 감탄의 목소리를 높였다. 그 목소리가 매우 컸기에 자신도 모르게 철학이라는 단어의 의미를 상기하게 된 이나모리는 요시다와 헤어진 후에도 "철학, 철학…" 하고 여러 번 잊지 않도록 소리 내면서 돌아갔다고 한다. "기숙사에 돌아가 사전을 꺼내 거기에 '철학, 신념' 이라는 말을 발견했을 때, 뭔가 강하게 감동을 주는 것이 있었다는 것을 기억합니다."《인생과 경영》)

파업을 거부하다

U자형 켈시마 생산에 쫓겨 바쁜 와중에 1957년 5월 임금 협상과 인력 감축 문제가 꼬여 쇼후공업에 대규모 파업이 발생한다. 전후 전국적으로 노동조합 운동이 활발해지고 있었는데, 교토는 니나가와 토라조 현 지사의 혁신행정이 장기간(1950~1978)에 걸쳐 영향을 미친 것에서 알 수 있듯이 좌익 세력이 강해 노동조합 운동의 격렬함은 전국에서도 손꼽히는 정도였다. 이로 인해 쇼후공업의 실적이 악화된 적도 있고, 노사 교섭이 종종 격렬해지는 경우도 있었지만 문제는 이나모리가 마쓰시타전기로부터의 수주에 부응하기 위해 노력하고 있을 때 협상이 결렬되어 파업에 돌입한 것이다.

이나모리는 진보 계열 정당을 응원하는 사람이다. 노동조합 운동의 의의를 이해하지 못하는 사람이 아니다. 오히려 체제에 안주하거나 권력을 독점하고 있는 사람에 비판적이다. 기업 경영에 대해서도 자본주의보다 사회주의에 가까운 것이라고 생각되는 수법을 자주 취한다. 하지만 동시에 사상에 의해 행동이 얽매이는 것도 없었다. 이때도 그는 자신의 솔직한 마음에 따라 행동하려고 했다.

파업에 들어가면 U자형 켈시마의 생산은 중단된다. TV 붐의 최고조인 지금 시점에 부품을 공급할 수 없게 되면 마쓰시타전기에 커다란 민폐를 끼치는 것이다. 이로 인해 거래 중지가 되면 쇼후공업은 파산할지도 몰랐다. 냉정히 생각하면 당연한 일이었다. '쉬고 있을 틈이 없다!' 이나모리는 경영진에 의해 요구된 것이 아니라 자발적으로 파업에 동참하지 않았다. 조합 간부로부터 "회사의 개!", "혼자만 아주 잘났구나!" 하고 매도되기도 했지만 그는 겁내지 않았다. 이유는 자신만의 신념에 있었다. 신념을 굽히지 않고 파업을 거부한 것이다.

파업에 들어가면 조합은 파업 거부가 일어나지 않도록 회사 현관에 피켓(농성을 하거나 스크럼을 짜는 등)을 치고 공장에 들어가지 못하게 한다. 그래서 이나모리 팀은 세심한 준비를 했다. 통조림 등의 식품을 사들여 냄비와 솥, 연료와 이불을 반입해 40~50명의 부하와 함께 파업이 시작되는 전날부터 공장에서 숙식을 했다. 문제는 제품을 어떻게 출하하고 납품하느냐였다.

마쓰시타전기의 브라운관 공장은 타카츠키시에 있었다. U자형 켈시마는 작고 가벼운 부품이라 약 3,000개 정도는 전철로 옮길 수 있었지만, 노동조합 측에서 피켓을 치고 농성을 하고 있었기 때문에 나갈 수가 없었다. 그래서 이나모리는 특자과에 있던 여성 직원에게 도움을 받기로 했다. 그녀의 이름은 스나가 아사코였다. 그녀는 파업 거부에 동참하지 않는 대신 매일 정해진 시간에 공장 뒤편에 와주기로 했다. 손상되지 않도록 안전하게 포장한 제품을 담 너머로 던지면 담 밖에서 기다리던 그녀가 받아 마쓰시타전기의 타카츠키 공장까지 이송하는 것이었다. 담 너머와의 상호작용은 마치 로미오와 줄리엣 같았지만, 이 여성이 후일 이나모리 가즈오의 배우자가 되니까 인연은 인연이었다.

'儲(저, 벌다)'라는 한자는 '信者(신자, 믿는 사람)'라고 이나모리는 말한다. 그것은 바로 장사의 기본인 신용을 의미한다. 이나모리가 파업을 거부하면서까지 마쓰시타전기에 폐를 끼치지 않으려고 한 것은 훗날 큰 감동을 불어일으켰다. 마쓰시타전기는 창업자의 유훈이 있어 인정이 두터운 회사였다. 이때 쌓은 신뢰가 나중에 교세라와 마쓰시타전기

사이의 굵은 인연이 된 것이다.

이나모리의 파업 거부는 경영자에게 잘 보이기 위한 것이 아니었지만, 경영진은 이나모리의 의도를 오해했다. 공장 상무가 와서 감격한 표정으로 "감사합니다!" 하고 이나모리의 손을 잡고 악수하더니 그의 주머니에 몇 장의 지폐를 끼워넣었다고 한다. "무슨 짓입니까!" 이나모리는 그 즉시 반사적으로 거부 반응을 보였고 바로 그 돈을 반려했다. "이런 것을 받기 위해 그런 것이 아닙니다. 우리의 일을 지키기 위해 일했을 뿐입니다."

훗날 '건방진 행동이었다'라고 회고하고 있지만 젊은이 특유의 정의감이 느껴지는 사건이었다. 그런 이나모리의 의협심에 부하직원들도 공감하고 유대감을 쌓아갔다.

파키스탄행의 유혹

파업이 마침내 끝난 1957년 6월 쇼후공업에 새로운 사장이 왔다. 제1 물산이 추천한 전 교토오사카전철 사장이었다. 그의 나이 64세였다. 입사 인사도 매우 당당했고, 좋은 사장이 왔다고 모두들 기대에 차 있었다. 새로운 사장은 평소 전철 통근을 했다. 쇼후공업은 코우타리 역의 서쪽에 있었는데, 역의 출구가 동쪽에 있었기 때문에 항상 빙빙 돌아 500m 정도 걸어야 했다. 64세가 되는 사장도 매일 그 길을 함께 걷고 있었다.

이나모리가 그 모습을 보고 어느 날 사장에게 "제가 돈을 벌어 차를 사드리겠습니다" 하고 위로했다고 한다. 아오야마는 《마음의 교세라 20년》에서 이 에피소드를 소개했다. "자신이 열심히 일해 반드시 자동차를 사주겠다고 말하는 자신감과 기백이 있었고, 단순히 한 명의 직원이라는 생각 따위는 전혀 가지고 있지 않았다. 이미 자연스럽게 경영자로서의 자질을 갖추고 있었다. 대학을 졸업하고 단 2년 만에 진심으로 사장을 향해 이렇게 말할 수 있는 것일까? 우리 보통 사람들과는 크게 달랐다."

이렇게 극찬하고 있지만, '매우 건방진' 젊은 직원이었던 것은 틀림없다. 1957년 여름 제1물산의 소개로 파키스탄의 애자 회사 후계자가 쇼후공업에 견학을 왔다. 마침 이나모리가 U자형 켈시마의 대량 생산을 위한 전기 터널로를 개발했을 무렵의 일이었다. 그 파키스탄인은 그 것을 보고 한눈에 마음을 빼앗겼다. 개량하면 애자의 대량생산도 가능했기 때문이었다. 그래서 도카이고열공업에 파키스탄 전력 사정에 맞는 저압 사양으로 개량을 요청했고, 완성된 가마를 800만 엔에 파키스탄에 수출하게 되었다.

1958년 봄에 그것이 드디어 완성되어 출하 단계가 되었는데, 전기 가마만을 들여와봤자 그 사용법을 알지 못하기에 파키스탄 측에서 기술 지도자로 이나모리를 스카웃하고 싶다는 제안을 해왔다. 조건이 파격적이었다. 쇼후공업에서는 월급이 조금 올라 1만 수천 엔 정도였는데, 파키스탄에 가면 무려 9만 엔을 주겠다고 했다. 마음이 흔들리지 않을 리가 없었다.

이나모리는 망설인 끝에 일단 회사를 떠날 것을 결심하고 사표를 제출했지만, 공장장이 하루에 걸쳐 설득했다. "지금 자네가 그만두게 되면 특수 도자기 부문은 문을 닫아야 하네. 그렇게 되면 자네를 의지하며 모인 20여 명의 직원과 시설은 어떻게 되겠나. 자네의 미래와 비교할 바가 아닐지도 모르지만, 자네라면 다른 어떤 훌륭한 회사라도 갈 수 있지 않겠나. 회사를 살린다 생각하고, 아니 부하직원들을 위해서라도 남아주게."

이 일 이후 얼마 지나지 않아 아오야마에게 날벼락이 날아든다. 그는 지금까지 쇼후공업의 재건에 주력해왔다. 그리고 신 사장의 역량을 기대하고 있었는데, 하필 이 신 사장이 취임 후 두세 달이 지나지 않아 엉뚱한 사람을 채용한 것이다. 사장의 전 직장의 연구소장이었다. 천성적인 흥미 위주의 사람으로 골동품은 물론 바둑이나 장기, 음악 등에는 남다른 재능을 발휘했지만 일반 상식에는 무뎠다. 그 흥미 위주의 성격이 더 심해져 골동품 상점 주인이 될까 하고 있던 찰나 쇼후공업에 오지 않겠냐는 제안을 받고, 하필 기술부장으로 채용된 것이다.

"M씨는 입사 이후 차례로 애자 제조에 관한 시설이나 방법에 대해 개선 방안을 내어 사장 즉결로 하나씩 실행하기 시작해 지금까지의 제조 기술들은 전부 무시하며 쓸모없는 것 취급을 했습니다. 그런데 그 개선 방안이라는 것이 초보의 눈은 속일 수 있었지만, 어처구니없는 내용이어서 전부 실패했습니다. 그럼에도 아랑곳하지 않고 속속들이 개선 방안을 내놓았습니다. 하지만 전무도 상무도 기술자도 아무 말 못한 채 지켜볼 수밖에 없었습니다."《마음의 교세라 20년》

이대로 가다가는 큰일이 나겠다고 생각한 아오야마는 사장에게 실패 사례를 하나하나 설명하고, "이대로 두면, 쇼후공업은 무너질 겁니다" 하고 충고했지만 오히려 사장은 "자네는 가만히 있게. 그가 만약 실패한다면 내가 책임을 지겠네"라고 말했다고 한다. 이대로는 안 된다고 생각해 기술부장 본인에게 직접 따지기로 한다. "자네는 차례차례 개선 방안을 내놓고는 있지만, 단 하나도 성공한 것이 없지 않은가. 도대체 어떻게 된 건가?" 하고 물으니 "개선 방안 같은 것은 10개 중 하나만 성공해도 되는 겁니다"라는 대답이 돌아와 깜짝 놀라고 만다.

그 후에도 간언을 반복한 아오야마는 머지않아 사장으로부터 소외되기 시작했다. 겸임하고 있던 관리부장과 특수부장의 직책에서 해임되고 좌천되어 마침내 파키스탄행을 명령받게 되었다. "이나모리 군은 지금 빠져서는 안 되지만 자네는 어차피 한가하지 않은가." 이렇게 해서 기술지도는 이나모리 대신 아오야마가 가게 되었다.

1958년 7월 하네다에서 비행기를 탄 그는 일본에 돌아오면 퇴사하겠다고 결의하며 출장길에 나선다. 그리고 그 신임 기술부장이 특자과도 관할하게 된다. 이나모리 가즈오와 충돌하는 것은 시간 문제였다.

동시에 결의한 결혼과 퇴사

이때 당시 이나모리의 머릿속은 드물게도 일이 아닌 것이 차지하고 있었다. 결혼이었다. 상대는 스나가 아사코였다. 파업 때 활약해준 여성이었다. 사회인이 되고 나서 이나모리에게 아무런 로맨스도 없었던 것은 아니었지만, 처음 사귄 여자와는 결혼에 이르지 못했다. 그리고 아사코를 의식하기 시작한 뒤에는 흐뭇한 에피소드가 있었던 것이다.

파업 당시 그가 회사에서 숙식을 하던 때, 책상 위에 웬 도시락이 놓여 있었다. 평소의 부실한 점심과 달리 반찬이 넘치는 화려한 식단이었다. 감동하면서 쌀 한 톨 남기지 않고 감사히 먹었다. 그러자 다음 날도 도시락이 놓여 있었다. 누구의 소행인지 찾아보지도 않고 매일 감사히 먹고 있던 와중에 마침내 그녀의 소행임을 알게 되었다.

연구실에는 책상이 3열로 줄지어 있어 10여 명의 직원이 있었는데, 그중 한 명이 아사코였다. 이나모리보다 두 살 연하였다. 교토 부립 서경대학(현 교토 부립대학)을 졸업한 후 집에서 집안일을 돕고 있었다. 당시 여성의 4년제 대학 진학률은 2%대였기 때문에 대단한 지식인이었다.

우연히 인근에 살던 아오야마 세이지의 부인이 아사코의 어머니에게 "댁의 따님, 그렇게 놀게 해서 되겠어요?" 하며 쇼후공업에 입사시켰고, 그녀는 실험실 사무 심부름을 하게 되었다. 그 당시 이나모리는 비와 화로를 가져와 점심이 되면 실험실에서 밥과 된장국을 만들어 먹거나 매실장아찌 한 개뿐인 도시락을 준비하기도 했다. 그것을 보고 있던 아사코가 집에 가서 어머니에게 그 이야기를 했더니, "그것 참 불쌍하구나" 하며 도시락을 두 개 챙겨줬다고 한다.

여동생 아야코가 교토에 있었을 무렵에는 마을을 함께 걷고 있는 남매와 마주쳐도 그녀는 이나모리에게 인사를 하지 않았었다. 그것은 그녀가 예의를 몰랐기 때문이 아니라 매우 겸손한 여자였기 때문이었다. 도시락을 가져다준 것이 자신이라는 것을 그녀가 계속 이야기하지 않은 이유도 왠지 알 것 같았다.

그와의 인터뷰 때 둘의 데이트에 대해 듣게 되었다. "분명히 영화를 보러 교토 시내에 한두 번 갔던 기억이 있네요." 하지만 어떤 영화였는지는 기억에 없다고 한다. "머지않아 그녀의 어머니께서 밤에도 기숙사에 돌아가 자취하고 있는 것을 듣고는 '가여우니 집에 한번 데려오라'고 말씀해주셨고, 이후 밤늦은 시간에도 풍족하게 먹여주시곤 했습니다. 매우 상냥한 어머님이셨어요."

아사코의 어머니가 이나모리에게 보낸 편지를 읽어봤는데, 그 문장에서 깊은 교양과 상냥함을 느낄 수 있었다. 물어보는 김에 프러포즈먼트에 대해 물었으나 "아니, 프러포즈라는 것은…" 하며 말을 돌렸다. 둘만의 추억으로 남기고자 함이 느껴졌다. 중매는 기타오지 스에마사에게 부탁했고, 결혼 시기를 언제로 할지 의논해 일단 1959년 2월로 정했다. 그런데 갑자기 결혼식을 앞당기게 되는 사태가 생겨버린다.

신 기술부장의 실패도 있고, 쇼후공업의 실적이 부진해 인원 정리가 요구되고 있던 참이었다. 애자 부문의 처참한 꼴을 참다못한 이나모리는 사장과 부장들을 앞에 두고 맹렬히 의견을 개진한다. "특수 도자기 분야는 앞으로도 성장할 것입니다. 여기서 벌지 못하면 흑자로 전환할 수 없습니다. 꼭 체제 재검토를 해주시고 특자과에 과감히 인원과 시설을 집중 배치해주시길 바랍니다!" 이대로 발목을 잡히면 공멸해버릴 것이기 때문이었다. 그런 만큼 절실하게 요구했다. 하지만 이나모리가 축소를 요구한 애자 부문에는 교토 대학 등 일류 대학을 나온 사람이 많고 지금까지 회사를 지탱해왔다는 자부심도 있었다. 모두들 솔직히 체제 재검토에 동의하지 않고 있었다.

그러던 중 그들이 묘한 어조로 말을 하기 시작했다. "특수 도자기를 더 발전시키는 것은 앞으로 우리가 맡도록 하지. 이나모리 군은 시험작을 만들어주는 것으로 충분하네. 연구도 앞으로는 연구 부문에서 하겠네." 이야기가 이상한 방향으로 흘러가고 있었다. 그의 양팔을 구속하고자 하는 듯한 이 제안에 이나모리는 맹렬히 반발했다. 이 이상한 흐름의 이면에는 새로운 부장의 존재가 있었다. 그리고 결국 일이 벌어졌다.

이나모리가 큰일을 맡은 것이 발단이었다. 한때 미국의 GE가 주도하고 일본TV의 쇼리키 마츠타로가 참여했으며, 요시다 시게루 총리가 지원한 마이크로파 통신망 계획이 있었다. 민주주의 국가들을 넓게 커버하는 통신망을 구축해 공산주의 세력에 대항하자는 미국의 세계 전략 일환이라고 알려져 있다. 고주파의 마이크로파를 내는 진공관은 종래와 같은 유리튜브로는 안 되고, 고토감람석 도자기 절연체를 사용해야 한다. GE와 손잡고 있던 히타치제작소는 일본 내에 그것을 만들 수 있는 기업인 쇼후공업에 제작을 의뢰해왔다. 히타치제작소 수주에 성공하면 U자형 켈시마뿐만 아니라 큰 사업의 중심이 될 것이라는 기대에 쇼후공업의 상부는 다시 그 개발에 이나모리를 투입했다.

실험을 반복했지만 이번 제품에 요구되는 기술 수준이 크게 높아 쉽게 성공할 수 없었다. 히타치 제작소에서는 계속해서 재촉을 해왔다. 가뜩이나 스트레스를 받고 있던 이나모리 앞에 기술부장이 나타났다. 그러고는 이렇게 말한 것이다.

"자네 능력으로는 무리네. 다른 사람에게 시키겠네."

"이것은 다른 사람들로는 할 수 없습니다."

"아니, 우리 회사는 교토 대학 공학부를 나온 사람들이 몇 명이고 있으니까, 그들에게 맡기면 돼."

이 말을 듣는 순간 그는 온몸의 피가 역류하듯 화가 치밀어올라 자연스럽게 다음과 같은 말을 입에 담았다.

"그렇습니까? 그렇다면 알겠습니다. 이제 제가 필요 없다는 말이니,

단호히 그만두겠습니다."

이나모리는 위세 좋게 외치곤 자리를 박차고 나갔다. 결론을 먼저 말하자면, 마이크로 웨이브 통신망 계획 자체는 아시아 국가의 경제력을 생각해도 시기상조였으며, 일본TV가 NHK보다 먼저 일본 최초의 TV 방송 면허를 취득하는 결과를 남겼을 뿐, 별다른 성과를 남기지 못했다. 이로부터 26년 후 이나모리 가즈오 자신이 제2전전을 시작해 일본 전역에 중계기지를 마련하고 마이크로파에 의한 통신망을 구축하게 될 것이라고는 신이 아니고선 그 누구도 알지 못했을 것이다.

새로운 회사를 설립하다

이나모리 가즈오라는 인재의 진정한 가치를 모르는 그 기술부장은 그가 그만두겠다고 말해도 태연했으나, 사장은 이 보고를 듣고 불같이 화를 냈다. "바보 녀석! 이나모리 군을 그만두게 하면 어떻게 하나!" 부장은 이나모리라는 젊은이가 그만큼 이 회사에서 중용되고 있다는 것은 몰랐다. 이때 처음 그 부장은 자신의 어리석음을 깨달았다. 동시에 사장도 지금까지의 간언이 옳았고, 이 부장이 쇼후공업을 도산의 길로 인도하고 있다는 것을 깨닫게 되었다.

사장은 필사적으로 만류하기 시작했다. 여러 번 집에 찾아가 번복을 촉구했지만 이나모리의 고개가 위아래로 끄덕여지는 일은 없었다. 만류를 거듭하는 것이 오히려 그에게 자신감을 갖게 하고 있다는 아이러니한 상황을 사장은 은연중에 느끼면서도 만류를 계속할 수밖에 없었을 것이다. 그런 희비가 교차하는 상황이었다.

이나모리가 사표를 냈다는 소문은 즉시 사내에 퍼져나갔다. "이나모리 씨가 그만두면 우리도 그만두겠습니다!" 하마모토나 이토는 그렇게 말했고, 동시에 같은 물음을 던졌다. "그만두고 무엇을 할 생각입니까?" 그만둔다고는 말했지만 솔직히 이후의 일은 별로 생각하지 않았었다. 그렇다고 해서 경쟁사에 가는 것은 내키지 않았다.

아오야마에게 상담하니 파키스탄 회사의 이야기가 나왔다. 아오야마는 무더위 속에서 두 달 동안 파키스탄에서 기술지도에 임하고 있었지만, 그러는 동안에도 종종 이나모리 가즈오의 이름이 올랐다고 했다. "일본에 돌아가면 이나모리 씨가 꼭 파키스탄에 오도록 권유해주십시오." 이런 부탁을 받고 있었던 것이다. 그때 아오야마도 꼭 함께 와줬으면 한다는 이야기였다. 이를 들은 이나모리는 긍정적으로 생각하고 있었다.

"아오야마 씨, 이렇게 된 거 함께 파키스탄에 갈까요?" 하지만 토시노리에게 상의했을 때 "우치노 교수님께 의견을 물어보는 것은 어때?" 하는 냉정한 의견이 되돌아왔다. 이나모리도 우치노 교수를 전폭적으로 신뢰하고 있었기 때문에 아무런 이견도 없었다. 대학 졸업 후에도 그 둘은 자주 연락을 하곤 했다. "볼일이 있어 교토에 오실 때마다 '몇 시 몇 분에 교토 역에 도착한다'는 전보를 보내 저를 호출해 열차의 짧은 정차 시간 동안 제 연구의 진행 상황을 듣고 조언해주셨습니다. 그리고 열심히 하라고 격려해주시는 것도 잊지 않으셨습니다." 《인생과 경영》

기회는 빨리 찾아와 조속히 교토 역에서 만나 상담을 했다. 그러자 뜻밖의 말이 되돌아왔다. "그건 안 될 일이다." 그 어느 때보다 격한 어조였다. "파키스탄에 애자 기술자로 가서 어떠한 작은 기술이라도 팔아넘기는 것과 같은 짓은 하지 말게. 뉴 세라믹의 세계는 계속해서 진보하고 있네. 거기에 가 있는 동안 자네의 기술이 쓸모없는 것이 될 수도 있어. 모처럼 두각을 나타내고 있는데 아까운 일이야."

자신의 뜻이 낮았다는 것을 알게 되고 그는 초연히 고개를 숙였다. 그리고 정신을 차린 뒤 파키스탄행을 단호히 포기했다. 그 후에도 쇼후공업은 이나모리를 붙잡기 위한 공작을 계속했다. 한 가지 계책을 생각해내, 1958년 9월 그를 제조부 기술제2과장으로 승격시켰다. 업무는 지금까지의 특자과 주임과 다르지 않았지만 '제2과장'이라는 이름뿐인 과장 자리를 만들어 발탁하려 한 것이다. 그가 아직 26세의 젊은 나이일 때였다.

하지만 퇴사 의사는 변치 않았다. 그래서 그는 회사 측에 자신의 퇴사 시기를 명시하기로 했다. "인수인계 문제도 있으니, 올해(1958년) 말에 퇴사하겠습니다." 이렇게 퇴로를 끊었다. 그리고 자신의 내면의 목소리에 귀를 기울여 '내 기술이 어디까지 통용될지 시험해보고 싶다'는 막연한 생각을 하기 시작했다.

마침 이나모리가 사표를 냈다는 소문을 듣고 은행에서 파견된 쇼후공업의 전 상무가 "이나모리 군, 특수 도자기 관련 새로운 회사를 설립하지 않겠나?" 하고 제의해왔다. 하지만 혼자서는 무리였다. 그를 잘 따르던 부하직원들에게 새로운 회사 설립 계획에 대해 술을 마시며 털어놓았다. "만약 잘 풀리지 않는다면 우리가 아르바이트를 해서라도 이나모리 씨가 연구를 계속하게 돕고 싶습니다."

이나모리는 그런 기쁜 말을 해주는 사람도 있어 감동했다. 아오야마도 기타오지도 함께하고 싶다고 전해왔다. "울 거냐, 뛸 거냐. 울지 말고 뛰어라." 어렸을 때 들은 친숙한 말을 떠올리며 이나모리 가즈오의 새로운 도전이 시작되려 하고 있었다.

창업의 은인 니시에다 카즈에

퇴사를 결정한 이나모리는 마쓰시타전기의 야마구치 자재과장에게는 사전에 이야기해두기로 했다. 새로운 회사에서 U자형 켈시마의 주문을 받을 수 없다면 경영의 전망이 보이지 않았기 때문이다. 교토 역에서 약속을 했다. 지정된 시간에 야마구치는 도착했지만 이나모리가 보이지 않았다. 두리번두리번 하고 있으니 손을 든 사람이 있었다. 그 방향을 본 야마구치는 무심코 웃음을 터뜨릴 뻔했다. 이나모리가 변장을 할 요량이었는지 큰 마스크를 하고 있었던 것이다.

그대로 근처 중화요리집에 가서 곧 퇴사하는 것을 털어놓으며, "새로운 회사를 차려도 현재와 같이 U자형 켈시마를 사주셨으면 합니다"라고 언급했다. 일반적으로 그런 중요한 것을 개인적 판단으로 답변할 수 있을 리가 없었다. 그러나 야마구치는 그 자리에서 즉답했다. "사겠습니다."

그는 이나모리가 지금까지 어떻게 노력해왔는지 잘 알고 있었다. 조직을 뛰쳐나온다는 큰 결정을 한 그를 응원해주고 싶은 마음에 그렇게 말한 것이었다. 매월 20만 개의 U자형 켈시마의 발주를 확보한 순간이었다.

그런데 얼마 지나지 않아 쇼후공업의 전 상무가 수상한 모습을 보이기 시작했다. 교토의 양복점인지 포목점인지를 스폰서로 삼아 새로운 회사를 설립하는 것이었지만, 차근차근 이야기를 들어보니 그저 출자자를 모아 한 밑천 잡고자 하는 계획이었다. 이나모리는 새로운 회사에서 자신의 기술을 세상에 펼쳐보고 싶었다. 그것을 투자 수단 취급하는 것은 용서할 수 없었다. 그래서 이나모리 측에서 거절을 하기로 했다.

'동기가 선한가, 마음에 사심이 없는가.' 이 말을 굳이 생각한 것은 아니지만, 회사 설립의 첫 걸음을 내딛으려는 시점에서 자신도 모르게 이 말을 기준으로 행동하고 있었던 것이다. 이렇게 새로운 회사 설립은 무산되었지만 그의 마음이 든든했던 것은 경험이 풍부한 아오야마의 존재였다. "나에게 생각나는 것이 있네." 이렇게 말하고 소개해준 사람이 미야기전기제작소의 전무인 니시에다 카즈에였다. 니이가타의 정토종 사찰의 아들로 아오야마와 같은 교토제국 대학 공학부 전기공학과를 졸업했으며, 10살 연상의 아내와 학생 시절에 결혼한 사람이었다. 야쿠자 두목 기질이 있어서 흐름이 끊기는 것을 매우 싫어했다. 아오야마보다 1년 먼저 쇼후공업에 입사했지만, 그런 성격으로 인해 사장과 부딪쳐 이나모리가 태어나기도 전인 1930년에 퇴사했다.

당시 교토 대학 공학부를 나오면 변리사 자격을 취득할 수 있었던 것도 있고, 쇼후공업을 그만두고 나서 니시에다는 변리사로 독립했다. 그때의 첫 번째 고객이 미야기전기제작소였다. 이 회사는 미야기 오토야 사장이 교토에서 창업한 고압유차단기 및 배전반 제작을 하고 있던 회사로 주로 군수 관계의 일을 하고 있었다. 미야기 사장은 온화하고 품위 있는 신사였고, 니시에다를 깊이 신뢰하고 있는 사람이었다. 그리고

특자과 동료들과 함께.

아오야마 세이지.

니시에다 카즈에.

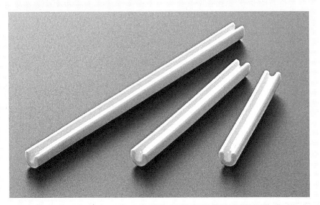

U자형 켈시마.

쇼후공업 기술부장이었던 아오야마 또한 그에게 쇼후공업의 특허 출원의 모든 것을 맡겼었다. 그 후 니시에다의 고객이 계속 늘어나 대단한 부자가 되었다. 집에는 가정부 등이 많을 때는 하루 2~3명씩 있었다고 한다.

그 뒤 한창 전쟁 중이던 당시에 니시에다는 미야기전기제작소의 전무이사로 취임했다. 미야기전기제작소에는 또 다른 아오야마의 지인이 있었다. 도쿄 주재 상무인 마지카와 타모츠였다. 상공부 특허국에 근무하고 있던 것으로 특허 관계를 통해 알게 된 사이였다. 마지카와는 니시에다보다도 자산가였다. 전후 군수 관련 수주가 없어져 미야기전기제작소가 자금 융통에 곤란을 겪고 있을 때 니시에다가 특허청을 막 그만둔 마지카와에게 부탁해 미야기전기제작소의 주식을 반 사게 했고, 그를 도쿄 주재 상무에 취임하게 한 것이다.

아오야마는 우선 니시에다에게 회사 설립에 관해 상담했다. 1958년 10월의 일이었다. 니시에다는 이야기를 조용히 듣고는 있었지만 그다지 좋은 얼굴은 아니었다. 하지만 어쨌든 마지카와의 의견을 들어보자는 분위기가 되었다. 며칠 후 그들은 니시에다 집에 모여 대화를 나눴다. 아오야마는 이전보다 더욱 열변을 토했지만 마지카와는 갑자기 심한 말을 퍼부었다. "이나모리 군이 얼마나 우수한지는 모르겠으나 겨우 20대 후반의 애송이가 뭘 할 수 있겠나!"

마지카와에게 악의가 있었던 것은 아니었다. 그는 미야기전기제작소 외에도 두세 곳의 회사에 출자하고 있었지만 모두 적자여서 배당을 내지 못하고 있었다. 기업 경영의 어려움을 몸으로 체득하고 있었던 것이다. 니시에다도 어렵사리 입을 열었다. "아오야마 군, 단지 물건을 사고팔 뿐인 상회를 만드는 것만으로도 힘든데, 그런 어려운 기술을 구사해야 하는 회사를, 심지어 개발을 중심으로 하는 회사를 만든다는 게 그리 쉬울 리가 없지 않은가."

이것은 상식적인 의견이었다. 기술 개발이 필요한 회사에는 자금력이 필요하다는 것을 니시에다가 지적한 것이다. "이나모리 군의 열정은 남다른 바가 있습니다. 반드시 대성할 것입니다." 아오야마가 반론했지만, 바로 마지카와가 대꾸했다. "열정만으로 사업이 성공하겠는가?"

그때까지 이나모리는 잠자코 셋의 이야기를 듣고 있었지만, 역시 참지 못하고 입을 열었다. 최근 전기 기기의 발달과 이에 따른 세라믹의 수요가 얼마나 크게 성장했는지를 열변한 것이다. 그리고 이렇게 단언했다. "머지않아 반드시 세라믹의 시대가 올 겁니다!"

하지만 그럼에도 마지카와와 니시에다를 설득하지는 못했고, 우선은 자리를 파했다. 기대가 빗나가 사과하고 있는 아오야마에게 이나모리는 이렇게 말했다. "확실히 저는 애송이입니다. 그럼에도 저의 기술을 그리 쉽게 이해해주는 것은 어렵겠죠. 어쨌든 몇 번이고 도전해보죠."

대화는 그 후에도 이뤄졌다. 어느 날은 열변을 토하기도 하고, 또 어떤 날에는 고개를 숙이기도 했다. 현장을 보고 싶다 해서 쇼후공업에 마지카와를 데리고 가 시설과 제품을 보여주기도 했다.

당분간 안정적으로 U자형 켈시마의 수주를 전망할 수 있다는 점에서 신뢰를 얻었다. 인력도 어느 정도 확보되어 있었다. 때마침 경기도 풀렸고, TV 판매 대수는 앞으로도 늘어날 전망이었다. 기업을 시작하기에 좋은 타이밍이었다. 그리고 마지막으로 이나모리의 불타는 열정과 확고한 신념이 니시에다와 마지카와의 등을 떠밀었다. 그것은 과거

요시다 미나모토가 '철학'이라 말해준 그의 신념이었다. 마침내 니시에다와 마지카와는 출자에 응하게 되었고, 미야기전기제작소의 미야기 오토야 사장도 출자 및 협력을 해주기로 했다.

니시에다는 미야기 사장에게 이렇게 말해줬다고 한다. "이나모리 군의 회사는 미야기전기제작소의 자회사로 하는 것이 아니라 자유롭게 두는 편이 좋다고 생각합니다. 물론 성공 여부는 해보지 않으면 모릅니다. 출자금을 잃을 각오도 해주시기 바랍니다." 거기에 더해 그는 이나모리에게 이렇게 말했다. "어차피 몇 년간은 적자일 걸세. 우리(니시에다, 마지카와)는 사외이사가 되어도 배당은 필요치 않네."

어떤 마음으로 이나모리를 응원해줬는지 잘 알 수 있는 대목이었다. '무슨 일을 하던 흐름을 타라'라는 것이 니시에다의 입버릇이었지만, 일단 지원을 결정하자 철저하게 지원을 해준 것이다. 이나모리 입장에선 눈물이 날 정도로 고마웠다.

아버지께 보낸 편지

2017년 가을의 일이다. "얼마 전 본가의 불단 아래서 이런 것이 나왔다는군요." 이나모리가 이렇게 말하면서 필자에게 전해준 것은 그을린 봉투뭉치였다. 자연스럽게 전달된 그것은 창업을 앞둔 그가 양친에게 보냈던 서한이었다.

그 순간 동석했던 교세라 사람의 안색이 바뀐 것을 확실하게 알아챌 수 있었다. 이나모리 가즈오는 많은 저작을 내고 있어 새로운 자료 등이 더 이상 없다고 주위 사람들이나 그 자신 또한 그렇게 생각하고 있었을 것이다. 그런데 그것이 우연히 발견된 것이다. 그중 한 통을 먼저 소개하고자 한다. 그것은 독립을 결정한 직후 아버지 케사이치로에게 보낸 서신이다.

이나모리가 독립을 결심한 당시엔 생각이 참 많았을 것이다. 그토록 가족을 생각하는 그였지만 편지를 쓸 틈조차 없었다. 아니, 상황이 어지럽게 바뀌고 있었기 때문에 뭐라 적어야 할지 몰랐을 것이다. 그러던 중 아버지에게서 편지와 함께 이불과 솜옷이 도착했다. 아무래도 감사의 편지조차 보내지 않는 것은 예의가 아니었기에 지금 소개하고자 하는 편지(1958년 11월 15일자)를 썼던 것으로 보인다.

(전략) 가을도 깊어지고 아침저녁으로 한기가 느껴지는 계절이 되었습니다. 상경 후 깜깜 무소식이어서 죄송합니다. 아버지의 편지는 확실하게 받았습니다. 또한 이불과 솜옷도 잘 받았으니 안심하세요. 저는 집을 나온 이후 열심히 일하고 있으니 걱정하지 않으셔도 됩니다.

상경 후 도쿄에 세 번, 나고야에 두 번 각 일주일 정도로 출장을 다녀오기도 하고 매우 바빠 짧은 편지 한 통 보내지 못했습니다. 사장 등 간부들에게 큰 기대를 받고 있어, 회사를 혼자 짊어지고 있는 듯한 상태입니다. 파키스탄에서는 그 이후에도 소식이 왔었지만, 역시 가지 않는 것으로 결정했습니다.

회사 사정은 여전히 호전되지 않아 연말이 되기 전에 대량 해고를 할 예정입니다. 지난번 회사 재건책을 검토하고 있기는 했지만 묘안이 없는 듯합니다. 제가 속한 특수 도자기 부문만이 바쁠 뿐입니다. 최종적으로는 이 부문만을 남기고 회사를 정리하자는 이야기도 나오고 있습니다. 이달 초부터 그러한 공기로 인해 여러 사람들이 이 부문에 눈길을 돌려 여러 가지 말썽도 생기고 매우 번거로운 상황입니다. 거기에 이 특수 도자기 부문이 태평하게 일에 집중하고 있을 시간도 없습니다. 계속 진보하고 있는 특수 도자기 부문에서 인재 채용, 체제 변환 등 많은 일들이 산적해 있습니다. 그런 점을 강하게 요구하고 있습니다만, 회사가 어려운 상황이라 진행하지 못하고 있습니다.

하지만 할 수 없다고만 말하는 것은 그저 상황을 '악화' 시킬 뿐입니다. 그렇기에 사장 등 간부들에게 아주 커다란 제안을 했습니다. 회사 전체적으로 봐도 그 같은 일을 처리해낼 수 있는 사람은 없다고 할 수 있을 정도의 곳이므로, 그 반향이 매우 커져 중요한 회의를 몇 차례나 열었습니다. 이건이 결정되면 특수 도자기 부문이 호조에 올라 인재 문제, 시설 문제 등이 해결되는 것이라 이것만큼 회사를 재건할 수 있는 방법은 없는 상황입니다.

그럼에도 특수 도자기 부문이 발전하는 것을 좋지 않게 보는 소수의 부장 및 과장이(그들이 기술자로서 오랫동안 담당하고 있는 부문은 조금도 좋아지지 않고 있는 데 반해, 입사 후 4년 만에 과장이 되고 발전에 발전을 거듭하고 있는 저를 눈엣가시로 생각하는 것입니다), "특수 도자기를 더 발전시키는 것은 앞으로 우리가 맡도록 하지. 이나모리 군은 시험작을 만들어주는 것으로 충분하네. 연구도 앞으로는 연구 부문에서 하겠네" 하는 의견을 내 저와 옥신각신했습니다.

그들은 자신들의 일을 지금까지 전부 망치고, 이제는 제 일까지 손을 대연구조차 시키지 않겠다고 하니 매우 화가 나, 지난 50년간 모든 일에 실패만 해온 무리들(저를 제외한 모든 기술자라고 해도 좋을 것입니다)에게 제조부터 연구까지 무엇이든지 당신들에게 맡겨봐야 절대로 해내지 못할 테니 그 제안은 반대한다고 말했습니다.

제가 고작 4년 만에 완성했기 때문에 간단히 해낼 수 있다고 생각하는 것입니다. 애자 부문에서도 제대로 성과를 내지 못하는 사람들이 이 일을 해낼 수 있을 리 없습니다. 게다가 제가 지금까지 해온 연구와 500만 엔의 연구비를 감쪽같이 가로채가는 양심 없는 그들을 보고 있으려니, 과연 제가 무엇을 위해 지금까지 노력해왔는지 모르겠습니다. 회사 전체의 사정이 좋아지는 일이니 저 자신만을 생각해 '내가 이룬 것인데' 하는 사고방식은 지양해야 합니다만, 그러면 제가 너무 불쌍하다는 생각도 듭니다.

그 대신에 능력 있는 과장으로 출세했으며, 회사 간부와 대등한 입지를 다졌다고 생각하는 사람도 있을 수 있습니다만, 그런 것보다도 그들과 함께 일을 하게 되면, 또 일을 망쳐놓을 것 같다는 생각이 들어 단연 반대를 했던 것이지요. 하지만 그 의견이 묵살되고 지금까지 함께 일해준 부하직원들의 상황이 '악화' 되는 것을 참을 수 없어 사표를 제출했습니다.

그러자 회사 임원 및 사장이 깜짝 놀라 제가 그만두면 회사가 망한다며 재고해 달라고 사정하더군요. 사장의 집으로도 몇 번 불려가 이야기를 들었으며, 또한 중역들에게도 몇 번이고 재고를 요청받았습니다. 사장은 저를 이런 식으로 잃게 되면 세간에 면목이 서지 않는다는 이야기까지 했습니다. 또한 쇼후공업 전체를 재건하는 것은 불가능할지도 모르지만, 쇼후공업이 재건되는 그날까지 함께 있어 달라고 부탁받았습니다. (중략)

새 회사를 설립하는 일은 점차 진행되어 이달 말부터 공장 건설이 시작될 예정입니다. 쇼후공업에서는 오늘 총무부장이 불러 월급을 2만 1,000엔으로 올려주겠다고 제안해왔습니다. 월급이 올랐다고 회사에 남게 되면 저의 신념이 무너집니다. 거절했습니다.

오늘밤부터 새 회사의 건설 도면을 작성하기로 되어 있습니다. 이대로 진행하면 이달 말에 회사를 그만두고 일단 고향에 돌아가 열흘 정도 지낸 후다시 상경해 건설을 진행할 예정입니다. 지금까지 키워온 부하직원 중(총 60명 정도입니다) 8명은 저를 따라 회사를 그만두기로 했습니다(쇼후공업에서는 특수 도자기를 더 이상 만들 수 없겠지요).

남자 일생의 중대사, 온 정성을 다해 일을 해볼 생각입니다. 자금은 건물, 토지를 제외하고 800~1,000만 엔으로 예상됩니다. 저와 함께하는 사람들은 전 부장(아오야마), 기타오지 그리고 그 외 자본가들입니다. 이것을 시작하게 되면 일이 하나 줄어들게 되니 그때 여유를 가지고 자세히 말씀드리겠습니다.

그리고 아사코 얘기입니다. 식을 올리기에 11월은 너무 이르다 생각되어 2월로 정했습니다만, 이번 사건으로 사정이 바뀌어 12월 초에 식을 올리는 게 어떨지 아야코에게 전했습니다. 내일쯤 대답을 들을 수 있을 것 같습니다.

그리고 상경 후 1만 5,000엔을 저축했습니다. 회사로부터 가불받은 것은 없고 빌린 돈은 3만 엔 정도입니다. 집은 어떤 상태입니까? 제가 송금하지 못하고 있어 힘들 것이라고 생각됩니다만, 오는 15일에 3,000~4,000엔 정도 송금하고자 생각하고 있습니다.

결혼식 비용은 최대한 지출을 줄이고자 하고 있습니다. 아버지와 어머니의 상경 금액을 보태지 못할 수도 있습니다. 그때는 돈을 빌려서라도 와주셨으면 좋겠습니다. 어떻게든 돈을 모아보겠습니다만, 이에 관해서는 후

일 자세하게 이야기하겠습니다.

아들 가즈오가 하는 일입니다. 반드시 성공하겠습니다. 걱정 마십시오. 안심하고 계시기 바랍니다. 2~3년 후에는 훌륭하게 성공하겠습니다. 그때까지만 참으시면 됩니다. 또 이런저런 의견도 있을 거라고 생각하고 있지만, 켄이치 숙부와 형에게도 의견을 물어주세요. 의견을 배견할 날을 기다리고 있겠습니다.

편지를 쓸 시간도 없을 정도로 바쁜데다가 편지를 잘 쓰지 않는 성격으로 걱정을 끼쳤습니다. 앞으로는 가급적 조금씩이라도 연락하도록 하겠습니다. 어머니와 미치코에게 잘 말해주십시오.

추신

오늘 급료가 들어왔기에 4,000엔 동봉합니다. 또 스나가 씨와 논의한 결과 회사를 그만두고 새로운 회사를 차리는 것이 확정된다면, 12월에 결혼식을 올리기로 결정했습니다. 새로운 회사를 설립하는 일은 이달 말까지 결정되므로 정해지는 대로 연락드리겠습니다. 새로운 회사를 만들지 않게 된다면, 지금의 회사에 남고자 합니다.

— 아버지께, 가즈오가

이 편지는 보통 편지지가 아닌 쇼후공업의 업무일지용 용지에 기록되어 있었다. 지금까지 회사를 혼자 지탱해왔다는 자부심, 상사의 몰이해에 대한 분노 등 사표에 이르기까지의 젊은 날의 이나모리의 마음이 솔직하게 전해지는 귀중한 자료다.

《이나모리 가즈오의 악동 자서전》에 적혀 있는 새로운 부장과의 치열한 다툼을 언급하지 않은 것은 가능한 완곡하게 내용을 가족들에게 전하고자 했던 배려처럼 느껴진다. 부치지 않은 상태로 남아 있던 결혼식과 신혼 생활의 청사진이 쓰여 있던 9월 28일자 편지도 동봉되어 있었다. 또한 11월 15일자 편지를 보면 편지 전반과 후반에 쓴 시점에 다소 시차가 있는 것을 알 수 있어서 어지럽게 상황이 급변해 혼란스러웠을 당시의 모습을 떠올릴 수 있었다.

편지에 쓰고 싶지 않았던 것도 많이 있었다. "매우 건강하오니 걱정하지 않으셔도 됩니다"라고 편지의 시작 부분에 쓰고 있지만, 사실은 문제가 산더미 같았다. 편지의 마지막에 "새로운 회사를 만들지 않게 된다면, 지금의 회사에 남고자 합니다"라고 말을 하고는 있지만, 실제로는 새로운 회사의 공장을 신설하는 자금 등이 모이지 않고 있었다. 그는 어쨌든 부모님께 걱정을 끼치고 싶지 않았던 것이다. 편지 안에 돈 이야기가 자주 등장하는 것은 그가 돈에 미쳐 있었기 때문이 아니라 부모님을 안심시키기 위해서였다.

그리고 그는 편지를 통해 부모님께 맹세를 했다. "아들 가즈오가 하는 일입니다. 반드시 성공하겠습니다. 걱정 마십시오. 안심하고 계시기 바랍니다." 그리고 그 선언대로 그는 교세라를 일본을 대표하는 글로벌 기업으로 키워나가게 된다. 이나모리 가즈오의 전설은 바로 이 편지에서 시작된 것이다.

1958년 12월 창업 멤버들이 이나모리가 사는 기숙사에 모였다. 이토 켄스케, 하마모토 쇼이치, 도쿤나가 히데오, 오카가와 켄이치(후 교세라 전무), 도우조노 야스오, 아제카와 마사카츠, 그리고 아오야마 세이지였다. 56세의 아오야마를 제외하면 이나모리 가즈오가 27세, 나머지는 21세에서 25세로 대부분 젊었다.

"오늘의 감격을 잊지 않기 위해 맹세 혈판장을 쓰자!"라는 이나모리의 호소에 반대하는 사람이 없었고, 조속히 오카가와는 맹세를 썼다. 오카가와는 고치 대학 물리학부에서 지구 물리학을 전공했지만 일자리가 없어서 곤란해하고 있던 것을 이나모리가 채용했다. 여기에 모인 사람들은 모두들 각각 이나모리에게 깊은 감사와 존경과 신뢰를 가슴에 품고 있는 남자들이었다.

"일치단결하여 세상을 위해, 또 사람들에게 도움이 되는 것을 이루기 위해 동지들이 모여 여기에 혈판한다." 맹세는 이렇게 적혀 있었다. 먼저 이나모리 가 서명하고 혈판을 찍었다. 그리고 그는 이때 다음과 같이 말했다고 한다. "세상은 힘든 일투성이다. 바른 마음가짐으로 살고자 해도 마음처럼 되지 않을 때도 있을 것이다. 그때는 함께 기차역의 짐꾼을 해서라도 이겨내도록 하자. 이 마음을 잊지 말아줬으면 한다."《마음의 교세라 20년》

이 단계에서 이미 '바른 마음가짐'이라는 문구가 나오고 있다. 창업 당시부터 그들에게는 '사심 없는' 정신이 깃들어 있었던 것이다. 그리고 1958년 12월 13일 선언대로 이나모리 가즈오는 쇼후공업을 퇴사했다.

아사코와의 결혼

이나모리는 퇴사하는 날을 결정한 뒤 아사코와의 결혼을 거기에 맞추려고 했다. 새로운 인생을 함께 걸어나가길 원했기 때문이다. 그리고 아사코는 주저 없이 이나모리의 마음을 받아들였다. 그렇게 두 사람은 이나모리가 쇼후공업을 퇴사한 다음 날에 결혼식을 올렸다.

장소는 교토 히가시야마의 게아게에 있던 교토 시장 관사(현 교토시 국제교류회관)였다. 아사코는 당시 흔치 않은 웨딩 드레스 모습이었다. 혈판장을 함께 쓴 7명 외에도 가고시마에서 부모님과 미치코가, 오사카에서 카와가미가 참석해줬다. 피로연은 검소하게 케이크와 커피만으로 진행했다. 축사를 포함해 화제는 새로운 회사에 관한 것뿐이었다. 이나모리에게 걸리면 결혼식까지 회의가 될 것 같았다.

부모님께는 먼저 돌아가라고 하고, 그날 밤 10시를 넘어 특급 삼등 침대열차를 타고 고향 가고시마로 신혼여행을 떠났다. 밤이 늦었기 때문에 배웅은 아오야마 혼자였다. 도중에 벳푸와 기리시마에서 2박을 했다. 앞서 소개한 1958년 11월 15일자 편지에는 "아버지와 어머니의 상경 금액을 보태지 못할 수도 있습니다"라고 적고 있지만, 식에 참석한 두 번째 동생 미치코에 따르면 부모님을 배웅할 때 그는 제대로 돈을 전달했다고 한다. 교토에서 고생하고 있는 아들을 걱정하고 있던 부모님께선 제대로 식을 올린 것뿐만 아니라, 자신들의 교통비까지 준비한 것에 감격해 "가즈오, 정말 장하구나" 하며 가고시마에 돌아와 기쁜 듯이 이야기했다고 한다.

아오야마의《마음의 교세라 20년》에서 이때 이나모리가 교통비를 건넨 이유를 찾아낼 수 있었다. "식장 비용 2,000엔, 가고시마까지 두 사람의 왕복 여비, 고향에서의 피로연과 새 집을 위한 준비금까지 모두 미야기전기에서 빌린 6만 엔으로 충당했다. 부모님께 걱정을 끼치지 않겠다는 것이 이나모리 가즈오의 신조였다. 그런 생각조차 이나모리 가즈오다운 아름다운 결혼식이 아닌가."

이 구절에 감격해 몇 번이고 읽었다. 새 집은 근처에 시라카와 수로가 흐르는 교토시 사쿄우구 다나카히가시타카하라 마을에 있었다. 아사코의 숙모가 가지고 있던 아파트를 예치금 · 보증금 없이 빌려준 것이다. 아무리 가까이서 그의 능력을 봤어도 이제 막 회사를 뛰쳐나오려 하고 있는 남자와 결혼하는 것은 상당한 신뢰가 없으면 할 수 있는 일이 아니다. 그 남편에 그 아내라는 생각이 든다.

아사코의 총명함과 심지의 강도를 말하자면, 그녀의 집안 사정을 설명해야 할 것이다. 아사코의 아버지 스나가 나가하루(본명 우장춘)는 '한국 근대 농업의 아버지'라고 한국의 교과서에도 실릴 정도로 유명한 농학자였다. 이나모리는 사실 혼약을 할 때까지 아사코의 아버지가 그런 인물이라는 것을 전혀 몰랐다. 다만 그는 그의 장인과 단 한 번이었지만 만난 적이 있었다. 마침 귀국해 있던 그와 집에서 만나게 된 것이다.

"연구자끼리 매우 활기차게 이야기를 했던 기억이 있습니다." 두 사람이 결혼한 이듬해 여름 우장춘은 사망했지만, 만났을 때는 아직 건강했다. 그리고 우장춘은 이때 이나모리의 인상에 대해 "그는 나름의 철학을 가지고 있다. 앞으로 뭔가를 해낼 사람이다"라고 이야기했다고 한다. 제1물산의 요시다도 그렇지만 이나모리 가즈오와 만난 뛰어난 인물들이 그가 '철학'을 입에 담기 시작하기 전부터 이미 그의 안에 철학이 있다는 것을 느꼈다는 것은 매우 흥미롭다.

우장춘과 코하루 사이에 아들 둘과 딸 넷이 태어났고, 아사코는 막내딸이었다. 장남 스나가 모토하루는 교세라에 합류했다. 차남 스에하루 교세라 창업을 앞둔 이나모리 가즈오가 아버지께 보낸 편지.

이나모리 가즈오의 결혼식 기념 사진.

결혼식 피로연의 모습.

는 가고시마에서 '왕장'이라는 교자 체인 경영자가 되고, 그것을 후에 이나모리의 막내 동생이 이어받게 된다. "언니들은 저의 삶이 가장 어머니를 닮았다고 말합니다. 어머니를 흉내내고자 하지는 않았지만, 목표를 향해 돌진해가는 남편을 갖게 되면, 그를 돕고 싶다, 가정이 그의 방해가 되어서는 안 된다고 자연스럽게 생각하게 되어 그런 얘기를 듣게 되었는지도 모릅니다. 또한 어머니도 그런 기분이었을 것입니다." 아사코는 이렇게 말하고 있다. "우리 자매는 모두 못난 사람들이지만, 남편들은 좋은 사람뿐입니다. 죽은 언니인 토모코의 남편도 정말 좋은 사람이었습니다."

하지만 '못난 사람'이라고 하는 것은 큰 겸손이다. 아사코는 현모양처의 귀감과도 같은 여성이었다. 이나모리가 일에 몰두할 수 있었던 것은 틀림없이 그녀 덕분이다. 이나모리는 아내에 대해 이렇게 말했다. "결혼 후 지금까지 단 한 번도 불평불만을 토로한 적이 없습니다. 언제나 교세라 직원을 집으로 불러 집에서 파티를 하며 술을 마시곤 했습니다만…. 게다가 어떤 것이 사고 싶다거나 하는 것도 말한 적이 없습니다."

원래 가정에서의 이나모리 가즈오는 일하고 있을 때와 달리 완전히 늘어져 있다. 옷 선택도 스스로 하지 않고 아사코에게 맡긴다. 전구가 고장나 교환할 때조차 아사코가 사다리를 가져와 교체한다. 이나모리 부부는 이후 시영주택, 분양주택으로 이동 후 지금의 집에서 살게 되지만, 분양주택에 살던 때 기와가 갈라져 비가 샌 일이 있었다. 그때도 아사코가 바지로 갈아입고 사다리를 올랐다고 한다.

매일 밤 남편은 늦게 돌아와 일찍 집을 나서기 때문에 이웃과 만나는 일도 별로 없었다. "아사코 씨는 마치 미망인 같구나" 하는 이야기를 종종 들었다. 그는 가계를 전부 아사코에게 맡기고 월급도 맡겼다. 그래서 이런 대화도 하곤 했다고 한다. "상당히 오래전 이야기입니다만, '이봐, 지금 돈을 얼마나 가지고 있지?' 하고 물었더니, '저도 잘 몰라요' 하고 답하더군요. '모른다니 돈을 어디에 저축한 거야?' 라고 다시금 물었더니 후시미의 교토은행에 맡겨놨다고 해 한번 잔액을 확인해보라고 말한 적이 있습니다. 나중에 확인해보니 거의 사치를 하지 않아 많은 돈이 쌓여 있더군요."

인터뷰 시에 이런 자랑도 들었다. "지금도 그렇습니다만, 정말 우리 집사람은 마음씨 좋고 멋진 여성이에요. 그래서 집에 쿠우라는 이름의 고양이가 있습니다만, 이 아이도 아내에게 홀딱 빠져 있습니다. 제가 안으려고 하면 도망가버리는데, 아내한테는 등에 올라타서 떨어지질 않아요. 역시 동물들한테도 사랑받는 사람이구나 싶어요. 그래서 팔불출 같긴 합니다만, 아내가 있었기 때문에 오늘날의 제가 있다고 생각하고 감사하고 있습니다."

교토세라믹의 창업

이제 이야기를 새로운 회사 설립을 위해 분주하던 때로 돌려보고자 한다. '분주' 했다고 해도 회사 설립은 니시에다와 아오야마에게 맡기고 있었다. 이나모리 자신은 이후의 생산 체제 확립에 모든 정력을 쏟고 있었다. 초대 사장은 대주주 미야기 사장에게 부탁하게 되었다. 지금

이상으로 사회적 신용이 소중했던 당시의 일이기에 지위가 있는 사람에게 부탁한 것이다. 하지만 직함이 어떻든 실질적으로는 이나모리 가즈오의 기업임을 의심하는 사람은 없었다.

창업 당시 임원은 미야기 사장, 아오야마 전무이사, 이나모리 가즈오 이사 겸 기술부장, 니시에다 이사였고, 마지카와는 그다음 해부터 이사로 참여했으며, 감사에 노무라 히데오(미야기전기제작소 경리부장)로 정해졌다. 이 밖에 혈판을 찍은 8명과 구리 공장에서 이직해온 히와타시 마사아키(후 교세라 전무), 쇼후공업을 그만두고 온 기타오지 등 2명을 포함한 11명이 간부였다. 그리고 새롭게 채용한 중졸 남자직원 11명과 여자직원 6명이 일반 사원으로, 총 28명이었다.

회사 이름은 미야기 사장, 아오야마, 이나모리 가즈오, 니시에다, 마지카와, 당시 중요한 사항을 결정하고 있던 이 5명이 회의를 통해 결정하기로 했다. 이나모리가 먼저 말문을 열었다. "세라믹이라는 단어는 꼭 넣고 싶어요." 그의 생각은 거기에 있던 모두가 알고 있다. 이의 없이 승인되었다. 문제는 그 앞에 무엇을 올려놓는가였다. '대일본세라믹'이나 '동양세라믹' 같은 거창한 이름도 오르내리고 있었지만, 미야기 사장이 교토에 대한 애착이 매우 컸던 것도 있어 '교토세라믹'으로 정해졌다(이것은 당시의 명칭이며 이후 정식 명칭은 '교세라'가 되었다). 그리고 교토의 K와 세라믹의 C를 조합한 상표를 조속히 등록했다.

자본금은 300만 엔. 미야기 사장과 회사 관계자가 130만 엔을 출자했고, 니시에다가 40만 엔, 마지카와가 30만 엔, 나머지 100만 엔은 아오야마와 이나모리가 내놓기로 했다. 하지만 이나모리에겐 돈이 없었다. 이때 니시에다가 구원의 손길을 내줬다. "기술 출자 주주라는 걸로 하세."

회사법에서 말하는 '현물 출자'다. 특허권이나 노하우를 현물 출자의 대상으로 하는 것은 지금도 가치 산정이 어려워 예외적인 일이지만, 니시에다는 변리사 자격을 갖추고 있었고 마지카와도 상공부 특허국 근무 경험이 있었다. 이 분야에 익숙한 그들이기에 가능한 지혜였다. 훗날의 이나모리 가즈오는 회계에도 능통해지지만 이때는 그저 니시에다의 설명에 고개를 끄덕일 뿐이었다.

그래도 운영자금 등을 생각하면 자본금 이외에 적게 잡아도 1,000만 엔이 필요했다. 나머지는 은행에서 빌릴 수밖에 없었다. 신용이 없는 새로운 회사가 차입을 하려면 담보가 필요하지만, 자본금도 낼 수 없는 이나모리에게 담보가 되는 자산이 있을 리가 없었다. 이때 또다시 니시에다가 도와줬다. 놀랍게도 그는 자신의 집을 담보로 삼은 것이다. "이 집을 은행에 빼앗기게 될지도 모르지만, 이나모리 군에게 걸어보고 싶네." 부인에게 이렇게 이야기했더니 "남자가 남자에게 반해서 한 일이라면, 실패해도 숙원을 이룬 것과 같지 않겠습니까?" 하고 오히려 용기를 북돋아줬다고 한다.

〈일본경제신문〉의 명물 코너에 '교유초'라는 코너가 있다. 이 코너에 게재 의뢰를 받은 사람은 모두 누구를 소개할지 고민을 하게 되지만, 이나모리는 1987년 6월 10일 우치노 교수와 함께 니시에다 부부를 소개하며 위에 언급한 니시에다 부인의 말을 소개하고 진심으로 감사의 마음을 나타냈다.

처음에는 공장 신축도 꿈꾸고 있었지만 돈이 부족했다. 그래서 미야기전기제작소의 남쪽에 있던 목조 슬레이트로 된 오래된 건물 두 채를 임대하기로 하고, 거기를 본사 겸 공장으로 삼았다. 옛날 초등학교의 목조건물과 같은 건물이다. 그도 그럴 것이 2층은 전쟁 당시 청년학교(초등학교 졸업 후 바로 취직한 아이들에게 사회 교육을 실시한 시설)였다. 니시에다도 여기에서 아이들을 가르친 적이 있었다. 결국 대부분 간단한 수리만 하고 사용하게 되었다.

회사를 그만둔 이듬해 1월 6일부터 본격적인 새로운 회사 설립 준비가 시작되었다. 토쿠나가, 오카가와, 하마모토, 이토, 아제카와, 도우조노는 아직 쇼후공업에서 근무하고 있어, 석 달간 매주 일요일에 코우타리의 기숙사에서 미야기전기제작소까지 와 아침부터 저녁까지 준비를 도왔다. 물론 아무런 보수도 받지 않고 왕복 교통비만 받았을 뿐이었다.

동시에 그만두면 쇼후공업에 폐가 되기에 차례로 사표를 냈고, 마지막으로 이토 켄스케가 퇴사해 전원이 모였다.

"흔히들 창업 당시의 초심으로 돌아가라고 말하지만, 실제로는 정말 창업을 해본 사람밖에는 모르는 일이다. 쇼후공업에 남아 근무하며 일요일마다 빠지지 않고, 미야기전기제작소 인근 사무소로 달려와 저녁 식사도 포장마차 우동으로 때우며 밤 10시까지 열심히 일하는 것을 석 달이나 지속해 드디어 4월 1일 회사 설립에 도달했다. 그러나 이는 괴로운 고생이 아니었다. 싫은 고생이 아니라 희망을 가지게 하는 고생이었다. 모두들 3월 중에 쇼후공업을 그만뒀기에 수입이 없었다. 오늘부터는 스스로 일하고 벌어서 살아가야 한다. 어쨌든 힘껏 노력해 살아갈 수 있다면 좋은 일이다. 월급이 많건 적건 중요치 않다. 어떻게든 회사를 궤도에 올려놓겠다는 일념만으로 자신의 이익은 생각지 않으며 일을 하고 회사를 일궈내겠다는 마음, 이것이 창업 정신이 아닐까?" 《마음의 교세라 20년》

이나모리 가즈오도 여러 책에서 당시를 언급하고 있지만, 그는 창업자이기 때문에 당연히 필사적일 것이다. 그러나 그렇지 않은 사람들도 완전히 같은 마음을 하고 있었던 것이 전해진다. 새로운 회사 설립은 극비로 삼아 조심스럽게 진행해 쇼후공업은 전혀 눈치채지 못했다. 그 연구부장은 이나모리가 하던 일 따위는 다른 우수한 인재로 대체할 수 있다고 호언장담했지만, 실제로는 그를 대체할 수 없어 쇼후공업은 5년을 넘기지 못하고 도산해버린다.

빌린 사옥에서 세계 제일을 목표로

1959년 3월 1일 교토시 나카교구 니시노쿄하라 마을 11-2번지에 빌린 사옥 위층 사무실에서 창립 기념식이 열렸다. 이날은 아침부터 구름 한 점 없는 푸른 하늘이 펼쳐져 있었다. 교토 지방 기상대의 기록은 최저 기온 3.9도, 최고 기온 46.2도 북풍이 불어 다소 쌀쌀했다. 하지만 활짝 갠 하늘은 새로운 회사의 행운을 예감하게 해 모두의 마음을 고양시켰다. 미야기 사장이 전기로에 불을 켜고 히말라야 삼나무를 기념 삼아 심으며 교세라는 대망의 스타트를 끊었다. 직원 수 총 28명으로 출범했다.

창립 기념식 당일 밤 가와라마치산죠우 근처의 중화요리집에서 임원 및 간부들이 모여 출발을 축하하는 연회가 열렸다. 어떻게든 이 날을 맞이했다는 안도감 외에 앞으로 폭발적으로 성장해나가겠다는 결심이 더해져 이나모리는 일어나서 기염을 토했다. "우선 하라마치 제일이 되어보자. 하라마치 제일이 되면 니시노쿄 제일의 회사를 목표로 하자. 니시노쿄 제일이 되면 나카교구 제일을 목표로 하고, 다음은 교토 제일, 교토 제일이 실현되면 일본 제일이 되자. 일본 제일이 되면 그다음은 세계 제일이다!"

코야마 시즈오(교세라 전 이사)에 따르면 훗날 이나모리 가즈오는 다음과 같이 말했다고 한다. "불언실행이라는 말이 있지만, 나는 언행 쪽이 위라고 생각한다. 불언실행은 주위 사람들이 자신의 맹세를 모르니까 언제든 도망칠 수 있다. 하지만 말을 하고 실행하면 절대로 이뤄내야만 한다." (기타카타 마사토 · 쿠보 슌스케, 《이나모리류 회식》)

회사를 발전시키기 위한 청사진과 전략이 있었던 것은 아니다. 그래도 "우린 반드시 일본 제일, 세계 제일이 될 거다!"라는 말을 계속했다. 듣고 있는 부하들도 처음에는 또 시작이군 하고 생각하고 진지하게 듣지 않았지만, 이나모리는 누구보다도 강하게 그것을 계속 생각했다. 그 강렬한 사념은 곧 꿈이 실현되는 방향으로 현실을 이동시키기 시작하는 것이다.

제조 설비를 쇼후공업에서 가지고 올 수는 없었다. 사용할 수 있는 것은 가능한 중고로 기계를 사 모았고, 중요한 것은 자신이 설계 및 주문해 생산 체제를 갖춰갔다. 고토감람석 도자기 재료도 자력으로 조달하지 않으면 안 되었다. 활석은 저렴하지만 문제는 비싼 산화마그네슘이다. 이때 이나모리는 한 가지 계책을 떠올렸다. 염전에서 소금을 만들 때 간수가 나온다. 그 주성분이 산화마그네슘이라고 하니 이나모리 자신이 직접 아코우의 염전조합까지 가서 가격 협상을 했다. 이제 상당한 비용을 절감할 수 있었다.

본사 사옥의 공간은 한정되어 있었다. 생각에 생각을 거듭해 효율적으로 설비를 배치했다. 동쪽의 1층을 원료실로 삼고, 서쪽 2층은 상자 모양의 전기 가마와, 전기 터널로, 건조기가 있는 소성 시설로 삼았으며, 외부 계단 쪽 2층에 응접실 겸 사장실 용도의 사무실, 2층 침대를 놓은 휴게실, 그 안쪽에 성형작업실과 검사실, 가장 안쪽의 벽에는 반죽기와 제품거치대, 핸드프레스를 나란히 놓았다.

날림 공사로 인해 2층의 핸드프레스를 사용하면 바닥이 휘었다. 1층의 천장이 그대로 2층 바닥이 되는 구조였기 때문에, 누군가가 걸어가면 판자의 틈에서 쓰레기가 떨어지는 그런 열악한 환경이었다. (이토 켄스케, 《리더의 영혼》) 창업에 앞서 이나모리는 모두에게 다음의 내용을 선언했다.

"하나, 업무 목적 외의 전화 요금은 각 개인이 지불한다.

하나, 업무 시간 중에 사적으로 전화를 사용하지 않는다.

하나, 업무 중에 다른 곳에서 걸려온 사적인 전화는 급한 일이 아닌 한 일절 받지 않는다.

하나, 각 개인이 독점적으로 사용해야 하는 도구인 주판, 자, 제도 용구 등은 스스로 준비하며 회사에서 지급하지 않는다.

하나, 자신의 일을 완수하는 데 필요한 참고서는 스스로 산다.

하나, 절대 거래처의 접대를 받아서는 안 된다. 만약 거래처에 거래를 부탁하고 싶은 경우에도 접대하지 않는다." (《마음의 교세라 20년》)

전화와 관계된 주의점이 세 가지나 있는 것은 후일 이나모리 가즈오가 제2전전에 진출하는 것을 연결 지어 생각하면 매우 흥미롭다. 사적인 전화도 금지한 것에서도 알 수 있지만, 이나모리가 공사를 구분하

Kyocera

창업 당시의 상표와 로고.

창업 당시의 이나모리 가즈오.

미야기전기 미야기 사장(교세라 초대사장).

교세라 창업 멤버.

지 못하는 것을 얼마나 싫어했는지에 대해서는 많은 에피소드가 남아 있다.

거래처 물품을 발주하는 창구는 '구매'라고 불리며 '영업 사원'들에게 절대적인 힘을 가지고 있었다. 교세라의 구매 담당 직원이 퇴근 시간이 되었을 때, 협의를 하고 있던 업체로부터 "괜찮으시면 제 차를 타고 가시겠습니까?" 하는 제의가 왔다. 모처럼의 호의에 "그렇다면 감사히…" 하고 대답을 했는데, 옆에서 듣고 있던 이나모리에게서 불호령이 떨어졌다.

또한 창업 이후 첫 여름, 거래처 등에서 백중 선물이 회사, 사장, 담당자 앞으로 많이 왔다. 어느 회사에서도 흔히 볼 수 있는 광경일 것이다. 이나모리는 개인 앞으로 온 것을 일괄 회수해 최대한 공평하게 분배했다. 회사의 규모가 커짐에 따라 백중, 연말 선물도 곱절로 늘어갔다. 그래도 모든 직원에게 추첨을 통해 할당하는 등 연구를 거듭했다. 이런 사소한 일이 커져 뇌물 수수 등의 문제가 일어날 수도 있었다. 이나모리는 그런 위험을 사전에 차단하고자 했다. 교세라는 '직책 특수' 같은 것은 전혀 없었다.

경쟁사인 일본 애자와 일본 특수도업에 박사학위를 가진 직원이 100명 이상 있는 것으로 알려져 있었지만, 교세라는 박사학위를 가진 사람은 한 명도 없었다. 열심히 노력하고 마음을 하나로 해 그들을 따라잡고 추월해갈 수밖에 없다고 결심을 했다. "자신의 생각을 흑백으로 묘사해서는 안 된다. 천연색으로 표현할 수 있다면, 이는 성공한 것이다"라거나, "생각하는 것은 에너지다. 자신은 지금 이렇게 말하고 있지만, 그만큼 에너지가 전이되고 있다. 듣고 있는 너희들의 얼굴이 붉어져 가는 것은 나의 에너지가 너희들에게 전이되고 있기 때문이다" 하는 식의 자극적인 표현을 사용하면서 자신의 고민과 생각을 뜨겁게 전달했다.

이나모리는 반드시 상대의 눈을 보고 말했다. 눈을 보면서 반응을 살피고 '내 말을 아직 이해하지 못하고 있구나', '이해한 것과 같은 얼굴을 하고 있지 않다' 등으로 파악해 내용을 깊게 파고들어 더욱 뜨겁게 전했다. 그가 납득하는 '이해한 얼굴'이 되지 않으면 이야기는 끝나지 않았다. 미팅에서도 철저하게 논의했고, 영혼이 공진하게 될 때까지 계속되었다. "이나모리의 영혼이 사원들에게 공유되고 있다"는 말이 있을 정도로 직원들의 사기를 고취시켰다.

"우리는 업계 전체의 마라톤 속에서 후발주자 중의 후발주자인 아마추어 주자다. 전력 질주로도 따라 잡을 수 있을지 모르는 상황이다. 열심히 뛰어도 승산은 없을지도 모르지만, 적어도 첫 100m만이라도 전력으로 달려보자." 이렇게 말하고 격려하는 가운데 전력 질주의 기회는 빨리 찾아왔다.

절대 포기하지 않는다

—

창업 한 달 후, 마쓰시타전기에서 음극 튜브의 제작을 의뢰해왔다. 그것은 U자형 켈시마 같은 브라운관 부품이다. 마쓰시타전기는 당초 도쿄의 업체에 요청했지만 아무리 기다려도 제품화에 이르지 못하자, 화가 치밀어 교세라에게 부탁한 것이다.

속이 비어 있기 때문에 부드러운 상태로 절단하면 무너져버린다. 그렇다고 해서 소성한 이후 절단하려고 하면 깨져버리기 때문에 성가셨다. 외경 1.61mm(오차 0.03mm 이내), 내경 1.22mm(오차 0.2mm 이내)라는 수치를 보면, 얼마나 정밀한 것인지 알 수 있을 것이다. 재료는 순도 100%의 산화알루미늄이다. 고토감람석 도자기보다 350도 높은 소성 온도가 필요하므로 용광로를 만드는 것부터 시작해야 했다.

성공하면 창업 후 첫 신상품이 된다. 모두 필사적이었다. 근무 시간은 기본적으로 아침 8시에서 오후 4시 45분으로 되어 있었지만, 자정까지 초과 근무하는 것이 일상화되어갔다. 그중에서도 쇼후공업에서부터의 멤버들은 철야도 마다하지 않는 일벌들 같았다. 눈앞의 벽이 높을수록 불타오르는 사람들 뿐이었다.

"이제 더는 안되겠다고 말할 때가 일의 시작이다." 이나모리가 말했지만, 잔업 수당이 나오지 않는 것 등을 감수하고도 필사적으로 임했다. 이윽고 그들은 시행착오 끝에 기상천외한 제조법을 고안했다. 구워진 음극 튜브를 용기에 나란히 넣고 밀랍을 흘려 냉각시켜 카스텔라 모양으로 굳게 한 것이다. 그것을 카스텔라 자르는 요령으로 절단해나가면 주저앉는 일도, 깨지는 일도 없었다. 절단 후 따뜻한 경유에 왁스를 녹이면 완성되는 것이다.

이것은 후에 '케이크 절단법'이라고 명명되는데, 마쓰시타전기에서 "필립스의 것보다 좋다. 과연 교세라다"라는 칭찬의 말을 들었다. 기술자로서의 행복에 다다른 순간이었다. 그 후 히타치에서도 발주가 들어와서 음극 튜브는 스테디셀러 상품이 된다. 타사들은 만들 수 없기 때문에 한동안은 교세라가 독점했다. 특허 출원을 하게 되면 생산법이 공개되어 따라하게 될 우려가 있으므로 굳이 출원하지 않았다. 이후로도 교세라는 이러한 노하우의 축적으로 승부해나간 것이다.

창업 초기에는 마쓰시타전기의 U자형 켈시마와 음극 튜브 발주에 기대고 있었을 뿐 그 외의 판매처는 저항의 선두 업체인 야기시타전기의 법랑 저항기용 빗형 튜브 정도밖에 없었다. 언제까지나 이대로라면 너무 위험했다. 새로운 거래처를 개척하는 것이 급선무였다.

마쓰시타전기의 야마구치 자재과장도 "우리뿐만 아니라 다른 업체에 팔아도 좋습니다" 하고 말해줬다. 그러면 생산량이 늘어나고 단가가 낮아져서 마쓰시타전기에게도 이득이었다. 하지만 실제로 타사에 판매하고자 했더니 사주지 않았다. 교세라의 브랜드 파워는 없는 것이나 마찬가지였기 때문이었다. 마쓰시타전기의 고마움을 체감하는 순간이었다.

그런 순간에 아오야마가 엉뚱한 것을 주문해왔다. 창업 다음 달의 일이다. 간사이 지역의 기업부터 돌아보고자 생각한 아오야마는 미쓰비시 이타미제작소를 방문했다. "어떤 주문이라도 받는다면, 이것을 부탁하네." 갑자기 도자기의 송신파이프 냉각 호스를 수주한 것이다. 복잡한 형상으로 인해 높은 기술력이 있는 애자 회사들도 포기한 물건이었다. "직경 50cm, 길이 1m의 도자기 토관에, 안쪽 면을 따라 이중나선의 수냉 파이프가 지나간다. 아마 전쟁 당시에 만들어진 것으로, 수명이 다한 것일 것이다. 누가 만들었는지도 몰라 설계도도 남아 있지 않았다."(《일본경제신문》, 1993년 8월 25일)

만약 만들어낸다면 최소한 한 달에 10개 발주하겠다고 했다. 한 개 5만 엔이니까 한 달이면 50만 엔. 한 달 매상이 200만 엔 정도였던 시기인 만큼 매력적이었지만, 아무리 그래도 너무 어려웠다. 하지만 이나모리 가즈오는 용기를 내어 이 난제와 마주했다.

문제는 이중나선의 수냉 파이프였다. 점토 압출기를 가져와서 큰 기둥에 점토를 감아 중공의 나선 모양 파이프를 만들어봤다. 그런데 흙이 너무 딱딱하면 건조 과정에서 균열을 일으켰고, 너무 부드러우면 나선 모양의 파이프가 늘어져버렸다. 아무래도 외부 장력이 내부에 압력을 가해 건조 속도를 바꾸지 않으면 균일하게 건조되지 않는 것 같았다. 그래서 외부에 걸레를 대는 등 연구를 거듭해 결국 토관을 안고 조금씩 돌리면서 말려봤다. 그런 상태로 하룻밤을 보냈다. 그러자 10개 중 7~8개의 물건을 성공시킬 수 있게 되어 가까스로 15개 정도의 냉각 장치를 완성시켰다. 이나모리 가즈오는 이렇게 술회하고 있다.

"주문을 받고 서너 달이 걸렸을까. 이때 나의 집념이 20여 명의 직원들에게 어떤 감동을 주어 '네버 기브업(Never give up)' 문화를 만든 게 아닌가 싶다."(《일본경제신문》, 1993년 8월 25일)

창업한 해인 1959년 9월 이사회 자리에서 미야기 사장으로부터 사이고 다카모리의 말씀으로 알려진 '경천애인' 액자를 받았다. 복제품이긴 했지만 소중하게 표장해 응접실에 내걸었다. 후에 '경천애인'은 교세라의 사훈이 된다. 본사는 물론 공장 등 모든 시설에 이 내용이 적힌 비석이 놓여 사이고가 말한 무아 정신의 중요성을 설파한다.

그리고 다음 해 10월 획기적인 사건이 발생했다. 그 당시 이나모리 가즈오가 거래를 트기 위해 목표로 삼은 회사가 있었는데, 바로 소니였다. 소니는 1958년 도쿄통신공업에서 소니로 개칭하고 도쿄증권거래소에 상장되었다. 일본 최초의 트랜지스터 라디오를 발매해 기세를 타고 있는 소니와 거래를 한다면 매우 큰 선전 효과가 있을 터였다.

미야기 사장이 보낸 '경천애인' 액자.

음극 튜브.

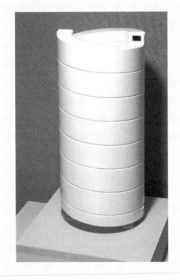

이중나선 구조를 가진 도자기의 송신파이프 냉각 호스.

도쿄에 출장을 가 소니의 구매 담당자를 찾아봤지만, 담당자에게 세라믹을 보이지도 못하고 바로 쫓겨날 뻔했다. 하지만 여기서 이나모리는 끈기를 보여줬다. "한 번만이라도 좋으니 기술자를 만나게 해주십시오." 필사적으로 간절히 부탁했다. 만나게 해주지 않으면 절대로 돌아가지 않겠다며 노력한 것이다. 그러자 기술과장이 나와줬다. "알루미나 도자기가 가능합니까?" 하고 말하며 설계도를 보여 직경 7mm 두께 0.6mm의 작은 구멍이 4개, 중앙에 가는 틈, 가장자리에 톱니가 있는 제품이 만약 가능하다면 3,000개를 발주하겠다고 말했다.

사실 반년 전 소니는 이 물건을 다른 업체에 발주했던 것이지만, 상대 측에서 제시해온 가격이 높은데다 완성이 늦어 무산되었었다. 그래서 교세라에 교섭을 시도해보려고 했던 것이다. "대신 납기는 두 달 후, 앞으로 대량으로 필요하니 단가는 10엔 이하로." 그야말로 어려울 것 같은 물건인데다 가격 면에서도 까다로운 조건이었다. 그러나 이나모리는 "단가 9.8엔, 금형 요금을 포함해서 64만 엔 어떻습니까?" 그 자리에서 즉답하고 수주했다.

상대는 천하의 소니였다. 기합이 들어갔다. 금형을 서너 번 고쳐가며 압출법을 사용하거나 프레스 성형을 해보는 등 고심을 거듭했다. 그리고 2,500개밖에 생산하지 못했지만, 납기 5일 전인 12월 20일 소니에 시제품을 지참했다. "걱정이 돼서 다른 회사도 알아보라고 담당자를 보내고자 상담하던 중이었어요." 그 과장이 나와 제품을 체크하기 시작했다. 이나모리의 얼굴에 긴장이 어렸다.

이윽고 과장이 얼굴을 들었다. 지금까지의 험한 표정을 거짓말처럼 미소로 바꾸며 "합격입니다"라고 말했다. 그 순간 지금까지의 고생이 날아갔다. 나머지 500개도 납기까지 납부할 수 있었고, 크게 면목을 새울 수 있었다. 소니는 이를 계기로 지금까지의 거래처를 모두 끊고 교세라에 발주하게 되었다.

이로부터 25년 후 소니의 창업자인 모리타 아키오와 함께 제2전전을 설립하게 되지만, 당시 그들에게 있어서 모리타는 저 멀리 앞서 있는 존재였다.

완벽한 제품을 위하여
——

이나모리 가즈오는 벤처기업의 마음가짐으로 훗날 놀라운 일을 입에 담았다. "현재 자사의 제품군에 존재하지 않고 또한 기술력이 부족하더라도 우선 주문을 받는 것이 중요하다. 먼저 주문을 받아놓고 그때부터 '어떻게 개발해낼까', '어떻게 단기간에 납품할까' 등을 검토해 주문한 고객에게 폐를 끼치지 않도록 사력을 다해 개발에 임해야 한다. 그러한 자세가 특히 벤처기업에 필요한 것이다."《경천애인》)

미쓰비시전기의 송신파이프 냉각 호스도, 소니의 알루미나 도자기도 성공했기 때문에 잘 풀렸지만, 상식적으로 생각하면 제조할 수 있다는 확신이 없는데 수주하는 것은 리스크가 너무 크다. 하지만 일반 상식과 '이나모리 가즈오의 상식'의 차이는 이 불세출 경영자의 비범함을 나타내는 것인지도 모른다. 이나모리는 이렇게 말한다. "자신의 능력을 그리고 기업의 힘을 미래 진행형으로 생각하라."

기업에는 기술의 벽과는 또 다른 이익의 벽이 있다. 작은 수량으로는 채산이 맞지 않는다. 그런데 이나모리는 소량의 주문도 "시켜주십시오!" 하고 받아들였다. 그러기 위해선 생산 공정이 세심해야만 했다. 후술하는 '아메바 경영'은 소량이라도 수주할 수 있는 체제를 취하기 위한 하나의 귀결이었다. 대신 주문을 잡기 위해 상대를 접대하는 등의 영업 스타일은 교세라에 존재하지 않는다. 어디까지나 품질과 가격과 납기 속도로 승부했다. "고객에 대한 태도, 서비스에는 한계가 없다"라는 것을 모두에게 명심시키고, "무슨 일이 있어도 그 회사 제품을 구입하고 싶다고 고객에게 인식시키는 경지에 도달해야 한다"는 마음으로 노력을 계속했다.

소니와의 거래가 잡힌 흥분도 아직 가시지 않은 1960년 1월 이나모리 가즈오는 참배를 하러 가기로 했다. 제일 가까운 곳은 구루마자키 신사였다. 최근에는 경내사인 예능신사로 쟈니즈의 연예인 등이 참배하러 오는 등 단숨에 이름이 알려지게 됐지만, 당시에는 참배객도 많지 않았다. 구루마자키 신사의 서쪽 옆에 살고 있는 아오야마와 함께 부부동반 참배를 갔다. 그런데 이나모리는 이런 때 사소한 것에 집착을 하곤 한다. 가고시마에서도 종종 했던 2년 참배를 하자고 한 것이다. 네사람은 자정이 되기 전에 신사에 모여 시계의 초침을 보면서 시계가 자정을 가리키는 순간 함께 방울을 울리며 합장해 교세라의 발전을 기원했다. "신께서 아직 누구의 소원도 듣고 있지 않았을 때 가장 먼저 소원을 빈 것이다."《마음의 교세라 20년》

이때 아사코의 배에는 장녀 시노부가 깃들어 있었다. 소니와의 거래가 채결되어 기뻐한 것도 잠시, 거래처는 쉽게 늘지 않았다. 그 후에도 이나모리는 아오야마와 함께 영업의 선두에 서 견본 상자를 들고 브라운관, 송수신 파이프, 진공관 등의 전자 부품을 연구 개발하고 있는 업체, 연구소를 돌았다.

지금도 잊혀 지지 않는 일은, 도야마현 다테야마 산맥의 저항기 제조 업체를 방문했을 때의 일이다. 주문을 받더라도 몇 만엔 정도뿐일 것은 알고 있었지만, 일부러 발길을 옮겼다. 하필이면 한겨울이었다. 이나모리는 남쪽 태생이라 추위에 약하다. 신발 속이 눈투성이가 되어 동상에 걸리며 간신히 도착했지만 "거절하겠습니다"라는 한마디로 문전 박대 당했다. 추위와 굶주림으로 입을 열 기운도 없어 두 사람 모두 말없이 도야마 역까지 돌아갔다.

하지만 곧 감을 잡은 이나모리는 영업 면에서도 발군의 재능을 보여 간다. 그것도 그럴 것이 학창 시절 종이봉투 판매로 큰 성공을 한 것과 같은 천부적인 사업 통찰력이 그에게는 있었던 것이다. 그 후에도 뛰어난 영업 사원이 교세라에서 성장했지만, 이나모리 가즈오 이상의 영업 사원은 없었다고 해도 좋다. 기술자로도 영업 사원으로도 그는 사원의 표본이었다.

세상의 많은 회사는 영업 담당자에게 영업 일지를 쓰게 하고 있다. 또는 담당자로부터 보고를 받기도 할 것이다. 그러나 이나모리의 경우 형식적인 보고로는 만족하지 않았다. "무슨 말인지는 알겠다만, 다시 자네가 '안녕하세요?' 하고 거래처를 방문했을 때부터 자세히 들려주지 않겠나?" 하고 고객과의 대화 내용을 모두 재현시키는 일도 자주 있었다. 말하는 중에도 이나모리는 코멘트를 하며 "그 설명은 잘못되었다", "그런 결론은 이상하다" 등등 구체적으로 직원을 지도했다. 고객들에게 새로운 제품을 설명하러 간 때도 "나를 손님이라 생각하고 설명해봐라" 하고 눈앞에서 예행 연습을 시키기도 했다.

이나모리와 출장을 가면 다들 힘들어했다. 모처럼 여행 경비를 들여서 나왔기에 어떻게든 조금이라도 더 거래처를 돌고 싶어 식사하는 시간도 아꼈다. 따라서 점심 식사를 거르는 것도 다반사. 심할 때는 점심뿐만 아니라 저녁 식사까지 잊고 돌아오는 기차에서 저녁 겸 야식으로 차량 내에서 파는 크림빵을 사먹기도 했다. 원래 평소에도 제대로 점심을 먹지 않는다. 먹더라도 일 이야기를 하면서 먹는다. 대신 작업이 끝나면 큰 공복감을 느끼는지 한밤중이라도 식사를 했다. 몸에 나쁘기 짝이 없는 습관이다.

교세라의 강점은 예나 지금이나 제품 생산의 내생율이 높은 점이다. 세라믹 제품뿐만 아니라 회로 인쇄 및 기억장치 연결 등도 하청을 맡기지 않고 메탈라이즈 기술까지 동원해 완제품에 근접하게 납품해왔다. 이것이 경쟁력과 부가가치의 원천이었다. 교세라의 기술은 장인적인 기술 노하우이므로 타사가 흉내내고자 해도 모방하기 어렵다. 원래 도자기는 소성하면 부피가 크게 감소하기에 미세한 구멍을 모두 동그랗게 맞추는 것이 어려운 것이다. 따라서 실험 단계에서 교세라 제품을 능가하는 제품을 만들어냈다 해도 정작 생산 라인에 올려놓고 보면 종종 불량률로 수율이 낮아지곤 했다. 채산성이 떨어지는 대량생산을 실현하는 것은 매우 어려운 일이었다.

타사들이 못한 것에 도전하고 그것을 실현하는 것으로 유일의 기술을 익히고 시장 평가를 높여갔다. 그리고 이 과정에서 획득한 장인적 기술의 노하우와 끊임없는 노력을 통해 교세라의 기술은 확실히 레벨업을 해나갔다.

마쓰시타 고노스케의 명언에 "상품을 품고 잠을 잔 적이 있느냐? 품에 안고 잠을 자면, 상품이 말을 걸어올 것이다"라는 말이 있는데, 이나모리 가즈오도 "제품이 걸어오는 목소리에 귀를 기울여라!" 하고 재미있을 만큼 비슷한 말을 하곤 했다. "완벽한 제품이어야 한다." 이것이 이나모리 가즈오가 창업 당시부터 반복해온 말이다. 새로운 지폐 같은 빳빳한 촉감을 느낄 수 있게 하는, 그것을 본 사람을 감탄시키게 만드는 고품질의 제품을 만들라는 의미였다.

마쓰시타가 부하직원이 가져온 제품에 "이것은 너무 무겁군" 하고 성능이 아닌 무게로 제품을 반려한 적이 있다. 그는 알고 있었던 것이다. 매장에서 들고 갈 수 있는 무게의 물건이 배달이 필요한 것보다 훨씬 잘 팔린다는 것을. 마찬가지로 이나모리는 "색깔이 다르다!"라는 이유로 제품을 반려한 적이 있다. 부하가 가져온 제품이 머릿속에 그리고 있던 물건과 색상이 달랐다는 것이다. 이나모리는 제품 개발을 지시한 시점에서 그 세라믹 제품의 색상까지 고려하고 있었던 것이다.

도쿄 진출의 교두보를 세우다

모순되는 말이지만, 이나모리가 무엇이라도 손을 댄 것은 아니었다. 일반적으로 회사 연혁 등에 등장하는 것은 성공한 것이나 철수한 것뿐, 처음부터 손을 대지 않은 일은 적지 않는다. 그러나 뛰어난 경영자의 특징적인 행동은 "○○을 하지 않았다"라는 부작위에서 바로 나타난다.

예로 들자면, 창업 초기에 라디오와 TV 전자 부품인 산화 티탄계 콘덴서에는 처음부터 손을 대지 않았다. 산화 티탄계 콘덴서는 교세라 창업 전부터 나와 있던 제품이며, 시장 자체도 점점 커지고 있었기 때문에 무라타제작소, 타이요유전, 카와바타제작소 등 경쟁사들은 모두 주력 상품으로 취급하고 있었다. 오히려 교세라가 취급하지 않는 것이 이상할 상품이었다. 후발로라도 뛰어들어 상품 라인업에 추가하려드는 것이 자연스러운 움직임이었다.

그런데 이나모리는 이 시장은 경쟁이 너무 치열하다며 냉정하게 포기하고 세라믹 신소재를 특화하기로 결정한다. 말하자면 '블루 오션 전략'을 취한 것이다. 이런 결단력은 노련한 경영자의 모습을 연상시킨다. 이렇게 그는 주력 상품을 고토감람석 도자기에 맞추게 되지만 동시에 경쟁자가 적은 분야에 과감하게 도전해갔다. 그것이 음극 튜브와 알루미나 도자기였다.

당시 일본에서는 알루미나 도자기를 만들 수 있는 곳은 일본특수도업뿐이라고 여겨지고 있었다. 그 회사는 일찍부터 알루미나 도자기의 스파크 플러그를 만들고 있었으며, 이 시장을 독점하고 있었다. 알루미나 도자기는 소성 온도가 높고, 소성로의 설비 투자가 힘들어 상당량의 수요가 없으면 채산이 맞지 않는다. 따라서 다른 업체들이 그동안 진출하지 않았던 것이다. 그런데 이나모리는 먼저 보통의 용광로에서 어느 정도 소성을 한 후 몰리브덴로의 더 높은 온도에서 구워낸다는 해결 방법을 생각해내 이 진입장벽을 넘어섰다. 따라서 그들은 알루미나 디스크 등의 분야에 진입을 한 것이다.

일벌레인 이나모리에게는 풀리지 않는 숙제가 있었는데, 바로 통근 시간이었다. 이나모리가 살고 있던 집과 교세라의 공장은 교토의 동쪽 끝과 서쪽 끝이었다. 통근 시간이 아까웠던 이나모리는 당시 유행하기 시작하던 스쿠터를 사고 싶다고 말하기 시작했다. 임원들은 모두 반대했다. 부상이라도 당하면 큰일이었다. 하지만 그는 사고 싶다는 뜻을 굽히지 않고, 가장 큰 기종의 스쿠터를 구입해 매일 아침 근처에 사는 아오야마를 태우고 출근하기 시작했다. 물론 영업을 다닐 때도 사용했다. "교세라 창업 당시의 나는 교토에서 오사카 이타미에 있는 미쓰비시 연구소에 제품을 전달하는데, 매일 스쿠터를 타고 다녔죠. 비가 오나 눈이 오나 말이죠. 운전이 서툴렀기 때문에 아스팔트 도랑에 빠져 넘어지기도 했습니다. 전신이 흠뻑 젖어도 물건만은 상하지 않도록 했었지요."(《선데이 매일》, 2002년 5월 12일)

그리고 얼마 지나지 않아 회사 근처로 이사하려는 생각을 하기 시작했다. 이제 달콤한 신혼 생활을 즐길 때가 아니었다. 스쿠터를 구입하기보다 먼저 이사를 생각했어야 했던 것이다. 사가의 로쿠오우인에서 북쪽으로 약 500m 신마루타마 마을길의 근처에 마침 시영주택이 들어서 입주자 모집을 하고 있었기 때문에 신청한 결과, 경쟁률이 높았음에도 불구하고 운이 좋게 한 방에 당첨되었다. 어린 시절에는 이런 추첨에 죄다 실패해 자신은 운이 없다고 한숨을 쉬었던 이나모리였지만, 인생의 행운은 평등한 것이었다. 그의 삶의 후반부는 행운의 연속이었다.

"남만, 남만, 감사합니다." 그렇게 이 말을 입안에 중얼거리는 횟수도 크게 늘어갔다. 창업 한 달째 흑자를 기록한 교세라는 그대로 힘차게 달려 연매출 2,630만 엔, 경상이익 430만 엔으로 첫해부터 흑자 결산을 할 수 있었다. 처음 몇 년 동안은 적자도 불가피하다고 각오하고 있던 미야기 사장과 니시에다 등 투자자들에게는 기쁜 오산이었다. 무보수로도 괜찮다고 말하던 니시에다 등에게 임원 보수를 주고 주주들에게 2할의 배당금을 지불했다.

이익이 나왔을 때 이나모리가 처음 생각한 것이 빚을 갚는 것이었다. 아버지로부터 채무를 싫어하는 점을 물려받은 데다가 니시에다의 집이 담보로 들어가 있는 것도 있어 신경이 쓰였다. 하지만 세금까지 고려하면 남는 것은 100만 엔 정도밖에 되지 않았다. 그것으로 빚을 갚기에는 부족했다.

낙담하고 있던 이나모리에게 니시에다는 이렇게 말했다. "은행에서 차입한 돈은 그렇게 초조하게 갚지 않아도 되네. 이자만 내면서 다시 은행에서 새로운 대출을 받고 사업을 발전시켜나가는 걸세. 원금을 갚는 것은 그 이후에도 충분하네. 빨리 갚아야지, 빨리 갚아야지 하는 것만 생각해선 큰 사업가가 될 수 없어."

자신의 집이 담보로 들어가 있음에도 여유로운 발언이었다. 이것만큼 고마운 말은 없었다. 그러나 이나모리는 니시에다의 호의를 받아들이는 일 없이 조기 채무 상환을 위해 좀 더 높은 수익을 내는 것에 매진했을 따름이다.

업종을 크게 도약하는 데 도쿄 시장의 개척은 대명제였다. 그래서 창업 1년이 지난 1960년 4월 11일 중앙구 긴자의 미하라바시 빌딩에 있던 미야기전기제작소 도쿄 영업사무소에 교세라의 도쿄 출장소가 개설되어 도쿄 진출의 교두보가 세워졌다. 그러나 당시의 실태는 본사 사옥과 마찬가지로 휑한 상태였다. 애당초 미야기전기의 도쿄 영업소 자체가 영업 사원 2명과 여직원 한 사람이 작은 방에 책상 3개와 서류 선반

하나를 두고 있었을 뿐이었다. 그 휑한 방에 무리하게 책상 하나를 놓아 오카가와를 주재시킨 것이 교세라의 도쿄 출장소였다. 방에서 책상이 삐져나올 것만 같았고 출입도 몸을 옆으로 돌리지 않으면 안 되었다. 그 후 현재의 시나가와에 있는 도쿄 사업소에 이르기까지 여섯 차례 이전을 반복하게 되는데, 그것은 바로 '한 되 구매'의 원칙에 따라 최소한의 공간에서 영업을 계속해온 결과였다.

6월 첫 회사 차로 스바루 360을 구입했다. '무당벌레'가 애칭인 경차였다. 경차지만 성인 네 명이 탈 수 있는 것으로 1958년 출시되자마자 폭발적인 인기를 얻었다. 교세라의 과거 사진을 보면 스바루 360의 귀여운 모습이 자주 등장한다. 그런데 얼마 지나지 않아 이나모리가 업무 고민을 너무 많이 하면서 운전하는 탓에 위험하다고 동승했던 사람들이 입을 모아 주장해 운전사를 고용하게 되었다.

그러자 이번에는 그 운전사가 이런 불만을 입에 담기 시작했다. "국도를 달리고 있으면 트럭이 가까이 달라붙곤 합니다. 작다고 무시하는 거예요. 무서운 건 싫으니 그만두고 싶습니다." 이나모리가 아무리 설득해도 말을 듣지 않았다. 한동안 그 운전사를 옆에 태우고 자신이 운전하는 농담 같은 상황도 볼 수 있었다고 한다. 부하직원에게는 태연하게 '그만둬라!' 하고 외치는 주제에 이런 사람들에게는 터무니없이 상냥한 사람이었던 것이다.

1960년 7월 1일 300만 엔의 제3자 할당 증자를 해 자본금을 600만엔으로 늘렸다. "모두에게 주식을 갖게 하면 의욕도 생기니까." 니시에다의 조언에 따라 증자의 일부를 임원뿐 아니라 모든 직원에게 공로주로 할당했다. 배당률을 2할이라는 높은 수준으로 했음에도 불구하고 최초 주가는 참담했다. "이런 휴지조각이 될지도 모르는 걸 받아도…." 간부급조차 그렇게 얘기했을 정도였다. 하지만 그 후 이 주식은 몇 배나 뛰어올라 그들을 억만장자로 만들게 된다.

가격 결정은 곧 경영이다

창업 당시부터 거래처였던 마쓰시타전기와의 관계는 친한 사이인 와중에도 끊임없이 긴장감을 수반했다. 마쓰시타전기로 말하자면 엄격한 원가 관리로 유명한 회사다. 고토감람석 도자기가 일반적인 상품이 되어감에 따라 가격 인하 압력은 치열해져 갔다. 그러나 감동적인 것은 아무 이유 없이 깎아 달라고는 결코 말하지 않았던 것이다. 반드시 그들의 할인 요구에는 논리가 있었다. 당시 마쓰시타전기를 잘 아는 분들로부터 이야기를 들을 기회가 있었는데, "거창한 것은 아니지만 '윈윈(win-win)' 해야 한다는 생각을 가지고 있었던 것 같아요. 자신들이 득을 봄으로써 하청이 피폐해져버리면 아무런 의미 없다고 언제나 말하고 있었지요"라는 답변이 돌아왔다. 그것이 그들의 자존심이기도 했던 것이다.

TV를 만들고 있는 마쓰시타전기에 있어서 부품이 차지하는 가격은 일본전기의 초자나 아사히글라스가 제조하고 있던 브라운관의 비중이 컸고, U자형 켈시마는 단지 작은 부분에 불과했다. 그래도 그들은 손을 빼지 않았다. 야마구치 자재과장은 아직 이나모리에게 상냥했지만 그 상사는 강렬한 사람이었다. "구매 수량이 이만큼 늘어났는데 가격을 더 낮추는 것은 어떨지?", "생산 시작 당시보다 시간도 많이 지났고, 제조 과정도 간소화되었으니 가격도 낮출 수 있겠지요?" 등등 온갖 핑계를 달아 가격 인하를 요구했다. 요청한 인하율이 장난이 아니다. "작년엔 2할 인하했습니다만, 올해는 거기에 1할 5푼 더 내려주실 수 있을까요?" 식으로 태연하게 말해왔다.

"이제 더는 무리입니다" 하고 비명을 질러도 소용없었다. 이렇게 반응하면 그들은 더 엄청난 것을 요구해왔다. "그렇다면 결산서를 보여주시겠습니까?" 하고는 일반 관리비의 숫자를 보고, "교세라와 같은 규모의 기업에서 8%는 필요치 않을 것입니다. 3% 어떻겠습니까? 그리고 5%만큼 인하해주십시오"라고 말해왔다. 분명히 8%는 다소 높을지도 모르지만, 그럼에도 3%는 극단적이다. "그러면 적자가 되어버립니다" 하고 울며 사정해도 통용되는 상대가 아니었다. "가격 인하가 어렵다고 하시면, 어쩔 수 없이 필립스를 이용해야겠군요"라는 통보를 내미는 것이었다. 그러면 결국 "그건 좀 봐주십시오" 하고 끝내 백기를 들 수밖에 없었다.

정말로 마쓰시타전기는 혹독했다. 그 뒤에 있는 마쓰시타라는 경영자가 어떤 사람인지는 만나지 않고도 알 수 있었다. 이나모리가 재무에 강해진 것도 이때 단련된 덕분이다. 생각하고 또 생각한 끝에 이나모리는 결심했다. "이제 얼마든지 괜찮습니다. 가격은 그쪽에서 결정하십시오. 대신 이번에 결정을 하면 그 이상의 가격 인하는 봐주십시오." 그러자 그들은 터무니없이 싼 가격을 제시해왔고, 그는 가만히 그 조건을 받아들였다. 그리고 어떻게 하면 그 가격으로 채산을 맞출지를 필사적으로 모색했다.

이나모리 가즈오가 보통의 경영자와 달랐던 점은 이것을 '하청 쥐어

짜기'로 받아들이지 않았다는 것이다. 마쓰시타전기는 교세라뿐만 아니라 다른 하청에 대해서도 마찬가지로 혹독했기 때문에 그들 가운데는 불만을 가지고 있는 사람도 많았다. 동업자 회의에 가면 "마쓰시타전기도 얼마 전까지는 중소기업이었지 않나. 그런데 조금 규모가 커지더니 너무 건방지지 않은가." 이런 원한에 찬 목소리도 들려왔다.

하지만 시간이 지나가며 그런 곳은 대부분 무너져갔다. 오히려 교세라가 오늘날 세계의 전자 부품 업체로 힘을 축적한 것은 마쓰시타전기와의 그 혹독한 거래로 단련되었기 때문이라고 이나모리는 말한다. 처음에 매우 힘들었지만 얼마 후에는 감사의 마음을 갖게 되었다. 하청에 대한 혹독한 요구 사항을 원망스럽게 여기는지, 감사하게 생각하는지에 따라 기업의 길도, 경영자의 삶 자체도 달라진다.

"우리는 고객의 하인이어야 한다." 철저한 고객 지향을 목표로 한 것은 자존심을 버려야 한다는 의미는 아니다. 겸손하게 고객 요구에 대응해야 한다는 가르침이다. 그런 연장선상에서 교세라의 강점이 형성되어갔다. 교세라의 강점은 앞서 언급한 제품 생산의 내생율이 높은 것과 고도의 노하우, 그리고 제품의 가격 결정 방법에 있다.

"가격 결정은 곧 경영이다." 이나모리 가즈오는 이렇게 말을 했다. 교세라는 원가 계산 시스템을 넣지 않는다. 따라서 가격 결정은 융통무애*하며 가격 책정이야말로 그들의 경영 전략의 핵심이었다. 시장 가격보다 낮은 가격으로 수주한 후 여러 가지 이론을 붙여 가격을 높여

● 거침없이 통(通)해 막히지 않는다는 뜻.

나가는 경우도 있다. 또한 반대로 고부가가치 상품의 경우 놀라운 마진을 확보해 파는 경우도 있다. 경상이율이 얼마 이상 되어야 한다는 등의 선긋기를 하지 않기 때문에 얼마의 이익이 나오든지 벌이가 너무 많다는 생각을 하지 않는다. "우리의 판매 가격은 고객이 결정해왔다"라는 이나모리의 말은 사실인 것이다. 고객이 가격을 제시해주면 나머지는 철저하게 원가를 낮추고 수익의 극대화를 도모하는 것이다.

젊은 직원의 반란

순조롭게만 보이던 교세라에 위기가 찾아오게 된다. 그중 하나가 고토감람석 도자기를 대체하는 멀티 폼 유리의 대두였다. 세라믹뿐만 아니라 철이든 유리든 카본이든 시대의 흐름과 함께 연구가 진행되어 소재로서의 성능은 일취월장했다. 고토감람석 도자기를 웃도는 성능의 소재가 개발되는 것도 예상되던 일이었다. 이나모리는 최첨단 기술을 가지고 있지 않으면 시대에 뒤떨어지게 되는 세계에서 싸움을 계속했다. 이에 대해 공포를 갖지 않고 끊임없이 도전해나가는 자만이 살아남을 수 있는 힘든 세상이었다.

멀티 폼 유리는 유리 절연 부품이다. 유리 막대의 일부를 가열했을 때 균열이 생기지 않도록 열팽창 계수가 작은 유리를 사용해 미세한 기포를 많이 남겨 소결시키는 높은 기술이 요구된다. 개발된 지 얼마 안 되어 양산할 수 있는 업체는 적었고, 제품으로서의 신뢰성에 아직 미지수인 부분도 있었다. 하지만 이미 일본전기는 U자형 켈시마를 멀티 폼 유리로 전환하기 시작했고 기존 경질 유리를 사용했던 히타치, 미쓰비시, 도시바 등은 물론 마쓰시타전기도 조만간 멀티 폼 유리로 전환할 것으로 예상되었다.

마쓰시타전기에서의 U자형 켈시마 발주가 사라지면 순식간에 교세라는 도산 위기에 처할 수밖에 없었다. 미국에서 견본을 들여와 연구에 착수했다. 그리고 시행착오 끝에 간신히 1961년 1월 마쓰시타전기로부터 합격점을 받을 만한 제품이 완성된다.

창업 이듬해 매출과 이익 모두 두 배 정도 향상되어 전 사원이 하나가 되어 이룩한 성과라고 자신감이 싹틀 무렵, 그러나 예상치 못한 사태에 직면한다. 교세라 같은 작은 회사에 노동 문제가 발발한 것이다. 설립 2년째인 1960년 고졸 신입 사원을 20명 영입한 바 있었다. 기운 넘치고 우수한 것 같은 소년들이 들어와줘 이나모리 가즈오는 기쁘게 생각했지만, 그들은 입사 직후부터 이런 회사인 줄 몰랐다는 식으로 불만을 쏟아냈던 터였다.

이유는 있었다. 채용 시 미야기전기의 좋은 사무실을 빌려 면접을 본 것이다. 당연히 그들은 면접장을 본사라고 믿었는데, 막상 입사해보니 낡은 창고 같은 건물이 자신들의 회사의 진짜 모습이었던 것이다. 1층의 소성실에서 나는 열은 위층으로 올라오고 있었고 여름의 맹렬한 더위가 더해져 속옷 차림으로 땀투성이가 되어 일하게 되었다. '사기당한 것과 마찬가지'라며 낙담할 수밖에 없었다. 하지만 당시의 젊은이들은 참을성이 있어 당분간은 견디고 있었다. 그러나 1년이 지난 시점에 그것이 폭발한 것이다.

1961년 3월 29일의 일이다. 전년에 입사한 고졸 사원 중 11명이 이

교세라 창업 당시의 사옥.

상자형 전기로와 전기 터널로.

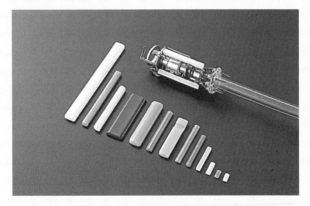

멀티 폼 유리를 이용한 제품.

나모리에게 와서 '요구서'를 들이밀었다. 채용 시 1년이 지나면 월급제로 바꿔줄 것을 약속했으니 이를 조속히 이행할 것(그때까지 일급제였고 지각·조퇴·결근이 있으면 그 시간분을 기본급에서 공제했다), 그리고 매년 급료 인상과 보너스 지급 등 미래 보장에 대한 내용이었다. "이 두 가지를 약속해주지 않으면 전원 그만두겠습니다." 그들은 이나모리에게서 절대 눈을 돌리지 않았다.

그 전년 5월 기시 노부스케 내각이 강행한 안보 개정에 반대할 수 있도록 시위대가 국회 주변을 가득 메운 기억도 새롭다. 젊은이들의 반권력적 풍조는 하나의 정점에 도달해 있었다. 또한 교토가 진보 정권의 영향으로 노동조합 운동이 심한 것이 지방 풍습이었던 것에 대해서는 이미 언급했다. 고졸 신입 사원은 교토 니시진의 직공 자제가 많았지만, 리더 격인 청년의 아버지는 니시진 공산당 조직의 핵심 간부를 맡고 있어 밤마다 아버지들의 노동 쟁의 회의를 들으면서 자랐다.

노동 문제가 발생한 1961년 봄은 마침 멀티 폼 유리의 양산을 개시한 시기이며, 고토감람석 도자기를 잇는 주력 상품으로 키우려고 전 사원이 하나가 되어 생산 증강에 임하고 있던 시기였다. 당연히 공장은 매일 돌고 있었다. 중졸 직원은 야간 고등학교에 다니게 하고 있었기 때문에 정시에 퇴근했다. 그런데 고졸 직원은 한 사람의 직원 취급을 해 당연히 몇 시간이라도 상사와 함께 있게 되었고, 토요일이나 공휴일에도 기본적으로 출근해야만 했다. 때로 일요일까지 동원되었으니, 불만이 쌓여 있을 수밖에 없던 것이다.

"목숨 걸고 일한다, 인간이란 그런 존재라는 것을 말하고 싶네요. 모두를 저와 같은 방향을 보도록 노력하고 있었다고 생각했습니다만…."

당시를 기억하며 말하는 이나모리의 얼굴에는 아쉬운 표정이 떠올랐지만, 이 정도로 노동 환경이 나쁘면 폭발하는 것은 당연하다. 노동조합 운동은 바로 이러한 노동 환경 개선을 위한 운동이기도 한 것으로 젊은 직원들의 분노는 충분히 이해할 만한 것이었다.

과거 이나모리도 쇼후공업 입사 당시 속았다는 생각을 품었었다. 설립한 지 얼마 되지 않은 회사에서 우수한 인재를 채용하고자 했기에 무리를 한 것이었다. 들자 하니 낙오자를 발생시키지 않기 위해 혈판장도 만들었다고 했다. 아마 창업 당시의 혈판에 대해 이야기를 들어서 알고 있었던 듯하다. 하지만 그들은 창업 멤버들이 회사가 실패했을 때는 아르바이트를 해서라도 이나모리가 연구를 계속하게 하고 싶다는 생각으로 회사를 시작한 것을 헤아리지 못했다. 창업 멤버와 그들은 이나모리와의 일체감에서 큰 차이가 있을 수밖에 없었다.

그들의 두 요청 중 일 년이 지나면 월급제로 바꾸겠다는 약속을 이행하지 않은 것은 회사 측의 실수임을 솔직하게 인정하고, 지난 4개월분을 소급해 지급하기로 했다. 하지만 매년 급료 인상과 보너스 지급을 보장한다는 것은 창업한 지 얼마 안 된 회사 입장에서 확약하기 어려운 것이었다. 그들을 붙잡기 위해 그런 약속을 한다는 것은 어불성설이었다.

비좁은 회사 내에서의 협상은 이야기가 새어나가 사기에 영향을 줄 수 있었다. 그래서 이나모리는 그들을 집으로 데려가 이야기를 계속했다. 당시 이나모리는 사가노의 히로사와 연못 근처에 있는 시영주택에 살고 있었다. 거기서 그들과 무릎을 맞대고 밤새 논의했지만 그들은 다음 날 아침이 되어도 '자본가는 달콤한 말을 이용해 노동자들을 속인다'는 식으로 불신감을 표했다.

"미래의 것은 약속할 수 없다고 솔직하게 말하는 사람과, 쉽게 약속을 해 그 자리를 무마시키고자 하는 사람 중 여러분은 어느 쪽을 신뢰할 수 있죠? 나는 나만 잘하면 된다는 생각은 조금도 가지고 있지 않습니다. 입사한 우리 직원 모두가 진심으로 좋다고 생각해주는 기업을 만들고 싶다고 바라면서 심혈을 기울여 경영하고 있어요. 그것이 거짓인지 사실인지는 한번 속을 용기를 가지고 따라와보는 게 어떻습니까?"

그는 차가운 영혼을 열정의 힘으로 움직이고자 생각하고 있던 모든 것을 말에 담았다. 거기에 흥정은 없었다. 그저 성의가 있었을 뿐이다. 이윽고 그들은 닫힌 마음을 열기 시작했고 한 사람씩 그의 말을 납득해줬다. 그리고 마지막으로 청년 리더만이 남았다. "사내의 고집입니다!"

그와의 대화는 사흘에 이르렀다. '왜 내 기분이 전해지지 않는 것인가….' 분해하던 이나모리는 마침내 이런 말을 입에 담았다. "나는 목숨을 걸고 이 회사를 지켜나가겠습니다. 만약 내가 어설픈 경영을 하거나 사리사욕을 위해 행동한다면 나를 찔러도 좋아요!" 이는 영혼의 외침이었다. 찢어지는 듯한 기합이 그 직원의 마음을 덮고 있던 얼음을 녹여 마침내 그 역시 이나모리의 손을 잡고 울기 시작했다.

이렇게 반란을 일으킨 젊은이들은 다시금 직장으로 돌아갔다. 선배들도 그들을 기분 좋게 받아들였다. 완전히 이나모리에게 심취한 그들은 벡터를 한데 모으고 교세라의 중요한 전력이 되어주기로 한 것이다. 이 사건은 이나모리가 단순한 사업 리더에서 진정한 경영자가 되는 하나의 계기가 되었다. 그 자신도 내일의 일은 알지 못하지만, 직원들은 몇 년 후까지의 대우 개선을 기대하고 가족의 생활을 포함한 미래를 보장해줄 것을 회사에 요구하고 있다. 이번 사건을 통해 이를 새삼 깨달게 되었다.

'말도 안 되는 일을 시작해버렸구나.' 그는 그렇게 절실히 생각했다. 지금까지 이나모리에게 부족했던 것은 경영자로서의 각오였다. 이번 교훈을 바탕으로 그는 다음과 같은 경영 이념을 가지게 되었다. '전 직원의 물심양면의 행복을 추구한다.' 교세라는 다시 태어난 것이다. 그는 나중에 이렇게 회상하고 있다. "이 경영 이념에 따라 '사람의 마음'을 기반으로 경영을 추진해온 것이 현재의 교세라를 만든 것이라고 나는 믿고 있다." 《경천애인》

또한 기업 규모가 커지면서 기업은 사회의 일원으로서 수행해야 할 숭고한 사명이 있어야 한다고 생각하기 시작해 1967년 8월 20일 기존의 경영 이념을 다음과 같이 고쳤다. '전 직원의 물심양면의 행복을 추구하는 동시에 인류 사회의 진보 발전에 기여한다.' 자신의 일은 스스로의 삶을 풍요롭게 하는 동시에 사회에 공헌을 하는 법이다. 이러한 의식이 직원의 의욕과 자부심을 주도해나갈 것이라 믿었다.

3장

세계의 교세라를 꿈꾸다

교세라 경영의 모든 것

IC칩의 등장으로 잡은 비즈니스 찬스

판로 확대는 교세라의 계속된 염원이었다. 그런데 당시 일본은 기업 계열의 벽이 있었다. 가령 미쓰비시는 미쓰비시 계열사, 스미토모는 스미토모 계열사에서만 부품 조달을 하는 식의 폐쇄적인 관습이 있었던 것이다. 그래서 이나모리 가즈오는 해외에 주목하게 된다. "만약 해외 유력 전자 기업들이 교세라의 제품을 사용해준다면, 비록 무명에 가까운 우리일지언정 아무런 거리낌 없이 일본 대기업에서도 사용해줄 것이다."《경천애인》

1962년 7월 상무로 승진한 이나모리는 한 달 예정으로 홀로 미국으로 출장을 간다. 그에게는 본받고자 하는 간사이의 선배 경영자가 있었다. 마쓰시타전기의 마쓰시타 고노스케와 와콜의 츠카모토 고이치였다. 1951년 비행기에 타는 것을 싫어했던 마쓰시타가, 그리고 그 5년 후인 1956년에는 츠카모토가 각각 미국과 유럽으로 출장을 갔다. 그 결과 마쓰시타는 필립스와의 제휴에 성공했고 와콜도 사업을 크게 발전시켰다. 그들에게 질 수 없다며 그 6년 후 이나모리 가즈오도 해외를 목표로 한 것이다.

당시 외환 시세는 1달러당 360엔의 고정 환율이었던 것에 더해, 외화 반출 규제가 있었다. 항공 요금도 지금과 비교할 바가 아니었다. 초등학교 교원의 초임이 1만 2,900엔이라는 시대에 약 100만 엔의 비용을 들여 미국으로 향했다. 반드시 큰 수확을 얻어 보겠다고 마음속으로 맹세했다.

하네다 공항에서 출발하기 전날 서양식 화장실이 구비되어 있어 화제가 되었던 치바현 마쓰도시의 공단주택에 사는 친구를 찾아가 사용법을 연습했다. 해외에 나가면서 유서를 쓰는 사람도 많았을 정도니 기합이 들어가는 것도 당연했다. 출발 당일에는 가족들과 간부사원 전원이 배웅을 왔다. 그중에는 공장에서 작업복 차림 그대로 야간열차를 타고 뛰어와 배웅해준 사람도 있었다. 작은 일장기 깃발을 흔들고 있는 그들을 향해 트랩 위에서 크게 손을 흔들며 비행기에 올랐다. 자리에 앉았음에도 흥분이 가시지 않았다. 자연스레 뺨에 눈물이 타고 흘렀다.

뉴욕에 도착해 즐비한 마천루에 감동했지만 관광을 하고 있을 틈은 없었다. 다음 날 아침 일찍 조속히 사전 교섭을 부탁했던 극동 무역의 미국 사무소에 나가 담당자인 나가이 류우(후 교세라에 입사)를 재촉했다. 이나모리가 한 일이기에 필사적으로 부탁했을 것이라는 것은 쉽게 알 수 있을 것이다. 하지만 나가이에게는 다른 큰일도 여러 가지 있었다. 그에게 이나모리는 간신히 앞으로 시장 개척을 시작하려 하고 있는 중소기업의 한 임원에 불과했다. 그렇게 이나모리는 뒷전이 되었다.

상담은커녕 회사에 방문한다는 약속조차 잡지 못한 채 시간만 지나갔다. 마음만 초조할 뿐이었다. 영어를 못했기에 식사도 만족스럽지 않았다. 육체적으로도 정신적으로도 몰리고 있었고 한밤중 악몽에 시달리다 깨는 경우도 자주 있었다. 그러던 중 몇몇 전기 기기 제조 업체의 간부와 면담을 하게 되어 공장 견학을 할 수 있었다. 어떤 공장에는 독일제 프레스 기계가 쭉 늘어서 전동으로 리드미컬하게 움직이고 있었다. 속도도 빠르고 성능도 좋았다. 그 무렵 교세라는 핸드 프레스로 생산하고 있었기에 양측의 차이가 많이 났다.

하지만 그는 냉정했다. "이 기계는 한 대에 얼마인가요?" 하고 묻자 그 회사 공장장이 깜짝 놀랄 만큼 비싼 가격을 입에 올렸다. 이때 이나모리의 머릿속에선 그 기계가 분당 몇 개를 생산하고 있는지를 계산하고 있었다. '투자 효율성 면에서 우리 쪽이 유리하다.' 서양을 숭배하며 사대주의에 빠져 있는 다른 사람들과는 확실히 달랐다. 하지만 견학만으로는 비즈니스로 이어지지 않았다. 결국 아무런 성과도 내지 못한 채 귀국길에 올랐다. 이 말이 그때의 아쉬움을 전하고 있다. "'내 다시는 미국에 오지 않겠다'라고 진지하게 생각했다." 《경천애인》

마천루와 현대적인 공장이 아직 망막에 새겨져 있는 가운데 다시 허름한 창고에서 일하는 생활로 돌아왔다. 니시노쿄하라 마을의 공장은 좁았기 때문에 점심 시간에 야구는 할 수 없었고 겨우 캐치볼 정도만 가능했다. 그것도 오가는 차를 피해 도로에서 할 수밖에 없었다. 어떤 날은 던진 공이 빗나가 건너편 담배 가게로 날아들었고, 벽에 맞아 벽의 석고가 떨어져 이모님이 만들던 된장국 냄비로 빠진 적이 있었다. 정말 죄송한 마음에 이나모리는 그들을 대표해서 사과하러 갔다. 하지만 기분 전환을 위해 몸을 움직이는 것을 말리고 싶지 않았다.

"열심히 일을 해서 반드시 운동장을 사주겠다." 이렇게 그는 약속했다. 또 꿈만 같은 얘기를 한다고 모두들 생각했겠지만, 머지않아 본사 공장은 좁아지고 이전할 곳을 찾기 시작한다. 그러던 중 공장 유치에 힘을 쏟고 있던 시가현의 가모우 마을(현 히가시오미시)에서의 타진이 있었다. 7,800평의 토지가 있다고 했다. 이에 그는 스바루 360을 타고 달려갔다. 군 사격장이었던 고원지대 구릉지였다. 2년 후에는 북쪽에 메이신 고속도로가 통과할 계획이 있어 요카이치 인터체인지 예정지와 가까웠다. 미야기 사장도 추천해줘 마음을 정했다.

1962년 10월 19일 시가현 공장 1차 토지 매수 계약을 체결한다. 이듬해 5월 24일에는 제1기 공사를 마치고 무사히 준공식을 맞이했다. 그때 약속한 운동장은 물론 수영장까지 건설했다. 예전에는 여름방학 즈음 메이신 고속도로를 달리면 교세라 수영장에서 직원들과 가족들이 즐겁게 헤엄치는 광경을 볼 수 있었다고 한다.

직장에서의 회의만으로는 부족했는지 이나모리 가즈오의 집에는 직원들이 자주 찾아왔다. 이미 시영주택에서 일반 주택으로 집을 옮겼기 때문에 10명 정도는 어떻게든 수용할 수 있었다. 종종 그들은 살아 있는 잉어를 잡아왔다. 처음에는 기꺼이 잉어를 요리해서 모두 함께 먹었지만 그것이 너무 잦아지자 정원에 있던 작은 연못에 놔주기도 했다. 이런 것도 지금에 와서는 추억이 되었다.

1964년 2월은 사가(社歌)를 정하고 사보를 창간했다. 그리고 4월에는 창업 5주년을 맞이했다. 회사도 훌륭하게 자립할 수 있게 되어 5월 28일 미야기 사장이 회장으로 물러나고 아오야마 세이지가 2대째 사장으로 취임했다. 이나모리는 전무로 승진했다. 28명으로 시작한 회사는

150명을 넘는 규모가 되었고, 전원이 와카야마의 시라하마 온천에 가서 성대하게 5주년을 축하했다. 이때부터 사내 행사가 늘어갔다. 그 전년 10월에 제1회 운동회를 니시쿄구 운동장에서 개최한 것을 시작으로 신년회나 생일파티, 성인식, 윤무대회, 창립 기념식, 크리스마스 파티, 송년회 등은 물론, 활동적인 행사로는 등산, 해수욕, 마라톤 대회 등이 있었다. 전원 참가가 기본이었다. 마음을 한데 모아 벡터를 맞추기 위한 노력이었다.

이로부터 20년 후 사회인이 된 필자 세대에서도 많은 일본 기업에서 비슷한 일이 벌어졌다. 교세라의 이러한 시도는 드문 일이 아니었다. 교세라의 창업 즈음은 마침 전자 산업의 부흥기였다. 우선 진공관이 트랜지스터로 대체된 다음 여러 트랜지스터나 다이오드를 가능한 한 최소화시키고자 노력한 결과 IC칩이 탄생했다. 그러자 IC칩이 실용화되는 과정에서 이번에는 그 기판을 지키는 것이 필요해졌다. 그것이 훗날 IC패키지라 불리게 되는 물건이다. 파인 세라믹스는 절연성과 밀폐성이 우수하다. 교세라에 큰 비즈니스 찬스가 도래한 것이다.

미국 서해안 실리콘밸리에는 속속들이 반도체 관련 기업이 탄생해갔다. IC 기술에서 미국은 압도적으로 선두를 달리고 있었지만 일본 기업도 곧 추격을 시작했다. 그러던 중 도시바가 마이크로 모듈용 메탈 기판의 제작을 의뢰해왔다. 휴대용 무선 기기에 사용할 부품으로 IC패키지의 선구적인 제품이었다. 크기는 약 800mm, 두께 0.2mm 정도였다. 각 면에 홈을 세 군데씩 총 열두 군데 넣고 거기에 트랜지스터 등의 전자 부품을 장착할 수 있도록 설계되어 있었다.

도시바도 의뢰만 하고 무관심하게 있지는 않았다. 담당자가 여러 번 교세라 공장에 와서 함께 생각하고 토론하고 때로는 함께 철야하면서 미국 기업을 따라잡고 추월하고자 필사적으로 노력했다. 이윽고 교세라는 IC패키지 분야에서 세계 시장 점유율 70%를 차지하게 된다. IC칩에 사용되는 반도체에 관해서는 도시바 외에도 히타치, 후지쯔, NEC, 오키전기 이 다섯 업체가 관동을 휘어잡고 있었다. 간사이는 미쓰비시전기와 마쓰시타전기뿐이었고, 반도체에서는 좀 뒤처지고 있었지만 교세라의 주요 고객이라는 의미에서는 압도적으로 다른 업체보다 도움이 되었다.

기술력에 자신감을 가지게 된 이나모리는 미국 출장을 다녀오고 그 2년 후 다시금 복수를 도모하고자 한다. 1964년 10월 홍콩을 통해 유럽과 미국을 도는 출장에 나선 것이다. 도쿄 올림픽 개최로 일본 전체가 한창 들끓고 있었지만 이나모리는 들떠 있을 겨를이 없었다. 이번에야말로 성과를 올리겠다고 다짐하며 떠났다. 그리고 이번에는 강력한 조력자가 함께했다. 쇼후공업 무역부장이었던 우에니시 아서(후 교세라 부사장)가 그 전년에 입사했던 것이다. 이나모리보다 11살이 많은 그는 캐나다 밴쿠버에서 자랐다. 영어가 모국어인데다가 무역 업무에 정통해 각국에 인맥이 있었다. 그래도 상담이 제대로 이뤄지지 않았던 이전의 악몽이 가슴을 스쳐지나갔다.

"모두에게 죄송합니다." 그렇게 중얼거리며 눈물을 머금고 있는 이나모리를 보고 해외 생활이 긴 우에니시는 믿을 수 없다는 얼굴을 하고 있었다. 이나모리는 그런 그에게 "함께 울고, 함께 웃는 회사를 목표로 하자고 했잖습니까. 한결같은 노력에 하늘도 감동해 좋은 주문을 따올 수 있도록 노력하는 수밖에 없습니다" 하고 뜨거운 마음을 가지고 일에 전념해 날마다 거래처를 개척했다.

그리고 결국 미국의 유력 전자 업체인 텍사스인스트루먼트로부터 아폴로 계획에 사용하는 저항기용 세라믹 봉의 수주에 성공한다. 1964년 12월에는 무역부를 발족시켜 미국의 대리점 계약을 마루베니이이다와 체결했다. 트랜지스터용 세라믹 구슬의 양산화에 성공한 경우도 있었고, 해외 기업들의 문의가 잇따랐다. 몇 년 전의 일은 거짓말 같았다.

이때부터는 한순간 판로가 세계로 퍼져나갔다. 1965년 3월 홍콩 마이크로일렉트로닉스에서, 7월에는 미국의 페어차일드에서 잇따라 대량 주문이 들어와 무역부가 분주해졌다. 이나모리 가즈오는 확실하게 세계를 시야 내에 두고 있었던 것이다. 미국 출장 시 텍사스인스트루먼트의 기술자에게 "이런 것을 만들 수는 없는가?" 하고 물어보게 된 것이 두 개의 세라믹 판을 쌓아 IC칩을 보호하기 위한 패키지 시제품이었다. 그것을 본 순간 이나모리 가즈오는 도자기의 역사에 새로운 한 페이지가 열리려 하는 것을 느꼈다고 한다.

이것이 세라믹 적층 IC패키지였다. 이는 계산기용 IC칩에 사용되고, 머지않아 컴퓨터의 심장부인 MPU(Micro-Processing Unit, 마이크로 프로세서)와 통신용 반도체 패키지에도 사용된다. 귀국 후 이나모리 가즈오는 전력으로 이에 대처해 그것을 훌륭하게 완성시켰다. 교세라가 제작에 성공했다는 소문은 빠르게 퍼져나갔고, 모토로라, 인텔, 아메리칸마이크로시스템즈 등 초일류 기업에서 차례로 주문이 들어왔다.

아메바 경영을 도입하다

—

1960년 시가현 공장의 조업을 시작했을 때 압축 프레스 등 양산의 전(前) 공정은 시가현 공장으로 옮겨졌고 메탈 절단, 연마 가공 등 양산 후 공정과 개발 및 프로토 타입 부문은 본사 공장에 남겼다. 이나모리는 새로운 공장을 지을 때마다 "구석에서 사용하라"는 말을 입에 올렸다. 넓은 공간이 있다고 해서 여유롭게 사용해서는 비용 절감에 대한 의식이 희박해져버린다. 하지만 또 비용 절감만을 고집해선 기업은 성장하지 못한다. 그는 직원과 섹션이 늘어난 이 시기에 무엇을 목표로 하고 직원의 마음을 한데 모을지를 철저하게 생각했다.

잘되면 칭찬하고, 안되면 질타하는 것은 리더의 기본이다. 그것을 막연한 이미지와 그때의 기분으로 해버리면 직원은 납득하지 않고, 불만이 쌓인다. 가능하다면 경영자의 목표와 방향을 알 수 있도록 명확하고 합리적으로 수치화하고 싶었다. 그래서 이나모리는 회사 전체의 공통된 경영 지표 만들기에 착수했다. 직원 모두의 벡터를 맞추기 위해 이는 필수 작업이었다.

1965년 1월부터 도입된 것이 '시간당 채산 제도'였다. 계산 방법은 매우 간단했다. 생산액에서 경비를 제하고 이를 총 노동 시간으로 나눈다. 이 시간당 부가가치를 지표로 해 가능해진 것이 '아메바 경영'이었다. 회사를 공정별 또는 제품군별로 몇 개의 작은 조직으로 나누고, 각 조직이 하나의 중소기업인 것처럼 시간당 채산 제도에 따라 독립 채산으로 운영된다는 것이다. 자기 재량권을 가지고 있지만 동시에 이익에 대한 책임을 가지고 있는 이 소집단은 회사 지시가 아닌 현장의 판단에 따라 자유롭게 일한다. 하나하나가 환경의 변화에 적응해 생겨나거나 합쳐지기도 하고, 분리되거나 소멸한다.

"마치 '아메바' 같습니다." 설명을 들은 은행원이 감동에 차서 그렇게 말한 것이 계기가 되어 '아메바'라는 호칭이 정착되어갔다. 현장에 맡겨 책임을 갖도록 사람을 키우고 현장에서 회사 전체를 활성화시키는, 이제 교세라의 대명사가 된 사내 제도다. 간접 부문도 대상이다. 교세라에 비용 의식이 없는 직원은 한 명도 없다. 모두가 필사적으로 돈을 벌고자 하는 회사인 것이다.

아메바 경영의 확립은 당시 아직 드물었던 컴퓨터 도입이 큰 역할을 했다. 시간당 부가가치의 계산이 만약 손 계산이었다면 그 고생은 이루 말할 수 없을 것이었다. 여기서 모리타 나오유키라는 직원이 등장한다. 그는 이나모리와 같은 가고시마 대학 공학부에서 유기화학을 배운 직계 후배다. "우리 대학 졸업생이 만든 재미있는 회사가 있다"라고 교수의 권유를 받아 1967년 설립 8년째 교세라에 입사하게 되었다. 그는 입사하자마자 시가현 공장의 생산관리부에 배속되었으나, 마침 시간당 채산 제도가 시작된 그다음 해여서 여러 방법을 모색하고 있던 시기였다.

그리고 1969년 후지쯔의 호스트 컴퓨터(FACOM230-10)가 도입된다. 베스트셀러가 된 FACOM230 시리즈의 최소형 모델이다. 그런데 생산관리 부문은 문과 출신 직원뿐이어서 컴퓨터를 잘 다루지 못했다. 보물을 단지 썩힐 따름이었다. 그래서 입사 2년차의 모리타에게 "이과 출신인 네가 어떻게든 해보라"는 지시를 내렸다. 그는 입사 초 고토감람석 도자기 연구에 집중했던 젊은 날의 이나모리를 방불케 하는 모습으로 일했다. 모리타는 오사카에 있던 후지쯔의 사무실에도 다녀왔다. 그렇게 컴퓨터의 사용법을 습득한 그는 2년에 걸쳐 업무 관리의 틀을 만드는 등 멋지게 기대에 부응했다. 이제 시간당 부가가치의 계산은 훨씬 편해졌다. 컴퓨터를 이용해 영업, 납품, 제조 등 각 부문 간의 장부도 일관성을 유지할 수 있었고 적시에 정확한 정보가 모여 시간당 채산의 정확도가 크게 올랐다.

아메바의 책임자는 리더라고 불렀다. 이나모리는 높은 뜻과 투지를 가지고 사심 없이 집단을 이끄는 지도자를 '리더'라 불렀고, 절대로 '관리자'라고 부르지 않았다. 이것을 구별한 데는 큰 의미가 있었다. 훗날 JAL 재건 시 직원들에게 경영 기법을 가르치고 관리 교육이 아닌 지도자로서의 마음가짐을 만드는 리더 교육을 처음 도입한 점에서도 그의 생각을 엿볼 수 있다. 아메바 리더는 이십대의 젊은이도 있고, 여자도 있다. 뛰어난 제안을 한 직원에게는 그에 걸맞는 보람 있는 지위와 인적·물적 자원에의 권한을 줘서 더욱 보람 있게 일할 수 있도록 했다.

원래 교세라에는 월권 행위라든가 하극상이라는 말이 없다. 영업 사원이 자재부의 일을 정리하고, 제조 부문의 사람이 영업을 하거나 하는 것은 보통의 광경이기 때문이다. "주어진 일만 하면 된다는 안이한 생각을 버려라." 이는 '교세라 철학'에도 있는 말이지만, 권한을 부여할 때까지 아무것도 하지 않는 사람보다 권한을 박탈당하고도 일을 하려는 사람이 우선된다. 그러다가 다른 아메바를 흡수해버리는 일도 있다. 상사의 승인을 받으면 아메바 간 흡수가 자유로웠다. 그것이 적대와 대립은 아니었다. 모두 교세라의 철학을 확고하게 공유하고 회사를 위한다는 대의를 위해 노력하는 것이기 때문이다.

아메바 경영 방식에서 하루의 시작은 청소였다. 이어 조례가 열린다. 공장 단위, 사무실 단위로 행해지던 그것은 곧 교세라의 명물이 되었다. 출근하자마자 상하 구별 없이 청소를 실시하고 조례 시간이 되면 점호가 있다. 그리고 사가 제창이 이어진다. 이후 경영 성과에 대한 발표가 있고, 아메바 단위의 협의가 끝나면 전원이 각자의 일터로 흩어진다. 필자가 시가현 공장의 실제 조례를 견학했을 때에도 팽팽한 기백을 느낄 수 있었다.

모든 직원이 자신이 속한 아메바의 목표를 파악하고 그 달성을 위해 노력하고 있다. 그 결과 개인의 능력 향상, 삶의 보람을 가지고 일할 수 있고, 회사 전체의 사기가 높아져간다. 경비 절감을 이나모리가 직접 강조한 시기는 의외로 짧았다. 그 이후 직원들이 자발적으로 그 정신을 이어받았다.

기계 설비도 새로 구입하는 것은 최대한 억제하고 창의적 연구를 거듭해 가진 것을 개량했다. 창업 초기에는 사무용 책상, 의자 등도 중고품을 사용했다고 한다. 대중교통이 있으면 택시는 타지 않았고, 출장 시에도 당일 날 출발하게 해 전날부터 숙박하는 것은 허락하지 않았다. 간접 부문의 경비는 최대한 억제해 일인 다역도 해냈다. 오랫동안 간접 부문의 경비는 금융이자의 범위 내에서 조달하도록 했다. 현재의 저금리 하에서는 매우 무리한 이야기이지만 말이다.

월말 납기가 가까워지면 생산 현장은 그야말로 전쟁터가 된다. 공정 관리 직원은 물론 경우에 따라서는 사업부장도 현장을 도우러 간다. 부장이 선반을 돌려 가공하고 포장을 돕고 있는 모습은 다른 대기업에선 볼 수 없는 광경일 것이다. 월말에 집계된 점수는 다음 달 첫날에 발표

된다. 목표를 달성하지 못하면 사기가 떨어지지만, 크게 달성하면 직장에 맥주를 들여 건배 만세삼창을 한다.

1933년 5월 이나모리 가즈오가 경애하는 마쓰시타 고노스케는 카도마로의 본사 이전을 계기로 마쓰시타전기의 내부 조직을 3등분해 각각 별도의 사업부로 삼았다. 사업부는 독립 채산제를 채택해 연구 개발에서 생산, 판매, 홍보에 이르기까지 모든 부문에 대해 실시되었다. 전설의 '사업부 제도'의 탄생이었다.

사업부 제도는 마쓰시타전기의 성공 공식으로 정착되어 지금은 일본의 많은 기업에서 채용하고 있다. 전 세계적으로 보면 100년 전 미국의 대형 화학 기업 듀폰이 같은 제도를 채용하고 있었지만, 초등학교를 중퇴한 학력의 설립자가 그 누구에게 배운 것도 아닌 오로지 자신의 지혜와 경험으로 이러한 경영 기법을 만들어냈다는 것은 놀라운 일이 아닐수 없다.

아메바 경영과 사업부 제도에는 몇 가지 공통점이 있지만, 이 두 조직과 서양형 회사 조직과의 차이점이라면 성과와 보상이 서로 연결되지 않는다는 점이다. 서양형 기업의 이익 센터형 경영의 기본은 이익 센터의 성과와 책임자의 보수를 연결시킴으로써 노동 의욕을 끌어내려고 하는데 있다. 실적이 오르지 않으면 수익도 줄어든다. 그런데 마쓰시타전기도, 교세라도 사업부와 아메바의 업적을 월급이나 보너스 등에 연동시키지 않았다. 보너스를 증감시키면 실적이 오를 때는 좋지만 내려갈 때는 사기가 크게 하락하기 때문이다. 후자의 마이너스 쪽이 전자의 플러스쪽보다 훨씬 타격이 크다는 것을 그들은 모르고 있었던 것이다.

이나모리는 이렇게 생각했다. 훌륭한 성과를 거뒀다는 것은 그만큼 모두를 위해 공헌했다는 것이며, 좋은 실력을 올린 아메바에게 주어져야 하는 것은 명예와 자부심이라는 것이다. 모두를 위해 기여했다는 만족감과 서로를 믿는 동료들의 감사와 칭찬이야말로 최고의 보상일 것이다. 그런 정신 상태가 되지 않으면 진정한 의미에서의 아메바 경영은 성립하지 않는다. 이 점에서 그는 결코 타협하지 않았으며 실적이 좋은 경우에는 모든 직원에게 보너스를 증액하는 방식으로 보답했다.

아메바 경영은 사업부 제도를 그대로 모방한 것이 아니다. 그러나 독립 채산의 내부 조직에 사업부 제도의 발상이 도움된 것은 사실이다. 경영자는 얻을 수 있는 모든 정보를 흡수하고 도움이 될 것이라 생각하는 제도를 도입한다. 경영 이념 및 기업 조직과 일하는 방식에는 특허가 없다. 하물며 마쓰시타는 '경영의 신'이라 불린 인물이다. 이나모리는 마치 아메바처럼 그 마쓰시타의 경영 기법을 흡수한 것이다. 그때 당시 그의 이러한 생각은 주요했다. "마쓰시타 고노스케는 불세출의 경영인이다. 그러나 마쓰시타의 흉내만 내서는 언제까지고 그 경지에 도달할 수 없다. 자신만의 독창성을 더해 마쓰시타를 넘고자 노력할 때 그의 경지에 다다르는 것이 아닐까?"

마쓰시타의 명언에, "후지산은 서쪽에서도 동쪽에서도 오를 수 있다"라는 말이 있다. 경영의 길은 마쓰시타의 말대로 하나가 아닌 것이다. 그리고 그것은 시대에 따라, 환경에 따라 달라질 것임에 틀림없다. 이나모리는 선인이 걸어온 길을 참고하면서도 또 다른 '길'을 개척했기에 경지에 다다를 수 있었음이 틀림없다.

아메바 경영의 경우 마쓰시타의 사업부 제도 이상의 분권화가 하부 조직에까지 이르고 있다. 설립도 쉽지만 해산도 용이하다. 해산의 결단과 실행은 시대 변화가 빨라지는 만큼 중요하다. 아메바 경영은 이나모리에 의한 경영 혁신이었던 것이다.

한편 아메바 경영의 대단한 힘은 알고 있음에도 그것을 실제로 도입하고 있는 기업은 적다. 그것은 지금까지 봐온 것처럼 매일 시간당 부가가치 계산을 할 수 있는 체제가 되어야 함은 물론이며, 모든 직원이 참여하도록 하는 지도자의 리더십이 요구되기 때문이다. 아메바 경영의 도입은 경영자의 굳은 각오와 회사가 가지고 있는 힘을 모두 구사할 수 있을 때 발현된다.

"경영자의 인격이 높아짐에 따라 기업은 성장하고 발전한다. 나는 그것을 '경영은 수장의 그릇에 의해 결정된다'라고 표현하고 있다. 경영자의 인간성, 말하자면 사람으로서의 그릇의 크기만큼의 기업밖에 만들 수 없는 것이다." (이나모리 가즈오, 《성공과 실패의 법칙》)

인재 채용과 육성

직원을 소중히 여기는 회사는 교세라만이 아니다. 최근 인력 부족으로 회사의 인재는 '인재(人財)'라는 인식을 가진 회사는 많다. 그리고 그 인재를 소중히 여기는 방식도 다양하다. 오사카의 키엔스처럼 이익을 주주보다도 직원에게 먼저 환원하고 고액 봉급을 지급해 이직률이 매우 낮은 회사도 있다. 교토의 와코루처럼 격렬한 노동조합 운동을 통해 조합 측에서 나온 요청은 모두 받아들인다는 이례적인 결정을 해 지금도 '신뢰 경영'을 내걸고 있는 회사도 있다.

하지만 교세라의 직원 제일주의는 또 다른 길을 걷고 있다. 교세라에서는 직원이 가지고 있는 의욕과 능력을 극대화하고 경제적 안정과 정신적 성장의 기회를 주는 것이야말로 직원을 가장 소중히 여기는 방법이라 여긴다. 마쓰시타 고노스케가 직원들에게 "마쓰시타전기가 무엇을 만들고 있는지 묻는다면 '마쓰시타전기는 사람을 만들고 있습니다. 아울러 전기 제품도 만들고 있습니다'라고 대답하십시오"라고 말한 것처럼 교세라도 어떤 의미에서는 사람을 만드는 회사인 것이다.

그리고 사람을 만드는 데 큰 역할을 한 것이 '회식'이었다. 쇼후공업 때부터 시작한 회식은 교세라가 되고부터 더욱 그 중요성을 키워나갔다. 전원 참가가 원칙이다. 그날의 주제를 정해 시간표 및 좌석 배치도를 결정하는 것에서부터 이미 회식은 시작된다. 교세라는 상사가 부하 직원에게 술을 따르는 것이 당연시되며, 더 나아가 고기를 굽는 등의 잔일을 자청하기도 한다. 상사로부터 배려를 배우는 장소이기도 하다. 자작은 금지되어 있다. 주위의 잔에 자신의 배려를 채운다. 그러면 자신의 잔을 스스로 따를 필요도 없어진다.

보통 회식이라면 업무 이야기는 일절 하지 않을 것이다. 그런데 교세라의 회식에선 그날의 업무 내용이 주 화제다. 그리고 회식이 아무리 늦어져도 다음 날 정시 출근은 불문율이다. 이나모리는 직원들과 그러한 시간을 가지면서 '말'을 나눴다. 그것은 취한 상태에서 듣더라도 다음 날 이후까지 여운을 남기는 '힘을 가진 말'이었다. "말씀은 하나님이시다"라는 말은 성경에도 있지만, 뛰어난 경영자의 말은 독특한 능력을 가지고 있다. 그들은 기존의 말로 전할 수 없는 생각, 자신만의 신조어를 만들어낸다. 사실 '철학', '아메바', '회식'도 마찬가지다. 그것들은 문자 그대로의 의미라기보다는 이나모리 가즈오의 '생각'이 담긴 신조어라고 해도 좋을 것이다.

"'우리는 앞으로 어떻게 됩니까?'라고 직원에게 질문을 받았을 때, '우리는 이렇게 된다'라고 즉답할 수 없다면 이는 경영자로서 실격이다." 이나모리는 지속적으로 선명한 미래의 이미지를 품고서, 위와 같은 질문을 받기 전에 먼저 그것을 직원들에게 말하고자 노력했다. 장기와 바둑의 세계에서 프로는 상상도 못할 만큼 앞의 수를 읽는다. 비즈니스의 세계에서 전문 경영자는 이와 동일해야 한다는 것이다. "보이지 않느냐"라는 말을 그는 자주 입에 담았다. 그에게는 확실히 미래가 보였기 때문이다.

창업 초기에는 인력 채용에 많은 어려움을 겪었다. 역사도, 채용 실적도 없었기 때문에 대학의 취업센터에 가도 상대해주지 않았다. 그런 점에서는 오히려 쇼후공업 시절이 더 좋았다. "교토세라믹? 뭐하는 회사지?" 하는 반응이 많아 회사가 하고 있는 일에 대해 일일이 설명해야 했다. 취업과의 직원들이 알고 있지 않을 정도이니 학생들에게 인식되는 것은 더욱 어려웠다. 그래서 입사하더라도 금세 그만두는 직원이 많았다. 회사에 대해 충분히 납득시켜 오게 만들어야 한다고 생각한 이나모리는 1965년경부터 저녁 식사를 함께하거나 술을 마시며 면접을 보곤 했다. 이런 방식으로 간신히 우수한 인재를 손에 넣기 시작했다.

하지만 교세라는 역시나 잘 알려지지 않은 어려운 회사였기에 회식에서 본심을 드러내도 납득하지 못하고 떨어져나가는 사람도 많았다. 하지만 타협은 일절 하지 않았다. '교세라 철학에 공감하지 못하고 나와 마음이 통하지 않는 사람은 그만둬도 된다. 아니 오히려 그만뒀으면

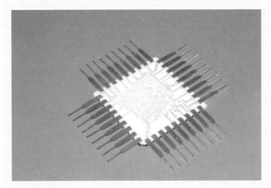
최초의 IC패키지.

조업 당시의 시가현 공장.

창업기의 회식 풍경(1968년 6월 시가현 가이세키 식당에서).

좋겠다. 그런 사람들이 남아 있으면 오히려 화근이 될 뿐이다.' 이런 생각은 유지되었다. 이직률은 높았지만 마음을 하나로 묶인 사람들의 사기는 매우 높다.

현재 교토의 남쪽 교외에 있는 교세라 본사를 방문하면 1층 엘리베이터 홀에 이나모리 가즈오의 청동 흉상이 장식되어 있다. 이것은 회사가 설치한 것이 아니다. 직원들이 감사의 표시로 그에게 선물한 것이다. 그에게 채용 시 무엇을 가장 중시했는지를 묻자 "인품입니다"라는 즉답이 돌아왔다. 대학 시절의 전공 등을 참고하지 않는지 거듭 물어도 "인품입니다. 이는 변하지 않네요" 하고 대답했다. 채용 시 학력을 중시하지 않는 것은 이나모리와 마쓰시타의 공통점이었다.

이나모리는 다음과 같이 말하고 있다. "그 유명한 여신오*의 《신음어》에는 '총명재변은 세 번째 자질' 이라는 말이 있습니다. 즉 총명하고 재능이 있고 언변이 뛰어난 것은 리더의 세 번째 자질이라는 것입니다. 첫 번째의 자질은 '심침중후, 공평무사' 입니다. 즉 가장 훌륭한 인격은 항상 깊이 생각하고 신중하며 중후한 성격이어야 하며, 거기에 공평하고 이기적이지 않아야 한다는 것입니다. (중략) 내가 재능 있는 사람을 구하지 않는 것은, 재능 있는 사람은 종종 오늘을 소홀히 하는 경향이 있기 때문입니다. 재능 있는 사람은 정상 끝이 보이기 때문에 오늘 하루를 차분히 사는 거북이 같은 걸음을 꺼리고 토끼처럼 최단 거리를 성급히 가려고 합니다. 그러나 계획을 너무 촉박하게 잡으면 뜻밖의 곳에서

● 중국 명나라 시대의 정치 사상가.

발목을 잡히는 일 또한 적지 않습니다."(이나모리 가즈오,《실천 경영 문답》)

교세라가 유명 기업이 되면서 우수한 직원도 점차 늘었다. 하지만 임원 선발 시 어쩔 수 없이 부족함을 느끼기 시작했다. '대학을 나와 이론에 얽매여 있는 직원을 임원으로 삼으면 정말 회사가 잘 운영될까? 비즈니스의 본질을 알고 있는 직원을 임원으로 삼아야 하는 건 아닐까?' 이런 생각에 임원 후보에게 '포장마차'를 시켜보려고 생각했던 시기도 있었다. "포장마차를 만들어 5만 엔 정도를 원금으로 전달하자. 낮이든 밤이든 매일 그 포장마차를 끌고 행상해 몇 달 후 그 5만 엔을 얼마로 불렸는지를 시험하고, 그동안 회사는 일절 나오지 않게 하자. 물론 그동안의 월급은 제대로 지불하고."《교세라 철학》

실현은 하지 않았지만 여기에서 이나모리가 가장 체득하게 하고 싶었던 것은 역시 '가격 결정은 경영'이라는 것이었다고 한다. 어떤 가쓰오부시와 다시마를 사용해 국물을 취할 것인가. 우동의 원재료는 얼마로 할 것인가. 그 원가에 매매를 어떻게 할 것인가 등등. '가격 결정에서 경영자의 재치가 드러난다'라고 그는 확신했다.

IBM으로부터의 주문

해외에서의 수주가 끊이지 않던 중에, 언제까지나 미야기전기에 방을 빌린 채 본사를 내세울 수 없었다. 1966년 3월 창업 8년째를 맞아 간신히 본사를 교토에서 시가현으로 옮기기로 결정하고, 1억 엔을 투자해 시가현 공장의 증설을 단행했다. 현재 화폐 가치로 4억 엔 상당이라고 하니 결코 많은 돈은 아니었다.

4월에는 공장 2채, 2층 사원 기숙사 등이 완성되었다. 지금까지 공장 한 동과 목조 단층집 구조의 기숙사가 있을 뿐이었던 시가현 공장이 갑자기 활기를 띠게 되었다. 그리고 1966년 4월 기쁜 소식이 들려온다. IBM으로부터 전용 IC 기판이나 알루미나 기판(후박 집적회로용 기판) 2,500만 개를 수주할 수 있었던 것이다. 당시의 교세라는 아직 연매출 5억 엔에 지나지 않았다. 그런데 1억 5,000만 엔의 대량 주문이 들어왔으니 그들이 흥분하는 것도 무리는 아니었다.

당시 이나모리는 드물게 가족들과 후쿠이로 해수욕을 가 있었고 거기서 연락을 받았다. 급히 본사로 돌아와 스키야키로 회식을 하고, 요카이치의 술집 거리에 가서 기쁨을 폭발시켰다. 그는 IBM이라는 회사의 그릇 깊이에 감탄했다고 한다. 기판에 조립되는 것은 IBM의 대형 범용 컴퓨터 '시스템/360'이다. 컴퓨터 역사상 가장 유명한 기종 중 하나이고 IBM의 대명사라고도 불리는 가장 중요한 제품의 심장부를 이름도 없는 일본의 중소기업에 맡긴 것이다. 이때 경쟁했던 업체들은 로젠탈이나 데구사 등 독일을 대표하는 세라믹 제조업체였다. IBM이 과거 실적이나 그 이름에 얽매이지 않고 기술력을 공정하게 평가해준 것에 크게 감동했다.

이를 계기로 이나모리 가즈오는 IBM의 역사와 기업 이념에 대해 배우고 그들의 좌우명인 'Think'라고 씌어진 플레이트를 책상 위에 두게 된다. 그것은 그가 IBM이란 세계 제일의 컴퓨터 회사에 품은 깊은 존경의 표현이었다. 그러고는 IBM 수주에 부응하기 위해 자동 프레스 30대, 대형 전기로 2대, 정밀 측정용 만능 투영기 등 필요한 최신 장비를 갖추고, 원료의 배합, 성형에서부터 소성까지 모든 공정에 대한 진두지휘를 이나모리 자신이 맡는다. 사실 이제부터가 문제였다. 수주 단계에서 그들이 요구하고 있는 제품을 단번에 만들 수 있었던 것이 아니기 때문이다. 상대방에게 요구받은 사양서를 바탕으로 앞으로 제작에 전념해야 했다. 그리고 IBM의 요구 수준은 단연 어려웠다.

몇 번이고 시험작을 만들었으나 실패했다. 기쁨도 잠시, 거짓말처럼 모두들 안색이 파래졌다. 교토에서 출퇴근하는 시간이 아까워진 이나모리는 시가현 공장 기숙사에서 숙식을 했다. 이층 침대가 놓인 2인실 방의 침대 1층에는 교토의 집에 있어야 할 스기우라 마사토 상무가 자고 있었다. 매일매일 시험작이 이어졌다. "성공했다!" 하고 펄쩍 놀라 기뻐했더니 꿈이었다(그런 소설과도 같은 일을 실제로 겪었다). 큰 심적 충격을 받아 '그래, 조합의 비율을 바꿔보자' 하고 잠에 취해 일어난 채 공장으로 갔더니 심야임에도 전기로 앞에 그림자가 있었다. 다들 늦게까지 필사적으로 도전을 계속하고 있었던 것이다.

그럼에도 생각과 같은 결과가 나오지 않는 날이 계속되었다. 이런저런 시도 끝에 모든 수를 다 썼다고 어깨를 떨며 울고 있는 담당자에게 이나모리는 "자네는 신에게 빌어봤는가?" 하고 물었다고 한다. 할 만큼 했으니 포기한다고 보통의 인간이라면 마음을 접었을지도 모른다. 그런데 그는 그것도 아직 어리광이라고 여겼다. '네버 기브업'의 허들은 이전보다 더 높아져 이제는 다른 세상의 수준이 되어 있었다.

이나모리는 부하에게도 엄격했지만, 자신에게도 엄격했다. "교토의 마을을 우연히 부하직원과 걷고 있던 때 백화점의 벽에 '신사복 봄 세일'의 커다란 현수막이 걸려 있는 것을 언뜻 보았다. 그뿐이었는데, 그 후 그는 '나는 바보다. 일에 집중하지 않고 바겐세일 현수막에 한눈을 팔다니, 부끄럽다'라고 중얼거렸다."(오오타 요시히토,《JAL의 기적》)

모든 사활을 걸어 집중하고 신에게 기원하는 마음으로 임한 결과, 마침내 그들은 뛰어난 제품을 완성시킨다. 이나모리의 '생각'이 결정을 이뤄 제품의 형태가 되어 나타난 것이 아닌가하는 생각마저 든다. 무사히 IBM으로부터 합격 통지를 받아 양산 체제를 갖추고, IBM에 납품이 끝난 것은 그로부터 2년 뒤의 일이었다. 이나모리는 당시 상황을 이렇게 말했다. "우리 회사가 그 IBM으로부터 높은 평가를 받았다는 소문은 순식간에 국내 전기전자 업체에 퍼져나갔다."(《일본경제신문》, 2001년 3월 15일 '나의 이력서')

사장 취임과 교세라 회계학

두 번의 해외 순방을 마친 이나모리는 맹렬한 초조함을 느끼기 시작했다. 매년 흑자를 이어가고 있다고는 해도 매출은 1965년 3월에 2.48억 엔, 1966년 3월 2.98억 엔으로 부진했다. 1967년 3월 겨우 6.44억 엔이 되어 세계 시장 확대 속도를 전혀 따라잡지 못하고 있었다.

'느긋하게 있어선 세계의 움직임을 따라가지 못한다.' 마침내 그는 행동을 시작한다. 원대한 뜻을 품고 아오야마 사장을 직접 찾아가서 자신에게 사장직을 맡겨 달라고 청원한 것이다. 보통의 회사라면 이런 일은 있을 수 없다. 후속 사장은 사장이 먼저 후임자를 선발해 본인에게 의사 타진을 하고, 그 후에 이사회의 승인과 주주 총회의 결의를 거쳐 취임을 결정하는 것이 순서였다. 하물며 아오야마의 임기는 아직 1년이 남아 있었다.

그러나 아오야마는 곧 그의 뜻을 이해했다. 언젠가 이나모리가 사장이 되어야 한다는 것은 회사 설립 때부터 창업 멤버 전원의 합의 사항이었기 때문이다. 이렇게 해서 IBM의 초대형 주문이 있던 다음 달인 1966년 5월 23일, 만반의 준비를 한 이나모리 가즈오는 사장에 취임한다. 당시 34세, 창업 8년째의 일이었다. 참고로 아오야마에겐 이나모리와 동갑인 아들(아오야마 요시미치)이 있었는데, 그는 교세라에 입사 후 전무가 되어 이나모리를 지원하게 된다.

이나모리는 사장에 취임하자마자 기어 체인지를 해 새로운 도전에 착수한다. 우선 새로운 인사를 단행했다. 다카하시 하지메, 우에니시 아서, 니시다 토미사부로(후 전무) 세명을 이사로, 기타오지에게 감사를 맡기고 임원 수를 두 배로 늘려 역할 분담과 책임의 명확화를 실시했다. 그중에서도 우에니시의 이사 승진은 해외 사업 확대에 주력할 것을 내외에 보여주려는 목적이 있었다.

7월에는 1,000만 엔 증자 자금을 구해 시가현 공장의 증산 체제를 정비하고, 수주 연락 효율화를 위한 시가현 공장과 도쿄 영업소 사이에 텔렉스*를 도입했다. 도쿄 영업소를 긴자의 빌딩으로 이전해 판매 체제를 강화했다. 다음 해 1월 경영 정책 발표회에서는 월 매출 1억 엔, 시간당 부가가치 1,500엔이라는 야심찬 목표를 세웠다. 그는 그해 6월

● 다이얼로 상대를 호출해 텔레타이프로 통신하는 장치.

에 이를 달성하는 데 성공한다. 하지만 그는 이 정도로 만족하지 않았다. 8월 7일에 월 매출 1억 엔 달성 축하 행사를 열 때 월 2억 엔을 새로운 목표로 내걸었고, 이듬해 12월 그것을 달성한다.

이나모리 가즈오가 사장이 되고 나서 매출이 크게 성장했다는 것은 1967년 10.4억 엔, 1968년 19.2억 엔, 1969년 344.2억 엔, 1970년 70억 엔이라는 숫자가 명확히 보여주고 있다. 사업 실적이 곱절로 늘어가게 된 것은 이나모리가 영업과 연구 개발 및 생산 기술의 모든 면에서 기존 방식을 개량했기 때문이다. 강력한 리더십에 의한 하향식과 아메바들에 의한 상향식이 크게 맞물려 역동적인 움직임을 보이기 시작했다.

이나모리는 미래의 꿈을 이야기하는 것을 중요시하면서도 경영 목표는 단기적으로만 세웠다. "왜 단기적 계획만 세우는가 하면, 중장기 계획을 세우고 그에 따라 매출을 늘리다 보면 이 계획을 위한 인적 및 물적 투자가 당장 필요치 않음에도 선행될 우려가 있기 때문이다." (이나모리 가즈오, 《직원을 움직이게 하는 7개의 열쇠》) 이나모리는 이를 '한 되 구매'의 원칙이라고 부르고 있다. 눈앞의 시장이 급속한 변화를 보이고 있었던 만큼 그 계획은 매우 유효하게 기능했다. 당시보다 더 변화가 빠르게 이뤄지고 있는 현대에도 그것은 통용되는 개념일 것이다.

훗날 이나모리가 제2전전을 설립했을 때도 장기 목표를 쌓아두는 일을 금지했다. 라이벌인 NTT가 초창기 웅대한 계획을 세우고 있었던 만큼 분석가들로부터 '제2전전은 비전이 없다'며 마치 통찰력이 없어 미래상을 그리지 못하는 것처럼 비판을 받은 적도 있었다. 하지만 10년 뒤 NTT의 경우 예상조차 할 수 없는 환경의 격변에 의해 그 웅대한 계획과는 전혀 다른 방향의 현실이 펼쳐졌다. 이나모리 가즈오는 이렇게 말했다. "생각하고 또 생각하고, 정말 한 발 한 발 진지하게 일하다 보면 내일이 저절로 보인다. 하지만 모레는 보이지 않는다. 볼 필요도 없다. 한 걸음 나아가면 진일보할 수 있다. 그 한 걸음 한 걸음의 연장으로 미래의 일이 성사된다."

이나모리 혼자 사내 업무의 모든 것을 통제하는 것은 불가능하다. 맡겨야 할 일은 전적으로 맡겼다. 예를 들어 창업 때부터 한 번도 스스로 금고 속의 돈을 세는 일을 하지 않았다. 수표에 날인조차 하지 않았다. 하지만 자금 관리를 제대로 하지 못하면 사고가 난다. 그래서 절대로 부정이 일어나지 않도록 힘쓰도록 한 것이 '더블 체크'였다. 평소 도장이 들어 있는 인감 상자는 금고에 보관되어 있다. 회계 책임자는 인감 상자의 열쇠는 가지고 있지만, 금고 열쇠는 가지고 있지 않았다. 회계 책임자가 결제할 때 다른 직원이 금고에서 상자를 내오고, 회계 책임자가 날인하는 것을 확인해 안전을 기하는 것이다. 금고의 개폐도 혼자 할 수 없도록 금고 열쇠 소지자 및 전화번호를 알고 있는 자들을 분리했다.

교세라는 창업 때부터 부정이 행해질 가능성이 있는 부서에 대해서 이러한 더블 체크 체제를 도입했다. 물품 구매에 대해서도 구매 희망자와 구매자와 검수자를 분리했다. 직원을 믿지 않기 때문이 아니다. 부정을 할 수 없는 구조를 만들어주고 직원에게 묘한 감정이 생기지 않도록 하는 것이 부모의 마음이라고 생각했다.

한편 재무에 관해서는 결코 다른 사람에게 맡기지 않았다. 이 분야에는 특별한 지식이 필요하기에, 보통은 전문가를 CFO(최고 재무 책임자)에 임명하고 자신은 CEO로서 경영에만 전념하는 것이 통상적인 관례였다. 교세라도 사이토 아키오라는 우수한 경리부장을 창업 8년째에 채용한 상태였다. 고베 경영대학 졸업자인 그는 전쟁 당시 상장 기업의 회계를 담당했던 회계의 전문가로 입사 당시 이미 50세였다. 그럼에도 이나모리는 사이토에게 질문 공세를 펼쳤다.

"매출이 올라 이익도 나오고 있는데 당신은 현금이 없다고 말합니다. 번 돈은 다 어디로 갔습니까?"

"그것은 한마디로 말할 수 없습니다. 설비가 되거나, 재고가 되거나, 채권이 되기도 합니다. 수중에 현금이 없기 때문에 은행에서 빌려올 필요가 있습니다."

"은행에서 빌려야만 하는 상황이라면, 돈을 벌었다고 할 수 없지 않습니까?"

"아니요, 회계상으로는 돈을 벌고 있습니다."

그는 처음엔 사이토를 난처하게 하는 기본적인 질문을 했지만, 원리원칙을 파고들어 어떤 의미인지를 계속 물은 결과 기업 재무의 핵심에 다가가게 된다. 자금 조달 및 자금 용도를 명확히 하는 '자금운용표'를 만들어 수중의 유동성을 분명히 했다. 예나 지금이나 적자로 도산하는 회사보다 유동성의 부족으로 도산하는 기업이 많다. 이른바 유동성 도산이다. 이나모리는 이 점을 경영자로서 세세하게 파악하는 것이 중요하다는 걸 깨달은 것이다. 최근 급성장하고 주목받고 있는 미국의 IT 기업 아마존 또한 대차대조표 및 손익계산서보다 현금흐름표를 중시해 결산 시 시작 부분에 두는 것으로 알려져 있다. 이나모리의 생각에 간신히 시대가 따라오게 된 것일지도 모른다.

재무에 대해 '아마추어'였던 이나모리는 기존의 일본 관습에도 이의를 제기했다. 어음 사용을 그만두고 모두 현금으로 지불하겠다고 선언한 것이다. 대신 당연히 싸게 살 수 있다. "선금을 넣고 있으니 좀 깎아주십시오"라는 협상은 원료 조달 시에 절대적인 위력을 발휘했다. 현금으로 운영하기 위해선 유동성이 필요하며 그야말로 유동성 도산의 위험이 늘어난다. 하지만 자금 사정을 제대로 파악하고 있었기에 '현금'이라는 무기를 손에 넣을 수 있었다.

처음에는 유치할 정도의 질문 공세에 휘둘려 골머리를 앓고 있던 경리부장 사이토도 '본래 어떻게 해야 하는지와 같은 상식에 얽매이지 말고 자신의 머리로 철저하게 생각한다'는 이나모리의 자세를 깨닫고 교과서적으로 사무를 처리하고 있었던 자신을 부끄러워하게 된다. 게다가 재무를 상세히 알게 됨으로써 이나모리는 영업상의 무기까지 손에 넣었다.

이윽고 이나모리 가즈오의 생각은 '교세라 회계학'이라 불리게 된다. 뛰어난 경영자는 자신의 경영학을 창시하는 것이다. 이나모리 역시 그러했다. 그는 기술적으로는 최첨단을 추구하면서도, 회계 처리 및 재무 측면에선 철저하게 보수적으로 견실하게 꾸려가고자 했다. 우선 회계 처리에 대해서는 현금의 움직임과 전표를 일대일 대응으로 처리하는 것에 집착했다. 결코 주먹구구로 처리해서는 안 된다는 것이다. 또한 비용이 발생하는 부분은 가능한 빨리 처리하도록 노력했다. 구체적으로는 이연이 되는 시험 연구비, 개발비, 신주 발행비 등에 대해서도 가능한 지연 없이 즉시 비용 처리했다. 부실 자산에 대해서도 만에 하나 발생한 경우 신속하게 처리하도록 명령했다.

견실하기 때문에 세무서가 기뻐했는가 하면 실은 그렇지 않았다. 그들은 세금을 앞당겨 받고 싶었기에, 수익도 앞당겨 계산하고 싶어 했다. 따라서 건전 경영을 목표로 하는 이나모리와는 많은 논쟁을 펼쳤다. 자산 평가도 엄격하게 그 실태를 파악하고자 했는데, 그 대표적인 것 중 하나가 '세라믹 돌멩이 이론' 이다. "우리의 세라믹은 높은 기술을 바탕으로 특수 용도에 적합하게 만들어진 것이기 때문에 그 용도에 부응하면 높은 부가가치를 창출하지만, 일단 그 용도를 벗어나게 되면 전혀 사용처가 사라져 돌멩이와 다름없고 폐기하기도 어렵다"고 해서 기본적으로 과잉 상품, 장기 재고품은 자산으로 계산해선 안 된다고 지시했다.

재고 조사도 남에게 맡기는 일 없이 자신이 했다. 담당자와 함께 창고에서 검품을 하고, "이 제품은 몇 년 전부터 전혀 팔리지 않은 것이니 이제 버려라" 하는 등 구체적으로 지시하면서 돌아봤다. 기계는 10년이라는 감가상각 기간이 법률적으로 정해져 있었지만, 이것에 대해서도 의문을 가졌다. "다이아몬드에 버금가는 경도를 가진 세라믹을 깎는 기계는 아무래도 마모가 빠르다. 그러니 10년이 아니라 3년이면 감가되는 것으로 하자." 10년마다 감가시키는 편이 이익은 크게 나온다. 그래도 3년마다 감가시키는 길을 선택했다.

금형도 마찬가지였다. 세법에서는 10만 엔 이상은 고정 자산으로 계산하고, 2년 후에는 감가하도록 되어 있었다. 그러나 세라믹은 경도가 매우 크기 때문에 도자기를 성형하는 금형의 마모가 현저하고 1년 이상 사용할 수 없었다. 그 특성을 세무서에 설명하고 협상한 결과, 교세라의 금형은 금액과 관계없이 취득과 동시에 경비 처리할 수 있도록 인정받게 되었다.

이렇게 하면 재무제표가 현실을 정확하게 반영하게 된다. 일시적으로 이익을 내는 것보다, '자신 회사의 실제 모습'을 정확하게 파악하고 싶은 마음이 더 강했다. 이것은 매우 중요한 일이다. 본래 '자신 회사의 실제 모습'을 모르면 정확한 판단이 불가능한 것이다. '교세라 회계학'에는 위의 것 외에도 다양한 연구가 있는데, 재무 상황을 좋게 만드는 기본은 '매출을 극대화하고 비용을 최소화하는 것'이라고 이나모리는 말한다. 경비 중에서도 고정비로 증가되는 설비 투자와 인력의 증가는 특히 신중했다.

일반적으로 다음 해 사업 계획을 세울 경우 '매출은 전 분기의 몇 %로 증가시키자. 이에 따라 인원은 몇 명을 더 늘려야 하며, 이를 위한 사무실을 빌려야 한다' 등으로 예산을 짠다. 하지만 이나모리는 그 방식을 금지했다. 사람을 늘려도 매출이 성장하지 않을 경우 "열심히 하고는 있습니다만, 지금 불경기라 잘 안되고 있습니다" 하고 변명만을 일삼아서는 안 된다. 지출은 확실하게 늘어만 가는데, 수입 부문에 대해서는 변명만 늘어놓으며 늘어나지 않는 것이 보통 예산 제도의 실체라고 딱 잘라 말한 그는 필요한 돈은 보고서를 올리고 그때마다 결제를 받게 해 추가 비용을 줄일 수 있도록 했다. 후에 이나모리가 JAL의 재건에 착수했을 때 JAL은 바로 그런 예산 제도가 고착화되어 있었다. 그래서 그는 '예산'이라는 말을 사용하지 않도록 했다. 그 생각은 이미 교세라에서부터 시작된 것이었다.

대중이 사용하는 물건을 판매하지 않았던 것도 있지만 광고비로도 지출을 하지 않았다. 1997년경 이런 상호작용이 이뤄졌다고 한다. 부사장이었던 야마모토 마사히로가 중국 상하이에 출장 갔다가 공항으로 향하는 도로를 따라 늘어선 광고탑을 보고, "교세라는 중국에서 지명도

가 아직 낮은데, 우리도 광고탑을 세우면 어떻겠습니까?" 하고 이나모리에게 제안했지만 그는 미동조차 하지 않았다.

"그런 생각은 패권주의다. 나는 전 세계의 공항에서 일본 기업의 큰 광고가 줄 지어 있는 것을 보고 오히려 씁쓸했어."

"회장님, 그런 말을 하고 있으면 제품이 팔리지 않습니다."

"그렇게까지 해서 팔지 않아도 돼."

이렇게 마지막엔 딱 잘라 거절했다. (〈닛케이 비즈니스〉, 1999년 1월 18일)

"결산서는 경영자의 의지와 실행력의 소산이며, 그 경영에 대한 고과표이기도 하다"는 이나모리 가즈오의 명언이다. 교세라 30개의 부서가 있다고 하면 30개의 손익계산서가 있다. 그 모든 부서에서 이나모리는 눈을 떼지 않았다. 그러자 부서별 직원의 일하는 태도와 리더 모습까지도 눈에 들어오기 시작했다. "지난달 회의 때 내가 말한 것을, 그때 그 녀석이 신묘하게 듣고 있었다고 생각했지만, 이렇게까지 해낸 것인가. 꽤 하잖아, 하하하" 하고 말할 정도였다. 그래서 가령 실적보고회의에서 어떤 임원이 "나는 기술자입니다. 공학부에서 물리학밖에 공부하지 않았습니다" 식으로 변명하는 것을 결코 허락하지 않았다.

제왕학이라 칭하고 임원들에게 재무제표의 견해를 설명하는 일조차 있었다고 한다. 내부 유보를 늘리는 동시에 자본금의 충실함도 신경 썼다. 창립 10주년을 맞이할 때까지 무려 10회의 증자를 반복한 것은 대출을 늘리고 싶지 않다는 생각과 미래의 상장에 대한 반응을 느끼고 있었기 때문일 것이다. 사업을 급속히 확대하면서 건전 경영을 동시에 달성하는 것은 매우 어려운 일이다. 하지만 이나모리는 두 마리 토끼를 잡고자 한 것이다.

재능을 100% 회사에 쏟다

일본에서 처음으로 경비 회사를 설립한 세콤의 창업자인 이이다 마코
토는 평소 이나모리 가즈오에 대해 "그 사람은 경영의 천재다"라고 평
가했다고 한다. 이나모리가 자신의 경영적 재능에 자신감을 갖기 시작
하자 주위에서 좋은 평도 들려왔다. 그는 이렇게 말했다. "자신의 재능
을 100% 회사에 투입하지 않으면 기분이 좋지 않습니다. 1억 수천만의
국민 중 몇몇은 경영자로서의 재능이 있는 사람일 텐데, 저는 우연히
그런 사람이었습니다. 그런 제가 회사에 대해 생각하지 않으면 어떻게
하겠습니까. 조금이라도 더 회사를 생각하지 않으면 회사의 생명이 사
라질 것 같은 생각이 듭니다. 회사는 수장이 끊임없이 생명을 불어넣어
주지 않으면 안 됩니다."

하지만 계속 회사를 생각하고 있으면 과열된다. 그래서 명경영자라
불리는 사람들은 종종 마음의 휴식기를 가졌다. 마쓰시타 고노스케도
여가 시간에는 차와 명상에 침잠하고 밤은 여성과 시간을 보냈다. 이나
모리의 의형인 와코루의 창업자 츠카모토 고이치 또한 회사 경영의 스
트레스를 기온(祇園)에서 발산하고는 했다.

연령적으로 이나모리보다는 한 세대 위에 해당하는 츠카모토는 이나
모리의 좋은 이해자였고, 후배인 이나모리에게 깊은 경의를 품고 있었
다. 츠카모토와 이나모리가 다른 경영자들과 함께 술을 마시고 있던
때, 취한 이나모리가 자신의 철학에 대해 '매우 진지하게' 이야기했다.
그러자 어느 젊은 경영자가 가벼운 마음으로 "아니 이나모리 씨, 난 그
렇게 생각하지 않아요. 내 인생관은 이나모리 씨가 말하는 것과는 다릅

니다" 하고 옆에서 입을 열었다. 그 순간 그때까지 생글생글 웃으면서 술을 마시고 있었던 츠카모토의 표정이 살짝 바뀌더니 심한 질책이 울려퍼졌다. "너 따위가 그런 말을 할 수준인가!" 가뜩이나 큰 목소리가 더 크게 울리자, 청년의 몸은 벼락을 맞은 것처럼 경직되었다. "나조차도 이나모리한테는 고개를 함부로 들지 않고, 경영철학에 관해서는 어떤 말도 할 자격이 없다고 생각하고 있는데, '그렇게 생각하지 않는다'라고? 그런 건방진 말이 어딨나?"

츠카모토가 얼마나 그를 높게 평가하고 있었는지가 전해지는 일화다. 여기에서 그와 깊은 우의를 가진 츠카모토에 대해 언급하고자 한다. 츠카모토는 태평양 전쟁에서 가장 비참한 작전이라 불리는 임팔 작전의 생존자다. 그의 소대 55명 중 생환한 것은 단 3명에 불과했다. "죽은 전우의 몫까지 살아야 한다고 생각해 전후 일본을 자신이 만들어가자고 생각한 츠카모토 씨의 소망은 순수함이 있다"라고 이나모리는 말했다.

츠카모토는 전쟁 전에는 없었던 브래지어와 코르셋 등의 체형 교정을 위한 여성 속옷을 세상에 전파했다. 남성이 다루기엔 조금 부끄럽고 각오 없이 취급할 수 없는 상품이다. 그것을 보수적인 지역인 교토에서 창업했다는 것만 봐도 그 배짱이 어느 정도인지 알 수 있을 것이다. '여자의 훈도시● 가게'라고 험담을 듣곤 했지만, 조금도 신경 쓰지 않고 "에로 상사(商事)의 에로 사장입니다" 하고 우스갯소리를 하곤 했다. 그

● 일본 성인 남성이 입는 전통 속옷.

것은 전쟁 전의 '사치는 적이다'라는 풍조를 생각하고, 전후의 일본은 아름답고 싶은 여자의 마음을 이룰 수 있는 국가가 되어야 한다는 확고한 신념이 있었기 때문이다.

전쟁에서 사선을 넘어 창업하고 나서도 몇 번이고 경영 위기를 극복하면서 와코루는 일본을 대표하는 글로벌 기업으로 성장해갔다. 옴론, 닌텐도, 호리바제작소, 무라타제작소, 롬 등 독특한 우량 기업이 많은 것으로 알려진 교토에서 와코루는 곧 이러한 전후 벤처기업의 기수가 되고, 츠카모토는 교토상공회의소 회장으로 '문화 수도 교토'를 내걸고 간사이 경제권의 활성화에 힘을 다했다. 그는 배우 같은 미남이었기 때문에 기온의 게이샤들 사이에서도 인기를 자랑했다.

교토 제일의 날라리인 츠카모토와 교토 제일의 강직한 사람이라고 해도 좋을 이나모리. 둘은 겉보기엔 안 어울릴 것 같지만 묘하게도 죽이 잘 맞았다. 어느 날 츠카모토가 "이나모리, 오늘밤 한가해?" 하고 말을 걸어와 그 역시 화류계에 데뷔를 한 적이 있었는데, 이나모리는 아무리 기온에 가도 츠카모토처럼 놀 수 없었다. 역시나 놀 줄을 몰랐던 것이다.

이나모리는 재계 활동에도 소극적이었다. 그런데 츠카모토는 이나모리의 재계 데뷔 축하 대접도 직접했다. 츠카모토의 인맥은 교토뿐만 아니라 폭넓어서 일류 정재계 사람을 소개받고 교류를 가질 수 있었다. 실제로 이나모리의 인맥은 대부분이 츠카모토의 인맥이라고 해도 좋을 정도다. 소니의 모리타 아키오, 우시오전기의 우시오 지로, 세콤의 이이다 마코토, 산토리의 사지 케이조, 무라타기계의 무라타 준이치, 야쿠르트의 마츠조노 히사미 등이 그들이다. 그들과 함께 사교 클럽을 구상한 츠카모토가 "이나모리도 돈을 보태주지 않을래?" 하고 부탁해 기온의 하나미코지에 '일레븐'이라는 가게를 열기도 했다. 하지만 처음부터 돈을 벌려는 목적이 아니었기 때문에 유지비만 소요되고 적자가 지속되었다. 훗날 폐점하자는 이야기가 나왔을 때 이미 츠카모토는 세상에 없었기에, 청산금의 대부분을 이나모리가 부담하게 된다. 그러나 이때의 인연으로 제2전전 설립 당시 이나모리를 지지해주는 사람과 만나게 되었으니, 그들을 소개해준 츠카모토에 감사할 수밖에 없었다.

1968년 기쁜 소식이 들어온다. 교세라가 제1회 중소기업 연구센터상을 수상한 것이다. 통산성의 휘하 단체인 재단법인 중소기업 연구센터가 전국의 중소기업을 대상으로 한 표창 제도로, 영광스럽게도 제1회에 교세라가 선정된 것이다. 공적인 표창을 받은 것은 이번이 처음이었다. 몇 년 후 수상 회사 모임에서 상금 용도가 화제가 됐다. "연구 개발비의 일부로 사용했습니다"라는 우등생적인 발언이 많은 가운데, 이나모리는 "직원들의 노고에 보답하기 위해 고마운 마음으로 그들과 한잔하고 말았습니다"라고 대답해 모두의 웃음을 불렀다. 하지만 본인은 매우 성실하다. 그는 이것이 살아 있는 돈의 용도라고 확신했다.

기술 개발로부터 기업의 특색이 나온다. 창업기의 소니와 하야카와전기(1970년 샤프로 사명 변경)는 종종 혁명적인 제품을 만들곤 했지만, 시대를 너무 앞서가서 마쓰시타전기에 밀리는 경우가 많았다. 그렇다면 교세라는 어떠했는가. 그들은 고객의 주문에 따라 시제품을 만들고 현장의 목소리를 들으면서 그것을 개량하는 것으로 마무리했다. 그래서 연구 개발비를 절약할 수 있었다. 교세라의 연구 개발비는 1975년대가 되어도 매출 대비 1% 정도에 불과했고, 이는 첨단 기술 기업으로서는 극히 적었다. 한편 수익 기회는 절대 놓치지 않았다. 개발한 제품이 고객의 요구에 충족되지 않더라도, "다른 용도라면 팔리지 않을까? 어쨌든 판매해보자"라는 소리를 자연스럽게 했다. 무모하게 노력을 계속해온 그들에게 신은 미소를 띄웠다.

1968년 봄 페어차일드에서 LSI(Large-Scale Integration, 대규모 집적 회로)용 고밀도 패키지의 시험작 의뢰를 받았다. 그것은 이전 텍사스인스트루먼트의 기술자로 인해 시작한 것과는 비교가 되지 않을 만큼 복잡한 구조를 가진 적층(multi-layer) IC패키지였다. "가로세로 25mm, 두께 0.6mm의 전자 회로가 인쇄된 세라믹 판 두 장을 서로 겹쳤는데, 그 두 개의 전자 회로 기판 사이가 0.25mm의 구멍 92개를 통해 전기적으로 연결되어 있으며, 심지어 36개의 핀이 주위에 있다는 것이다. 그것은 당시의 교세라의 기술 수준을 훨씬 넘었다."《경천애인》

그것을 3개월 안에 개발했으면 좋겠다고 했다. 이나모리는 이를 평소처럼 받아들였다. 직경 0.3mm 정도의 구멍을 세라믹 판에 뚫는 기술도 확립되지 않았지만 경이로운 노력을 계속해서 문제를 해결해나갔다. 작은 92개의 구멍을 통해 전기적 연결을 확보하는 것은 매우 어려운 일이었다. 세라믹 판을 소성하는 공정에서 금속 전기 회로가 불타버리기도 했다. 귀찮은 일은 이 두 개의 세라믹 판을 밀착시키는 것이었다. 어떻게 해도 약간의 변형이 나와버렸다.

"긴박감을 동반한 상황 속에서 진지한 태도로 일을 처리할 때에만 신은 창조의 문을 열어준다. 여가와 안락 속에서 태어나는 것은 단순한 착상밖에 없는 것이다."《경천애인》 이러한 이나모리 가즈오의 명언처럼 이때도 역시 신은 창조의 문을 열어줬다. 악전고투 끝에 겨우 시험작에 성공했다. 그리고 이 부품 개발을 통해 얻은 적층 기술이 주력 상품 IC패키지의 품질을 좌우하게 되었다.

세계로 진출하다
—

1968년 2월 최초의 해외 주재원을 LA에 파견해 사무소를 개설할 준비를 시켰다. 그리고 그해 8월 LA 마루베니이이다의 안에 미국 주재원 사무소를 오픈해, 그곳을 거점으로 노도와도 같은 해외 진출을 시작했다.

이듬해 7월 2일 현지 법인 교세라인터내셔널(KII)을 캘리포니아의 북쪽에 있는 서니베일에 설립했고, 같은 날 준공된 센다이 공장에서 만드는 IC패키지를 전 세계에 판매하는 체제가 만들어졌다. 그리고 오사카 만국박람회가 열린 1970년, 페어차일드에서 샌디에이고 공장 매각을 제의한 것이 본격적인 미국 진출로 이어진다. 샌디에이고 공장은 페어차일드가 약 100만 달러의 자금을 투입한 최첨단 시설을 가진 현대 공장이었다. 그런데 반도체 불황을 계기로 합리화를 단행해 IC패키지를 교세라에서 안정적으로 공급받는 대가로 이 공장을 매각하고 싶다고 제의한 것이다.

처음에 이나모리는 인수가 내키지 않았다. 이 공장은 월 10~20만 달러라는 거액의 적자를 내고 있었기 때문이다. 그렇게 꺼리고 있는 가운데 매매를 자꾸 제의해왔다. 생각해보면, 마침 무역 마찰이 격화되고 있었던 상황에서 향후 미국 전자 부품의 수입 제한이 걸릴 가능성도 있었다. 따라서 위험 회피 목적으로 현지 조달 거점을 두는 것도 나쁘지 않았다.

해외 출장을 떠나는 이나모리 가즈오.

KII 샌디에이고 공장.

자신의 방식대로 하면 흑자로 전환시킬 수 있겠다는 자신감으로 인수를 단행했다. 그리고 1971년 3월 KII 샌디에이고 공장으로 재출발시키게 된다. 마침 그해 맥도날드의 일본 제1호점이 긴자 미츠코시에 오픈했다. 전후 26년이 지나 때마침 양국의 울타리가 낮아지고 있었지만 불행히도 이나모리는 이때 미국과 일본의 경영 스타일의 차이를 통감하게 된다.

이나모리가 미국으로 건너가 작업 상황을 시찰했을 때의 일이다. 그는 평소처럼 "현장을 보며 눈에 걸리는 것에 대한 주의를 주었다. 이나모리는 국내에서도 자주 현장을 둘러봤지만, 공장 바닥에 물건이 떨어져 있으면 바로 치우도록 명령하곤 했다. 원료의 경우는 아깝고, 쓰레기일 경우 원료와 혼입될 가능성이 있다. 게다가 직장은 진검 승부의 장소이며 신성한 장소다. 그런 곳이 더러워지는 것은 용서할 수 없었다.

"조잡한 사람은 겉만 번지르르한 것밖에 만들 수 없다"라는 것이 이나모리 가즈오의 신념이다. 서류를 정연하게 두지 않는 것만으로 불호령을 떨어뜨렸다. 평소와 같은 행동이었지만, 그것이 공장장의 귀에 들어가자 오히려 주의를 듣게 되었다. "현장에서 직접 작업을 지시하는 것은 모회사의 사장이 할 일이 아닙니다. 사장은 우리 공장장 이하 간부를 지휘해주시면 좋겠습니다. 미국에서 당신처럼 일을 하고 있으면 현장의 사람들에게 얕보일 수 있고, 이 공장에서 일하는 것에 자부심까지 잃어버릴 수 있습니다."

유색 인종에 패전국이기도 한 일본은 가뜩이나 미국이 얕볼 수 있는 상대였다. 오너인 이나모리 가즈오가 얕보이게 되면 공장장까지 일하기 어려워진다. 그는 그렇게 생각하고 충고한 것이다. 그러나 이나모리는 납득할 수 없었다. 가치관과 습관의 차이는 있을 수 있지만, 지켜야 할 것은 지켜야 한다. 하지만 결과는 공장장이 경고한 대로 되어갔다. 오키나와에서 해병으로 복무했던 직원이 "왜 일본인의 책망을 들어야 하는가!" 하고 반항하기 시작했다. 곧 그만두게 했지만 공장장으로선 자신이 미리 경고하지 않았느냐 하는 상황이었다. 그래도 이나모리는 바꿀 생각이 없었다. '원리원칙대로 한다'는 교세라의 흐름은 세계에서 통용되는 것이라는 확신이 그에게 있었기 때문이다.

대신 안간힘을 쓴 것이 교세라의 주재원들이었다. 샌디에이고 공장 재건을 위해 파견한 하세가와 게이스케(후 전무) 등 5명의 직원들이 밤낮없이 열심히 일해줬다. 이나모리는 그들의 수고를 치하하기 위해 일요일이면 항구에서 배를 빌려 낚시를 하러 가기도 했다. 샌디에이고의 바다는 풍족했다. 꽁치가 계속해서 잡혀 환호성을 질렀다.

하지만 공장은 좀처럼 흑자가 되지 않았다. 의사소통도 생각대로 되지 않던 중 스트레스가 극한에 도달했다. 밤의 회식 자리에 가면, 하세가와 일행은 억울해 뚝뚝 눈물을 흘렸다. '이렇게 고생만 한다면, 차라리 데리고 돌아갈까.' 공장 폐쇄도 생각했지만 하세가와가 어떻게든 계속하게 해 달라고 간청했기에 지켜보는 수밖에 없었다.

귀국할 때 공항에 배웅 나온 하세가와 일행을 앞에 두고, "실패를 두려워하지 마라. KII에 투자한 500만 달러는 그대들의 교육을 위해 사용했다고 생각하면 된다. 교세라 정신으로 최선을 다하고 바른 행동을 계속한다면, 미국인도 결국은 너희들을 따라줄 것이다"라고 격려하고 그들 한 명 한 명과 힘차게 악수했다. "그 말을 우리는 죽을 때까지 잊을 수 없을 것이다." 하세가와는 이렇게 말하고 있다. (카토 카츠미, 《교세라 슈

퍼 성장의 비밀》)

소름이 돋을 것 같은 감동이 마음 속 깊이 새겨져 그들을 계속 지탱했다. 그리고 하세가와 일행의 집념이 결실을 맺을 날이 왔다. 인수 3년째 되던 1973년, 드디어 흑자 전환에 성공한 것이다. 그때부터 경영이 본 궤도에 올랐다. 미국에서 일상적으로 행해지고 있던 해고를 결코 하지 않았던 것에서부터 '직원 제일의 경영'을 그들이 이해하게 되면서 깊은 신뢰가 만들어졌다. 그것에는 몇 년이라는 시간이 절대적으로 필요했던 것이다.

이나모리즘이 단순한 정신론이 아니라 사실은 합리적인 뒷받침이 있다는 것을 이해하기 시작한 그들이 마침내 교세라류의 조례 등에도 거부감 없이 참여하게 되었다. 지금까지의 일이 거짓말 같았다. 그들의 얼굴에서 KII에서 일한다는 것에 대한 자부심을 보게 되었을 무렵에는 'KYOCERA'의 이름이 미국 전역에 알려지게 되었다.

미국에서 그는 놀라운 일을 경험한다. 교세라 설립 시 사내에서의 사적인 전화를 금지한 바와 같이, 이나모리는 쓸데없는 전화 사용을 싫어했다. 그런데 어느 날 샌디에이고 공장에서 장시간 전화를 하고 있는 직원을 발견했다. 모습을 보니 분명히 사적인 전화였다. 이나모리는 일본에서와 마찬가지로 그 직원을 꾸짖었다고 한다. "어디에 전화하고 있었나?" 물었더니 "뉴저지"라는 대답에 더 깜짝 놀랐다. 그가 아메리카의 서쪽 끝에서 동쪽 끝으로 전화하고 있었던 것이다. 그 거리는 약 4,500km. 도쿄와 오사카 사이의 거리가 약 400km이니까, 약 11배의 거리였다. 당시만 해도 일본의 전화 요금은 1976년 11월 도쿄와 오사카 간 4초당 10엔이라는 사상 최고치를 기록하고 있었다(〈NTT 회사 연혁〉).

만일 이 요금표에 따라 10분 정도를 통화했다고 가정하고 계산해보면 도쿄와 오사카 간 1,500엔, 샌디에이고와 뉴저지 간에 1만 6,000엔 정도의 비용을 쓴 셈이었으니 이나모리가 깜짝 놀란 것도 납득이 갈 만하다. 그런데 그가 대뜸 전화 요금은 얼마 되지 않는다고 대꾸한 것이다. 실제로 들어 보니 일본 전화 요금의 9분의 1에 지나지 않았다. 업무 시간에 사적인 전화는 좋은 것이 아니라고 꾸짖기는 했지만 내심 이나모리는 미국의 저렴한 전화 요금에 놀랐다고 한다. 그리고 이 경험은 길게 꼬리를 물었다.

고향에 대한 보답

IC패키지의 생산 거점으로서 새로운 공장 부지를 물색하기 시작했던 이나모리 가즈오가 선택한 장소는 교토에서 멀리 떨어진 가고시마현 센다이시(현재 사쓰마 센다이시)였다. 이나모리 집안의 뿌리인 오야마다에서 좀 더 북서쪽에 있는 지역이다. 제품의 대부분이 해외에 수출되기 때문에 그러한 의미에서는 공장이 소비지 근처에 있을 필요는 없었다. 오히려 땅값이 싼 것이 더 유리했다. 다만 일본에 공장 유치를 하는 와중에 가고시마를 선택한 것은 물론 고향에 보답하는 마음이 있었기 때문이다.

어머니는 매우 기뻐했다. 훗날 잡지와의 인터뷰에서 그녀는 이렇게 말했다. "'어머니, 여기에 공장을 만들려고 생각합니다'라고 아들이 털어놓았을 때는 꿈만 같았습니다." 한편 아버지는 변함없이 "그런 큰일

을 해도 괜찮을까?" 하고 걱정을 했다고 한다. 《응석받이》

공장 건설에 앞서 여러 번 가고시마에 다녀갔지만, 이나모리는 어머니의 요리가 먹고 싶어서 항상 친가에 묵었다. 동행한 간부 사원도 함께였다. 도코노마°와 불단이 있는 다다미 8장 넓이의 방에 베개를 나란히 하고 잤다. 결핵에 걸렸을 때 사용했던 방이다. 직원들은 대략 4~5명이었는데, 많을 때는 10명이 묵기도 했다. 그래도 그의 어머니는 싫은 내색 하나 하지 않고 식사를 준비해줬다.

조업 개시는 1969년 7월 2일. 공교롭게도 그날은 홍수로, 센다이 강이 범람해 다리는 통행이 금지되어 있었다. 하지만 준공식의 주역이 결석할 수는 없었다. 이미 철교 위까지 물이 넘쳐오고 있었지만 위험을 무릅쓰고 교각을 잡고 넘어갔다. 그런데 놀랍게도, 뒤에서 젊은 여성이 따라오는 것이 아닌가. "위험하니 돌아가십시오!" 자신은 이미 건너고 있으면서도 제지했지만, 어떻게 해서라도 가야 하는 일이 있다며 듣지 않았다. "도대체 어디로 가려는 겁니까?"라고 묻자 "교세라입니다"라는 근사한 대답이 돌아왔다. "이런 직원이 있는 한 훌륭한 공장이 될 것이라고 확신했다."《이나모리 가즈오의 악동 자서전》 감격한 이나모리는 그녀의 손을 잡아줬고 함께 다리를 무사히 건넜다고 한다.

하지만 불행히도, 센다이 공장이 흑자 전환될 때까지의 길은 결코 평탄한 것이 아니었다. 사막에 물을 뿌리는 것과 같은 추가 투자가 센다이 공장에도 필요했던 것이다. 불량품이 나오는 등 적자가 이어졌다.

● 일본식 방의 상좌(上座)에 바닥을 한층 높게 만든 곳.

"지난달은 2,000만 엔 손해를 보았고, 이번 달은 3,000만 엔 손해를 보았다." 손해 본 금액을 입에 담으며 현장에 계속 나갔다. 이나모리가 단지 현장에 압력을 계속 주었을 뿐이었는가 하면 그렇지는 않았다.

센다이 공장 설립에 참여한 코야마 야마토로는 이런 추억을 말하고 있다. 코야마는 표시 플레이트의 제품 개발팀 리더를 맡고 있었지만, 시제품이 여의치 않아 밤에도 푹 잘 수 없었다. 그러던 어느 날 이나모리가 교토에서 날아왔다. 그리고 대충 이야기를 듣더니 갑자기 "수영하러 가자!"고 제안했다. "납기가 다가오고 있어서 그럴 상황이 아닙니다" 하고 코야마는 꺼렸지만, "아무래도 좋으니까 가자!"며 무리하게 끌고 갔다. 그러고는 현장 리더급인 직원과 함께 근처 바닷가 해변에서 조개를 잡아 모닥불에 굽고 캔 맥주를 마시면서 시간을 보냈다. "아무리 일로 머리가 가득해도 마음의 여유를 잃어선 안 돼" 하고 이나모리는 기분 전환의 중요성을 해변에서 뒤풀이하며 말했다고 한다. 《이나모리류 회식》

흑자로 돌아선 것은 1970년 12월의 일이었다. 고작 17개월이 아니냐고 생각할지 몰라도 매월 흑자가 당연시되는 교세라에 있어서 그것은 매우 긴 시간이었다. 그때부터는 시간 문제였다. 1971년 센다이 공장은 한 달에 100만 개를 생산하는 세계 최고의 세라믹 IC패키지 공장이 된다. 뚜껑을 열어 보면, 센다이 공장이 없었다면 실리콘밸리의 발전은 훨씬 늦어졌을 거라고 불릴 정도의 큰 성공이었다. 이 공장에서 확립된 양산 기술(대규모 집적 회로용 세라믹 다층 패키지 개발)에 의해 1972년 교세라는 일본의 제조업 최고의 영예인 오코치 기념 생산특상을 수상한다.

이 무렵 은사인 우치노 마사오 교수가 깊은 병세로 투병을 하고 있었다. 이제 80세가 된 그는 전립선암으로 도쿄의 미츠이 기념 병원에 입원해 있었다. 아픈 와중에도 그는 종종 병상에서 가족들에게 이나모리의 이야기를 했다고 한다. 성공한 제자가 기특해서 어쩔 줄 몰랐던 것이다. 그리고 오코치상 수상 이듬해 미국 출장 중에 이나모리는 우치노가 위독하다는 소식을 듣고 하네다 공항에서 병원으로 직행을 한다.

병실에 들어가니 침대 위에는 완전히 여위어 다른 사람처럼 변한 그가 있었다. 그래도 오래만에 이나모리의 모습을 볼 수 있어서 기뻤던 것일까. 큰 눈을 부릅뜨고 병자임을 무색케 하는 견고한 목소리로 "이나모리 군, 참 잘했네. 참 잘했어" 하고 반복했다고 한다. (《한 소년의 꿈: 교세라의 기적》). 오코치상의 이름의 유래가 된 오코치 마사토시가 얼마나 뛰어난 과학자였는지를 우치노는 잘 알고 있었다. 이나모리가 그런 훌륭한 상을 수상한 것이 자랑스럽고 통쾌했을 것이다. 1973년 8월 11일 우치노는 81세의 나이로 세상을 떠나지만, 가고시마에서 이나모리 가즈오라는 제자와 만난 것을 평생 자랑스럽게 여겼다고 한다.

센다이 공장이 조업을 개시한 3년 후에는 고쿠부 공장이 건설되었다. 여기도 또 가고시마현이지만, 이번에는 가고시마 만의 최심부에 위치한 도시다. 고쿠부에 공장을 건설하게 된 것은 당시의 가고시마현 지사 가네마루 사부로가 열심히 권유했기 때문이다. 전 자치성 차관으로 나중에 총무청 장관이 되는 거물이다. 고쿠부시에 4블록의 공업 단지를 건설하고 기업 유치에 힘쓰고 있었다. '꽃은 기리시마, 담배는 고쿠부'라고 불릴 정도로 고쿠부는 소박한 농촌으로, 인구 감소에 시달리고 있었다. 공단 건설은 지역 활성화를 향한 도전이었다.

가고시마 공항이 근처에 개항하게 된 것은 희소식이었다. 통산성이 테크노폴리스 구상을 추진했던 것도 있어서 정부도 다양한 혜택을 주었다. 이나모리는 가네마루가 보낸 뜨거운 러브콜에 부응해 한 블록을 구입하기로 결정한다. 그런데 지사에 가서는 "한 개든 네 개든 같습니다"라고 강력하게 밀어붙인다. '한 되 구매'의 원칙을 취지로 하는 이나모리로서는 드문 일이었다. 이것도 또한 고향 가고시마를 위한 일임에 틀림없었다. 그런데 후에 그 땅값이 많이 오르게 되어 "교세라 주지사와 결탁해 공단을 사재기했다"와 같은 엉뚱한 소문이 난 것에 대해서는 함구했다.

애당초 교세라에서 투기는 금기다. 자금 상황이 윤택해져 운용할 필요가 생겨도 원금 보장을 할 수 있도록 운용해야 한다고 엄명해 주식투자도 금지했다. 고도 성장기에는 은행에서 볼링장, 골프장 등에 투자하라는 권유를 했지만 귀를 기울이지 않았다. 그만큼 토지 투기 소문은 불편했음이 틀림없다.

교세라의 진출로 고쿠부시에는 극적인 변화가 찾아왔다. 가장 침체기의 법인세 수는 1,000만 엔도 되지 않았지만, 교세라가 공장을 진출시키고 나서부터는 1980년 7억 4,000만 엔이 되었고, 1985년에는 14억 엔을 넘어섰다. 그러고는 기록을 계속 갱신했다. 지방세 증가율 일본 제일, 공업 생산 출하액 일본 제일, 인구 증가율 일본 제일, 여러 가지 점에서 일본 제일이 되었다. 한때는 시민 소득이 가고시마시를 제치고 현 1위에 올랐을 정도다. 고쿠부 시민들이 기뻐한 것은 말할 것도 없었다.

이러한 공장 설립의 이면에는 형 토시노리의 입김이 있었다. 토시노리는 센다이 공장이 조업을 개시한 해에 교세라에 입사했다. 자위대 교육 훈련으로 얻은 규율 중시 성향을 직장의 구석구석까지 철저하게 적용했으며, 그러면서도 정을 잃지 않는 지도에 부하들의 두터운 신뢰가 모였다. 하지만 이나모리는 그를 합류시킨 것을 내심 후회하기 시작했다. 공사의 구별을 붙여 경영에 사적인 감정을 넣지 않는 것은 절대 철학이었다. 형이라고 해서 특별 취급할 수 없었다. 이나모리는 고통스러울 정도의 금욕을 보였다. 그것이 얼마나 힘든 일이었을까.

그토록 흠모하던 형이다. 어릴 때는 강에서 물고기를 잡는 웅장한 모습을 동경했고, 고향에 남아 가족을 지지해준 믿음직한 형. 이나모리도 뭔가 있을 때마다 조언을 구했었다. 쇼후공업을 즉시 그만두려고 했을 때, 자위대에 원서를 내는 것을 허락하지 않았기에 지금의 자신이 있었다. 그런 형의 실적이 늘지 않는 경우 등이 있으면 모두의 앞에서 질책해야 하는 상황도 있었다. 철학을 지킨다는 것은 대단한 '고통'이 따르는 것이었을 것이다.

이나모리는 친구 카와가미의 교세라 이직을 타진하고 있었지만, 그는 고개를 끄덕이지 않았다. 쿠보타에서 순조롭게 출세하고 있었고, 교세라에 들어가면 지금 그대로의 우정 관계를 지속할 수 없을지 모른다고 생각했기 때문이다. 카와가미의 판단은 옳았던 것이다.

토시노리는 그 후에도 공장 신설을 담당한다. 1979년에는 전무이사로 취임했으며, 그다음 해에는 모든 공장을 총괄하는 책임자가 되고 노동 문제 등에 있어서도 수완을 발휘했다. 1989년에는 감사가 되었고 6년간 재직 후 퇴임했다. 2003년 뇌종양으로 급사하지만, 고별식에서 '진정한 용기란 무엇인지에 대해 배우게 해주신 분'이라는 이토 켄스케 회장의 조의에는 직원 일동의 존경과 감사가 담겨 있었다.

주식 상장을 통해 목표로 한 무차입 경영
—

마쓰시타 고노스케도 '성공하는 비결은 성공할 때까지 일을 계속하는 것이다' 라는 말을 남기고 있지만, 이나모리 가즈오의 집념은 마쓰시타의 그것보다 더 강했다. 보통 회사라면 개발 테마를 설정해도 그중 한두 가지가 성공하면 된다는 생각으로 시작하지만, 이나모리의 경우 다루는 것을 모두 성공시키지 않으면 기분이 풀리지 않았다. 그것은 창한 자루를 가지고 먹이의 흔적을 찾아 며칠 동안 계속 쫓다가 마지막에 몰아넣고 잡는 '사냥꾼' 을 연상시킨다.

사냥과 비슷하다는 의미에서 사냥형 경영일지도 모르지만, 실은 오히려 일본인의 자랑인 꾸준히 장시간에 걸쳐 키워가는 농경형 경영의 요소를 강하게 가지고 있다는 것 또한 흥미롭다. 실제로 쿠레산베루(재결정 보석)의 개발에 7년, 바이오세럼(인공 뼈, 인공 치근)의 개발에는 6년이 걸렸다. 연구 기간이 길어 수익 창출까지 시간이 지연되면 문제가 되는 것이 자금 조달이다. 교세라 설립 시 니시에다의 집과 대지를 담보로 은행 자금을 차입한 것에 대해서는 앞서 언급했지만, 이후에도 한동안은 자금 조달에 어려움을 겪었다.

중소기업 금융 공고의 교토 지점장과 직접 담판하고 교세라의 이익률이 높음을 호소해 설득했을 때도 결국 기계 설비를 담보로 설정해 간신히 대출이 되었다. 대출 승인은 되었지만 어느 정도 예금을 구속해야 했기에 실제로 사용할 수 있는 자금은 줄어들었다. 이 '구속성 예금' 만큼 화나는 것은 없었다.

이나모리의 은행에 대한 불신은 그 후에도 불식되지 않았다. 스미토모은행에서 거래 제의가 들어왔을 때 "귀 은행의 행장을 만나게 해 달라"고 제의했다. 휑한 응접실에서 기다리고 있는 사이 행장이 나타났다. 아는 사람만이 아는 재계의 실력자였다. "이나모리 씨라고 하는 사람이 당신입니까? 오늘 저를 면접 보기로 약속한." 입을 열자마자 비꼬기 시작했다. 그리고 화제가 이나모리가 소중히 여기고 있는 철학에 이르렀을 때 그는 이런 말을 입에 담았다. "아직 젊은데, 마쓰시타처럼 노숙한 이념이나 생각을 입에 담는 것은 좀 그렇군요." 이나모리는 낙담의 색을 감추지 못했다. '철학이야말로 교세라 경영의 축이다. 그것을 부정하고 존경해 마지않는 마쓰시타 씨를 조롱하다니.'

사실 스미토모은행은 마쓰시타전기의 주거래 은행으로, 본점에는 '마쓰시타 룸'이 있다는 전설이 있을 정도로 마쓰시타 고노스케를 중요하게 여기고 있었다. 행장의 말은 결코 마쓰시타를 조롱하는 것이었을 리는 없다. 그러나 젊고 섬세한 이나모리 입장에선 신경이 거슬렸다. 그의 마음은 정해졌다. 천하의 스미토모은행이라 해도 상관없다. 결과적으로 스미토모은행의 라이벌 계열인 산와은행(현재의 미쓰비시UFJ은행)이 교세라의 주거래 은행이 되었다. 하지만 은행에 의지해야 하는 시기는 그리 오래가지 않았다.

1970년부터 교세라는 고수익 기업으로 세간의 주목을 받기 시작한다. 매출은 전년 대비 50% 전후의 성장을 계속했고 경상 이익률도 약 40%. 이렇게 되면 반대로 은행이 거래를 부탁하러 찾아온다. 교세라는 은행원을 응접실로 통과시킨 일이 적었고, 대부분 로비 의자에서 면담하는 일이 많았다고 한다. 빚을 싫어하는 이나모리는 은행에 의존하지 않는 경영을 유지했다. 그러던 중 직접 시장에서 자금을 조달하는 방법을 생각하기 시작한다. 상장 및 사채 발행 등 자본 금융이다.

사실 시장에서의 조달은 장점도 있지만 단점도 크다. 상장하면 사회적 신용은 증가하지만 정보 공개 등의 사무 부담이 크다. 사채 발행 비용은 은행 대출보다 경영 내용에 따라 조달 비용이 크게 흔들릴 수 있었다. 특히 실적이 악화했을 때 의지할 수 있는 것은 시장이 아니라 은행이다. 정보 수집 능력이 있는 은행과 좋은 관계를 유지하면 여러 가지 장점이 있는데, 이나모리는 반대로 은행에 입김이 닿지 않는 자유를 선택했다. 완고히 자신의 신념을 굽히지 않고 손익보다 가치관을 중시하는 이나모리의 특징이 여기에서도 발휘된 것이다.

마침 기업의 상장이 붐을 이루고 있어서 몇 개의 증권 회사에서 권유가 오고 있었다. 그중에서도 다이와증권과 합의를 해 그들을 주간사로 상장하는 것을 결의했다. 이나모리는 한 번 신뢰하면 그 인연을 놓지 않는다. 다이와증권은 두고두고 교세라 관련 주식 업무에 계속 지명된다. 이렇게 상장 준비를 하는 가운데 다이와증권 말고도 또 깊은 인연을 맺은 다른 인물이 있었다. 교토은행 지점장에게 소개받은 회계사 미야무라 히사하루다. 훗날 중앙 감사 법인 명예 소장이 된다.

그에게 상장 전 감사를 부탁하게 되는데, 그가 만나자마자 단도직입적으로 이렇게 말했다. "'이 정도는 괜찮잖아' 하고 적당히 넘기는 사람이 있습니다만, 저는 그런 분들과는 일절 거래하지 않으므로…." 그 말이 너무나 반가워 이나모리 역시 원하는 바라고 가슴을 펴고 대답했다. "엄격하게 평가받는 것은 오히려 원하는 바입니다. 아무쪼록 잘 부탁드립니다."

그리고 마침내 상장하는 때 미야무라가 가장 먼저 감사를 시작한 곳은 본사의 눈이 닿기 어려운 미국 서니베일의 사무실이었다. 그곳의 회계사는 기술자 출신이었다. 반드시 문제가 있을 것이라고 내다본 것이다. 그런데 막상 살펴보니 모두가 정연하게 처리되어 있다. 현금 및 장부를 대조했지만 한 푼의 오차도 없었다. "정말 대단해!" 미야무라는 무심코 신음했다. 이후 그는 "교세라의 회계는 혀를 내두를 정도로 훌륭하다"고 공언하며 이나모리에게 심취해간다.

1971년 10월 1일 교세라는 무사히 오사카증권거래소 제2부 교토증권거래소에 상장해 자본금은 5억 6,000만 엔이 된다. 창업한 지 13년, 이나모리 가즈오가 사장이 되고 5년이 되는 해의 일이었다. 이나모리는 기업과 경영자의 관계에 대해 이렇게 말했다. "경영자는 개인인 동시에 법인의 대표, 즉 기업의 대변자여야 한다. 귀를 기울이며 기업이 말하는 소리를 들어야 한다."《경천애인》

그리고 회사의 목소리에 귀를 기울인 결과 상장을 하며 회사의 이익을 최우선시했다. 자신의 소유 주식을 상장할 때 팔아 창업자 이윤을 얻으려 하지 않고 모든 주식을 신주로 발행한 것이다. 회사의 자금 조달을 확대하는 것을 우선한 셈이다. 창업 때부터 자신을 지탱해주고 있던 지원자들도 대주주였지만, 미래의 주가를 올리는 것으로 보답할 수 있다고 믿었다. 실제로 모두들 이나모리의 뜻에 동참해줬다. 좋은 실적뿐 아니라 경영진의 그러한 자세를 시장에 호재로 작용해 공모 가격 400엔의 주식이 590엔에 거래가 시작되었다.

이나모리는 상장 이듬해 연초 경영 방침 회의장에서 "교세라 제2의 성장기를 만들자!"라고 강력하게 호소했다. 실제로 주식 상장은 교세라 약진의 큰 진일보였다. 1972년 적층 IC패키지의 개발에 의한 오코치 기념 생산특상 수상, 센다이에 이어 고쿠부 공장 건설, 새 본사 건설 등 빅뉴스가 이어졌다.

교토의 남쪽에 해당하는 도카이도 본선 야마시나 역에서 도보 15분 거리에 세운 새로운 본사는 국도 1호선에 접하고, 또한 도카이도 신칸 센 노선이 가까운 '운이 좋은' 장소였다. 운이 좋다고 전해지게 된 것은 와코루의 진격으로 인해서다. 와코루는 1964년 9월 교세라보다 한 발 앞서 상장하고, 상장 다음 달에 신칸센이 개통된 것에 주목해 1967년 신칸센 노선 가까이로 본사를 이전했다. 신칸센의 차창으로부터 와코 루의 간판은 한층 눈에 띄었고 큰 선전 효과가 있었다. 그러한 것을 통 해 와코루 브랜드는 비약적인 발전을 거듭했고, 1970년 오사카 만국 박람회에는 와코루 릿카 미싱관을 전시하는 등 계속해서 성장해나갔 다. 이나모리 역시 와코루의 츠카모토 사장이 그랬던 것처럼 새로운 본 사 2층 신칸센이 내려다보이는 곳에 사장실을 뒀다. 실제로 가장 시끄 러워 노동 환경이 좋지 않은 곳이지만 오히려 사장은 그런 곳에 있어야 한다는 생각에서였다.

본사 5층에는 큰 일본식 방이 있어 회식을 할 수 있게 했다. 하지만 매일 밤 이곳에서 회식을 하는 것은 아니었다. 화요일과 금요일 아홉시 경이 되면 교세라 직원들이 역 근처의 중국집 '민민'에 출몰했고, 때로 는 이나모리도 얼굴을 내밀었다. 라면과 만두에 소주가 주메뉴였다. 이 나모리는 고구마 소주를 좋아하지만 상표를 신경 쓰지는 않았다. 다만

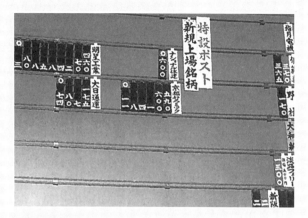

교세라 주식상장.

조업 당시의 가고시마 · 가와우치 공장.

가고시마 공대, 이나모리 장학금 증정.

미식가는 아니었지만 그가 유일하게 신경 쓰는 것이 있었는데, 그것은 "음식은 따뜻해야만 한다"는 점이었다. "신칸센으로 교토에 갈 때도 도시락은 먹지 않는다. 찬 음식은 삭막한 느낌이 들어 정이 가지 않아." 튀김 소바는 먹을 수 있지만, 모리, 메밀국수는 안 먹었다. 단호했다. 그의 규동 사랑에 대해서는 이미 언급했지만, 그와 함께 좋아하는 것이 라면이었다. "도쿄의 라면은 맛있지 않다. 라면은 교토가 제일이다" 하고 교토 사랑을 보였다. (〈문예춘추〉, 1995년 3월호)

요정이나 고급 레스토랑은 기분이 나쁘다며 꺼렸다. 기온도 익숙한 여성이 있는 곳 외에는 가지 않았다. 1981년 1월 도쿄 야에스의 케이아이 흥산 도쿄 빌딩 3층에서 7층에 교세라 도쿄영업소가 입주했을 때의 일이다. 같은 건물에 '유타카'라는 유명한 스테이크하우스가 들어와 교세라 직원을 위해 비프 카레를 저렴한 가격으로 제공해주고 있었다. 이나모리도 가끔 가곤 했는데, 어느 날 "소스 없을까?" 하고 물어본 적이 있었다. 간사이에서는 카레에 우스터소스를 뿌리지만 도쿄에는 그런 풍습이 없었다. 하지만 "이나모리 씨가 부탁한다면" 하고는, 10분 정도 걸려 특제 '소스'를 만들어냈다. 그런데 우스터소스를 마음에 그리고 있던 이나모리는 "이런 걸 말하는 게 아닌데" 하고 불만스러운 얼굴이었다. 역시 그와 유명 레스토랑 사이에는 좁혀지지 않는 간극이 있었다.

은인의 죽음을 딛고

회식에 대해선 몇 번 언급했지만 그것이 송년회가 되면 더욱 고조된다.

첫 송년회는 아직 직원이 마흔 명 정도였던 1959년 12월의 일로, 그 후 매년 열리게 되었다. 회사가 커지면서 부서별로 공장별로 송년회가 열리게 되었다. 센다이 공장이 조업을 시작한 1969년, 1970년 무렵부터 20~25개의 송년회가 12월에 집중된다. 이나모리는 모든 송년회에 얼굴을 내놓게 되었다. 감기로 고열을 내고도 나왔다고 하니 철저한 원칙이었다.

그렇게 힘겨운 송년회가 끝나서 오랜만에 집에서 쉬고 있던 1970년 1월 2일 갑자기 비보가 들려온다. 어느 계장이 교통사고로 세상을 떠났다는 것이다. 마음 아프게 한 것은 유족의 미래였다. 앞으로도 이런 일이 일어날지도 모른다. 이 해 그는 교세라 유자녀 연금 제도를 발족시켰다. 직원이 불의의 사고나 질병으로 사망한 경우 유족에게 극진한 대응을 한다는 방침은 전례가 없던 것이다. 직원을 생각하는 그의 마음과 회사를 생각하는 직원의 마음은 훌륭할 정도로 하나가 되기 시작했다. 그런데 직원의 가족은 이렇게까지 배려함에도 불구하고 정작 자신의 가족에게는 무관심했다.

1960년 7월 4일 장녀 시노부가, 1962년 9월 17일에는 차녀 치하루가, 1964년 10월 29일에는 삼녀 미즈호가 탄생했지만 자신의 아이들에게는 충분한 것을 해줄 수 없었다. 이나모리는 세 딸에게 이렇게 사과의 말을 한 적이 있다고 한다. "아빠다운 일을 하나도 해준 일 없는, 정말 나쁜 아빠였어. 하지만 아빠에게는 수백 명의 자식이 있단다. 이해해주렴."

이나모리는 세 딸의 초등학교 입학식에도 수업 참관에도 한 번도 가본 적이 없다. 집에서 식사할 때조차 "이렇게 밥을 먹을 수 있는 것도 회사의 모두가 노력해주고 있기 때문이다"라며 수저를 드는 일도 많았다. 절대 일을 집에 들고 오지 않는 경영자도 있지만, 이나모리의 경우 가정은 직장의 연장선상에 있었다. "지금 이런 것을 만들고 있단다"라고 말하며 IC패키지 등을 보여주기도 했다. 이야기에 열중한 끝에 심야가 되고 다음 날 딸이 학교에 지각한 적도 있다고 한다. 회사에서도 가정에서도 그는 진지했다.

가족 여행은 가능한 한 가려 했다. 삼녀 미즈호가 초등학교에 다니던 시절, 온 가족이 샌프란시스코에서 LA까지 순회한 것이 제일의 추억이다. '부모가 없어도 자식은 자란다'라고 하는 것은 조금 과장일 수도 있지만, 세 딸은 훌륭하게 성장해줬다. 시노부는 도시샤 대학 경제학부에 진학해 대학원까지 가고 응용경제학 석사학위를 받았다. 학창 시절은 등산이나 스키 서클에 소속되어 있었고, 대학원 졸업 후 반년간 설계 사무소에 근무한 후 이나모리 재단에 들어갔다. 현재는 두 아이의 엄마다. 치하루는 테즈카야마 대학에, 미즈호는 오사카 예술대학에 진학했다.

이나모리는 직원들에게 꿈을 갖게 하는 것도 잊지 않았다. "월 매출 10억 엔을 달성하면 하와이에 가자." 이렇게 보상을 내건 것은 본사를 옮긴 1972년의 일이었다. 그 전년은 월 매출 5~6억 엔이었다. 1억 엔에서 2억 엔으로 만드는 것은 쉽지만, 5억 엔에서 10억 엔으로 가는 것은 어렵다. 너무 높은 목표였기 때문에 "2등상은 없습니까?"라는 소리가 나오고, "그렇다면 9억 엔이면 홍콩. 그러나 8억 엔이라면 교토 선사에서 좌선이다"라는 것으로 정했다. 좌선은 물론 농담이었지만 말이다.

사내 분위기가 고조된 것은 말할 것도 없다. 결과는 수출 호조도 있고 9억 8,000만 엔까지 성장해 목표까지 한 걸음 다가섰다. 약속대로

2등상인 홍콩 여행을 선물해 이듬해 1월 1,300명의 직원이 오사카와 가고시마 공항에서 전세기를 타고 속속들이 이륙했다. 사원 전원을 홍콩 여행 보내는 정도까지 된 것에 대해 감개무량해 했다.

한편 그해 슬픈 사건이 있었다. 1973년 3월 15일 1시 반경, 화장실에 들어간 이나모리는 문득 불단에 눈을 돌렸다. 아버지가 결혼 선물로 준 그 불단이다. 저녁이 되면 불단을 닫는 가정도 많지만, 이나모리 집에서는 항상 불단의 문을 열어두는 것을 관례로 하고 있다. 그런데 그날따라 이상하게 닫혀 있었다. 궁금해서 문을 열고 등불과 향을 들고 손을 맞춘 것이 두 시가 넘어서였다. 그리고 그날 아침 교세라 창업의 큰 은인이었던 니시에다 카즈에가 사망했다는 전화를 받는다. 들어보니 니시에다가 숨을 거둔 시각이 한 시경이었다고 한다.

창업 시 집과 대지를 담보로 은행에서 돈을 빌려준 은혜를 한시도 잊은 적이 없다. 매년 흑자 결산을 계속해 상장도 완수했다. 교세라의 장래에 대해 안도라도 한 것처럼 니시에다는 세상을 떠났던 것이다. 이나모리가 번뇌하거나 힘들어 하면, "좀 마시러 갈까?" 하고 권했고, 니시에다와 동향 니이가타 출신의 전 게이샤 자매가 하고 있는 기온의 일품 요리점에 데려가 위로해주기도 했던 그였기에 더욱 빈자리가 컸다. 니시에다는 교세라 설립의 은인이자 미야기전기의 전 사장이었던 터라 장례식은 교세라와 미야기전기가 공동으로 치렀다. 니시에다의 영전에서 이나모리는 감사를 담아 이렇게 말했다. "니시에다 씨는 저희 회사를 실질적으로 만들어주신 은인이며, 교세라 창업 정신의 근원이기도 했습니다…"

니시에다의 빈소를 지키고 있을 때의 일로, 전부터 니시에다에게 종종 그 이름을 들었던 한 승려와 만날 수 있었다. 임제종 묘신지파 전문 도장 달마당 원복사의 니시카타 탄세츠 노사다. 장례의 도사를 맡고 있던 것이 니시카타 노사였다. '노사'는 임제종 사찰의 주지 스님에게 주어지는 호칭이다. 두 사람의 만남에 대해 니시에다의 양자인 오사무(변호사, 후 교세라 감사로 취임)는 다음과 같이 술회하고 있다.

"장례가 끝나고, 노사가 사찰음식을 내고 있던 때였습니다. 이나모리 씨가 내게 전화해 '그분이 탄세츠 씨?'라고 물어왔습니다. '그렇습니다. 어, 만난 적이 없나요?'라고 대답하니 '뵌 적은 없으니 소개해 달라'라고 했습니다. 이것이 두 사람의 첫 번째 만남이었습니다." (《세이와주쿠》 78호)

니시에다의 장례식에서 하루를 보내고 이나모리는 교토의 남쪽 교외에 있는 원복사에 다녀왔다. 이곳은 니시에다가 시주를 하고 있던 사찰이다. 니시에다의 부인이 "뒤를 잘 부탁합니다"라고 했던 것도 있고, 죽은 니시에다 대신 시주를 인수하는 것을 자원한 것이다. 그렇게 깊은 교류가 시작되었다. 니시카타 탄세츠는 니이가타현 나가오카시 출신이다. 본명은 니시카타 안지이고, 1937년 무렵 고향의 니시에다의 도움을 받아 교토에 나와 서생으로 더부살이하게 되었다.

당시 엔지니어를 희망하고 있던 그는 교토의 제3고등학교를 목표로 하고 있었지만, 두 번 도전해 두 번 모두 실패해 결국 리츠메이칸 대학의 공학부에 진학한다. 하지만 얼마 있다 결핵에 걸리게 되어 죽음을 눈앞에 두게 된다. "어차피 곧 죽을 몸이다. 승려가 되어 영적인 단련을 하고 싶다." 이렇게 생각한 그는 대학을 중퇴하고 불문에 들어가는 것을 결의한다. 주위에서 설득했지만 아무도 그를 막을 수 없었으며, 니시에다와 친했던 원복사 오룡 노사 밑에서 수행을 하기 시작하는데, 이 때가 이미 한쪽 폐를 절단한 상태였지만, 이상하게도 이 사원에 들어가자마자 병 진행이 멈춘다. 그렇게 승려가 된 그는 우수성을 증명하고 1955년 무렵 쿠마모토의 사찰 경영 재건으로 인해 갔다가 1965년경 원복사에서 토지 문제가 발생하자 다시 와서 그것에 대응했다. 지방 출신, 이과 지망, 시험 실패, 죽음과 마주한 경험, 종교에 심취함, 경영 문제에 관여 등 이나모리와 니시카타 탄세츠는 다른 세계에 살면서도 놀랍도록 공통점이 많았다. 자연히 이야기가 잘 통했다.

니시에다는 세상을 떠날 즈음 자신을 대신할 마음의 버팀목을 이나모리에게 남긴 것이다. 하지만 니시에다가 세상을 떠난 그해 교세라 창업의 또 다른 후원자인 마지카와 타모츠도, 그리고 대학 시절의 은사 우치노 교수도 잇따라 타계해 이나모리에게 있어서는 외롭고 슬픈 해였다.

제1차 오일쇼크

—

기업은 반드시 성장하는 과정에서 뛰어넘어야 하는 벽이 몇 차례 있는 법이다. 1973년 경제계를 뒤흔드는 대형 사건이 발발했다. 제1차 오일쇼크였다. 10월에 일어난 제4차 중동 전쟁의 영향으로 페르시아만의 산유국들이 원유 생산 감소를 단행해 세계적으로 유가가 급등했다. 일본 내에서도 '광란의 물가'라 불리는 급격한 물가 상승을 초래해 물자 부족이 될 우려에 화장지를 사재기하는 이상한 현상이 곳곳에서 발생했다. 소비자 마인드는 당연히 위축되었다. 기업들은 설비 투자를 앞두고 전후 처음으로 마이너스 성장을 기록했다. 고도 경제 성장에 마침표를 찍었다. 교세라에게도 이것은 큰 충격이었다. 바로 반년 전에 그들은 전례 없는 목표를 스스로에게 부과했기 때문이다.

1973년 4월 1일 창립 기념일에 "월 매출 20억 엔을 달성하고 이번엔 하와이에 가자!"는 목표를 세우고 그 달 이사회에서 도쿄증권거래소와 오사카증권거래소의 상장 기준을 목표로 하기로 결정했다. 상장 요건은 자본금 10억 엔 이상이지만 당시는 7억 7,000만 엔밖에 없었다. 서둘러 증자가 필요했다. 월 매출 20억 엔 달성에도 상장 기준 달성도 매우 어려운 도전이라는 점에서 창업 15주년에 걸맞은 목표였다.

직원들이 하와이를 목표로 눈을 부릅뜨고 영업에 분주하고 생산 라인을 완전 가동시킨 결과, 7월에 이미 목표치를 달성한다. 다음 해인 1974년 정초부터 동경의 하와이로 출발하기로 결정해 회사 내부가 들끓었다. 임원들은 임원들대로 상장 기준을 목표로 지혜를 내어 일반 공모와 무상 교부를 실시했다. 그 결과 자본금을 10억 4,400만 엔까지 쌓아 상장 조건을 충족시킨다.

그 상황에서 발생한 것이 오일 쇼크였다. 한 달 만에 수주가 10분의 1로 떨어지는 이상 사태에 사내는 긴장에 휩싸였다. 불행히도 하와이 여행을 갈 상황이 아니었다. 여행은 중지되고 창립 15주년 사업의 자숙을 결정했다. 하지만 모처럼 준비한 도쿄증권거래소 · 오사카증권거래소의 상장만은 1975년 2월 1일에 진행했다. 오사카증권거래소 제2부, 교토증권거래소에 상장한 이래 불과 1년 반, 도쿄증권거래소 2부 상장후 2년 반이 되었다. 급성장해온 교세라였지만 기쁨을 곱씹을 틈도 없이 중대 국면에 봉착한 것이다.

사태는 생각보다 심각했다. 히타치, 도시바, 후지전기, 미쓰비시전기 이 네 개의 기업에서 7만 명이 해고되고, 교세라 이사회에서도 감원 이야기가 몇 번이나 의제에 올랐다. 그러나 교세라는 직원 제일주의를 내걸고 있는 회사다. 이나모리는 필사적으로 남아서 이렇게 선언했다. "우리 회사는 창업 이래 항상 전사원이 하나가 되어 고락을 같이 해왔다. 운명 공동체인 이상 고용을 사수한다!"

바로 아이디어를 짜냈다. 총무부 밑으로 개발 부서는 부서를 신설해 수주 감소에 따른 잉여 인력을 개발부에 이동시켰다. 인원이 과잉되면 능률이 떨어진다. 그래서 현장은 소수 정예로 유지했다. 해외 공장도 마찬가지다. 개발부에 지금까지 외주하고 있던 일을 해달라고 했다. 기계공이 도장을 담당하거나 수리공이 바닥 청소를 하기도 했다. 1975년 타사에 앞서 주 5일 근무제를 도입한 것도 잉여 인원을 안고 있었기 때문이었다.

자발적으로 퇴직을 재촉했다면 직원 제일주의라고 할 수 없다. 이나모리는 그런 생각은 조금도 없었다. 빨리 그들에게 보람 있는 장소를 제공하고자 이전보다 열정적으로 새로운 사업 시작에 본격적으로 나선다. 사내에서 신규 고용을 창출하려고 한 것이다. 태양광 발전, 재결정 보석, 인공 치근 등 새로운 분야로의 진출은 제1차 오일쇼크라는 전후 최대의 경제 위기에 직면해서도 직원 제일주의라는 믿음을 가지고 해고를 하지 않았던 이나모리의 노력이 그 출발점이었다. 태양광 발전은 획기적인 사업이었다. 지금은 재생 에너지로 우리에게 친숙한 것이지만, 당시는 아직 개발 중인 기술이었다. 그럼에도 이나모리가 도전하려고 한 데는 이유가 있었다. 잉여 인원에 시달렸던 원흉은 오일쇼크였다. 고유가에 휘둘리지 말자는 교훈을 통해 석유 의존형 사회에서 벗어날 필요가 있다고 생각했던 것이다. 이른바 오일쇼크에 대한 복수인 셈이다.

1975년 교세라가 51%를 출자하고 샤프, 파나소닉, 미국의 모빌오일, 타이코랩의 총 다섯 개 회사가 공동 출자하는 형태로, 재팬솔라에너지주식회사(JSEC)가 설립되었다. 그때 당시 태양광 발전은 1와트당 2만~3만 엔으로 발전 비용이 매우 높고, 우주 개발이나 고도의 등대와 같은 특수한 용도에 사용되어지는 것에 지나지 않았다. 일반적으로 보급하기 위해서는 최소한 비용을 10분의 1 이하로 줄여야 했다. 기운 빠지는 이야기였다. 하지만 그는 언제나처럼 미래 지향적으로 생각했다. 이 사업을 시대가 요구하고 있다는 확신이 그에게 힘을 주고 있었다. 교세라 본사에서 연구를 시작해 장소가 좁아지자 후시미의 히가시츠치카와에 전용 사옥을 마련하고 개발에 매달렸다.

그런데 제1차 오일쇼크의 영향에서 회복되어 석유가 다시 안정 공급되게 되면서 태양광 발전에 대한 세간의 관심은 급속히 저하되어갔다. 교세라 이외의 네 개 회사들이 속속 철수하는 가운데, 이나모리는 업체의 주식을 모두 매입해 혼자 사업을 계속해나간다. 1980년에는 시가현 카모 공장 근처에 요카이치 공장을 마련해 본격적으로 태양광 발전과 그 응용 기기 그리고 태양열 이용 기기의 연구·개발·생산을 시작했다. 1993년에는 업계 최초로 주택용 태양광 발전 시스템을 출시한다.

그리고 시대가 드디어 이나모리를 따라오기 시작했다. 이 사업은 현재의 교세라 태양광 사업에 인계되었다. 제1차 오일쇼크의 한가운데서도 도쿄증권에 상장한 교세라였지만 역풍에 아랑곳하지 않고, 1975년 9월 23일 2,990엔의 주가를 기록하며 지금까지 오랫동안 이 부분에서 일본 제일의 자리에 군림하고 있던 소니를 제치고 정상에 올랐다. 교세라와 이나모리의 이름이 우량 기업 순위 및 명경영자 랭킹의 단골이 되는 시대가 온 것이다.

이후 불황이 끝나가기도 했지만 주가는 이후에도 계속 상승해 다음해 3월에는 5,470엔에 도달, 일본 제일의 자리는 1981년 초 무렵까지 이어졌다. 그런데 정작 본인은 매우 침착했다. 소니를 제쳤을 때도 신문, 잡지 등에서 보고 '아 그렇구나'라고 생각할 정도였다.

창업 당시 일본 제일, 세계 제일을 목표로 하자고 외치던 이나모리였지만, 아직 일본 제일이 되었다는 실감이 들지 않았다. 실제로 총자산 및 매출액으로 말하면 신일본제철, 도요타자동차, 전전공사, 전력 회사나 가스 회사 등 세상에는 교세라가 아직 범접하지 못하는 대기업이 즐비하고 있었다. 높은 곳에 올라가면 올라갈수록 더욱 높은 곳이 보였다. 이 정도로 만족하려는 생각은 없었다.

교세라가 목표로 한 다음 목표는 미국 예탁 증권(ADR) 발행이었다. 최근에야 뉴욕증권거래소에 상장하는 일본 기업도 나오고 했지만(교세라도 후에 그중 한 회사가 된다.) 당시 ADR은 미국 이외의 국가 주식을 증권 시장에서 유통시키는 유일한 방법이라 해서 1961년 소니가 첫 번째로 발행한 이후 마쓰시타와 혼다, 도쿄해상화재도 발행하는 등 글로벌 기업의 등용문이 되어 있었다. 만약 실현되면 미국에서 교세라의 이름을 PR할 수 있으며, 직원의 동기 부여도 된다. 상장 심사는 당연히 어려웠지만 1976년 1월 교세라는 ADR 발행에 성공한다.

교세라가 발행한 이듬해 와코루도 일본에서 여덟 번째로 ADR 발행을 실시했다. 상장은 와코루 쪽이 빨랐지만 ADR은 교세라가 먼저였다. 츠카모토와 이나모리는 좋은 의미로 서로에게 자극이 되었다. 그리고 이 두 사람이 존경해 마지않던 선배가 바로 마쓰시타 고노스케였다.

마쓰시타 고노스케와의 대담

1979년 4월 7일 〈보이스(Voice)〉(PHP연구소)의 기획으로, 이나모리 가즈오는 마쓰시타 고노스케(당시 마쓰시타전기 고문, PHP연구소 사장)와 대담을 하게 되었다. 오사카부 카도시에 있는 마쓰시타전기 본사로 향하는 이나모리는 그 어느 때보다 긴장한 표정이었다. 동경하는 경영자와의 대담이었기에 당연할 것이다.

이 대담이 게재된 〈보이스〉 1979년 6월호를 보면, 서두에 이나모리가 다음과 같은 문제를 제기한 것으로 되어 있다. "일본 경제는 오일쇼크 이후 상당히 침체되고 혼란스러우며 엔고의 영향도 있고, 우리 경영자들은 어딘지 모르게 우왕좌왕하고 있는 것처럼 느껴집니다. 이것은 기업 경영이라는 것의 본질을 파악하지 못한 채 형식적인 경영학의 상식이라는 것을 통한 경영을 하고 있기 때문이 아닐까 싶습니다."

그런데 PHP연구소의 후의로 당시의 테이프를 찾아 원고를 보여줬는데, 사실 마쓰시타가 이나모리에게 이렇게 말하고 있었던 것이다. "당신의 방식이야말로 한 걸음 앞을 내다보고 있습니다. 당신은 새로운 길을 개척해나가고 있지요. 그러나 보통의 사람들은 시대와 함께, 또는 한 발짝 뒤로 물러서서 따라갑니다. 당신은 스스로 움직이는 경영을 하고 있습니다만, 우리는 보통의 경영을 하고 있다는 차이가 있는 것입니다."

이에 이나모리는 필시 당황했을 것이다. 놀란 이나모리는 일언지하에 부정하고 자신이 어떻게 마쓰시타의 가르침에 이끌려왔는지를 말하기 시작한다.

"아니, 그렇지 않습니다. 제가 그런 것에 눈뜨게 된 것은 사실 마쓰시타 씨의 이야기를 교토에서 들어본 적이 있기 때문이에요. 지금으로부터 7~8년 전일까요? 분명히 어딘가에서 '댐식 경영'이라는 말을 들려주셨습니다. 그때 저는 '이거다!' 하고 느꼈습니다. 여유가 없는 중소기업의 시대에 '여유 있는 경영을 하고 싶다'고 굉장히 강한 욕망을 가지고 매일매일 한 걸음 한 걸음 걷다 보면 몇 년 후에 정말 그렇게 된다는 것, 가능 여부와 관계없이 '이런 경영을 하고 싶다. 나는 이렇게 경영하겠다'라는 정말 강한 열망을 가슴에 가지고 있다면, 자연스럽게 그런 방향으로 가게 된다는 것을 가르쳐주신 것입니다. 그런데 그러한 정신적인 것을 모두들 꺼리고 좋아하지 않기에, 무언가 미국적인 경영의 노하우를 가르쳐주고, 어떻게 하면 여유가 생길지 가르쳐주길 다들 기대하고 있습니다. 그래서 저는 매우 실망했습니다. 실제로 가장 좋은 것을 가르쳐줬는데 이를 가슴으로 받아들이지 않습니다. 엄청난 열망이라고 말했습니다만, 그러한 것을 가지고 저는 '자신의 기업을 이런 기업으로 만들고 싶다'는 것을 매우 순수하게 유지하는 것으로도 이뤄낼 수 있구나 하는 생각을 했지요. 그때 배운 것입니다. 사실 저는 그런 것으로 경영을 하고 있습니다."

"그건 쿠라시키 때였던가요?"

"아니요, 교토에서였습니다."

"15년 전이었지요?"

"네, 그렇습니다. 신문, 잡지에 기사가 실린 무렵이었습니다."

너무나도 흥분해 이나모리의 목소리가 커지자, 마쓰시타는 도중에 '그건 쿠라시키 때였던가' 하고 말을 조심스레 끊는다. 하지만 마쓰시타는 분명 기뻐했을 것이다. 자신의 생각을 이해해주는 사람을 만난 것이니 말이다.

사실 그 5년 전 교토에서 마쓰시타가 '댐식 경영'의 이야기를 했다는 기록은 남아 있지 않다. 확실한 것은 마쓰시타가 말한 대로 '생산성 본부 간사이 재계 제3회 쿠라시키 세미나'에서의 강연(《마쓰시타 고노스케 발언집》 2부) 내용이 비슷하긴 하다. 단 창업 2~3년 당시의 이나모리가 과연 그 세미나에 발길을 옮겼을까 하는 의문도 한편으로는 든다.

당시 85세의 마쓰시타 고노스케와 고작 47세의 이나모리 가즈오. 어떤 기억이 옳았는지는 모르겠지만, 마쓰시타의 이야기에 감동했다며 감개무량한 표정으로 말하는 이나모리에게 마쓰시타는 부드럽게 고개를 끄덕이면서도 결코 스승 행세를 하지 않았다. "나는 배운 바 없는 사람입니다. 부디 여러 가지 가르쳐주세요." 오히려 그가 이나모리에게 가르침을 구한 것이다. 깊은 감동이 이나모리의 몸을 감싸고 두 사람의 대담은 매우 깊어졌다. 이나모리야말로 마쓰시타가 말하는 '생각하고 또 깊이 생각해 혈뇨를 흘릴 때까지 노력하는' 경영자인 것은 지금 이야기만으로도 알 것이다. 마쓰시타는 아마 이나모리를 자신의 정통 계승자로 보고 있었던 것은 아닐까.

1989년 4월 27일 마침내 마쓰시타는 94년의 위대한 생애의 막을 내렸다. 그 직전에, 이나모리는 첫 저서《마음을 높이는 경영 스트레칭》을 세상에 내고자 하고 있었다. 출간 즈음 출판사인 PHP연구소로부터 마쓰시타의 추천사를 받을 수 있다는 연락을 받았다. 이나모리가 기뻐한 것은 말할 것도 없다. 그렇게 무사히 추천사를 받고 책이 서점에 진열되기 바로 직전에 부고를 접한 것이 비보일 따름이었다.

현재《마음을 높이는 경영 스트레칭》의 띠지에는 다음과 같이 적혀 있다. "평소 뛰어난 경영자의 한 사람으로서 경의를 표하고 있던 이나모리 씨가 다양한 경험 속에서 스스로 체득한 인생관, 경영관을 이번에 한 권의 책에 정리했다. 이 책을 통해 '인간에게 주어진 무한한 능력을 믿고 그 능력을 마음껏 발휘하고 충실한 삶을 누리라' 고 호소하는 그 열정과 신념이 마음에 와 닿는다. 특히 젊은이들이 꼭 읽어주셨으면 하는 책이다." 그것은 바로 마쓰시타가 이나모리에게 '경영의 신' 의 바통을 이어주는 듯한 추천 글이었다.

그 후로 시간이 흘러 1998년 5월 5일 이나모리는 '마쓰시타전기 창업 80주년 기념 강연' 의 강사로 지명을 받아 단상에 서게 된다. 이때 그는 다음과 같이 말하기 시작했다.

"오늘 이런 자리에서 이야기를 하게 되어, 저는 집에서 2~3일 전부터 눈을 감고 과거 마쓰시타 씨가 말씀하신 것을 떠올려 열거해봤습니다. '솔직한 마음으로', '반성이 있는 매일', '자유로운 발상', '스스로 생각하는 것', '항상 공명정대할 것', '감사하는 마음', '세상을 위해, 사람을 위해' …. 저는 마쓰시타 씨가 하신 이 말씀, 가르침을 기반으로 제 자신의 경험을 가미하면서 '교세라 철학' 을 정리할 수 있었다고 생각합니다.

그 무렵 저는 매일같이 타카츠키에 있는 마쓰시타전기가 있는 곳까지 스쿠터를 타고 제품 납입이나 기술적인 협의를 위해 가곤 했습니다. 그래서 아침 일찍 아직 작업이 시작되기 전 마쓰시타전기에 들어가 접수처에서 기다리고 있을 때, 직원 분들이 조례에서 '마쓰시타전기의 일곱 정신'이라는 것을 복창하고 있는 것을 자주 듣곤 했습니다. 또한 응접실에 들어가면 '마쓰시타전기의 일곱 정신'을 쓴 족자가 있었습니다. 마쓰시타 씨의 말씀을 기반으로 '교세라 철학'을 정리하려 하고 있는데, 문득 그 '마쓰시타 전기의 일곱 정신' 속에 그러한 것이 전부 들어 있구나, 하고 깨달은 것입니다.

저는 회사를 시작했을 무렵 스스로 사회적 정의감이 있는 편이라고 생각했는데, 그런 때 '기업이라는 것은 항상 이익 추구가 목적이 아닌가'라는 말이 신문 잡지에 나왔습니다. 제가 기술자이던 당시에는 그다지 생각하지 못했습니다만, 경영자가 되었을 때는 그것이 매우 궁금해지기 시작했습니다. 나는 그런 이기적인 생각으로 경영을 하고 있는 것이 아닌데, 세상이 그런 식으로만 보고 있는 것이 아무래도 납득하기 어려웠습니다.

그렇게 고민하고 있을 때, 강연인지 책인지 잘 기억나지 않지만 마쓰시타 씨가 '기업의 이익은 사회 공헌의 결과'라고 소리 높여 외치는 것을 보고 저는 우리가 같은 뜻을 품고 있다고 생각했습니다. 즉 '기업이라는 것은 좋은 제품을 싸게 공급하고 사회를 풍요롭게 한다. 그렇게 사회에 공헌한 결과로, 우리는 이익을 얻을 수 있다'라고, 이익의 정당성을 소리 높여 주장한 것을 보고 구원받은 느낌이 들었습니다.

마쓰시타 씨도 그렇지만 서양의 많은 기업들은 성공한 후 많은 사회

단체에 기부 등을 많이 합니다. 물론 마쓰시타 씨 자신도 서양의 많은 성공한 사람들도 사회적으로 많은 환원을 하고 있습니다. 우리 기업인들이 열심히 일하고 이익을 추구하고 많은 직원을 고용하고 그 가족을 보호하고 동시에 이익의 절반 이상을 세금으로 납부하고 국가 운영에 도움을 주는 많은 훌륭한 일을 하고 있다는 자각을 가지길 바랍니다. 그런 마음이었다면 오늘날의 버블 경제의 붕괴도 없었을 것이고, 작금의 경제계의 불상사 등도 없었을 것입니다."

일부만 소개한 셈이지만, 이것은 마쓰시타에 대한 깊은 감사의 마음이 담긴 명강연이 되었다. 그로부터 10년 후 '두 사람의 동행, 마쓰시타 고노스케와 걷는 여행'이라는 마쓰시타 창업 90주년 기념 강연을 필자가 맡은 적이 있었는데, 그런 필자가 이렇게 이나모리 가즈오의 평전을 쓰고 있다니, '인연'이라는 것의 경이로움을 느끼지 않을 수 없다.

마쓰시타를 오랫동안 모신 에구치 가쓰히코 PHP연구소 전 사장(후 참의원 의원)은 이나모리에 대해 이렇게 말한다. "이나모리 씨를 두고 지금 '헤이세이의 마쓰시타 고노스케'라고 매스컴에서 여러 가지 형태로 다뤄지고 있습니다. 잡지 등에서도 자꾸 '이나모리는 마쓰시타에게 배웠다', '마쓰시타의 저서를 토대로 이나모리 철학을 이룩했다', '이나모리라는 사람은 마쓰시타를 보고 배웠다. 말하자면 경영학의 제자다'라는 식의 말을 쓰고 있습니다만, 저는 그렇게 생각하지 않습니다. 물론 이나모리 씨가 마쓰시타와 만났을 때 아마도 일종의 깨달음이 있었겠지요. 그러나 마쓰시타의 흉내를 내고 모방을 하고 있다던가, 또는 책을 읽고 그것을 모방해 자신의 사상 체계 속에 흡수했다던가 하는 일은 없다고 단언할 수 있습니다. 이나모리 씨의 철학, 개념은 이나모리 씨 본인이 자신의 발과 머리로 생각하고 손으로 잡고 만든 것입니다. 따라서 그런 말들은, 제가 생각하기에 이나모리 씨에 대해 무례한 일이 아닐까 생각합니다. 이나모리 씨는 자신이 직접 싸워나가며 자신의 철학을 세우고 마쓰시타와 같은 곳에 도달한 것입니다."

마쓰시타의 경영 기법과 개념을 이나모리는 흡수하고 기름지게 하고 나름대로 준비하고 살려갔다. 지금 세이와주쿠의 사람들은 이나모리를 거름으로 삼고자 하고 있다. 시대는 그렇게 세대를 이어나가는 것이다.

쿠레산베루와 바이오세럼

이나모리 가즈오에게 직원은 가족이다. 그것은 28명으로 교세라를 시작한 날부터 그룹 회사 수 265개, 종업원 수 7만 5,940명(2018년 3월 31일)에 이른 지금도 마찬가지다.

대기업이 되면 가끔은 불상사도 생긴다. "그 직원은 징계면직했습니다" 등의 보고가 올라가거나 하기 마련이다. 그러면 "유감이네. 두고 보면 어떻게든 되지 않겠는가?" 하고 엉뚱한 것을 말하기 시작하는 것이다.

"아니, 이제 정말 안 됩니다. 회사 규정 따라 특별 취급할 수 없습니다."

"퇴직금도 받을 수 없는 것인가?"

"징계면직이므로 당연히 퇴직금은 없습니다."

그러면 이나모리는 실로 외로운 얼굴을 했다. 비록 만난 적도 없는 직원이라 할지라도 '올바른 가치관'을 함께 가슴에 품도록 힘쓰지 못한 것이 슬펐던 것이다.

이나모리는 1979년 교세라 창업 20주년 기념행사의 하나로 원복사에 '교세라 직원의 무덤'을 창건했다. 이른 나이부터 이나모리는 이 구상을 가지고 있었으며, 처음에는 유명한 사찰인 삼정사 또는 인화사에 만들려고 생각했지만 생전의 니시에다로부터 "원복사에 만들면 좋지 않은가?" 하고 권유받게 된 것이다. 세라믹으로 만들자는 의견도 나왔지만 화강암으로 정해졌다.

교토부 야와타시의 원복사 경내는 3만 평에 달하는 광대한 토지다. 산문으로 들어와 왼쪽에 펼쳐진 울창한 대나무 숲을 올라가면, '교세라 직원의 무덤'이 있다. 이 절은 수행의 장소이고 일반 관광객들이 방문하지 않는다. 항상 정숙함이 유지되고 있다. 무덤에 새겨진 '건립지'에는 이런 문구가 새겨져 있다.

바라건대, 여러분의 영혼이 성불해 피안에 있어도 행복하고, 때로는 이승에 한데 모여 담론과 술잔을 나누는 곳이 되기를 바라고 있습니다.

저승에서도 회식을 시키는 것인가, 하고 이것을 읽을 때 웃음이 나왔다. 하지만 아마도 이것은 이나모리가 진심으로 바라고 있는 일임에 틀림없다. 제1차 오일쇼크 때 직원을 해고하지 않고자 안간힘을 쓴 이나모리가 잉여 인력 문제 해결의 수단으로 새로운 사업에 나선 것은 이미 언급한 바 있다. 그중 하나가 재결정 보석 사업이었다. 일 외에는 독서를 하고 골프를 치는 정도로 이렇다 할 취미를 가지지 않고, 무엇인가 수집하는 것도 없던 이나모리지만 그의 세대에 공통된 감각으로 보석에는 일종의 독특한 동경을 갖고 있었다. 특히 에메랄드의 깊은 녹색 빛에 빠져 있었다. 보석도 도자기 같은 광물 결정이다. 관심이 들끓었다.

교세라는 저렴한 재료로 비싼 제품을 만드는 고부가가치성을 통해 여기까지 성장한 회사이지만, 세라믹과 같은 재료로 보석을 만들 수 있게 되면 엄청난 이익률을 창출할 수 있다. 이른바 궁극의 부가가치라 할 수 있겠다. 사업적으로도 매력적이었다. 천연물은 해마다 입수하기 힘들게 되어 돌의 질도 떨어지고 있으며, 따라서 균열이나 불순물이 들어간 것도 고가에 거래되고 있었다.

'왜 그런 흠결 있는 물품이 애지중지되는 것인가? 나라면 순수하고 흠 없는 보석을 만들 텐데.' 이렇게 생각한 것은 1970년의 일. 그리고 산화알루미늄을 정제해 2,000도 이상의 고온에서 결정화시켜 천연물과 같은 화학 성분과 결정 구조를 가진 재결정 에메랄드가 1973년에 탄생했다. 상품성 여부를 감정받으려고 생각했을 때 즉시 어떤 사람의 얼굴이 떠올랐다. 와코루의 츠카모토다. 방금 만든 에메랄드를 두 알 정도 거즈에 싸서 가져가 눈앞에 내밀었다.

그러자 츠카모토는 큰 눈을 크게 뜨고 놀라더니 "이나모리, 이것은 대단한 일이야. 이런 것이 어떻게 가능했지? 너의 회사, 이제 전자 부품 그만 만들어도 되겠어. 이걸 만들면 대박날 거야!" 하고 진심으로 축복해줬다.

"하지만 여러 사람의 의견을 들어봐야죠. 츠카모토 씨의 지인에게 의견을 들어도 될까요?"

"알았어, 맡겨둬!"

츠카모토가 아는 사람이라면 물론 기온의 게이샤들이다. 이들은 보석에 눈이 밝다. 잠재 고객이라는 의미에서도 시장 조사 대상으로 완벽한 상대다. 그리고 며칠 후 츠카모토에게서 만나고 싶다는 전화가 걸려왔다. 조사 결과의 보고일 것이다. 하지만 기온의 찻집에서 기다리고 있던 츠카모토의 대답은 뜻밖의 것이었다. "이건 안 되겠어." 그는 맡고 있던 에메랄드를 반환하면서 고개를 저었다.

"천연 보석을 고가에 구입했는데, 이렇게 아름다운 에메랄드가 저렴하게 세상에 유통되는 것은 곤란합니다" 또는 "내가 유품으로 받은 에메랄드의 가치가 떨어지는 것은 절대 용서할 수 없어요" 등의 이유로 모두들 반대했다는 것이다. "이나모리, 이것은 절대 잘 안 될 거야. 이런 걸 팔면 여성들의 원한을 사게 될 거야."

츠카모토의 평가가 180도 바뀌었다. 다른 사람에게도 물어봤지만 긍정적인 반응은 돌아오지 않았다. 여기서 이나모리의 오기가 고개를 들었다. '상처도 없고 순수하게 아름다운 것이 팔리지 않을 리 없다!'

그는 포기하지 않고 개량에 개량을 거듭해갔다. 상품이 완성된 것은 2년 뒤인 1975년 봄이었다. 빛, 색상 등 모든 면에서 최고 품질이어서 '일본 최초의 쾌거'라고 신문에서도 보도되었다. 멋진 브랜드를 생각했다. 쿠레산베루(CRESCENT VERT). 프랑스어로 '녹색 초승달'이라는 뜻의 로맨틱한 네이밍이다. 문제는 어디에서 판매하느냐인데, 보석 산업의 반응은 싸늘했다.

'그렇다면 스스로 팔면 된다.' 그는 도쿄 긴자와 교토 시조에 직영점을 열기로 했다. 사업 시작 파티 자리에서 츠카모토가 내빈으로 축사를 했다. "보석을 문외한이 다루고 성공한 사례는 없다. 어차피 실패한다면 손실이 작은 것이 좋겠지. 규모가 작을 때 가능한 한 크게 실패해라." 여기에는 이나모리도 쓴웃음을 지었다.

하지만 그는 크게 성공했다. 1980년에는 해외 직판점 '이나모리 보석'의 첫 번째 가게를 미국의 최고급 주택가 비벌리힐스에 개점했다. 개막식에는 흰색 턱시도 차림으로 등장하는 퍼포먼스도 선보였다. 가격은 결코 저렴하지 않았다. 최고 품질이기 때문에 당연하다는 긍지도 있었다. 게다가 가격을 싸게 하면 쿠레산베루의 상품 가치는 단번에 내려가고 만다. '가격 결정은 곧 경영이다'라는 이나모리의 말과 같이, 이 고가 정책이 쿠레산베루의 생명인 것이다. 불행히도 대성황을 일으킬 정도까지는 되지 않았지만, 교세라 제품의 높은 품질을 나타내는 상징적인 사업으로 지금까지도 흑자를 내고 있다.

신 사업에의 진출은 매우 어렵다. 후일 와코루의 2대째 사장인 츠카모토 요시카타가 여성용 속옷에서 한걸음 더 나아가 남성 아우터와 스포츠카 등에 진출했을 때, 그의 대부라 자부하고 있는 이나모리는 본업으로의 회귀를 강하게 권했다. 실제로 와코루는 신규 사업에서 적자를 계속 냈다. 그리고 그 신규 사업을 모두 철수하고서야 다시 창업한 것과 같은 재성장이 시작되었고, 적극적인 해외 진출과 기능성 속옷의 개발을 선도해 오늘의 융성에 이르고 있다.

그런데 정작 이나모리 본인은 경영 다각화를 꾀하고 있다. 적절한 시기에 오히려 그 위험을 감수해야 한다고 말하며, 시작한 사업은 성공할 때까지 한다고 하는 정도의 자세가 필요하다고 말하고 있다. 모순을 내포하고 있는 말 중 하나가 바로 '케이스 바이 케이스(case by case)'다. 즉 시대 흐름을 읽고 자신의 축적된 노하우와 재무 상황을 감안하는 미묘한 판단이 필요하기 때문인 것이다.

그리고 쿠레산베루와 마찬가지로 파인 세라믹스의 응용 분야에 진출한 것이 바로 인공 치근의 개발이었다. 인공 치근은 틀니를 턱뼈에 묻어 고정시키는 것이다. 지금은 임플란트라는 말로 널리 알려져 일반적인 것이 되었지만, 당시는 특수 의료 장비였다. "세라믹 인공 치근을 만들 수 없습니까?" 1972년 오사카 치과대학의 교수가 찾아와 그런 상담을 한 것이 계기였다.

그때까지 금속이 사용되고 있었지만, 도자기라면 접촉한 잇몸에 부담이 덜 될 것으로 판단해 연구 개발에 착수했다. 쿠레산베루에서 얻은 재결정 에메랄드 기술을 응용할 수 있는 것을 알아내 오사카 대학, 국립 오사카 남쪽 병원 등도 참가해 상품화에 도달했다. 그리고 1978년 바이올로지의 바이오와 세라믹의 합성어인 '바이오 세럼(BIOCERAM)'이라는 상품명을 상표 등록하고 판매를 시작했다. 처음에는 고순도 알루미나, 이후에는 지르코니아를 사용해 인공 치근에서 무릎, 팔꿈치, 어깨, 다리 등의 인공 관절ㆍ인공 뼈까지 대상을 넓혀갔다.

하지만 품질이 좋다는 호평을 받아 해외에서의 판매에 주력하기 시작한 순간 비극이 일어난다. 1980년 11월 8일 미국에서 이케다 유우키치라는 젊은 직원들이 권총 강도를 당해 총에 맞고 사망한 것이다. 그는 해외 치과 의사를 대상으로 보급 활동 중이었다. 이케다에 대한 생각을 가슴에 품고 모두들 바이오 세럼의 판매 확대에 전력을 기울였으나, 거기에는 뜻밖의 함정이 기다리고 있었던 것이다. 이는 나중에 다루기로 한다.

사이버넷공업, 야시카, AVX의 인수

이나모리 가즈오의 명성이 높아지면서 그에게 경영난에 빠진 회사의
경영 재건 의뢰가 들어오게 된다. 1979년에는 사이버넷공업의 토모노
하루키 사장에게서 지원 요청이 있었다. 그 회사는 CB 무전기를 주력
상품으로 하는 무선 기기의 선두 업체로 한때 융성했지만, 미국의 송수
신기 붐을 타고 설비를 확장한 것이 화근이 되어 유행의 끝남과 동시에
단번에 파산 직전의 상태에 몰리고 있었다.

원래 전자 기기의 생산 능력은 높은 회사였지만 노사 관계는 점점 황
폐해져 가고 있었다. 사업 내용 확대를 위해 인력 증원을 하고 1년도 지
나지 않아 구조조정을 했으니 무리도 아니었다. 새로운 본부 건설을 위
해 구입한 토지는 손도 안 대고, 담벽에는 '토모노 추방!' 이라는 문구가
빨간색 페인트로 그려져 있었다. 근처에 철도 남무선이 달리고 있었지
만 그 살벌한 풍경이 차창에서 보여 3년간 창피를 당했다. 결국 사이버
넷공업을 교세라가 인수하기로 결정하고 교세라에서 40명의 지원군을
파견했지만, 그들 역시 상상 이상으로 고생했다. "인간관계가 너무나도
나빠서 '이런 곳에서 잘도 숨 쉬고 있구나' 하고 느끼게 되었는데, 교세
라에 돌아오면 '교세라는 젓가락을 떨어뜨려도 즐겁다' 고 생각했다."
(《주간 동양경제》, 1983년 4월 16일) 조금 오버하는 듯한 이 말에서도 그 힘
든 날들이 리얼하게 전해져 온다.

사이버넷공업의 직원 1,500명 중에서 30명 정도로 이뤄진 소수 노조
가 과격했다. 재건을 거부하고 철저 항전의 태세를 보이고 교세라 본사
와 이나모리의 집 주변에까지 몰려들었으며, 담이나 전봇대에 '악덕 경

영자' 취급을 하는 전단까지 붙였다. 하지만 교세라만의 경영 기법을 채용하면서 눈에 띄게 실적이 올라왔기 때문에 머지않아 백기를 내걸었다. 기존의 CB 무전기 외에 그룹의 기술을 유기적으로 결합하고 신제품을 개발해 복사기, 비디오 디스크 등 다양한 전자 기기가 생산 라인업에 합류했다. 그리고 1982년에는 사이버넷공업, 쿠레산베루 등 네 개의 회사를 합병해 사명을 '교토세라믹주식회사'에서 이미 통칭으로 널리 사용되고 있던 '교세라주식회사'로 변경했다. 아직 이나모리 가즈오는 50세, 한창 일할 나이였다.

1983년 2월에는 나가노현 오카야시에 본사를 둔 카메라 제조 업체 야시카에서 지원 요청이 왔다. 교세라의 이름은 몰라도, 야시카라는 사명이나 '콘탁스'라는 브랜드는 모두가 알고 있는 유명 브랜드다. 1955년대에 급성장해 한때 대중용 카메라 시장을 석권했고, 서독의 칼자이스와 기술 제휴해 고급 일안 렌즈 시장에도 진출하는 등 당시엔 순탄한 항해를 하고 있었다.

그런데 창업자의 가족인 전무에게서 문제가 발생했다. 마약 중독과 스캔들이 발각된 것이다. 회사의 사유화 문제도 있어 적자 무배당으로 전락하고 만다. 부의 연쇄는 멈추지 않았다. 노동조합이 잇따라 파업을 일으켜 주거래 은행인 제일은행과 닛쇼이와이 통산성에서 재건팀이 와 있던 1970년, 이번에는 경리부장이 공금을 유용해 상품 시세에 손을 대고 5억 엔을 횡령한 사건이 일어났다. 1974년 5월 주주 총회 직전에는 분식회계를 하고 있던 것도 밝혀져, 마침내 창업자가 회장직에서 쫓겨나는 사태로까지 발전하게 되었다.

사이버넷공업의 일을 하고 있던 이나모리는 지원 요청을 일단 거절했다. 하지만 거듭된 요청에 도쿄 본사와 나가노현 오카 공장을 견학한 뒤 놀라운 발견을 하게 된다. 실험실 기술자 및 생산 라인 직원들의 열의가 실로 대단했다. 도덕심도 높았다. 즉 경영자와 간부에게 문제가 있었던 것이다. '현장 직원의 죄가 아니다. 어떻게든 이 사람들을 구해 주고 싶다.' 이렇게 생각한 이나모리는 마음을 바꿔 지원을 맡기로 마음먹는다.

야시카의 엔도 료조 사장(후 교세라 부사장)은 물론 대주주 닛쇼이와이, 주거래 은행인 타이요고베은행에도 양해를 구해 1983년 10월 1일 야시카의 흡수합병이 발표되었다. 이렇게 야시카는 교세라의 한 사업 부문이 되었다. "좋게 될 수는 있어도 이보다 더 나빠질 수는 없다." 이것이 야시카 직원들의 공통된 생각이었다. "교세라에 흡수되는 야시카에서 임원으로 남는 것은 엔도 료조 사장 단 한 명이었고, 다른 임원은 모두 강등하게 되어 800명가량의 야시카 사원들이 한때의 '영광'을 기억하며 비애에 빠지는 것은 아닐까 생각했는데, '잘됐다, 잘됐어'의 대합창이었다."(《주간 신쵸》, 1983년 6월 30일)

이렇듯 야시카의 직원들이 보람을 느낄 만한 활약할 곳은 있었다. 교세라의 전자 회로 기술과 야시카의 정밀 기계 기술의 시너지는 생각보다 컸다. 그들을 발판으로 해서 OA 분야 및 산업용 로봇 진출도 수행했다. 광고 선전 활동을 일원화함으로써 비용 감소도 실현할 수 있었다. 해외의 약 100개 점포를 포함해 야시카의 2,000점에 달하는 대리점망을 교세라에서도 활용할 수 있게 된 것도 장점의 하나였다.

야시카 사업 본부는 6억 엔의 경상 이익을 반년 만에 달성했고, 〈산케이신문〉에 "합병 후 반년, 이미 흑자로 전환하는 '기적'을 부르다"라는 제목의 기사까지 실리게 되었다. 야시카가 안고 있던 차입금 약 60억 엔도 빠르게 상환하고 경영 상황을 흑자 기조로 바꿀 수 있었다. 이나모리가 구제 합병의 표본과 같은 일을 보인 것이다. 사이버넷공업이나 야시카의 회식에도 앞장서 나갔다. 이나모리는 그들을 외부인으로 취급하지 않았다. 같은 교세라인으로 대접하고 싶다고 진심으로 생각했다. 1984년 4월 교세라는 창립 25주년을 맞이했지만 그때 근속 표창장이 바뀌었다. 회사의 역사가 25년인데 30년 근속 표창자가 있었던 것이다. 야시카 사업 본부의 직원이었다. 모두 크게 축복한 것은 말할 것도 없다. 전체 직원의 물심양면의 행복이 거기에 있었다.

콘덴서는 일시적으로 전기를 축적하는 성질을 가진 전자 기기에 필수적인 부품이지만, 1972년 무렵 이나모리는 세라믹 적층 기술을 응용한 대용량 세라믹 콘덴서의 미래를 이미 확신하고 있었다. 그리고 그 분야의 선두 기업이었던 미국 에어로박스사로부터 기술을 도입했다. 그때의 라이센스 계약으로 교세라가 일본에서 제조한 적층 세라믹 콘덴서는 일본 내에서 독점으로 판매할 수 있게 되었다.

그런데 2년 후 이 회사가 두 회사로 나뉘어지면서 적층 세라믹 콘덴서를 취급하는 회사가 AVX사가 되었다. 그러던 어느 날, AVX의 수장 자리에 취임한 마샬 버틀러에게서 편지를 받았다. 거기에는 이렇게 쓰여 있었다. "일본 시장에서 우리가 판매할 수 없다는 조항은 불공정하므로 삭제해주실 수 있겠습니까?"

회사가 둘로 갈라져도 계약은 유효했으므로 엄밀히 말해 불공정은 아니었다. 괜한 트집이라고 거절하는 것이 상식적인 대응이었을 것이다. 그런데 이나모리는 시원하게 동의해줬다. 계약 시에는 받아들였지만, '독점'이라는 것은 본래 이나모리가 좋아하지 않는 형태였기 때문이다. 이에 반대로 버틀러가 "공정한 태도에 감동했다"며 놀라움을 전해왔다. 교세라와 AVX의 사이에 눈에 보이지 않는 신뢰 관계가 구축되는 순간이었다. 이는 5년 후 합병 이야기가 부상했을 때 우호적인 분위기 속에서 이야기할 수 있는 계기가 되기도 했다.

AVX는 확고한 지위를 가진 전자 부품 제조 업체로 성장해 세계 8개국에 18개의 생산 거점을 가진 뉴욕증권거래소 상장 기업이 되었다. 탄탈 콘덴서는 소형에 대용량인 한편, 고주파 특성이 뛰어난 적층 세라믹 콘덴서의 경우 세계 최고의 점유율은 무라타제작소가 쥐고 있었다. 이런 상황에서 이나모리가 AVX의 인수를 검토한 것이다. AVX를 인수해 탄탈 콘덴서의 점유율을 잡게 되면 국제 종합 전자 부품 업체로서의 교세라 위상을 한층 강화하게 될 것이라 여겼다. 그래서 이나모리는 AVX의 사장 버틀러에게 합병 제의를 했다. 그 결과 1990년 1월 AVX를 인수하는 데 성공한다. 드물게도 이나모리 자신이 적극적으로 움직인 인수 안건이었다.

당시 AVX 측에 있었고, 나중에 회장이 된 베네딕트 로젠 씨가 그날 일을 회상하며 이 인수건이 무사히 진행된 이유를 이나모리에게 이렇게 말했다. "당신은 AVX와의 관계를 '인수(acquisition)'라 말하지 않고, '합병(merger)이라고 말해줬다. 이 두 단어는 미국인에게는 전혀 다른 것이다. 인수는 한쪽이 한쪽을 매입해 조직 속에 삼켜버리는 의미가 된다. 합병은 두 조직이 하나가 되는 것이다. 즉 합병은 파트너로 보고 있다는 뉘앙스가 있고, 인수는 인수된 측이 비굴해질 수밖에 없다는 이미지가 있다. 실제로는 인수인데도, 합병이라 표현해준 것의 의미는 AVX

에게 실로 컸다. 당신은 AVX의 주주와 직원에게 관대했고 우리의 자부심을 소중히 지켜줬다. 그래서 주주도 직원도 모두 기뻐했으며, 이 M&A는 잘된 것 같다."

드디어 일본에서 생산한 전자 부품을 AVX의 판로에 올려 전 세계 시장에 판매할 수 있게 되었다. 역으로 기존의 AVX 제품 또한 일본 내 판매에 성공시키는 등 이른바 '윈윈'의 이상적인 M&A였다.

4장

새로운 사업에 도전하다

제2전전으로의 도전

전기통신 사업의 자유화

성공하는 기업에 공통되는 것은 지옥을 경험해본다는 것이다. 마쓰시타전기의 마쓰시타 고노스케처럼 패전에 의한 공직 추방·재벌 해체라는 예상치 못한 사태로 인해 절체절명의 상황에 처할 수도 있고, 산토리의 사지 케이조처럼 위스키가 아주 잘 팔려 어쩔 줄 모를 때 맥주 업계를 치고 들어감으로써 스스로 지옥에 몸담는 것으로 강해지는 기업도 있다. 이나모리 가즈오의 경우 분명 후자였다.

교세라의 경우 다양한 어려움은 있었지만 비교적 순조롭게 그 사업 내용은 확대되었다. 특히 창업 직후의 20년간 평균 약 49%씩 연간 매출이 성장해갔다는 것은 심상치 않은 것이다. 1984년 닛케이 우수 기업 순위에서 당당히 자국 내 상장 기업 부문 1위로 빛나고 있었다. 하지만 이나모리는 현재에 만족하지 않고, 비록 지옥의 고통을 맛보게 될지라도 그것을 극복해 한 번 더 '스텝 업(Step Up)'을 시도하려고 했다. 바둑에서 말하는 '징검다리'를 쳐서, 교세라를 지금까지와 차원이 다른 기업, 'Greater 교세라'로 변모시키려 한 것이다. 그 계기가 제2전전(DDI)에의 도전이었다.

앞서 이나모리가 샌디에이고 공장에서 장거리 전화를 하고 있는 직원을 야단쳤을 때, 미국 전화 요금이 일본의 9분의 1인 것에 놀랐다는 일화가 있었다. 당시 일본의 전기통신 사업은 전액 정부 출자인 전신전화공사(전전공사)의 독점 사업이었다. 독점이기 때문에 이용 요금이 비싸 국민 경제에 큰 마이너스가 되고 있었던 것이다. 미국의 경우 AT&T는 당초부터 민간 기업이기도 했지만, 여러 번 독점 금지법 위반 소송의 대상이 되면서 1984년 회사 자산 3분의 2를 차지하고 있던 지역 통신 자회사 22개를 분리하여 장거리 통신 사업에 특화시켰다. 이런 해외 움직임에 자극을 받아 일본에서도 관영 사업의 민영화와 자유화, 분할, 독점 사업의 자유화 등의 논의가 높아지고 있었다. 그리고 제2차 임시 행정 조사회(제2임조)에서 국철(현재의 JR), 전매공사(현재 JT)와 함께 전전공사의 민영화가 답신되었다. 이렇게 1985년 전전공사가 민간회사 NTT로 거듭나는 동시에 전기통신 사업의 자유화가 이뤄져 신규 진입이 가능해진 것이다.

민영화와 자유화의 주인공은 바로 전전공사 총재 신토우 히사시였다. 이나모리에게 그는 때로는 자애로운 부처님이었고, 때로는 불구대천의 원수였다. 그와의 인연은 제2전전 설립과 이후 투쟁의 나날에 깊이 관련되어 있다. 1980년으로 거슬러 올라가야 한다. 그해 가을 전전공사 근거리 전기통신국에서 '부정 수당'과 '거짓 출장' 등의 부정 경리 사건이 일어났다. 평소부터 전신전화 공사의 체질을 문제시하고 있던 제2임조 회장인 도코우 토시오는 나카소네 야스히로 총리와 협의해 1981년 과거 신입 때부터 키운 부하였던 이시가와지마 하리마 중공업 고문인 신토우를 전전공사 총재로 보낸다. 물론 간단하게 정해진 것이 아니다. 당시 자민당의 수장은 다나카 가쿠에이 전 총리였다. 다나카는 전전공사의 부총재를 추천해왔지만, 당시의 현직 총리인 나카소네가 그것을 딱 잘라 거절한 것이다.

신토우는 이시가와지마하리마 중공업을 업계 넘버원으로 만든 주인 공이다. 건조 블록의 대형화로 건조비를 반으로 줄이고, 표준 설계와 표준 비용을 도입해 건축 비용 산정을 쉽게 하는 등의 수완을 보여 '미스터 합리화'라고 불렸다. 도코우 토시오에 의해 전무이사이자 선박사업부장으로 발탁된 그는 스스로 고객에게 가서 공전의 조선 붐이었던 일도 있어 선박의 수주를 크게 확대시켜나갔다. "어떤 무리한 주문을 해도 그 자리에서 건조비를 뚝딱 계산해냈다고 합니다. 그것이 완성된 후에도 전혀 다르지 않았다고 하고요. 신토우 씨의 머릿속에는 컴퓨터가 내장되어 있다는 이야기도 있었다고 해요." 한 대형 해운 회사의 전 임원은 '신토우 신화'에 대해 이렇게 말했다. (아오키 사다노부, 《거대 기업 NTT 왕국》)

하지만 붐 이후에는 반동이 온다. 감원을 실시하지 않을 수 없게 되었다. 신토우는 사장에서 물러나 회장이 아니라 고문역이 되어 그 책임을 분명히 했다. 출처진퇴(出處進退)의 깔끔함에서도 나무랄 곳이 없었다. 그런 신토우를 도코우는 진심으로 신뢰하고 있었다. 하지만 신토우는 총재 취임 초 매우 놀라게 된다. "전전공사에 와서 내가 우선 놀란 것은, 이곳은 일본이 아니라 외국, 아니 다른 별의 전전공사였다는 것이에요. 일본인에게는 이해할 수 없는 전전어(語)를 쓰고, 일본인에게는 납득할 수 없는 전전적 발상이 통하고 있었습니다." (《조(潮)》, 1984년 4월)

민간 출신 최초의 총재로서 그는 이 회사를 민영화 전에 조금이라도 일반 회사처럼 만들기 위해 내부 개혁을 시작했다. 이에 전전공사의 사내는 격렬하게 반발했다. 하지만 신토우는 기선을 제압했다. 총재 취임 후 넉 달이 지난 때 신토우는 몰래 '전전공사 민영화 전략'을 시작했다. 그것은 제2임조 사무국이 탄생한 것과 궤를 같이하는 일이었다. "처음에는 스파이 소설 뺨치는 은밀한 움직임으로 시작됐다. 사내의 사람들의 눈을 피하기 위해 심야 11시 가까운 시간에 제2임조 사무국에 '밀사'를 보낸 것이다."(마치다 토오루, 《거대 독점기업 NTT의 숙죄》)

제2임조에는 도코우가 있었다. 신토우는 도코우에게 때가 익은 것을 전하고 안팎의 양동 작전으로 전전공사 민영화를 향해 달려갔다. 그런데 신토우는 민영화 후 NTT 분할에 관해서는 소극적이 된다. 처음에는 분할에 대해 적극적이었다. "임조에서 말하는 8개나 11개는 너무 적다. 전국의 지자체 수와 같은 47개로 하자!" 하고 주위에 말했다고 한다. 그런데 생각이 바뀐 것이다.

마치다 토오루는 자신의 저서에서 '거대한 독점을 낳은 신토우 씨의 변심'이라는 장을 마련해 신토우가 태도를 급전환한 것에 대해 기록하고 있다. 전전공사의 노동조합인 전전통(全電通)으로부터 분할 저지의 압력이 있었던 것은 확실한 것 같다. 공무원 협동조합 최대의 노동조합인 그들도 분할되면 세력을 잃게 된다. '민영화 찬성 · 분할 반대'를 내걸은 전전통 위원장 야마기시 아키라는 신토우에게 "분할이 통과되면 조합이 불법 파업을 하게 될 수 있습니다" 하고 공감하면서 자중을 촉구했다. 자민당 의원의 압력도 있었던 것으로 추측된다. 명백히 어느 순간부터 신토우의 분할에 관한 발언이 톤다운되기 시작한다. 당시의 전전공사는 복마전이었다. 그 밖에도 우리가 알 수 없는 사정이 있었을지도 모른다.

그는 후에 서술할 큰 사건에 휘말려 많은 말을 하지 않고 무대에서 사라졌다. 따라서 진상은 지금도 어둠 속에 있다. 결국 제2임조의 답신에서도 국철은 '분할'이라고 명기된 반면, 전전공사는 5년 이내에 지방 서비스 회사와 기간 회선의 운영 회사로 '재구성'되고 당분간 정부가 주식을 소유하는 특수 회사로 전환한다는 내용에 그쳤다. 민영화되더라도 당분간은 거대 기업으로 남아 있는 것이다.

민영화 후 자본금은 1조 엔. 이것은 신일본제철의 약 3배다. 연간 매출은 4조 5,000억 엔 정도로 도요타에 비견되었고, 직원 수 32만 6,000명은 일본 제일이었다. 체신성 이후 각 지방들에 쌓아온 통신 인프라는 전국 방방곡곡에 깔려 있었다. 전기통신 사업의 자유화가 통과되어도 도전하려는 회사가 나오지 않는 것은 당연했다. 그런데 여기서 무모하다고도 생각되는 '도전자'가 나타난다. 누구겠는가, 그것이 바로 이나모리 가즈오였다.

이나모리의 인생에 일관되게 흐르고 있는 것이 의협심과 반골 정신이다. 정당한 이유 없는 권위, 상식, 독점 같은 것과 싸우게 되면, 그의 안에 있는 '투혼'이 활활 불타기 시작한다. 이때도 NTT라는 거대 기업을 독점 상태에 두는 게 좋을 리 없다는 '의(義)'의 마음이 그를 움직이게 한 것임이 틀림없다.

그래도 싸워야 하는 상대가 너무 거대했다. 교세라가 아무리 급성장해왔다고 해도 연간 매출 2,200억 엔, 직원 1만 1,000명이었다. NTT는 그 20배 이상 되었다. 거상과 개미였다. 게다가 다각화의 위험을 숙지하고 있던 그는 지금까지 '징검다리를 치지 않는다'를 신조로 삼아왔다. 태양광 발전이나 쿠레산베루 및 바이오 세럼처럼 세라믹 사업과의 시너지는 보이지 않았다. 야시카의 경우와 같이 재건을 의뢰받은 것도 아니었다. 아무리 '아마추어'의 강점을 주장하던 이나모리라고 해도 너무 문외한이었다.

하지만 전기통신 사업 자유화는 향후 폭발적인 성장이 예상되는, 통신 업계에 진출할 천재일우의 기회였다. 국제 경쟁력은 갈수록 떨어지고 있는데 과거 유산만으로 큰 이득을 보고 있는 중후 장대 산업에 신흥 기업 교세라가 시가총액에서 그들을 압도하고 일본 경제의 새로운 리더로서 이 나라의 나아갈 방향을 이끌 수 있을지도 모른다. 그런 혁명이 이제 막 일어나려 하고 있는 것을 보고 있으려니, 이나모리의 사업가 영혼이 불타기 시작했다. 내가 아니면 누가 하겠느냐하는 자부심도 있었다. 곧바로 돌입한 것은 아니다. 그의 머릿속에서는 사람·물건·돈 등의 모든 통신 업계의 향후 다양한 이해득실을 가미한 사업 시뮬레이션이 이뤄지고 있었다. 생각할 요소는 많이 있었다.

하지만 그는 이미 사업 성공의 열쇠는 솔직한 마음으로 시장의 목소리에 귀를 기울이고 '올바른 것을 사심 없이 하려는가'가 좌우한다는 것을 알고 있었다. 사업 계획 등을 생각하는 데 있어서 맨마지막 남은 것이 자신의 동기에 이기심이 없는가였다. '동기가 선한가? 사심은 없는가?' 이 말을 주문처럼 마음속으로 계속 반추했다. 이나모리는 나중에 회고하며 이 사업의 원점은 바로 이 자문자답에 있었다고 밝혔다. 반년 정도를 생각하고 또 생각한 끝에 결정했다.

'단호히 해보이겠다!' 1983년 7월 임시이사회가 열리고 제2전전에의 도전이 의제로 제출되었다. "교세라는 창업 이래 적립해온 내부 유보 1,500억 엔이 있다. 이 가운데 1,000억 엔을 사용하게 해달라." 전기통신 사업 진출은 이나모리의 이 한마디로 정해졌다. 그가 자주 입에 담은, "긍정적으로 구상하고, 비관적으로 계획하며, 낙관적으로 실행하라"는 말이 실행되는 것이 바로 이 제2전전 계획이었다.

이나모리 가즈오라는 천재는 집단지성을 모으는 것을 별로 선호하지 않는 경영자이지만, 그만큼 높은 결단력을 통해 리더십을 유지했다. 부하는 승부에 승리하는 지휘관을 따르기 마련이다. 이나모리의 뛰어난 결단과 의지로 사업들이 승승장구한 것이야말로 그의 구심력의 원천이었던 것이다.

센모토와의 만남

제2전전에의 도전을 결정한 직후 이나모리는 바로 운명에 이끌리듯이 한 남자와 만나게 된다. 그는 과거 전전공사 근거리 전기통신국 기술조사부장 센모토 사치오였다. 제2전전의 성공은 그를 빼곤 설명할 수 없다. 바로 필요할 때 하늘이 필요한 인재를 이나모리에게 내려준 것이다.

센모토는 교토 대학 졸업 후, 전전공사에 입사한 뒤 풀브라이트 장학생●으로 플로리다 대학 대학원에서 전자공학 박사학위를 취득했다. 자택의 문패에 'Dr. 센모토'라고 쓰여 있었다는 유명한 일화가 있을 정도로 강렬한 자기 현시 욕구의 소유자였다. 이나모리 가즈오보다 10살 연

● 풀브라이트법에 따라 미국 유학생에게 주어지는 장학금.

하다.

1983년 8월 교토상공회의소 회장인 츠카모토는 가장 친한 친구인 오사카상공회의소 회장 사지 케이조에게 센모토를 소개받아, 그를 강사로 초빙해 '초 LSI(대규모 집적 회로)의 발전과 고도 정보사회의 실현'이라는 주제의 강연회를 기획했다. "이나모리, 이번 강사는 기술자야. 기술을 이해하지 못하는 사람은 이야기가 통하지 않을 테니, 꼭 참석해줘." 츠카모토로부터 요청을 받았으니 싫다고는 말할 수 없었다. 결국 강연의 사회까지 맡게 되었다. 당시 교토에서는 교토·오사카 학원 도시 구상을 추진하는 등 첨단 기술과 정보화에 대한 관심이 높아지고 있었으며, 강연 회장에는 무라타제작소의 무라타 아키라 사장과 타테이시전기제작소의 타테이시 카즈마 사장 등 쟁쟁한 경영자들이 얼굴을 비추고 있었다.

여기에서 센모토는 초 LSI의 발달이 곧 첨단 정보통신 시스템의 구축으로 이어져 사회를 일변시킬 것이라 열변했다. 하지만 일본은 미국에 기술적으로 크게 뒤지고 있었다. 그 초조감에 그는 전전공사에 몸담고 있으면서 이 뒤처짐의 원흉은 전전공사의 미지근한 대처에 있고, 지금 이야말로 자유화를 추진해야만 한다고도 말했다.

'재미있는 사람이야.' 이나모리는 사회 자리에서 센모토의 옆모습을 바라보면서 그렇게 생각했다. 전전공사라고 하면 공무원 스타일의 사람들이 많은 조직이지만, 그에게는 그런 분위기 전혀 없었다. 당당히 정론을 말하고 있었다. 자신감이 충만해 활력 덩어리 같은 에너지를 느끼게 했다. 강연이 성황리에 끝난 뒤 간담회 자리에서 말을 걸었다.

"매우 흥미로운 이야기였습니다. 당신의 말씀대로 고도 정보사회를 진전시키기 위해서는 전기통신 사업의 자유화를 추진해야 합니다. 그런데 아시다시피 아직까지 신규 진입하려는 기업이 나오고 있지 않아요."

"큰 비즈니스 기회라고 생각합니다만 교세라와 같은 첨단 기술 기업이라면 인연이 없지는 않다고 생각합니다."

"아무도 하지 않는다면, 제가 도전해볼까 생각하고 있습니다."

이 이야기를 들은 순간 센모토는 손에 든 잔을 떨어뜨릴 뻔했다. 립서비스로 교세라도 인연이 없지는 않을 것이라 했지만, 설마 정말 전전공사에 도전하려 하고 있다니. "풍차를 향해 돌진하는 '돈키호테' 다!" 이나모리는 후에 이런 험담을 듣게 되지만, 센모토에게는 지금 눈앞에 있는 남자가 순간 그렇게 보였을 것이다.

놀란 센모토에게 이나모리는 이렇게 말했다. "오늘의 이야기를 듣고 느낀 것입니다만, 실례가 될 수 있지만 당신은 전전공사에서 붕 떠 있는 거잖아요? 저희 쪽에 와서 함께 전전공사에 대항하는 회사를 시작하지 않겠습니까? 꼭 연락을 주세요." 그러고는 집 전화번호를 명함에 써줬다.

이를 계기로 두 사람은 종종 만나게 되었다. 오사카 로얄 호텔(현재의 리가 로얄 호텔)의 현관을 들어가면 왼편에 커피 테라스가 있는데, 여기가 일반적인 만남의 장소였다. 과거 제1물산의 요시다 고문으로부터 '젊음에도 당신은 철학을 가지고 있다'는 말을 들은 추억의 호텔이다. 센모토도 뜨거운 남자지만 이나모리는 한층 더 심했다. 만날 때마다 마음이 끌렸고, '이 사람이라면 자신의 포부를 실현할 수 있을지도 모른다'라고 생각하기 시작했다. 그리고 마침내 뜻을 세워 이렇게 말을 꺼냈다. "전전공사를 그만두고 새로운 회사에서 함께해보고 싶습니다!"

"그때 내 눈을 꿰뚫어보는 듯한 이나모리 씨의 눈빛의 날카로움이 지금도 기억에 남아 있다. '이것이 먹이를 포착한 경영자의 눈인가?' 하고 마음속으로 혀를 내둘렀다."(센모토 사치오,《브로드밴드 혁명의 길》) 센모토가 이나모리를 선택한 것이 아니라, 이미 그가 이나모리의 손바닥 위에 올라와 있었던 것이다.

지금까지 센모토의 이야기에 관심을 가진 사람은 수십 명 있었다. 사지도 그렇고, 츠카모토도 그랬다. 강연에서 사람들을 집중시켰던 것은, 모두들 그의 이야기에서 전기통신 사업의 미래에 큰 가능성을 발견했기 때문이었다. 그러나 여러 기업인과 만난 끝에 자신의 포부를 실현할 수 있는 파트너로서 그는 이나모리를 선택했다. 이것을 통해 이나모리 가즈오라는 사람의 심상치 않은 인간적 매력을 확인할 수 있다.

센모토는 근처에 있던 호텔 메모지에 '도쿄', '오사카'라고 쓰고, 이 둘을 굵은 선으로 이었다. "여기에 자기 부담의 통신망을 건설할 것입니다." 그는 알기 쉽게 그림을 그리면서 몇 장의 메모지에 사업 계획을 써 나갔다. "필요한 건 사업 자금인데, 도쿄에서 오사카로의 전용 회선을 설치하는 것은 300억 엔 정도 있으면 가능합니다. 그것을 포함해 처음 2~3년간 1,000억 엔이 필요할 것입니다. 구조는 제가 만들어드리겠습니다. 그러나 제겐 돈도 없고 민간 기업을 움직일 경영 능력도 없습니다. 이나모리 씨, 그 둘을 제게 맡겨주세요." 그때의 일을 센모토는 다음과 같이 이야기하고 있다. "내 말이 끝나자 이나모리 씨는 작은 한숨을 내쉬었다. 그리고 '잠시 시간을 달라'고 말했다."(《브로드밴드 혁명의 길》)

그 뒤로 한 달 정도가 지났다. '역시 안 되는 것인가…'하고 센모토가 포기하려는 생각을 하고 있을 때 집 전화가 울렸다. "결심을 했습니다. 꼭 합시다!" 수화기 너머 이나모리가 결연한 목소리로 그렇게 말했다. 그 당시 이나모리는 친한 기업인에게 이렇게 말하고 있었다고 한다. "이야, 피가 들끓고 있습니다." 이를 보고 "또 교세라가 새로운 기업 인수를 생각하고 있는 것 같다"는 소문이 돌았으나, 실제로는 더 큰 그림을 그리고 있었던 것이다.

이나모리가 예외적인 '징검다리'를 이때 놓을 수 있었던 것은 언급한 바와 같이, 제2의 창업에 대비해 내부 유보를 쌓아온 심모원려 덕분이었다. 신 사업에 진출할 때 은행 대출과 주식 자금 등 외부에서 자금을 조달하는 것은 흔한 일이다. 그것은 결코 해로운 것은 아니다. 장래성 있는 사업이라는 확신이 있다면, 오히려 자기 자금에만 의존하지 않고 외부 부채의 레버리지 효과를 올리려는 것이 기업 재무의 정석이다. 후에 이나모리 가즈오나 센모토와 깊은 관계를 맺는 소프트뱅크의 손정의(일본 이름 손 마사요시)의 경영 기법이 그 전형이다.

하지만 이나모리는 내부 유보가 쌓일 때까지 기다렸다. 그를 보고 있으면 '기회가 올 때까지 가만히 기다리는 것'도 성공의 중요한 자질 중 하나임을 깨닫게 된다. 주식 격언인 '휴식도 거래'라고 하는 것은, 범인은 좀처럼 할 수 없는 것이다. "당시의 교세라의 사업 규모를 감안하면 매우 위험한 전대미문의 결정이었다고 생각한다. 그 멋진 벤처 정신에 대해 나는 지금도 아낌없는 찬사를 보낸다."《브로드밴드 혁명의 길》 이렇게 센모토가 서술했지만, 전전공사를 그만두고 교세라에 넘어가는 센모토의 행동도 충분히 '전대미문의 결정'이며 '훌륭한 벤처 정신'이 아니겠는가?

그가 그만두기 직전 신토우 총재에게로 인사하러 갔을 때, 신토우는 이렇게 말했다고 한다. "그런가, 이나모리 군과 함께한다면 잘될지도 모르겠군." 그것이 본심인지의 여부는 알 수 없지만, 이렇게 센모토는 전전공사를 1983년 12월 23일부로 그만두고 다음 해 1월 1일자로 교세라에 입사한다. 직함은 상무이사 정보기획 본부장. 아직 41세의 젊은 나이였다. 주위에 퇴직을 이야기하면 "앞으로 1년 있으면 연금이 붙는데…" 또는 "모처럼 초일류 기업에 근무하고 있는데…" 하는 식의 비슷한 반응이 되돌아왔다. 실제로 야에스 사업소에 부임했을 때는 적잖게 당황했다. 응접실을 개조한 사무실에 책상만 두 개가 덩그러니 있을 뿐이었기 때문이다. '정말 이직하길 잘한 것일까.' 그는 조금 불안해졌을 것이다.

'징검다리'에 의한 다각화의 어려움은 무엇보다도 '사람'의 문제를 어떻게 해결할 것인가다. 아무리 우수하다 하더라도 교세라의 직원이 그 즉시 전기통신 사업의 전력이 될 리가 없었다. 센모토의 첫 업무는 전전공사에서 인재를 헤드헌팅하는 것이었다. 유망한 젊은이를 초대해 매 주말 교토 히가시야마의 시시가타니에 있는 교세라 게스트하우스 '화륜암(和輪庵)'에 모여 스터디를 시작했다. 화륜암은 남선사 주변에서 볼 수 있는 고급 별장의 하나로, 비와호의 호숫물을 끌어들인 연못 등 취향을 살린 정원이 아름답다. 거기에서의 스터디 그룹은 그들을 스카웃하기 위한 중요한 포석이었다.

소수 정예로 하고 싶었기 때문에 우수한 직원에게만 얘기해 이나모리와 만나게 했다. 그의 입으로 이 사업에 거는 생각을 말하게 하기 위해서였다. 거기에서부터는 이나모리의 독무대. 단번에 모두를 '이나모리 가즈오의 추종자'로 만들었다. 하지만 아무리 이나모리의 추종자가 되었더라도 자신의 지금까지의 경력을 버리고 새로운 회사 설립에 도움을 준다는 것은 다른 문제였다. 만남을 가진 사람 중 절반밖에 참여해주지 않았다.

하지만 명문 기업에서 이직시키는 것은 쉬운 일이 아니다. 어쩌면 반이라도 설득할 수 있었다는 것은 놀라운 성과라 할 수 있겠다. 후에 KDDI의 사장이 되는 오노데라 타다시나 부사장이 되는 타네노 하루오 등은 이때 헤드헌팅한 창업 멤버였다. 전전공사의 입장에서 보면 제2전전에게서 받은 가장 큰 피해는 사실이 인재 유출이 아니었을까. 이나모리에게 감사했다는 센모토가 처음부터 기업가 정신을 발휘해 인재를 선정해준 것이다.

이후 센모토는 이렇게 말했다. "오노데라 씨는 당시 무선 통신을 전문으로 하고 있었습니다. 한편 나의 특기는 유선 통신이었지요. 당시 공사에서 유선 부문과 무선 부문은 경쟁 관계에 있었습니다. 절대로 친분이 있었을 리가 없었습니다. 그런데 왜 오노데라 씨에게 접근했는가? 그가 무선 부문에서 최고 인재라는 것이 가장 큰 이유였지만, 또 다른 이유로 기술적인 구멍을 메우고 싶다는 목적이 있었습니다." (센모토 사치오, 《당신은 인생을 어떻게 걷는가?》)

인재의 다양화는 중요하다. 그는 친구들 집단이 아니라 처음부터 사업인 집단을 목표로 했다. 사실 센모토는 이 단계에서 유선으로 회선 부설을 생각하고 있었지만, 결국엔 무선을 선택하지 않을 수 없게 된다. 오노데라를 채용한 것이 신의 한수가 된 것이다.

그들은 주말이면 화룬암에 모여 어떻게 하면 전전공사에 맞서 나갈 수 있을지를 자정까지 논의했다. 그리고 마셨다. 엄밀히 말해서 회식이

기도 했다. 그들은 자신도 모르게 교세라의 일원으로서 이나모리의 색으로 물들고 있었다. 거대한 적을 상대로 무모하다고 말할 수 있는 싸움에 도전하면서 기분도 자연히 고양되어갔다. 이윽고 누가 먼저라 할 것도 없이 '시시가타니 모의'라는 말을 입에 담고 있었다.

800년 전 헤이안 시대 말기 승려들이 시시가타니의 산장에 모여 '헤이 가문이 아닌 사람들을 위하여'라는 명분 아래 당시 전횡을 일삼던 헤이 가문을 뒤집을 모의를 실시한 것이다. 화륜암은 시시가타니에 있었다. 전전공사를, 전횡을 일삼던 헤이 가문에 대입하면 딱이었다. 당시 그 시시가타니 모의는 표면화되어 관계자 대부분 사형되고, 승려들은 불귀의 객이 된다. 모두들 비장한 마음을 가슴에 품었다.

새로운 사업을 위하여
—

제2전전의 참가자가 교세라 하나여서는 아무래도 초조했다. 도쿄에서 경제인 회의가 있었을 때의 일이다. 전부터 절친한 사이인 우시오전기의 우시오 지로에게 이나모리가 자신의 생각을 전했다. "지금 일본의 전기통신 사업은 100년에 한 번 있을 큰 전환기를 맞이하고 있습니다. 국민을 위해서라도 일본의 통신 요금은 어떻게든 인하해야 합니다. 나는 목숨을 걸고 이 사업을 성공시킬 겁니다."

우시오전기는 효고현 히메지시에 설립된 자동차의 헤드라이트 등에 사용되는 할로겐 램프의 선두 업체다. 재계 증진들 중에서도 견식이 높다고 정평이 나 있던 우시오는 후일 마쓰시타 고노스케의 인정을 받아

경제 동우회 대표 간사도 맡게 된다. 그런 우시오가 그의 말을 가만히 듣더니 파안대소하며, "우리도 어떻게든 해야 한다고 생각했습니다. 기꺼이 돕겠습니다"라고 말했다. 옆에 있던 세콤의 이이다 마코토도 찬성해줬다. 그때 마침 소니의 모리타 아키오가 "무슨 얘기 중이신가?" 하며 찾아왔기에, 그에게도 이야기를 하자 "소니도 돕겠네. 그러나 책임은 전부 자네가 지게" 하고 말해 웃음꽃이 피었다.

이렇게 이야기가 진행되어 곧바로 구체적인 형태가 취해졌다. 우시오의 발안으로 정치력이 있는 미쓰비시에도 연락을 하게 되었다. 당초 미쓰비시도 자체 참가를 검토하고 있었지만, 이나모리 가즈오가 설득해 함께할 것을 승낙받은 것이다. '사공이 많으면 배가 산으로 간다'는 어리석음을 피하고 새로운 회사의 경영을 일임해준 것은 고마웠지만, 모리타는 한 가지 주문을 했다. "새로운 회사의 사명은 영문보다 '제2전전'이 좋지 않겠는가?"

분명히 지금까지 '신전전'이라든지 '제2전전'이라고 새로운 회사를 불러왔다. 하지만 그것을 그대로 회사명으로 한다는 발상은 아니었다. 오히려 선진성을 표현하기 위해서라도 그야말로 소니 같은 멋진 영문의 이름이 좋다고 모두들 생각했던 것이다. 그런데 모리타는 이를 일축했다. 우시오는 이나모리보다 1살 연상이고 이이다는 1살 연하로 또래였지만, 모리타는 11살 연상의 재계 대선배였다.

그럼에도 센모토는 대담하게 반박을 시도했다. "일본에서 가장 큰 통신 업체를 지향하고자 의기가 오르고 있을 때, 처음부터 '제2'를 자칭하는 것은 어떤 의미입니까?" 그러나 모리타는 지지 않았다. "분명히 영문 이름은 멋지지만, 어떤 회사인지 일일이 설명이 필요하다. 반면

'제2전전'이라고 하면 누구나 일본에 두 번째로 생긴 전화 회사임을 알 잖나."

사실 모리타는 1958년 도쿄통신공업을 소니로 바꾼 장본인이다. 그 때 그는 "그런 아무도 모르는 사명은 부끄럽습니다" 하는 맹렬한 반대 를 당했다고 한다. 당시 회사라고 하면 인명 또는 지명에 제품 또는 업 태를 아는 단어를 조합하는 것이 관례였다. 당연한 반대 의견이었다. "적어도 소니전자산업으로 합시다"라는 말조차 귀를 기울이지 않고 공 동 창업자인 이부카 마사루의 지지를 얻어 초지일관 관철한 결과, 세계 의 '소니'가 되었다. 그런데 이번에는 그가 반대로 '누구나 알 수 있는 이름'을 사용하자고 말하기 시작한 것이다. 소니의 탄생 비화를 알고 있던 모두는 무심코 휘청할 뻔했지만, 이번에도 모리타의 감각을 믿고 그의 조언에 따르기로 했다.

모리타에게서 '경영의 책임을 지라'는 이야기를 들었지만, 이나모리 는 자신이 제2전전의 사장이 될 거라 생각하지 않았다. 이미 마음에 점 찍어 둔 사람이 있었다. 바로 전 자원 에너지청 장관이었던 모리야마 신고였다. 그는 이나모리와는 동향이었다. 모리야마가 아직 상공부의 과장이던 시절 가고시마현 출신자 모임에서 만났다. 가고시마현 사람 답게 성격이 긍정적으로 농담을 자주 입에 올리며 엘리트임을 자랑하 지 않았다. 만날 때마다 그 인품에 매료되어 "통산성을 그만둔 후 우리 회사에 오지 않겠습니까?" 하고 추파를 보내고 있었다. 하지만 그렇게 말하면서도 내심 포기하고 있었다. 전 자원 에너지청 장관 정도쯤 되면 석유공단 총재와 일본무역진흥회 이사장 외에도 기존 대기업으로의 재 취업이 더 매력적이기 때문이다.

그런데 퇴임할 때 오히려 모리야마 쪽에서 "이나모리 씨, 예전의 제안 아직도 유효한가요?" 하고 물어왔다. 농담이 아닐까 의심하면서도, "물론입니다!"라고 즉답해 1983년 그를 교세라의 부사장으로 맞이하게 되었다. 제2전전은 모리야마의 자리라고 생각했던 것이다.

"새로운 회사의 사장이 관료 OB여도 괜찮습니까?" 센모토는 거세게 반발했다. 이나모리가 사장, 자신은 부사장 정도로, 또는 가까운 미래의 사장 후보로 자신을 생각했다 해도 이상하지 않았다. 하지만 이나모리는 센모토의 능력을 높이 사면서도 높은 자리에 자리 잡는 것을 생각하지 않았다. 그는 이나모리즘을 충실하게 구현하기엔 자의식이 너무 강했다. 선민주의적인 사람을 싫어하는 이나모리다운 선택이었다.

그 모리야마가 어느 날 놀라운 제안을 해왔다. "새로운 회사의 임원 이야기입니다만, 과감히 우정성(정보통신부) OB로 정하는 건 어떻겠습니까?" 모리야마라는 예외는 있지만 원래 이나모리는 관료를 싫어했다. 처음에는 꺼렸지만, 모리야마의 설명을 듣는 동안 수긍이 갔다. 통신 사업은 인허가의 결정체다. 우정성 OB라면 성내의 역학과 절차, 일의 진행 방식 등을 잘 알고 있을 것이다. 게다가 선배가 임원이 되면 예전의 부하들도 신경을 써줄 것이 틀림없었다. 그것을 모리야마는 잘 알고 있었던 것이다.

이나모리도 여기선 그들의 씨름판에서 싸울 수밖에 없다고 결심하고 조언을 따랐다. 모리야마는 곧 인선에 들어가는 한편, 교섭을 위한 출자자 모두에게 발길을 옮겼다. 그의 발 빠름은 기대 이상이었다. 그의 리더십과 정재계에 폭 넓은 인맥은 새로운 회사에 엄청난 혜택을 제공했다. 모리야마를 사장으로 앉힌 것은 그야말로 탁월한 선택이었다. 센모토도 얼마 지나지 않아 그에게 완전히 심취해갔다.

계획은 비밀리에 진행되었지만, 움직임은 언젠가는 밝혀지게 된다. 결국 1984년 3월 10일 명백하게 밝혀졌다. 〈일본경제신문〉 일면에 큼직하게 '교세라와 소니 등 제2전전 설립을 위해 움직이다'라는 기사가 실린 것이다. 출자자가 누구인지, 3대 도시권에 중점을 두고 있다는 것 등 사실과 다른 점은 거의 없었다. 신규 참가자가 좀처럼 나타나지 않는 것에 한계를 느낀 우정성에서 정보를 유출한 것이라는 말도 나왔지만, 이쯤 되면 아무래도 좋은 이야기였다.

그런데 관계자들 사이에는 조바심이 들고 있었다. 사실 아직 중요한 사항이 해결되지 않았던 것이다. 전용 회선을 당기는 방법이었다. 처음에는 전전공사가 하던 대로 고속도로를 따라 광케이블을 매설하는 방법을 생각했지만 케이블 매설 1kg당 1억 엔 가까운 비용이 든다는 계산이 나왔다. 단념할 수밖에 없었다.

그다음 생각한 것이 신칸센의 노선을 빌리는 방법이었다. 이것이라면 비용은 들지 않지만 정작 국철에 거절당하고 만다. 철도는 철도 통신이라는 독자적인 통신 회선을 가지고 있다. '미도리의 창구'라는 발권 시스템은 일본 통신의 선구자이고, 신칸센으로 고급 이동통신을 실현하고 있다. 사업 파트너로서 좋은 상대라고 생각했지만, 그들이 라이벌이 될 것이라고는 생각지 못했다. 국철은 1987년 4월 분할 민영화되어 신전전 사업을 민영화 후의 수익 사업으로 중심에 두고자 생각하고 있었던 것이다.

세 번째로, 고속도로 중앙 분리대를 따라 부설시키고자 생각하고 도로공단과 협상했지만 이것도 실패였다. 이렇게 센모토의 계획은 갑자기 벽에 부딪치고 만다. 원래 철도와 도로 회사가 통신 업체에 시설을 빌려주는 사업이 이뤄지는 미국처럼 그는 일본에서도 당연히 그렇게 하면 될 거라 믿고 있었다. 그러나 일본의 경우 미국과 다른 사정이 있었다. 그것은 교세라라는 통신과 아무런 인연이 없는 회사가 무모하게 전기통신 사업에 참가를 표명한 데 있었다. 국철도 도로공단도 '어떤 시설도 노하우도 없는 교세라가 도전할 정도면 우리가 직접 사업으로 시작해도 될 것'이라는 자신감을 갖게 된 것이다.

'절대로 맞는 예언자의 예언은 맞지 않는다'는 역설이 있다. 교세라 같은 회사에서도 전기통신 사업에 진출할 수 있는 시대가 올 것이라고 예언했던 센모토가 자신의 그 비전을 통해 예언이 성취되는 것을 스스로 어렵게 만들고 말았다. 그러는 동안 경쟁의 움직임이 명백해지기 시작했다.

제2전전 설립의 기사가 실린 다음 달(1984년 4월) '고속도로 광통신 민관(民官)에서 제2전전 건설에 11건설 부 방침'이라는 기사가 나왔다. 건설성이 배후가 되어 일본도로공단이 입후보한 것이다. 이는 이후 일본고속통신(통칭 테레웨이)이 된다. 이나모리를 더욱 놀라게 한 것은 일본고속통신에 도요타가 가세한다고 보도된 것이다. 그들은 휴대전화를 포함해 자동차와 정보통신 분야의 사이에 미래 시너지가 발생하기를 기대하고 있었다. 이어 5월 25일에는 국철도 참가한다고 보도되었다. 이후 일본텔레콤이 된다.

그들에게 광섬유를 설치해줄 수 있는지 묻고 있었던 센모토가 미리 손패를 내보인 셈이었다. 국철 측의 협상 상대였던 마와타리 카즈마사 국철 부총재가 일본텔레콤 초대 사장으로 취임하는 덤까지 붙었다. 일본텔레콤은 도카이도 신칸센의 레일을 따라 약 200억 엔을 들여 광섬유 망을 깔고 도쿄-오사카를 시작으로 기업용 통신 서비스를 시작할 계획을 발표했다. 나중엔 산요 신칸센과 도호쿠 신칸센도 마찬가지로 넓혀 간다고 했다. 일본고속통신과 일본텔레콤은 신중하게 기회를 보다 사람, 물건, 돈을 완전히 장악할 수 있는 완벽한 전략을 가지고 왔다. 결과적으로 먼저 참가를 표명한 제2전전이 가장 늦어지게 되었다.

창업과 동시에 생존의 위기였다. 자유화의 기수로서 처음에는 응원을 보내주는 사람들도 있었지만, 강호들이 속속 입후보함에 따라 거품 취급이 기다리고 있었다. 이렇게 되면 뒤가 없었다. 이나모리 가즈오의 투지가 타오르기 시작했다.

DDI의 설립

도쿄전력도 손을 대려 했지만, 우정성이 통신 사업 진입 규제인 '수급 조정 조항'을 방패로 그것을 인정하지 않았다. 즉 시장 규모 대비 업체가 너무 많아진 셈이다. 결국 신전전은 세 회사로 정착했지만 여전히 많다는 목소리가 나왔다. 업체가 많을 경우 경영 부진을 넘기 위해 가격 인하 공세로 실적을 올리고자 하고, 가격 인하 경쟁으로 인해 공멸의 위기에 빠지는 경우도 나오기 때문이다.

"신전전을 단일화하는 것이 좋지 않은가?" 제2전전에도 우정성 출신의원의 압력이 있었지만, 타사에 밀려 그만둘 생각은 없었다. 1984년 6월 제2전전은 예정대로 출범한다. 이나모리 가즈오가 회장, 사장은 예정대로 모리야마 신고가 취임했다. 직원 20명이었고, 약어는 DDI로 정해졌다. 영문 명칭의 'Daini Denden Inc.'에서 따온 것이다. 그로부터 두 달 전 도쿄의 요가에 교세라 도쿄중앙연구소가 있었지만 DDI 본사는 그 속에 들어가게 되었다.

교세라 외에 소니, 우시오전기, 세콤, 미쓰비시의 네 곳이 발기인이 되어, 모리타에게는 사외이사가 되어 달라고 했다. 아직 사외이사를 통해 지배력을 강화하겠다는 발상이 없을 때였다. 그 외 미쓰이물산, 이토추상사, 미쓰비시은행, 산와은행, 노무라증권, 산토리, 와코루 등 총 25개사가 주주로 이름을 올렸다. 그 후에도 출자 신청이 끊이지 않아 200사를 추가해 총 225사가 되었지만, 이후로는 출자를 거절했다. 출자 신청이 많았던 것은 제2전전에 미래를 느꼈기 때문이 아니다. 당시 일본 기업은 여유가 있었고, 모두 일률적으로 신전전의 세 회사 모두에 출자하고 있는 곳이 대부분이었다.

교세라 도쿄중앙연구소의 지하 1층에는 넓은 일본식 방이 있었다. 그래서 이나모리를 둘러싸고 모든 직원이 모여 생선회나 튀김을 먹으면서 소주를 마시고 꿈을 말했다. 여기에서도 회식은 이뤄지고 있었던 것이다. 벡터를 하나로 합치고 내일로의 활력을 축적했다. 5월 31일 제2전전의 설립 기념 파티가 열렸고, 바쁜 가운데 전전공사의 신토우 총재도 달려와 분위기는 더욱 고조되었다.

이나모리의 책임은 막중했다. 우시오 이이다, 모리타 셋에게서 금연을 요구받았다. 새로운 회사의 경영을 맡고 있는데 건강을 해치게 되면

DDI와 KDD가 합작하여 발족한 제2전전의 설립 기념식에서(우측에서 두 번째가 이나모리 가즈오).

제2전전 설립 파티에서(우측부터 소니 모리타, NTT 신토우, 이나모리 가즈오, 세콤 이이다, 우시오전기 우시오, DDI 모리야마, 센모토).

1980년에 교토시 사쿄구 록케곡에 개설된 영빈관 '화륜암'.

곤란하다는 것이다. 이나모리가 골초인 것은 유명하다. 그때까지 매일 담배를 60~70개를 피웠던 만큼 이 금연 명령에는 함구했지만, 당면한 분부는 지키기로 했다. (《일경산업신문》, 1985년 1월 24일)

제2전전을 설립하고 2년, 이나모리 가즈오는 아직 52살의 젊은 나이 였다. 그는 사재를 털어 이나모리 재단을 설립하고 같은 달 대규모 집 적회로용 세라믹 적층 기술 개발을 통해 자수표창을 수여하고 있었다. 그는 다른 성공한 사람들보다 20년 정도 빨리 인생을 걷고 있었다고 할 수 있었다. 새로운 회사가 출범했지만 통신 회선을 부설하지 못한다면 그대로 무너질 일이었다. 이나모리 스스로 국철의 이스기 이와오 총재 에게 가서 그들이 끄는 광섬유 회선 중 한 개를 DDI에 양도해줄 것을 다시금 간절히 부탁해봤지만, 역시 대답은 노였다. "철도 부지는 국유 지이지 않습니까. 그것을 일본텔레콤이라는 민간 기업 한 곳이 독점적 으로 사용하는 것은 공정하지 않습니다. 독점 금지법에도 저촉되는 것 입니다." 여기에는 이스기도 허를 찔려 말이 막혔지만 결론은 바뀌지 않았다.

그 며칠 후 도로공단과의 사이를 건설장관인 미즈노 키요시가 중개 해준다는 얘기가 들어왔다. 일본고속통신에 출자한 후 도로공단도 주 주들에게 편의를 도모할 필요가 있을 것이라는 뜻이었다. 지푸라기라 도 잡는 생각으로 자본금의 2%에 해당하는 1억 엔을 출자했지만, 말한 대로 잘 풀리지는 않았다. 공사 기간과 비용을 생각하면, 기지국을 만 들어 전파를 날리는 마이크로파 방식밖에 선택 사항은 남아 있지 않았 다. 광섬유에 비하면 속도도 용량도 떨어지는 만큼 가능하면 선택하고 싶지 않은 마지막 수단이었다.

게다가 일본의 하늘을 날아다니는 전파 대역에서 사용 가능한 무선 루트는 한정되어 있었다. 자위대의 무선이 날고 있고, 미군의 무선도 날고 있다. 기존의 무선 루트와 충돌해서는 안 되었다. 이대로 만사휴의(萬事休矣)●인가 하고 생각했을 때 전전공사의 신토우 총재가 도움의 손길을 내밀었다. 총재가 직접 교세라 본사로 전화를 걸어왔던 것이다. 공교롭게도 이나모리는 자리에 없었지만 "다시 전화할 필요는 없습니다. 어쨌든 그에게 내일 신문을 보라고 전해주세요" 하는 전언이 남아 있었다. 그리고 말대로 다음 날 조간신문을 열어보니, 이나모리 가즈오의 눈에 들어 온 것은 '전전공사 총재 담화 도쿄-오사카 간 마이크로 무선회선, 아직 한 회선 여유가 있다' 라는 제목이었다.

전전공사의 속사정을 잘 아는 센모토는 그들의 마이크로파에 여유 회선이 있다는 것을 알고 이미 협상하고 있었지만, "사용하지 않는 루트는 미래를 위한 예비이기 때문에 제공할 수 없습니다"라고 거절당했을 것이라고 짐작했다. 하지만 실제로 신토우는 '내일 조간을 봐 달라'고까지 말했고, 이것을 기사화했다. 이나모리는 알아챘다. 이 사실을 대외적으로 공개함으로써 직접 회선을 사용하는 길을 열어준 것이라는 것을. 신토우는 파티 등에서 얼굴을 볼 때마다 "이나모리 씨, 힘내라고! 응원해줄게"라고 말해주고 있었다. 그것은 단순한 립서비스가 아니었던 것이다.

이나모리는 조속히 신토우 총재를 방문해 재차 전전공사 회선의 사

● 모든 것이 헛수고로 돌아간다는 뜻.

용 허가를 받았다. 하늘로 오르는 기분이었다. 조용히 고개를 숙이며, 전전공사라는 복마전에서 고군분투하고 있는 신토우에게 진심으로 경의를 표했다. 신토우가 있는 한 그들은 도전하는 벽일지언정 '적'이 아니다. 그때는 그렇게 생각했다.

이렇게 도쿄-오사카 사이에 무선 회선을 확보할 수 있게 된 즉시 건설 회사를 준비하고 네트워크 만들기에 착수했다. 도쿄와 나고야와 오사카에 네트워크 센터를 설치하고 50km당 총 8군데의 중계 기지를 두고 안테나에서 안테나로 전송할 계획을 수립했다. 기점이 되는 도쿄 네트워크센터는 미쓰비시의 소개로 다마시 뉴타운에 인접한 주택 공단에 가지고 있던 광대한 토지에 설치하기로 결정했고, 그 외의 중계기지를 위한 부지 찾기도 시작되었다.

160명의 신입 사원들이 조속히 전력으로 일해준 것은 든든했다. 중계기지를 만들기 쉬운 곳은 이미 전전공사가 기지를 설치한 상태였다. 제1중계기지는 가나가와현 오이소의 레이크 우드 골프 클럽 근처의 산꼭대기, 제2중계기지는 시즈오카현 후지에다 근처의 산 정상과 같은 엉뚱한 곳에 설치해야 했다. 부지를 구하더라도 주변 주민의 이해를 얻을 필요가 있었다. 센모토 스스로 기소 산맥의 산 깊은 곳까지 찾아가 인사를 했다. 분담해 집집마다 방문하고 대화, 집회를 꾸준히 계속했다. 그래도 주민 전원의 동의를 얻는 것은 어려웠다. 다마시의 도쿄 네트워크 센터 준공식에서 일부 주민이 진흙과 돌을 던졌고, 이를 모리야마 사장이 맞아 양복이 더러워지고 피가 흘렀다. 그래도 모리야마는 당황하지 않고 냉정하게 식을 진행했다. 그러는 동안 일본텔레콤과 일본고속통신은 순조롭게 광섬유망을 건설하고 있었다. 그들에게 지지 않기 위해 필사적으로 노력한 결과 최소 몇 년은 걸린다고 생각했던 무선 네트워크를 불과 2년 4개월 만에 개통시켰다.

모리야마는 선언대로 부사장 두 명과 전무까지 모두 관료 출신을 채용하고 있었다. 우정성 시코쿠 우정 감사국장을 역임한 나카야마 하지메 부사장이 우정 인허가 대책의 책임자였다. 또 한 명의 부사장 카네다 히데오는 원래 체신부 전파 연구소 차장 출신으로 마이크로파 루트의 선정을 담당했다. 인허가 업무가 많아 본사까지 이전할 필요를 느끼고, 가스미가세키에 가까운 도라노몬 34모리 빌딩으로 이사했다. 관과의 협상을 담당했던 오노데라도 전전공사 시절과는 비교가 되지 않을 어려운 협상의 연속으로 긴장의 나날을 보내고 있었다.

긴장을 강요당하고 있던 것은 센모토도 마찬가지였다. 처음에는 매출이 나오지 않았다. 인건비와 설비 투자에 비용이 들었을 뿐이다. 처음부터 알고 있었던 것이지만, 엄청난 비용이 선행하는 현실 앞에서 초조함이 증폭되었다. 하지만 이나모리는 태연자약하고 있었다. 창업자의 기백은 아수라장을 여러 번 헤쳐나온 경험을 통해 난국을 앞에 두고도 배에 힘을 주는 도량에 있는 것이다. 그는 이렇게 말하며 센모토를 격려했다. "센모토 군, 힘들 걸세. 하지만 새로운 사업이라는 것은 한번 시작하면 쉽게 그만둘 수 없어. 가능성이 있는 사업이라 믿는다면, 돌을 물고 늘어지는 한이 있더라도 해내야 해. 경쟁자가 누구든, 지력을 다해 깊이 생각해 승부를 포기하지 않아야 해. 포기했을 때가 실패인 거야." 이 가르침은 이후 센모토의 인생을 관통하는 지침이 되었다.

《당신은 인생을 어떻게 걷는가》

모난 돌은 정을 맞는다

———

전전 개혁 세 법안(전기통신사업법, 일본전신전화주식회사법, 관련정비법)의 심의가 난항을 겪어 이나모리를 안달시켰지만, 1984년 말 드디어 성립되어, 다음 해 1985년 4월 1일 시행되었다. 일본 전전공사는 일본 최대의 민간 기업 일본전신전화(NTT)로 다시 태어난 것이다. 초대 사장은 그대로 신토우가 취임하게 되었다. 그리고 그해 6월 21일 제2전전은 제1종 전기통신 사업자에 등록되었다.

이렇게 개업을 향해 일본텔레콤, 일본고속통신과의 삼파전 레이스가 시작됐다. 신전전끼리의 경쟁에서 살아남는 것은 물론, NTT와 대등하게 싸울 정도가 되는 것이 목표였다. 길은 멀고 험했다. 1987년 가을에는 기업 내 통신인 전용선 회선 서비스(이른바 내선 전화)가, 그 1년 후에는 시외 전화 서비스가 개시되는 것으로 결정되었다.

언론도 크게 주목했다. 1985년 4월 7일 〈일본경제신문〉의 제1회 '일요 대담'에 NTT 초대 사장 신토우와 신전전 세 회사를 대표해 이나모리 가즈오가 선정되어 두 사람의 큰 사진이 양면으로 함께 붙어 화제를 불렀다. 이나모리의 사진 위에 '대변혁기, 영혼이 들끓는', 신토우의 사진 아래에는 '자극과 협조, 바라는 바'라는 큰 글씨가 첨부되어 있었다. "100년에 한 번 있을까 말까 한 극적인 무대이니까, 나도 이 무대에 한 손 보태고 싶습니다"라고 이나모리가 겸손하게 말했다. 반면 신토우는 "앞으로 일본의 전기통신 사업의 발전을 위해서는 독점을 부정하는 것이 필수적이라고 생각합니다"라고 여유롭게 답했다. 그것은 바로 양자 간의 응원 교환이었다.

NTT에 과감하게 도전해나가는 이나모리의 모습은 세상의 많은 지지를 받고, 1985년의 〈동양경제〉 신년 특별호가 뽑은 '활약한 경영자 베스트 10'의 제1위로, 2년 연속 이나모리 가즈오가 선정된다. 하지만 모난 돌이 정을 맞는다고 그전에는 생각지도 못한 시련이 기다리고 있었다. 그해 국회에서 사회당의 이노우에 잇세이 중의원이 "교세라의 IC 패키지가 미국의 순항 미사일 토마호크에 사용되고 있다. 이것은 무기 수출 3원칙에 저촉되는 것이 아닌가!" 하고 추궁을 시작한 것이다.

이노우에는 외교 문제 등으로 재삼에 걸쳐 국회를 심의 중단으로 몰아 '브레이크 남'이라는 별명을 가진 국회의 명물이었다. 바로 통산성이 조사를 시작했지만, 이것은 교세라인터내셔널(KII)이 미국에서 제너럴 다이내믹스에 판매한 IC패키지가 전용된 것이며, 제품은 표준품이었다. 교세라인터내셔널은 어디까지나 미국의 회사이며, 여기에 일본의 무기 수출 3원칙을 적용하는 것은 미국에 대한 주권 침해다. 그러한 의미에서는 교세라가 비난받을 일은 없었다. 하지만 이를 불편하게 느낀 이나모리가 NHK 인터뷰에서 무심코 "거짓 소문으로 민폐를 끼쳐 죄송하다"고 말해버려, 불에 기름을 끼얹는 결과가 되어버린다.

1985년 4월 11일 중의원 결산위원회에서 이노우에는 또 다시 교세라의 인공 관절에 관해 무단 판매가 이뤄지고 있다고 추궁했다. 그해 1월 후생성에 익명의 투서가 있던 것을 계기로, 후생성은 경찰청과 합동으로 실태 조사에 착수했다. 이 정보를 이노우에가 어디선가 들은 것 같았다. 무단 판매는 사실이었고, 그것은 다음과 같은 사정에 의한 것이었다.

바이오 세럼 영업 현장은 의사의 요구를 어떻게 제품에 반영하느냐에 달려 있으며, "뼈암으로 고통 받는 환자들이 있습니다. 암으로 절제한 무릎용 인공 관절을 만들어줬으면 합니다"와 같은 이유로 주문 제작 의뢰가 들어온다. 하지만 당시 약사법에서는 같은 재료를 사용한 인공 뼈, 인공 관절에도 새로운 모양과 크기로 만드는 경우에는 개별적으로 임상 실험을 해 안전성을 확인한 후 승인을 받아야 했다. 그래서 신청하고 빠르면 몇 주지만, 길면 일 년 정도가 걸렸다. 이 법 자체가 원래의 현실에 맞지 않는 것이었다. 당연히 현장에서는 1년이나 넘게 기다리고 있을 수 없었다. 따라서 별도의 인가를 받기 전에 납입하는 일이 반복되고 있었다. 현실적으로 생각하고 대응해온 면도 있었지만 약사법을 위반한 것은 사실이었다. 기술적 검사는 충분했어도 법적 검사는 부족했던 것이다.

교세라는 조속히 지적된 제품의 판매를 중단했다. 의뢰해온 병원은 이 문제가 발각되자 "이는 교세라가 마음대로 한 일"이라며 모두들 손바닥 뒤집 듯 관계를 부인했다. 이나모리는 바이오 세럼 사업 간부들에게 "모든 책임은 내가 진다. 동요하지 말고 대처하기 바란다. 있는 그대로 정직하게 대응하라"고 전했고, 후생성의 청문회에서는 "사실 관계는 이미 보고한 대로입니다. 병원 관계자에게 폐를 끼쳐 사회적 책임을 통감하고 있습니다. 법을 지키지 못한 것은 회사 관리 체제가 미비했기 때문이고, 관리 체제를 쇄신했습니다. 변명의 여지가 없고 어떠한 처분을 받아도 이견은 없습니다"며 고개를 숙였다. 그러고는 한 달간의 조업 정지 처분이 내려지자 "이것은 하늘이 내려준 시련과 깨달음이다!" 하고 회사 전체에 옷깃을 바로 잡을 것을 지시했다.

그럼에도 이노우에는 여전히 공격의 끈을 놓지 않았다. 4월 중의원 결산위원회뿐만 아니라 5월, 6월 결산위원회에서도 집요하게 교세라를 계속 공격했다. 빠르게 성장하는 기업의 슬픔으로, 털면 먼지가 나왔다. 판매하고 있던 무선 전화기가 출력을 규제 이상으로 올릴 수 있도록 설계되어 있던 것을 전파법 위반이라고 지적해 회수를 해야 했다. 손실은 43억 엔에 달했다.

교세라에도 헛점이 있었던 것은 틀림없다. 하지만 아무리 생각해도 부자연스러웠다. 국회에서 같은 스캔들이 몇 개월간 계속 등장하는 것은 흔히 있는 일이지만, 그것은 야당이 여당을 공격하는 경우가 대부분이고 일반 기업을 집요하게 추궁하진 않는다. 실은 여기에는 다른 배경이 있었다. 이노우에가 속한 사회당이 지지기반으로 하고 있었던 전전통과 연합은 NTT 분할에 강경하게 반대하고 있었다. 연합의 창조자는 전전통 위원장 야마기시 아키라로 연합의 초대 위원장이었다. 그런 그들에게 분수도 모르고 신전전에 손을 들어 NTT 분할을 시끄럽게 주장하는 이나모리는 미워하고도 남을 사람이었다. 그런 그들이 최선을 다해 공격한 것은 쉽게 상상할 수 있었다. 덧붙여서 일련의 교세라 공격을 주도한 이노우에는 이후 첫 사회당 위원장 수반이 되는 무라야마 토미이치 개조내각에서 우정장관에 취임한다.

엎친 데 덮친 격으로, 지금까지의 높은 평가가 거짓말인 양 언론사들도 빠짐없이 교세라를 공격하기 시작했다. 회사를 창업하고 25년, 이토록 가혹한 지탄을 받은 것은 처음이었다. 〈주간 문춘〉은 '직원이 너덜너덜해져 그만두는 교세라 이나모리즘의 함정'(1985년 5월 2일)이라는 특집 기사에서 '화장실에 가는 것조차 민폐'라는 소제목을 달아 직원들이 화장실에 가는 시간까지 제한하는 가혹한 노동 환경을 교세라가 강요하고 있다고 썼다.

이나모리의 집 앞에 잠복해 사진도 찍었다. 그런데 기사에 사용된 그 사진은 우연히 방문 중인 다른 사람이었다는 결말이 붙었다. 확인할 시간조차 없이 연거푸 기사로 쓴 것임을 알 수 있었다. 처음에는 이런 기사에 일일이 반박했지만 전혀 비난이 그칠 기미가 없었다. 1984년 가을 주식 분할 시에는 8,550엔(10월 17일)까지 올랐던 교세라의 주가가 일련의 문제가 표면화된 1985년 봄 이후 계속 내려가서 9월 27일, 마침내 1,452엔까지 하락했다.

이나모리 가즈오도 더 이상 참을 수 없게 되어 점차 반론을 시작했다. '주주 총회에서 인사하지 않는 이나모리 가즈오!' 라고 지목된 사진에 대해서는 이렇게 항변했다. "그건 의장석의 내 앞에 마이크가 있어서, 고개가 깊이 숙여지지 않습니다. 앞줄에 있는 임원들은 일어서면 깊이 숙여집니다. 내가 가장 먼저 머리 숙여 인사하고 고개를 올린 무렵, 아직 모두들 조용히 고개를 숙이고 있던 것입니다. 저것은 매우 괘씸하다고 생각합니다. 어느 순간의 스냅샷에 불과하며 전체를 대표하지는 않는데, 내가 머리를 숙이지 않는다고 글을 썼더군요. 매우 뜻밖입니다." (《선데이 매일》, 1985년 8월 4일)

비판 내용의 지나친 부조리에 반박을 해도 공허함밖에 남지 않는다. 인터뷰 말미에서 이나모리는 이런 말을 흘리고 있다. "이번 건으로 맞고 있으면서 정말 쓰러질 것 같은 때도 여러 번 있었습니다만, 아내와 딸 셋이 분명히 부끄러웠을 것이고, 힘들었을 것이라고 생각합니다. 그러나 어떤 푸념도 없이 저를 지지해줬습니다. 그래서 다행히 견딜 수 있었습니다." 그의 가족에 감사할 수밖에 없었다.

바이오 세럼이든, 무선 전화든, 그것들은 바로 규제 및 인허가 문제였다. 그것이 자유로운 사업을 제약하고 있다는 문제의식은 이나모리 안에 항상 있었다. 이 당시의 신흥 기업은 지금의 벤처 등과는 비교가 되지 않을 정도의 제약 속에서 싸우고 있던 것이다. 하지만 그 규제 및 인허가가 정말 필요한지에 대한 이야기는 치워두고, 법 규정이 있으니 지켜야 한다는 이번 지적은 확실히 교세라 측에 잘못이 있었다. 걸려온 싸움을 마주하고 받아들일 수도 없이 계속 고개를 숙이고만 있는 날들이 지속되었다. 이렇게까지 힘든 적은 없었다. 누구에게 풀어야 할지 모르는 분노로 인해 이나모리의 얼굴에서 미소가 사라졌다. 눈에는 붉게 핏줄이 곤두섰고 피부는 말라갔다.

스트레스는 곧 육체를 좀먹고 명백히 변조되어 표면화되었다. 그것이 삼차 신경통이었다. 삼차 신경은 뇌신경 중 최대의 신경인 눈과 상악과 하악의 세 가지로 분기하는 것으로부터 그 이름이 유래되었다. 사람에 따라 증상은 다르지만 이나모리의 경우 왼쪽 안면에 심한 통증이 생겨 발작했다. 난생 처음 겪는 경험이었다. 일단 발작이 일어나면 석 달 정도 계속되었다. 통증의 피크는 첫 한 달간이다. 언제 어디서 일어날지 몰랐다.

1988년 발작이 처음 일어났을 때는 비행기 안이었다. 뉴욕에서 JAL의 직항을 타고 위스키를 마신 후 한숨 잠들려고 할 때였다. 구름 위에서는 병원에 갈 수 없다. 반대로 움직이는 것조차 마음대로 할 수 없었다. 승무원에게 뜨거운 수건을 가져와 달라고 필사적으로 부탁했는데 일본에 도착할 무렵에는 숨도 제대로 쉬지 못할 상황이었다. 훗날 중국의 명의가 발가락에 뜸 치료를 해준 것이 주효해 소강상태가 될 때까지 이 질병은 이나모리를 계속해서 괴롭히게 된다.

어떻게든 마음을 진정시키고자 원복사의 니시카타 노사를 찾은 것은 이때의 일이다. 노사는 싱글벙글 웃으며 그의 이야기에 귀를 기울이고 있었지만, 듣고 나서 이렇게 말해줬다. "이나모리 씨, 재난을 당했다는 것은 살아 있다는 증거입니다. 게다가 그 재앙에서 당신이 과거에 만들어 온 죄업이 사라졌어요. 찰밥을 지어 축하할 일이지요."

니시카타의 말은 《금강경》에서 말하는 '죄업의 청산'을 알기 쉽게 이야기해준 것이었다. 수행을 거듭한 노사의 말에 이나모리는 가슴을 움켜쥐었다. '이것은 대의의 싸움인 것이다. 이대로 질 수는 없다!' 이렇게 마음을 다잡고, 비지니스라는 이름의 전장으로 돌아간 것이다.

어댑터와 손정의

신전전의 시외 전화 서비스를 이용하려면 머리에 네 자릿수의 사업자 식별 번호(액세스 번호)를 배정받아야 했다. 준비된 번호는 '0088', '0070', '0077'의 세 가지였다. '럭키 7이 겹치는 0077이 가장 기억하기 쉽겠구나.' 모두가 0077이 배정되기를 기도했는데, 과연 DDI는 원하는 대로 0077을 배정받았다. 그 순간 "만세!" 하고 참지 못하고 소리친 사원이 있었고, "조용히 하십시오!" 하고 우정성 직원에게 혼나는 일도 있었다고 한다. (시부사와 카즈키, 《도전자》)

원하는 대로 0077을 배정받았다고는 해도 액세스 번호가 불필요한

NTT에 비해 불리한 것은 틀림없었다. TV 광고에서 0077을 연호하며 PR했지만 가뜩이나 장거리 전화는 지역 번호가 필요한데 네 자리 번호를 더 누르는 것은 귀찮은 일이었다. 극복해야 할 과제였다.

미국에서는 어떻게 하고 있는지 조사했다. 저쪽에서도 스프린트와 MCI 등 신전전을 사용하려면 액세스 번호를 따로 눌러야 했다. 따라서 '스마트 박스'나 '자동 다이얼러'라는 저렴한 회선을 자동으로 찾아 전화해주는 어댑터가 보급되어 있었다. 저렴함으로는 지지 않는다. 이곳에서도 어댑터를 개발하지 않으면 안 되겠다고 생각하고 있던 참에 일찌감치 거기에 주목해 어댑터를 팔러 온 남자가 있었다. 바로 손정의(후 소프트뱅크 사장)였다.

손정의는 사카모토 료마를 동경해 고등학교를 중퇴하고 단신으로 미국으로 건너가 세계 최고의 엘리트들이 모이는 버클리 캘리포니아 대학을 졸업하고 귀국한 후 회사에 취업하지 않고 갑자기 창업을 한 이색적인 경영자다. 1981년 일본 소프트뱅크를 설립한 그는 주로 PC용 소프트웨어 판매를 시작했지만, 통신 자유화를 기회로 포착하고 샤프에 의뢰해 재빨리 어댑터를 개발했다. 그리고 전자 기기 전문 회사인 신일본공판(현재 호바루)의 사장 오쿠보 히데오와 함께, 제2전전에 반입해왔던 것이다. 아직 0077이라는 번호가 달리기 전의 일이다.

야마시나의 교세라 본사에서 손정의 일행과 처음 만난 것은 1986년의 크리스마스이브였다. 이나모리는 대학을 나온 지 얼마 안 된 이 젊은 기업가에 관심을 가졌다. 24살의 손정의와 25살 차이라서 부모와 자식 정도의 나이 차이였지만, 그의 날카로움과 행동력에 마음이 움직인 것이다. 들어보니 아직 제2전전 외에는 이야기를 하지 않았다고 한다. 제2전전과 우선 협상하고 잘되면 그 실적을 타사에 PR할 수 있었다. 실패해도, 문제점을 수정하고 다른 업체와의 협상에 임하면 좋을 것이다. 손정의가 생각하는 것이 뻔히 눈에 보였다.

손정의는 인사도 하는 둥 마는 둥 어댑터 성능에 대해 설명을 시작했다. 야망과 자신감에 가득 찬 버릇없는 젊은이를 상상하고 있었지만, 결코 그런 일은 없었고 언행은 부드러웠다. 쓸데없는 말을 하나도 하지 않는 스마트함에 오히려 호감을 가질 수 있었다. 성능도 나무랄 데 없는 것이었다. 그때까지는 화기애애한 분위기에서 프레젠테이션이 진행되었는데, 막상 계약 조건으로 이야기가 흘렀을 때 방에 긴장감이 흐르기 시작했다. 손정의가 매입이 아닌 로열티 지불 계약을 해 달라고 했기 때문이다. 그러면 어댑터를 사용하는 동안 계속 요금이 손정의의 품으로 들어가게 된다. 반대로 매입할 경우 즉시 제2전전이 자체 개발에 착수해 손정의와의 거래를 계속 유지하지 않아도 된다. 이것은 사활의 문제였다.

이나모리는 손정의의 말을 잠자코 듣고는 이렇게 답변했다. "50만 세트를 사겠네. 자네 회사의 연간 매출을 상회하는 금액이 될 걸세. 대신 우리가 독점적으로 매입하게 해주게." 이번에는 손정의가 놀랄 차례였다. 어댑터는 한 개에 4,000엔. 그것을 50만 세트면 20억 엔이나 되는 것이다. 대담한 제안에 무심코 숨을 삼켰다. 제조 비용은 얼마 들지 않았다. 이 계약이면 손정의는 한 번에 10억 엔 가까운 이익을 손에 넣을 수 있게 된다.

하지만 타사에도 팔고 싶었던 손정의는 로열티 계약을 고집했다. 로열티 계약을 할지 독점 판매를 할지를 두고 이야기는 평행선을 달려,

시간은 오후 9시를 가리켰다. 이미 이야기가 시작한 지 10시간 정도가 경과하려 하고 있었다. 자신의 권리를 주장하기만 하고 양보는 하지 않는 손정의 일행을 향해 이나모리가 "자네들은 대단한 세일즈맨이군. 무엇을 착각하고 있는 거지?" 하고 엄격한 어조로 말했다고 한다. 젊은 손정의 일행이 바싹 오그라든 것은 상상하기 어렵지 않았다. (코다마 히로시,《환상곡》) 그리고 마침내 이나모리는 "독점 매입이 아니고선 자네들과는 계약하지 않겠네. 마지막 기회이므로 잘 생각해보게" 하고 최후통첩을 날렸다. 손정의는 고심한 끝에 그 제안을 받기로 하고 계약서에 사인을 했다. 완패였다.

교토 시내의 호텔에 돌아온 손정의는 쥐어짜는 목소리로 오오쿠보에게 중얼거렸다. "비참하구만, 모처럼의 크리스마스인데." 그동안 여기다 하는 순간에는 반드시 중요 인물을 발견해내 설득해왔던 손정의로서는 완패라고 할 정도로 두들겨 맞은 순간이었다. 《환상곡》 굴욕에 잠 못 드는 밤을 보낸 두 사람은 생각하고 또 생각한 끝에 다음 날 아침 결의를 가슴에 품고 이나모리의 자택을 찾는다. 마침 이나모리가 아침을 먹고 있던 때였다. 무슨 일일까 생각하며 방으로 들이자 손정의는 흠칫 이렇게 말을 꺼냈다. "사실 그때부터 밤새 생각했으나, 역시 아무래도 우리들은 타사에도 판매하고 싶습니다. 어제 서명한 계약서를 돌려주실 수 없겠습니까?"

이 말도 안 되는 상황에 이나모리는 당연히 불쾌감을 표시했다. "전날 결정한 것은 모두 철회할 건가?" 두 사람은 오로지 머리를 숙이고 사죄를 계속했다고 한다. 그러자 놀랍게도 이나모리가 "알겠네. 계약서는 돌려주지" 하며 돌려준 것이다. 손정의 일행은 안 좋은 예감을 느꼈다. 물론 제2전전은 얼마 지나지 않아 손정의가 개발한 것과 같은 어댑터를 자체 개발한다. 아니 오히려 자동 선별 기능을 가진 반도체 칩을 교세라와 DDI에서 공동 개발해 시판의 전화기에 내장하는 재주까지 해낸다.

하지만 한편으로 손정의도 일본텔레콤과 어댑터 OEM(주문자 상표 부착 생산) 계약을 맺는 데 성공해 연간 수억 엔의 로열티를 받게 된다. 결과적으로 문제될 건 없었지만 이나모리 가즈오라는 경영자에 대한 노회함이 남아 있던 손정의는 '이 사람의 모든 것을 배우자!' 결심한다. 한동안 이나모리에게 배우는 자세를 보이며 세이와주쿠에도 얼굴을 내밀게 된다. 하지만 그것은 그다지 긴 시간이 아니었다. 단시일 내에 성공에 대한 자신감을 갖게 된 그는 결국 이나모리와 거리를 두기 시작한다. 그리고 소프트뱅크는 2004년 일본텔레콤을 산하에 넣고 본격적으로 전기통신 사업에 진출해 KDDI와 호각의 싸움을 보여주는 라이벌이 된다.

전화 요금을 낮춘 것은 이나모리이지만 그 후 인터넷 광대역 요금을 낮춘 것은 손정의가 이끈 YAHOO!의 공헌이 컸다. 그 과정에서 손정의는 ADSL 모뎀을 무료로 배부하는 비책을 쓰는데, 그것은 후술하겠지만 이나모리가 어댑터를 무료로 나눠준 작전을 방불케 하는 것이었다. 이나모리가 개척한 태양광 발전도 원전 문제로 고민하는 간 나오토 총리를 포섭하는 놀라운 수완으로 재생 가능 에너지의 고정 가격 매입 제도를 도입했다. 또 트럼프 정권이 출범하자 곧바로 미국 대통령을 만나 미국에 대한 500억 달러(약 56조 6,850억 원)의 투자를 약속하고 왔다. 손정의는 일본을 대표하는 경영자로서 확고한 지위를 손에 넣은 것이다.

하지만 이나모리는 손정의의 경영 기법에 적잖은 의문을 가지고 있다. "잇단 대형 인수로 손정의 사장이 이끄는 소프트뱅크가 각광받고 있지만, 원조 벤처의 기수 교세라의 이나모리 가즈오 회장(교토상공회의소 회장)은 '기업 규모로 생각해도 한 건에 1,000억 엔, 2,000억 엔이라고 하는 것은 인수 금액이 너무 큽니다. 좀 더 신중하게 하지 않으면…' 하고 노심초사하고 있다."(〈일본경제신문〉, 1996년 9월 4일)

마쓰시타 고노스케가 이나모리 가즈오라는 경영자를 진심으로 인정하고 그 관리 방법에 불안함을 이야기한 적이 한 번도 없었던 것과는 큰 차이다. 현재 손정의의 투자액은 트럼프 대통령과 약속한 금액에서 알 수 있듯이 신문 기사가 나온 당시보다 한 자릿수가 더 크다. 중국 기업 등에도 적극적으로 투자하고 사업하는 회사라기보다는 투자 펀드에 가까운 사업 형태가 되었다. 물론 손정의는 그 나름대로 이나모리와는 다른 형태로 기업 경영을 연구하고 있을 것임에 틀림없는 것이다. 이나모리의 걱정이 기우로 끝나는지 여부는 앞으로의 손정의의 경영 수완에 달려 있다.

성공하는 것은 어렵지만 계속해서 성공하는 것은 더 어렵다. 여기에 더해, 기업가로서의 성공을 어떻게 사회에 환원해나갈 것인가는 더욱 어렵다. 손정의는 천재 이나모리 가즈오에게서 무엇을 배워서 차세대 경영자에게 어떤 교훈을 남길 것인가. 그의 동향에 앞으로도 눈을 뗄 수 없을 것이다.

굴욕의 휴대폰 사업 진출

여기에서 이야기를 조금 되돌리고자 한다. 앞서 독점 금지법 위반으로 미국에서 AT&T 산하의 지역 통신 자회사 22개 회사가 AT&T에서 분리된 것에 대해 이야기했다. 그 결과 이 22개 회사는 조달을 자체 판단으로 실시할 수 있게 되었는데, 일본 제조 업체의 자동차전화 단말을 도입하는 경우도 있긴 했지만 거의 드물었다. 당시 일본의 경우 자동차전화와 같은 이동통신(휴대전화)은 여전히 전전공사에서 독점하고 있어 조달처의 다양성이 없었다.

불만을 더해가던 미국에서 이동통신 시장을 조속히 개방하도록 압력을 가했다. 그리고 마침내 1985년 4월 NTT의 발족을 계기로 미국의 올마 상무차관이 직접 담판을 짓기 위해 일본으로 날아왔다. 일본은 외압에 약하다. "근 시일 내에 이 문제를 전기통신 기술 심의회에 자문하겠습니다." 코야마 모리타 우정성 사무차관은 빠르게 시장을 개방하겠다고 약속한다. 이 소식을 들은 이나모리의 반응은 빨랐다. 곧 휴대전화의 시대가 올 것이라는 확신이 그에게 있었던 것이다.

5월 DDI의 경영 회의에서 재빨리 휴대전화 사업 진출을 제안했다. 센모토를 포함해 모리야마 사장 이하 모두들 크게 반대했다. "시외 전화 서비스의 시작까지 아직 2년이나 남았습니다. 초기 투자는 자금의 유출뿐입니다. 시외 전화 서비스가 궤도를 타지 않은 상태에서 휴대전화까지 손을 대는 건 무모합니다."

당시 이동통신은 대표적인 상품인 자동차전화조차 국내 이용자 수가 6만 명 정도밖에 없었다. 단말기가 무겁고, 통신 요금도 높았기 때문이었다. "NTT 자동차전화 부문은 적자고, 미국에서조차 적자 사업입니다." 해외 사정을 잘 아는 센모토도 그렇게 말하며 이 논쟁에 마침표를 찍으려고 했다. 하지만 이나모리는 납득하지 않았다. 이미 그는 센모토를 능가할 정도로 앞을 읽는 힘을 지니고 있었다.

"나는 그때 LSI패키지를 전 세계에 공급하고 있었기 때문에 LSI의 집적도가 기하급수적으로 올라가는 것을 알고 있었습니다. 그래서 당시 자동차전화는 자동차의 뒤쪽 트렁크에 쌓을 정도로 컸지만, 쉽게 휴대할 수 있게 되는 것은 시간문제라고 생각했습니다."(《이코노미스트》, 2003년 2월 9일) 이나모리는 후에 이렇게 말했지만, LSI의 발전에 따른 사회 대변혁은 원래 처음 만났을 때의 센모토가 강연에서 열변을 떨친 이야기였다. 그럼에도 왜 그가 이나모리의 마음을 이해해주지 않았는지 궁금하기 짝이 없다.

이나모리가 이 사업에 도전하고자 하는 이유는 또 있었다. 그것은 현재 NTT에 의존하는 로컬 채널의 역할을 휴대전화가 대신할 수 있지 않겠느냐는 기대 때문이었다. 여기에는 약간의 설명이 필요하다. 신전전의 세 회사가 구축하고 있는 장거리회선의 이야기인데, 시내 전화망은 모두 NTT가 쥐고 있어 이에 연결되지 못하면 전화는 통하지 않는다.

1985년 시행된 전기통신 사업법에 따르면 '신전전이 시내 전화 회선의 사용을 요구해온 경우 NTT는 그것을 인정해야 한다'고 규정하고 있으며, 신전전의 요금이 NTT 2~3할 저렴하다면 추가요금(액세스 차지)도 취하지 않도록 NTT는 약속했다. 하지만 NTT가 손바닥을 뒤집으면 속수무책이 되어버린다. 실제로 그 예감은 나중에 적중한다.

"로컬 채널 연결 문제를 해결하지 않는 한 우리들은 영원히 완전한 통신 네트워크를 완성할 수 없다. 하지만 휴대전화라면 지금의 제2전전에 없는, '각 가정까지의 마지막 한 걸음'을 채워줄지도 모른다. 이 가능성에 베팅하지 않겠는가!" 이나모리는 열변을 토했다. 그럼에도 모두들 곤란하다는 얼굴을 한 채 찬성하려고 하지 않았다.

'왜 몰라주는 거지?' 그중 찬성해주는 단 한 명의 임원이 나왔다. 머리에 피가 올라 있었던 이나모리는 그를 향해 "아무도 따라와주지 않는다면 둘이서 하자!"고 공언했지만, 과연 이것은 폭언이었다. 회사는 경영 지배 구조(기업 지배 구조)가 중요하다. 경영자의 독주는 계명해야 한다. 이나모리의 제안은 일주일 후 다시 검토하는 것으로 반려되었다. 그런데 다시 경영 회의를 열었을 때 임원들의 반응이 변해 있었다. 이나모리가 이야기한 것을 다시 차분히 반추하고 그 위에 다시 정보를 수집하여 재검토를 해본 것이다.

AT&T계의 벨 연구소에서 개발이 진행되어온, 셀룰러 방식이라는 이동통신 기술이 회의에서 보고되었다. 미국에서는 몇 개의 셀이라는 영업 지역마다 기지국이 만들어져 자동차전화보다 셀룰러폰(cellular phone)이라는 단말이 조용히, 그러나 급속도로 보급되기 시작했다. 곧 이 셀룰러폰은 휴대전화의 대명사가 된다. 무선 전문가 오노데라가 다음과 같이 발언했다. "자동차전화가 아니라 휴대전화 사업을 전개하면 잘될 가능성이 충분히 있습니다." 이렇게 임원들이 생각을 바꿔 반대로 만장일치로 이나모리 가즈오의 제안을 채택하게 된 것이다.

이 결정이 맞았다는 것을 우리는 알고 있다. 휴대전화는 이제 '휴대 가능한 전화'에서 '휴대 가능한 컴퓨터 겸 카메라 겸 지갑 겸 정기권 등등'으로까지 발전하고 사람들의 생활양식을 극적으로 변화시켜 생활에 필수 아이템이 되었기 때문이다. 이때 이나모리의 제안이 받아들여지지 않았더라도 이 사업 진출은 시간문제였을지도 모른다. 그러나 허용 범위의 문제가 있는데다 선행 참가하는 것은 고객 수 확보에 결정적인 차이를 낳는다. 후에 NTT도코모에 맞서 DDI의 후신인 KDDI(휴대전화 브랜드명)가 늠름히 전투를 전개할 수 있었던 것도 이 이나모리의 '한 수 앞을 내다보는 힘' 덕분이었던 것이다.

이동통신 시장 개방 이후 내용이지만, 외압에 의해 순식간에 규제 완화가 진행되었다. 1986년 8월에는 전파법이 개정되어 이동통신이 자유화되었다. 그리고 DDI에 이어 도요타 산하의 일본고속통신이 참가를 표명한다. 도요타의 도요타 쇼이치로 사장은 평소부터 자동차전화의 보급에 남다른 열정을 가지고 있었으며, 통신 사업에 진출한 것도 그 배경이 있었기 때문에 자연스러운 흐름이었다.

이 상황을 센모토는 자신의 저서 《당신은 인생을 어떻게 걸을 것인가?》에서 DDI와 일본고속통신의 싸움은 '교세라와 도요타의 싸움이 되었다'라고 설명하고 있다. 도요타는 NTT와 어깨를 나란히 하는 대기업이다. 정재계에도 굵은 파이프가 있다. 이로부터 8년 후 도요타 쇼이치는 일본의 재계를 대표하는 경단련 회장에 취임한다. 그들이 교세라를 처음부터 업신여기고 있었다 해도 어쩔 수 없었다. 실제로 그들은 그런 속마음을 가지고 있었음을 노골적으로 행동을 통해 표현해온다. 휴대전화 사업의 인가 문제가 발생했을 때였다.

우정성은 아직 일본에 세 회사가 휴대전화 사업을 할 정도의 수요는 없다고 보고, NTT와 또 다른 한 회사에 운영시키려고 했다. 그래서 우정성은 양자가 합작 회사를 만들어 사업을 일원화하는 것이 어떻겠느냐고 제안해왔다. 이나모리는 있을 수 없다고 생각했지만, 이 제안에 먼저 강하게 반대한 것이 도요타(일본고속통신)였다. 그들은 '기업 문화가 다르다'고 표현했지만, 사실은 '격이 다르다'고 말하고 싶었던 것이다. 그러다 그들은 자신들이 자본의 70%를 갖는다면 생각해보겠다고 말하기 시작했고 이나모리는 이를 걷어찼다. 이야기는 평행선을 달리고 있었다. 사장끼리 서로 이야기해도 결판이 나지 않았다.

그러던 중 삐삐 사업에 참가를 표명했던 다섯 그룹이 일본텔레콤을 중심으로 모여, 1986년 12월 합작 회사인 도쿄텔레메시지를 설립한다고 발표했다. 삐삐는 전기통신 사업의 본류가 아니라며 이나모리가 관심을 보이지 않았던 사업이지만, 저쪽이 단일화에 성공함으로써 휴대전화에 대한 국면도 갑자기 바뀌기 시작했다. 1987년 1월 17일 우정성이 휴대전화 사업자의 단일화를 포기하고 각각 단독으로의 신규 진입을 인정한다고 발표한 것이다.

대신 그들은 서비스 지역을 나눌 것을 주문했다. 동일본과 서일본으로 나누는데, 문제는 수도권을 어느 쪽이 서비스하는가였다. NTT의 자동차전화는 수요의 60%가 도쿄에 집중되어 있었다. 일본고속통신도 DDI도 당연히 수도권에서 영업하고 싶었다. 이나모리가 교섭을 맡은 오노데라에게 "제비뽑기를 제안해보는 건 어때?" 하며 배웅했는데, "국가 프로젝트를 추첨으로 결정하자니 불경이다" 하며 우정성 과장에게 야단만 맞고 돌아왔다고 한다.

2월 4일 마침내 DDI는 이나모리 이하, 일본고속통신은 회장 하나이 쇼우하치, 사장인 키쿠치 미츠오(전 수도고속도로공단 이사장) 이하가 참석한 가운데 토론이 이뤄졌다. 이나모리는 이 회의에 임하는 즈음 한 가지 결의를 다지고 있었다. 휴대전화 사업의 자유화가 시작한 때부터 이미 여섯 달이 지나려 하고 있었다. 논의가 길어지면 불편을 겪는 것은 국민이다.

회의 서두에서 그는 각오를 다잡고 다음과 같이 말했다. "일본고속통신 측도 우리도 함께 수도권에서 영업을 계속 고집하면 끝까지 대화는 정리되지 않습니다. 그러므로 우리는 이곳은 양보해도 좋다고 생각하고 있습니다." 그 순간 우정성 담당관의 얼굴이 확 밝아졌다. 그러나 그것도 잠시, 이나모리는 추가 양보를 요구받는다. 일본고속통신 측이 도요타의 고향인 중부 지구도 원한다고 말하기 시작한 것이다. 이나모리는 질렸다는 얼굴로, "너무 불공정하지 않습니까? 현재 자동차전화 계약 건수로 비교하면 두 회사의 점유율은 7:3이 되어버립니다"라고 말했다. 우정성 관료조차도 끄덕였다.

그런데 일본고속통신은 강경했다. "도쿄와 나고야는 양보할 수 없습니다. 대신 그것을 양보하실 경우, 다른 지역은 모두 건네도 괜찮습니다." 이렇게 말하는 것이다. 지방은 수요가 작을 뿐만 아니라 범위가 넓기 때문에 투자 효율이 나쁘다. 그것은 누구라도 안다. 하지만 여기서 이나모리의 두뇌가 풀가동되기 시작했다. 그에게 최악의 시나리오는 아무래도 이야기가 결정되지 않고, 우정성이 다시 합작 회사 설립에 의한 단일화를 들고 오는 것이다. 그럴 경우 잘 풀려야 절반, 안 풀리면 일본고속통신이 이전에 주장했던 70%를 가져갈지도 몰랐다.

이나모리는 결정했다. "일본고속통신 측이 아무래도 도쿄와 나고야를 고집해 '만두의 맛있는 속은 우리들이 먹을 테니, 너희들은 만두피나 먹어라'고 말씀하시는 것이라면, 뭐 알겠습니다. 그 외의 지역을 우리가 하는 방향으로 검토하겠습니다." 만두 운운하며 한방 먹여줬지만 속은 부글부글 끓고 있었다. '두고 보자'라는 생각으로 가득했다. 돌아와 결과를 보고하니 회사의 사람들이 입을 쩍 벌렸다. 모리타도, 우시오도 "정말 만두 속은 넘기고 만두피만 받고 온 겁니까?" 하고 기막혀 했고, 모리타는 "왜 우리와 상담하지 않았던 거야!" 하며 화를 냈다.

"이사회에서는 격론이 이뤄졌습니다. 모리타 씨도 이 지역 분할 방안에 큰 반대를 해 '다시 한 번 도전해서 수도권을 확보해야 한다. 이런 부조리한 방안을 수용해서는 안 된다. 절대로 타협해선 안 된다'고 주장했습니다. 당시부터 모리타 씨는 다음번 경단련의 수장이 될 인물이라 점지되고 있었습니다. 모리타 씨에겐 '소니가 도요타에 뒤질까보냐'는 의지가 있었을지도 모릅니다. 지역 분할의 내용은 몇 주 동안 이사회에서 논의되고 이사회와는 다른 장소에서도 논의되고 있었습니다."(《당신은 인생을 어떻게 걷는가?》)

그런데 일본고속통신은 일찌감치 회의 2주 후에 해당하는 2월 18일, 자동차전화를 중심으로 한 이동통신 사업을 다루는 일본이동통신(IDO) 설립을 발표한 것이다. 이나모리는 사내에 이렇게 격문을 날렸다. "만두피라도 먹고 있으면 죽지 않는다. '지지 않는 것이 승리'라는 말도 있다. 우리는 매우 불리한 상황에서 시작하지 않을 수 없게 되었다. 그러나 반드시 IDO보다 뛰어난 회사가 되어보겠다!"

이나모리는 승부를 포기한 것이 아니었다. 간사이에서 혁명을 일으켜보려고 생각했던 것이다. 수도권과 중부권을 양보하고 간사이 권에서 승부에 나선 그의 의협심은 곧 간사이 재계 인사들 사이에 감동을 넓혀간다. "이나모리 씨를 응원하자! 수도권과 중부권을 다발로 가져가도 간사이는 이길 수 있다는 것을 보여주지 않겠는가!" 간사이전력 모리이 세이지 사장, 오사카가스 오오마사 후미 사장, 산토리의 사지 케이조 사장, 와코루의 츠카모토 코이치 회장 등 쟁쟁한 거물급 재계 인사들이 협력을 제안했다.

1987년 6월 DDI의 자회사로 간사이셀룰러가 설립되어, 사장으로 간사이 재계를 대표하는 간사이전력의 아오토 모토야가 취임하고 2년 후인 1989년 7월 서비스 개시를 목표로 내건다. 간사이셀룰러를 시작으로 간사이 이외의 지역을 공략해나가는 방안을 내놓았다. 그것은 간사이셀룰러뿐만 아니라 전력 회사를 아군에게 붙이는 것이었다. 그들은 지방의 명사다. 지역이 분할되어 있기 때문에 전력 회사 사이에 마찰은 없었다. 그들이 가지고 있는 철탑은 휴대폰의 송수신 장치를 설치할 포인트가 된다.

사장은 전력 회사의 사람이 해도 좋았으나, 출자는 20% 정도에 그쳐, 어디까지나 DDI가 의결권을 붙들었다. 경영의 주도권을 자신들이 붙드는 것은 그 속에서 절대적이었다. 그렇지 않으면 사업 경영이 아니라 투자가 되어버린다. 투자를 할 필요는 전혀 없었다. 그의 사업에 대한 생각에는 일관성이 있었다.

사장 교체와 DDI 개업

장거리 통신 사업의 후속 내용이다. 통신 루트의 건설은 순조롭게 진행되어 1986년 10월 DDI는 개업의 날을 맞이했다. 우선 기업 내 통신인 전용선 회선 서비스부터였다. 그런데 DDI는 이에 고전했다. 수많은 계열사와 거래 업체를 가지는 JR그룹(이 해 4월 국철 분할 민영화)과 일본 도로공단·도요타그룹에 비해 DDI는 법인 영업에서 압도적으로 불리했기 때문이다.

결국 계약 수는 신전전의 세 회사 중 최하위에 만족해야 했다. 센모토가 전전공사에서 데려온 이들의 낙담한 표정에 마음이 아팠다. 그들은 퇴로를 끊고 제2전전에 와준 것이다. 다른 두 회사는 출자 회사에서의 파견자가 많았다. 그만큼 센모토도 책임을 느끼고 있었다. 하지만 승부는 이제부터다. "개인을 포함해 시외 전화 서비스가 진짜 승부다. 이곳은 전용선 회선 서비스보다 시장 규모가 10배 크다. 서비스 시작까지 남은 1년 죽기 살기로 힘내보자!" 이렇게 말하고 격려했다.

DDI 업무가 본격화된 무렵부터 이나모리는 교세라의 사장 퇴임을 생각하기 시작했다. 사장 취임 후 20년 가까이 경과하고 있던 것 외에도 체력 8할 정도는 DDI에 할애할 수밖에 없는 상황이 계속되고 있었다. 이외에 교세라의 실적은 호조 불안은 없었다. 1986년 4월 13일 〈일본경제신문〉이 발표한 제1차 세계 우량 기업 랭킹(금융권 제외)에서는 제1위가 IBM이고, 상위 100개 회사에 미국 기업이 75개를 차지했다. 일본은 7개로 도요타자동차(6위), 화낙(18위), 파나소닉(21위)에 이어 교세라는 당당히 24위에 올라 있었다. 교세라는 외부 공격에 의한 일시적인 주가 급락이 있었지만 재무 상태는 건전했다. 경영 환경이 좋았기에 바톤 터치를 생각했던 것이다.

1986년 10월 1일 이나모리는 DDI 개업에 맞춰 사장을 퇴임하고 대신 안죠우 킨쥬 부사장이 승진했다. 얼마 전부터 해외는 죠우니시 부사장이, 국내는 안죠우 부사장이 주로 담당하는 체제가 계속되고 있어 그 전년 죠우니시가 고문이 되고, 대신 이토 켄스케가 부사장이 된 시점에서 차기 사장은 안죠우라는 기본 노선이 있었다. 그러한 의미에서는 무난한 인사였다.

안죠우는 창립 멤버가 아닌 창업 직후 입사조다. 니이가타 출신으로 도쿄 경제대학을 나와 교세라에 들어왔다. 설국 출신다운 끈기가 있고 '당신에게 살 생각은 없다'고 거절한 회사에 1년 가까이 매일 찾아가 함락시켰다는 에피소드도 있다. "'저와는 성격이 다르지만 전통의 교세라 철학을 기반으로 견실하게 경영해줄 것'이라고 이나모리도 전폭적인 신뢰를 보내고 있었다." (〈마이니치신문〉, 1986년 7월 26일)

회장이 된 이나모리는 아직 54세의 젊은 나이였다. 사장을 퇴임했다고는 해도 '이나모리 가즈오의 교세라'인 것에는 변함이 없었다. 하지만 이나모리는 교세라를 가족 기업으로 할 생각은 처음부터 없었다. 공사 구분에 고집이 있는 그는 경영에 사심이 끼는 것을 싫어했다. 한동안 교세라그룹의 실질적인 CEO로 위엄을 세우면서, 교세라 및 DDI 사장을 손수 키워내고 또는 외부에서 영입해나가는 길을 선택했다.

남들의 위에 설 사람을 고르는 이나모리의 눈은 엄격하다. 지위가 높으면 높을수록 장점보다 그 사람이 가지는 단점을 조심하도록 노력했다. 약간의 단점이 곧 눈에 띄어 장점이 전혀 보이지 않게 되어버리는 리더를 그는 몇 명이나 보았기 때문이다. 책임을 져야 한다고 생각하며 읍참마속(泣斬馬謖)●을 주저하지 않았다. 그러므로 냉혈한이라는

● 큰 목적을 위해 자기가 아끼는 사람을 버린다는 뜻.

풍문이 붙어다녔다.

본래의 이야기로 돌아오자. 'Greater 교세라' 라는 꿈을 실현하기 위해서라도 우선 제2전전을 성공적으로 인도해야 했다. 교세라의 사장직에서 퇴임하고도 지금까지 이상으로 기합이 들어갔다. 모리야마와 교제하면서 우수한 전 관료를 전력화하는 노하우도 익히기 시작했다. 전전공사의 민영화에 큰 역할을 한 대장성(재정경제부) 주계국 특명사항 담당 기획관 나카지마 요시오(후 대장성 주계국 차장)와 우정성 통신 정책국장이었던 오쿠야마 유우자이(후 우정성 사무차관) 등의 굵은 파이프는 이때 당시 만들어진 것이다. 후에 나카지마는 교세라에 들어와 미타공업의 재건을 그늘에서 지탱하고, 오쿠야마는 DDI 사장에 취임하게 된다.

1987년 2월 9일 NTT가 상장했다. 교세라처럼 먼저 2부에 상장하는 조치를 취할 리가 없었다. 관록의 도쿄 · 오사카 · 나고야 각 증권거래소 1부 상장이다. NTT 주식의 인기가 비등했다. 상장 당일은 값이 정해지지 않고 다음 날도 막장 근처까지 값이 정해지지 않았다. 지나친 과열 탓에 정부가 10만 주를 방출하고 무리하게 160만 엔이라고 시초가를 붙였다(공모 가격은 119만 7,000엔). 그리고 상장 두 달 후인 4월 22일 318만 엔의 최고가가 된 것이다.

상장 후 주가가 공모 가격의 2~3배가 되는 것은 작은 회사라면 그다지 드물지 않지만, NTT의 시가총액은 그 수준이 달랐다. 평소 주식에 관심을 가지고 있지 않았던 사람들도 빚을 내면서까지 주식을 구입하는 사람도 속출해 위험한 거품을 형성했다. 한때는 개인 주주 수가 160만 명을 넘었다고 할 정도였으므로 놀라울 따름이다. 이만큼 큰 사회 현상을 일으킨 것은 'NTT 주식' 뿐이다.

그런데 여기에는 슬픈 후일담이 있다. 상장하고 8개월 후인 10월 19일에 일어난 블랙 먼데이에 손실을 입으며, 버블 붕괴와 함께 NTT 주식의 인기는 많은 투자자에게 손실을 가하며 한 떨기 꽃과 같이 떨어져 버린다. 그런 NTT 주식을 거들떠보지도 않고, 이나모리는 1987년 가을 시외 전화 서비스 개시를 위해 센모토를 영업본부장으로 세우고 교세라에서도 인원을 동원해 순조롭게 운영 체제를 갖춰갔다. 하지만 개업 직전이 되자 다시 제2전전의 내부가 동요하기 시작했다.

시내 전화망은 모두 NTT가 가지고 있으며, 이에 접속해야 신전전을 이용할 수 있는 것에 대해서는 이미 언급했다. 신전전이 NTT 2~3할 저렴하다면 추가 요금은 취하지 않기로 NTT는 약속했던 것이지만, 1986년 말 갑자기 그 약속을 깨고 추가 요금을 지불하라고 한 것이다. 그뿐만이 아니다. 누가 회선을 사용했는지 확인하는 인증 정보를 NTT에서 받지 않는 한 신전전은 통화료를 청구할 수 없었는데, 그 정보료로 한 회선당 최대 월 300엔, 한 통화당 십 수 엔을 청구하겠다고 했다.

실적이 저조한 지역의 전화선에도 NTT는 전국 일률 요금을 실시하고 있다. 이른바 보편적 서비스 유지를 위한 비용을 신전전도 부담하라는 것이었다. 그것은 자유화 당시 충분히 논의한 바 있었다. 신전전의 체력을 감안해 진입 초기에는 그 부담까지 요구하지 않는 것으로 NTT 측도 납득하고 있던 터였다. 이제 개업해도 큰 적자로 즉시 파산이다. 돌이킬 수 없는 상태가 된 후 고액의 요금을 청구하는 교활한 방식에 센모토는 자신의 옛 보금자리임에도 기절할 지경이었다.

여기에서 다시 구조선을 내준 것이 NTT의 신토우 사장이었다. 1987년 5월 13일 기자 회견에서 "신전전의 전화 요금이 2할 정도 저렴하다면 당분간은 추가 요금을 청구하지 못하도록 하고 싶다. 지방의 적자 분은 NTT가 요금 체계 개정으로 처리하는 것이 옳다"라고 말해준 것이다. 이제 비즈니스 지속의 길이 생겼다. 줄타기의 시작이었다.

서비스 시작의 전날 1987년 9월 3일 신전전의 세 회사의 합동 기자 회견이 도내 호텔에서 열렸다. 사용자 획득 건수는 기밀이었으며, 이 회견에서 그 숫자가 발표되는 것으로 되어 있었다. 먼저 발표한 것은 일본고속통신의 사장 키쿠치 미츠오(전 건설성 기감)다.

"총 사용자는 15만 건."

이나모리는 내심 승리를 예감했다. 이어 일본텔레콤 사장 마와타리 카즈마가 마이크를 잡았다.

"27만 건."

이나모리는 춤이라도 추고 싶은 심정이었다. 그리고 마지막으로 모리야마가 만면의 미소로 숫자를 발표했다.

"45만 건!"

월등한 1위였다. 기업용 전용 회선에서는 고전했지만 정작 시외 전화 서비스에서 만회에 성공한 것이다. 이날 심야 DDI 본사 회의실에 이나모리와 모리야마, 센모토 등이 모여 서비스 시작 시간을 기다리고 있었다. 고객 가입 신청이나 문의에 대응하는 직원이 약 60명이나 대기하고 있었다. 그리고 기다리고 기다리던 개업의 순간이 왔다.

9월 4일 자정. 시계 바늘을 확인한 이나모리는 조용히 번호 '0077'을 눌렀다. 먼저 전화한 곳은 물론 교토였다. 전화 상대방은 와코루 본사에서 대기하고 있던 츠카모토 사장이었다. 곧 전화가 연결되고 이나모리의 귀에 츠카모토의 큰 목소리가 날아왔다. "축하합니다. 이나모리 군!"

그 순간 방에 있던 스태프 모두가 환호했다. 감동한 나머지 눈물을 흘리는 사람도 있었다. 그러나 또다시 문제가 발생한다. 마이크로 무선은 용량이 한정되어 있다. 당초 예상했던 것 이상으로 계약을 구사하면서 회선이 펑크나버린 것이다. '0077'을 돌려도 이어지지 않는다는 불만이 쇄도했다. 판매 직원 총출동으로 대응하고 NTT에 고개를 숙여 무선 회선의 증설을 진행받게 되었지만, 문제가 해결될 때까지 석 달 정도는 가시방석이었다.

모리야마의 죽음을 넘어

이나모리 가즈오는 당초 분할된 NTT의 장거리 통신 부문과 경쟁할 것이라고 생각했지만 그 후에도 NTT 분할은 지지부진했다. 그래서 그는 여론에 호소하는 작전에 나선다. 지금까지의 이나모리는 거의 언론에 등장하지 않았지만, 언제 그랬냐는 듯 신문이나 주간지 등에 노출을 늘려갔던 것이다. 바이오 세럼 등의 법률 문제로 욕을 먹고 있는 동안은 점잖게 조용히 있었지만, 정론을 내세워 국민을 우방으로 NTT 분할을 막으려는 세력에 싸움을 걸어갔다.

그런 가운데 정재계를 뒤흔든 리크루트 사건이 일어난다. 1988년 6월 리크루트사의 에조에 히로마사 회장이 주가 상승이 확실시된 부동산 자회사 리크루트코스모스의 미공개 주식을 매장 공개 직전에 널리 정재계에 뇌물로 양도했던 것이 발각된 것이다. 신토우도 그것을 가벼운 마음으로 받았기 때문에 힘든 상황이었다. 같은 해 12월 12일 신토우는 NTT 회장을 사임했다. 이듬해 3월에는 뇌물 수수 혐의로 전 비서와 함께 체포되어 도쿄 구치소에 수감되었다. 신토우를 전전공사 총재로 발탁했던 도코우 토시오는 그해 8월 세상을 떠났다.

"죽은 도코우 씨를 볼 면목이 없다…." 신토우는 그렇게 말하고 후회의 눈물을 흘렸다고 한다. 이시카와지마하리마 중공업의 시대를 통해 사회에 막대한 공헌을 했지만 말년을 더럽히는 결과가 되고 말았다. NTT 분할에 소극적이었던 면도 있었지만 통신 자유화의 가장 큰 공로자는 그다. 신토우가 없었다면 DDI는 영업 개시조차 위험했다. 확실히 그는 이나모리의 은인이었다. 신토우 이후 NTT 경영진은 다시 전전공사 출신이 차지하기 시작했다. 자신의 조직을 강하게 하는 것에 관해서는 특출나게 유능한 사람들이었지만, DDI 입장에선 최악의 미래가 기다리고 있는 것이었다.

여기서 리크루트 사건이 발각되기 1년 전 에조에가 부지런히 리크루트코스모스 주식을 나눠주고 있던 시절로 이야기를 되돌려보고자 한다. DDI가 개업하고 3개월 후 반가운 소식이 날아들었다. 1987년 12월 제2전전이 신조어·유행어 대상에서 신조어 부문 동상을 차지한 것이다. 덧붙여서, 그 재작년 같은 신조어 부문 동상을 획득해 주식 상장에 큰 선풍을 일으킨 NTT였다. 신조어 대상에 관해서는 그들은 호각의 싸움을 했던 것이다.

가장 기뻐한 것이 사장인 모리야마였다. "뭐니 뭐니 해도 내 이름이 '신고'니까 신조어● 대상을 받는 것은 당연하지!" 그때부터 몇 번이나

● 신조어의 일본 발음이 '신고'다.

이 농담을 들었는지, 무심코 이나모리도 쓴웃음을 짓곤 했다. 그러나 기쁨도 잠시 병마가 그를 덮친다. 제국 호텔에서 열린 파티 때 '제2전전은 싸워나간다' 라는 강연에서 능숙하게 연설을 한 모리야마였지만, 그 직후에 몸 상태가 나빠져 도라노몬 병원으로 이송된 것이다. 주말에는 골프를 즐기고 그저께에는 '일본 신조어·유행어 대상' 수상 파티에 참석했을 뿐이었다. 심지어 수상 연설에서 "신고가 신조어 대상을 받는 것은 당연하다!"라는 단골 대사로 회장을 흥분시키고 있던 만큼 아무도 예상하지 못한 일이었다.

다만 이때 이나모리는 유럽 출장 중이었다. 뒤셀도르프에 본사를 둔 교세라 유럽 경영진과의 미팅이 있었고, 현지 거점을 시찰하기로 대리점과 협의하는 등 바쁜 일정이 짜여 있었지만, 모리야마가 쓰러졌다는 소식을 듣고 약속을 취소하고 급히 귀국한다. 나리타 공항에서 DDI 본사로 이동해 상황보고를 받고는 곧바로 병원에 갔다. 침대에 누워 있는 모리야마는 산소마스크를 쓴 채 꿈쩍하지 않았다. 이미 의식이 없어 대화를 나눌 수 있는 상태가 아니었다. 결국 의식이 돌아오지 못한 채 일주일이 지난 후 1987년 12월 9일 모리야마는 숨을 거뒀다. 향년 61세의 나이였다.

12월 22일 아오야마 장례식장에서 회사장례가 치러지고, 마음의 정리도 하지 못한 채 이나모리는 장례위원장을 맡는다. 공직에서 엄격한 기업 세계로의 변신은 상당한 부담이었을 것이 틀림없음에도, 남들의 곱절로 밝게 행동했던 모리야마였다. 스트레스로 건강이 상하는 것도 몰랐을 그는 그런 의미에서 비즈니스라는 전장의 '전사' 라고 할 수 있었다.

신전전 최고 사용자 수를 확보했다고는 해도 여전히 DDI는 적자 기업이었다. 바로 지금부터라고 할 것이다. 직원의 동요를 잠재우기 위해 이나모리가 사장을 겸임할 것이라고 발표했다. 설립 이래 최고의 마음고생에 더해 사장 겸임이라는 막중한 책임에 또다시 삼차 신경통의 발작에 휩쓸렸다. 의사에게 진단을 받으니, "이것은 분명 스트레스가 원인이네요"라고 했다. 그건 이미 알고 있었다. 생각하면 쓸데없이 머리가 아파왔다. 말 그대로 머리를 안고 최전선에 서서 계속 싸워나갔다.

"모리야마 사장을 위한 복수전이다!" 사내는 저절로 결속되어 영업 면에서 일대 공세를 시작했다. 그리고 모리야마가 세상을 떠난 해(1988년), 이나모리는 새해 벽두부터 경영 회의에서 대담한 전략을 제안한다. "어댑터를 공짜로 이용자에게 배부합시다!" 임대는 월 300엔, 매입은 법인에 1만 엔, 일반 가정에 1만 3,000엔으로 보급해온 것을 갑자기 무료로 한다고 했다. '가격 결정은 경영이다'는 평소 그가 입이 닳도록 해온 말이었다. 안이하게 가격 인하를 하지 않아온 이나모리가 건곤일척의 도박에 나선 것이다.

"어댑터를 공짜로 나눠주는 비용은 통화료 수익의 성장으로 흡수한다." 센모토조차도 이 발상에 깜짝 놀랐다. 결과적으로 이나모리는 이 도박에 성공한다. 계약 회선 수는 비약적으로 증가하고 1년 후에는 130만 회선을 넘어 세 회사 중 선두를 독주하게 되었다. 그리고 이 '무료 배부'의 아이디어는 지금까지 종종 경영 전략의 무기로 사용되고 있다. 그리고 1988년 10월에는 산요 루트의 마이크로웨이브망을 완성시켜 오카야마ㆍ히로시마ㆍ야마구치ㆍ후쿠오카ㆍ사가ㆍ카가와의 여섯 현에서 시외 전화 서비스를 시작한다. 이것은 획기적인 사건이었다.

에너지, 통신, 교통 등 공공 서비스에 있어서 규제 완화를 통해 진입하는 신규 사업자는 우선 수익성이 있는 분야에 서비스를 집중시키는 것이 정석이다. '맛있는 부위를 먹는다'는 의미에서 '크림 스키밍'이라고도 부른다. 실제로 토메이와 메이신고속을 이용해 회선을 부설한 일본고속통신처럼 도쿄·나고야·오사카에 사업을 집중한 신전전도 있다. 그러나 DDI는 규모 면에서 뒤떨어짐에도 불구하고 굳이 크림 스키밍 없이 서비스 영역을 넓힌다. 이것은 결과적으로 성공이었다. 도쿄·나고야·오사카에 경영 자원을 집중시켰던 일본고속통신은 사용자의 증가가 한계를 맞지만, 전국을 대상으로 한 DDI와 일본텔레콤은 성장을 거듭했다. 곧 신전전은 2강 1약의 시대를 맞이한다. 이것은 일본고속통신에 참여한 도요타의 자존심을 짓밟아버린다.

DDI는 1989년 3분기 매출이 406억 엔으로 증가(전년도 88억 엔), 목표로 했던 경상이익 44억 엔을 달성한다. 서비스 시작에서 불과 2년 만에 적자에서 탈피한 것이다. 이듬해에는 누적 적자도 해소되었다. 신전전에서는 단연 최고의 실적이었다. 교세라에서 첫해부터 흑자를 낸 이나모리에게 그것이 힘든 시장일지라도 적자를 내는 것은 용서할 수 없었다. 그런 만큼 그 기쁨은 각별했다. 하지만 함께 기뻐해줄 사람이 없었다. 1989년 9월 원복사에서 열린 직원의 무덤 위령제에서 모리야마에게 DDI의 흑자를 보고할 수 있던 것이 이나모리는 그 무엇보다 기뻤다.

셀룰러폰의 진격과 DDI 상장

이후의 휴대전화 사업에 대한 것이지만, 간사이셀룰러의 설립을 시작으로 홋카이도, 도호쿠, 호쿠리쿠, 츄고쿠, 시고쿠, 규슈에 각 지역 회사가 설립되어 총칭 '셀룰러 7사'라고 부르게 되었다. 이것도 생전에 모리야마가 전 자원 에너지청 장관의 직함을 최대한 이용해 전력 회사를 설득하기 위한 판을 짜준 덕분이었다. 그리고 1989년 4월 셀룰러 7사의 개업에 맞춘 것처럼 모토로라가 경량의 소형단말 '마이크로 택(MicroTAC)'의 판매를 시작한다. 무게는 300g이고 주머니에 들어가는 크기의 접이식으로 되어 있어 뚜껑을 열면 버튼식 전화기 버튼이 나오는 세련된 디자인이었다. NTT가 4년 전 판매한 사외 겸용형 자동차전화 '숄더 폰'이 무게 약 3kg에 백과사전과 같은 크기인 것을 생각하면 격세지감이었다. 이미 시대는 이나모리가 예측한 미래에 돌입했던 것이다.

셀룰러 7사는 어느 지역이든 신규 가입자의 순증가 수치가 NTT의 그것을 크게 웃돌았다. 그중에서도 간사이셀룰러는 간사이 지역에서 NTT를 웃도는 점유율을 획득한다. 그리고 1991년 6월 이나모리는 전국에서 여덟 번째 셀룰러 회사인 '오키나와셀룰러'를 설립한다. 사장은 류큐석유의 사장인 이나미네 케이이치(후 오키나와현 지사)가 취임했다.

처음에는 이나모리도 오키나와에 규슈셀룰러 지사를 두려는 정도밖에 생각하지 않았다. 시장 규모를 생각하면 어쩔 수 없었다. 그러나 그 전년 본토와 오키나와의 경제인의 교류를 도모해 오키나와 간담회가 발족되었고, 본토 측 대표 간사에 우시오 지로가 취임했다. 이나모리도 우시오에 이끌려 회의에 참석하던 중 "오키나와는 오키나와다. 규슈의 일부가 아니다" 하는 생각을 하기 시작했다. 그것은 수익성의 문제가 아니었다. '생각'의 문제였다. "오키나와셀룰러를 만들지 않겠습니까?" 이렇게 제의한 것은 자연스러운 흐름이었다. 그러자 오키나와 사람들은 감격했고, 오키나와전력, 류큐석유, 류큐은행, 오리온맥주 등 현지의 유력 기업들이 잇달아 출자를 신청해줬다. 직원은 지역 주민들을 적극적으로 채용할 것을 약속했다. 만두피만을 먹게 되어 분함을 느꼈던 이나모리였지만, 이 사업을 통해 얻기 어려운 '동지'를 얻을 수 있었다.

실은 그 이후 오키나와셀룰러에는 놀라운 기적이 기다리고 있었다. 지역 밀착형의 세심한 서비스와 절대 성공시키겠다는 오키나와 사람들의 강한 '의지'가 하나가 되어 시장 점유율이 60%에 달하게 되었으며, 오키나와를 대표하는 고수익 기업으로 성장한 것이다. 그뿐만이 아니었다. 1997년 4월 15일 무려 휴대전화 회사로서는 처음으로 주식을 매장 공개(현재의 자스닥)한다. 이나모리의 뜨거운 '생각'이 일으킨 몇 가지 기적 중 하나라고 말해도 좋을 것이다.

이러한 신규 사업의 성공 사례는 세계적으로 주목받았다. 미국 하버드 비즈니스스쿨은 경영대학원으로 세계 최고였는데, 1992년 사례 연구 소재로 DDI가 거론됐다. 당대 연구자들이 그의 성공을 배우고 싶다고 생각한 것이다. 더할 나위 없는 영광이었다. 1980년대의 이른바 버블 경제 시기는 엔고를 배경으로 한 일본 기업의 무질서한 해외 투자를 통해 세계의 반감을 샀던 시대였다. '세계의 교세라'라는 꿈을 십분 이뤄낸 이나모리였지만, 그 여세를 몰아 선두에서 깃발 흔드는 역할을 맡았는가 하면 그렇지는 않았다. 오히려 그는 버블 경제에 조금도 올라타지 않은 경영자로도 주목할 만한 존재였다. '한 되 구매'의 원칙을 지키고, 버블 경제 시기를 견실하게 보내 버블 붕괴의 영향을 전혀 받지 않았다.

그리고 그는 이 시기부터 '공생의 사상'을 강조하기 시작한다. '세계와의 공생', '자연과의 공생', '사회와의 공생'을 축으로 한 것으로, 세계화를 추진하기 위해서는 그 지역에 깊이 뿌리를 내리고, 사랑받고, 공헌하는 것을 목표로 해야 한다는 '생각'에 의한 것이었다.

일본 버블의 정점은 닛케이 평균 종가 기준으로 3만 8,915엔이라는 사상 최고치를 기록한 1989년 12월 29일일 것이다. 이 해는 교세라 창립 30주년에 해당했지만, 쇼와 일왕 붕어에 즈음 해, 전 국민이 애도를 하고 있던 것도 있어 30주년 행사는 비교적 단순하게 이뤄졌다. 이나모리는 30주년 기념식 자리에서 "기업이라는 것은 30년이 지나면 매너리즘에 빠진다. 그 30년을 기점으로 쇠퇴할 것인지 더 높이 성장해나갈 것인지, 거기가 포인트다"라고 말하고 있었다. 이 연설의 배경에 있던 것이 '기업 수명 30년설'이었다. 〈닛케이 비즈니스〉 기사가 계기가 되어 널리 퍼졌는데, 직원들에게 긴장감을 갖게 해 앞으로도 살아남기 위해서는 더 많은 노력이 필요하다고 호소한 것이다.

이때 사장은 안죠우의 뒤를 이은 이토 켄스케가 맡고 있었다. 화려함은 없지만 우직하게 한마음으로 일한다는 점에서 이나모리의 이상을 구현한 것 같은 존재였다. 그는 이나모리가 30주년 연설에 담은 뜻을 정확하게 받아들이고 행동을 일으켰다. 작업복 주머니에 들어가는 크기의 직원 수첩을 만들어 전원에게 나눠준 것이다. 그것이 '교세라 철학 수첩'이었다. 평소 이나모리가 말해온 철학을 한 페이지에 한 항목씩 정리해 알기 쉽게 편집했다. 현재도 교세라그룹의 직원은 아침, 저녁 조회 때 수첩 내용을 강독해 전원의 '가치관', '일하는 방식' 그리고 '삶'이 철학에 부합되도록 벡터를 맞추고 있다.

1993년 9월 3일 DDI는 도쿄증권거래소 2부에 상장했다. 신전전 중에서 가장 먼저 상장할 수 있었다. 8월 24일에 결정된 주가는 액면가 5만 엔에 370만 엔. 시초가가 붙은 것은 오후 1시 15분으로 판매 가격을 180만 엔을 초과한 550만 엔이었다. 이 사업이 성공했다는 것을 시장이 입증해준 것이다. 그리고 이나모리는 이번에도 창업자 이윤을 들고 있지 않았다. "나 자신은 제2전전의 주식을 한 주도 가지고 있지 않습니다. 그래서 주가가 얼마가 되든지 별로 상관없습니다."(《월간 경영주쿠》, 1993년 10월)

물론 회장이기 때문에 어느 정도의 지분은 필요하다. 그것을 그는 상장 후 시장 가격으로 매입하는 형태를 취했다. 이미 보유한 교세라 주식만으로도 충분한 자산가가 되어 있었다. '사리사욕'에서 자신을 최대한 멀리하고자 힘써 축재와는 더 이상 무관한 경지에 도달했다. 그의 성공과 '생각'의 결정이 얼마나 아름답고 의미 있는지에 대해서는 이 책의 마지막 장에서 다룰 것이다.

상장 며칠 후 DDI는 상장을 기념해 모든 직원에게 월급의 50%를 특별 보너스로 지급했다. 교세라 때와 마찬가지로 잘한 직원에게만 특별 보너스를 주는 것이 아니라 모든 직원이 함께 상장 달성의 기쁨을 누리게 한 것이다. 이후 주가는 1,000만 엔에 되려는 기세로 액면가 5만 엔이 무려 200배나 뛰게 된다. 이나모리를 믿고 투자해준 사람들에게 보답을 할 수 있었다. 일부 출자 기업이 주식의 매각을 타진해왔지만 '얼마든지요'라고 즉답했다.

그러나 상장의 기쁨에 젖어 있을 새도 없이 곧 단번에 사내가 긴장에 휩싸이는 일이 발생했다. DDI 상장 나흘 후 NTT는 시외 전화 서비스의 대폭적인 요금 인하를 우정 대신에게 신청한 것이다. 10월 19일부터 실시된 그것은 평균적으로 21.4%의 가격 인하가 되는 대담한 것이었다. 이제 신전전의 가격 우위는 완전히 사라졌다. 당연히 NTT의 수익이 급감했다. 회사 발표에 따르면 연간 매출이 2,700억 엔 감소해 1994년 3분기 실적이 적자가 될 가능성도 거론되었다. 그들은 육참골단(肉斬骨斷)*의 마음가짐으로 단숨에 점유율 회복을 목표로 하는 작전에 나선다. 신토우가 사장이던 시절에는 적에게 도움을 줄 정도의 여유를 보이기도 했지만, 이번엔 진심이었다.

NTT가 가격 인하를 신청한 다음 날인 9월 8일 아침 이나모리는 긴급 경영 회의를 소집했다. 1989년 6월 DDI 사장으로 취임한 칸다 노부스케(산와은행 전 부행장, 간사이 경제 동우회 전 대표 간사), 1993년 부사장에 취임한 오쿠야마, 전무 센모토, 상무 히오키 아키라, 임원 오노데라 등 경영진들이 모였다. 그 자리에서 이나모리는 격문을 날렸다. "드디어 NTT가 물불을 가리지 않기 시작했다. 그럼 우리 DDI는 어떻게 받아낼 것인가다." 모두 심각한 얼굴로 생각에 잠겨 있었지만, 이나모리 입장에선 이미 결론이 나와 있었다. "비싼 전화 요금을 인하해 국민 생활에

● 자신의 살을 내어주고 상대의 뼈를 끊는다는 뜻.

기여하고자 하는 마음으로 DDI를 시작한 것이다. 결과적으로 DDI의 노력에 그 NTT도 가격을 내렸다. 여기서 우리가 한 번 더 NTT를 웃도는 가격 인하를 하는 것은 어떤가?"

"하지만 그럼 이쪽도 적자가 되어버립니다. 상장하자마자 적자를 내서는 주주들에게 신뢰를 줄 수 없습니다." 상무 히오키가 반박했다. 교세라에서 이 사업을 하고 싶다고 스스로 손을 들고 온 사람이었다. 수익이 없으면 기업이 아니라는 생각이 강하다. 그리고 그것은 다름 아닌 이나모리에게서 배운 것이었다. 하지만 이나모리는 완고히 가격 인하를 주장했다. 그리고 전설에 남는 작전을 명령하는 것이다. 그것은 '피닉스 작전'이었다. "분명히 이대로 인하하면 적자로 전락할 것이고, 주주에 대한 책임감 있는 행동도 아니다. 하지만 이는 철저한 비용 절감으로 수익성을 비약적으로 향상시킬 좋은 기회가 아닌가? 피닉스는 수명을 다하면 스스로 불에 뛰어들어 잿더미에서 다시 살아나서 영원한 순간을 산다고 한다. 우리도 또한 스스로 불 속에 뛰어들어 죽음 속에서 살길을 찾아보지 않겠는가!"

이렇게 DDI는 NTT의 공세에 정면으로 맞서게 되었다. NTT가 가격을 인하한 다음 달 NTT보다 비싸진 구간은 같은 금액으로, 그 이외는 10엔 저렴한 요금으로 설정했다. 11월 결산에선 적자가 나왔지만, 여기서부터 피닉스 작전은 전사적으로 전개되어간다. 이나모리의 무서움은 경비 절감을 철저히 하는 한편, 성장한다고 판단한 휴대전화 사업에 1,000억 엔 단위의 설비 투자를 실시했다는 점이다. 그 결과 피닉스 전략을 통해 생산성이 늘어난 것 외에도 호조인 휴대전화 사업에 기여한 DDI는 단 1년 만에 다시 고수익 기업으로 불사조처럼 되살아난다.

PHS 사업과 센모토의 퇴사

휴대전화 사업에 주력해온 이나모리였으나 휴대전화와 비슷한 새로운 상품이 등장하려 하고 있었다. 그것이 간이형 휴대전화 시스템(Personal Handyphone System, PHS)이었다. 1989년 체신부는 '차세대 이동통신 시스템에 관한 조사 연구회'를 발족시켜 PHS의 검토를 시작했다. PHS는 휴대전화에 비해 시설 비용을 절약할 수 있기 때문에 통화료도 저렴하고 음질도 훨씬 좋았다. 일본의 독자적인 기술로 본류인 미국을 능가할 수 있다고 센모토는 확신했고, 이나모리도 곧 진출을 결정했다.

당시 휴대폰은 고액의 신규 가입 수수료 또는 보증금이 필요했고, 기업 외에 이용하는 개인은 상당한 부자였다. 휴대전화를 일반 대중 상품으로 만들기 위해서도 PHS 사업을 꼭 성공시키고 싶다고 생각했던 것이다. 1994년 11월 PHS 사업을 전개하는 DDI포켓 9사가 설립되면서 센모토는 DDI 부사장이면서, 스스로 도쿄 DDI포켓의 사장으로 취임한다. "제2전전의 집대성 사업으로 삼겠습니다!" 하고 포부를 드러냈다. 이렇게 1995년 7월 PHS의 상업용 서비스가 시작된다. 통화 요금이 3분당 40엔으로 휴대전화에 비해 3분의 1에서 6분의 1이 낮은 요금이 좋은 평판을 불러일으켜 예상대로 인기 상품이 된다. 개업 한 달 만에 DDI포켓의 가입자 수는 10만 건을 넘어섰다.

그런데 가입자 수가 늘어도 DDI포켓의 경영은 결코 쉽지 않았다. PHS는 수많은 안테나를 세워야 했다. 라이벌인 NTT퍼스널은 기존의 공중전화 박스에, 전력 회사계의 아스텔은 전신주에 설치했지만 DDI포켓은 독자적으로 안테나를 설치할 장소가 없었다. 제2전전 설립 때와 같은 고민에 직면한 것이다. 결국 NTT의 ISDN 회선에 의존하게 되고, NTT에 회선 이용료 지불이나 통신 시설 이용 요금의 부담이 커져 적자가 이어졌다.

1995년 12월 23일 센모토의 퇴사가 갑자기 발표되어 내부에 큰 충격을 주었다. 그의 퇴사 이유는 지금도 수수께끼다. 당사자들은 그 무엇도 묻고자 하지 않았기 때문이다. 그가 은퇴한 날은 마침 12년 전 그가 전전공사를 그만둔 날과 같았다. DDI는 이미 벤처라고 부르기에는 적합하지 않을 만큼의 기업 규모가 되어 있었다. 센모토의 안에 있는 벤처 정신이 신천지를 요구했을지도 모른다. 남겨진 자들은 망연자실했다. 의욕이 충만했을 터였던 사장이 불과 1년 만에 퇴사했기 때문이다. 센모토는 한동안 게이오 대학의 대학원 교수로 교편을 잡았지만 인터넷의 보급에 대비, 1999년 ADSL 회선을 취급하는 이액세스를 창업. 불과 5년 만에 도쿄증권 1부 상장을 완수한다. 자회사인 이모바일이 모바일 브로드밴드의 보급에 미친 역할은 크다. 역시 센모토는 당대 통신 분야의 뛰어난 기술자이자 기업가였다.

센모토는 자신의 저서 《브로드밴드 혁명의 길》에서 이나모리와 함께 일할 수 있었던 것에 진심으로 감사한다며 이렇게 적고 있다. "이나모리 씨와 12년간 일을 함께하면서 '경영자는 과연 무엇인가'를 배우게 되었다. 이나모리 씨의 경영 기법이라 하면 정신주의적인 부분이 클로즈업되는 경우가 많은데, 그것은 일면 오해가 있다. 구 일본군을 예로 들자면 정신주의만으로는 전쟁에 이길 수 없다. 이나모리식 경영의 진수는 철저한 경영 관리에 있다. 경영 관리를 하기 위해서는 어떤 시스템을 만들 것인가를 철저하게 추구한다. 말하자면 완벽하게 무기를 정비한다.

거기에 더하는 것이 정신주의인 것이다. 이것을 문장으로 표현하는 것은 매우 어렵다. 이나모리 씨의 입으로 설명하더라도, 정말 진심으로 이해할 수 있는 사람은 몇 안 되지 않을까 싶다. 이나모리 씨의 대단함은 아마 실제로 하나가 되어 일을 해보지 않으면 모를 것이다. 그 이나모리 씨의 밑에서 12년간 일을 한 경험이 벤처 기업 이액세스를 시작해 CEO로 활동하는 데 얼마나 도움이 되었는지 모른다."

결국 PHS 사업은 당초 예상된 큰 꿈을 피우지는 못했다. 휴대전화가 저렴해지는 가운데 밀려났던 것이다. 개업 몇 년 후(1998년)에는 가입 대수도 한계점에 도달되고, DDI포켓에 발목을 잡혀 DDI는 1998년 3월 결산에서 적자로 전락하고 만다. 이후의 전말을 언급하자면, 2004년 10월 합병 후의 KDDI는 DDI포켓을 매각한다. 미국 투자 회사 칼라일 그룹이 최대 주주가 된 후 윌컴으로 사명을 변경하고 다시 출발하게 된다. 그럼에도 경영은 나아지지 않았고, 결국 2010년 법정 관리를 신청한다. 교세라는 윌컴과 자본 관계를 계속하고 있던 만큼 그 재건은 큰 과제로 남았다.

PHS 사업에서의 철수는 유감이었지만 교세라는 계속 재무적으로 굳건한 체제였다. 출자했던 DDI의 주가는 상장 직후 200배까지 상승한데다 DDI 상장 한 달 전에 큰 뉴스가 있었기 때문이다. 교세라가 25% 가까운 지분을 보유하고 있고 이나모리가 회장을 맡고 있는 게임 업체 타이토가 도쿄증권 2부에 상장된 것이다. 상장 첫날에 붙은 930만 엔이라는 주가는 당시 일본의 주식 역사상 가장 높은 것이었다.

출자하게 된 계기는 재건 의뢰였다. 타이토는 유대인 상인인 미하일 코간이 창업한 회사로 원래 명칭인 '다이토무역'은 극동 유대인상사라는 뜻이다. 그들은 곧 게임기 개발에 착수해 1977년에는 '블록 무너뜨리기'가, 그다음 해에는 '인베이더 게임'이 각각 사회 현상이 될 정도로 큰 히트를 쳤다. 그런데 1984년 창업자 코간이 죽자 과부는 거액의 상속세를 지불하지 않고 타이토에 돈을 빌리게 된다. 그리고 지도자를 잃은 타이토는 방황을 시작한다. 그런 가운데, 코간이 생전 절친했던 컨설턴트를 통해 이나모리에게 경영 재건을 요청해 왔다. "처음에는 두 달에 한 번 이사회에 나와 이야기를 듣고 있었습니다. 그렇지만 아무래도 잘되지 않았습니다. 그때 코간의 아내가 꼭 나에게 경영을 해 달라고 부탁받아 의리로 착수했던 것입니다." (《월간 경영 주쿠》, 1993년 10월)

그는 우선 코간의 아내 빚을 갚기에 착수했다. 그녀가 보유하고 있던 타이토 주식을 교세라 등에서 구입하고 그 대금을 변제에 충당하라고 했다. 결과적으로 교세라는 발행 주식의 약 25%를 쥐고 최대 주주가 된다. 1988년에는 사장 이하의 임원을 교세라에서 파견하고 스스로 회장에 취임했다. 명실 공히 타이토는 교세라의 산하가 되었다. 이나모리즘을 철저히 한 결과, 타이토의 실적 또한 빠르게 회복해 염원의 상장을 완수할 수 있게 된 셈이다.

"제2전전과는 달리 타이토라는 기업에 관심이 있어 출자한 것은 아니다. 부탁해온 미망인이 불쌍하다고 생각했기 때문에 출자했을 뿐이다." (《월간 경영 주쿠》, 1993년 10월) 이나모리는 이렇게 말하고 있지만 의리로 부득이 산 주식이 6년 정도 후 400억 엔에 가까운 평가 이익을 안고 있는 주식으로 대변화한 것만 보아도 이른바 '남에게 온정을 베풀면 반드시 내게 돌아온다'는 것을 알 수 있다.

하지만 이러한 경우 중요한 것은 '출구 전략'이다. 어떻게 청산할 것인가다. 그런데 그것도 놀랄 만큼 부드럽게 해결되었다. 타이토는 2003년에는 도쿄증권 1부에 상장되고 2년 후(2005년) 8월 스퀘어에닉스의 산하에 들어가게 된다. 구체적으로는 스퀘어에닉스가 TOB(takeover bid, 주식 공개 매수)에 의해 교세라, 코간의 아내의 지분을 포함해 지분 93.7%를 취득하게 된 것이다. 코간의 아내의 고민도 해결하고, 타이토를 재건해 교세라에도 큰 매각 이익을 가져다주며 일은 일단락되었다.

그런데 여기에는 후일담이 있다. 교세라에서 스퀘어에닉스로 주식 양도 시 조금 특이한 교환이 있었던 것이다. 2005년 8월 2일에 열린 기자 회견에서 와다 요이치 스퀘어에닉스 대표이사는 그것을 다음과 같이 말하고 있다. "타이토의 대주주로서 교세라와 대화를 했습니다. 여기에서 논의된 것은, 이런 경우는 드물다고 생각합니다만, 타이토라는 회사를 제대로 소중히 운영하고자 하는 마음이 있는가 하는 것이었습니다. 얼마에 사고자 하는지가 아니라 타이토를 어떻게 발전시켜나갈 것인가에 대한 프레젠테이션을 요구했습니다." 교세라의 담당자는 주를 비싸게 사준다면 그것으로 좋다는 식의 자세를 보이지 않았다. '가치관' 이야말로 중요하다고 생각했기 때문이다. 교세라 철학이기도 했다.

세이와주쿠

1980년 교토 청년회의소, 청년 경영 학원이라는 스터디 그룹이 시작되었다. 경영자개발위원장을 맡고 있던 타테노 코우키가 중심이 되어

5명의 강사를 부르는데, 그때의 후보 중 한 사람이 이나모리 가즈오였다. 평소 이나모리가 "청년회의소와 로타리클럽은 소꿉장난에 불과하다!" 하고 부정적으로 말하는 것은 그들의 귀에도 닿아 있었다. 교토 청년회의소 OB이기도 한 와코루의 츠카모토에게 한마디 해주기를 부탁했지만 "이나모리는 내 말 따위 듣지 않습니다!" 하고 거절당해 부득이 교토중앙신용금고의 임원으로부터 스나가 모토하루 사장실 책임자(이나모리의 처남)를 소개받아, 그를 통해 간신히 면담 약속을 잡았다. (〈세이와주쿠〉 제4호)

응접실에서 기다리고 있으니 복도를 걷는 큰 발소리가 들려왔다. 교세라의 유니폼을 입고 방에 들어온 이나모리 가즈오는 소파에 앉자마자 "요구 사항을 말하십시오!" 하고 마치 성난 어조로 말했다고 한다. 당시 그는 48세. 그 지난해에 20주년을 맞았고 그해에는 뉴욕증권거래소에 상장도 하고 있었다. 공장을 풀가동하며 공사다망했던 시기다. '나는 바쁘다고!' 말하지 않아도 마음의 소리가 빙 전해져왔다. "정말 벌벌 떨릴 정도로 무서웠습니다." 이렇게 타테노는 회고하고 있다.

이나모리는 일에 집중하고 있을 때 방해받는 것을 매우 싫어한다. 훗날 죠우니시 아서 부사장(당시)과 태양열 온수기를 캘리포니아에 수출하는 계획에 대해 협의를 하고 있던 때의 일이다. 사장실의 비서가, "○○은행 지점장께서 전근인사를 오셨습니다. 이제 곧 돌아가므로 1분 만이라도 만나고 싶다고 말씀하십니다" 하고 지점장의 마음을 살짝 전달했는데, "바보 같은 녀석!" 하고 비서에게 호통을 치고는 그대로 협의를 계속했다고 한다. (쿠니토모 류이치, 《교세라 · 이나모리 가즈오 혈기와 심려의 경영》)

타테노와 만났을 때 이나모리의 기분이 나빴던 것은 무언가에 집중

하고 있던 것을 방해했기 때문이었는지 모른다. 그런데 완전히 긴장했던 타테노가 갑자기 이나모리의 심기를 건드는 말을 입에 담는다. "우리 젊은 경영자가 경영에 대해 어떤 자세와 어떤 생각을 가지고 일하고 있는지를 듣는 것은 사장에게도 공부가 되지 않겠습니까?" 그 순간 이나모리의 눈이 강렬하게 빛났다. "너희들의 말이 어째서 공부가 된다는 거지?" 그 후의 대화 내용은 거의 기억하지 못한다. 그런데 의외인 것은 이나모리가 결국 강연을 맡아준 것이다. 기적이라고 생각했다.

교토 청년회의소가 의뢰한 주제는 '경영 전략과 의사 결정'이었다. 이나모리는 갑자기 강연의 시작 부분에서 경영 현장의 생생한 이야기를 전했다. 후년에 주로 하던 정신적인 이야기가 아니라 교세라가 어떤 기회에 어떻게 판단하고 성장했는지를 구체적인 예를 들면서 말했다. 강연 시간은 40분. 그사이에 두 통의 국제 전화가 걸려왔다고 하니 귀중한 시간을 내어 이야기해주고 있음이 청중에게도 전해졌을 것이다. 템포도 빨랐다. 듣는 이의 입장에서 보면 가슴에 가차 없이 강속구가 던져지는 느낌이었을 것이다. 쏙쏙 들어오는 이야기에 끌려가다 보니 순식간에 강연은 끝났다. 테마에 딱 맞고, 실로 훌륭한 연설이었다. 감동의 여운이 길게 이어졌다.

'한 번뿐인 인연으로 끝나는 것은 아쉽다. 아직도 배우고 싶은 것이 있다.' 타테노는 이후에도 가르침을 요청했고, 이나모리도 마음을 열고 응하게 되었다. 종종 그가 츠카모토와 함께 노래방에 있는 장면이 목격되기도 했다. "여기에서 노래하고 계시는 이나모리 씨를 보고 이 사람은 좋은 의미의 양면성을 가지고 있는 분이라고 생각했어요. 강사를 부탁드렸을 때의 엄격한 얼굴과 일을 마친 뒤 츠카모토 씨와 노래를 부르

시외 전화 서비스의 성공.

교세라 철학 수첩.

중국 대련에서의 세이와주쿠.

고 계시는 인간적인 얼굴을 보면서…."(《세이와주쿠》 제4호)

그러던 어느 날 이나모리는 차분히 후지야마 이치로의 〈울지마 누이야〉를 노래하기 시작했다. "달의 고비를 천천히 둘이서 넘어온 것을 울어선 안 된단다, 누이야." 고향의 노래를 부르다 보니 가고시마의 여동생들이 떠올랐다. 이나모리는 그때 뚝뚝 눈물을 흘렸다. 그것을 타테노에게 보인 것이 수줍었던 그는 가사가 써 있는 가사집을 던졌다고 한다. 이렇게 거리가 줄어들더니, 교토 청년회의소의 사람들은 1983년 7월 이나모리에게서 경영의 요체를 배우기 위한 '이나토모주쿠' 라는 젊은 경영자 연구회를 시작하게 된다. "우선 50명 정도 모아볼까?" 하고 이나모리가 말했지만 처음에는 25명밖에 모이지 않았다. 수백 명이 와 당일 만석이 되는 지금과 비교하면 거짓말 같은 이야기다.

아직 본업이 바빴으나 원래부터 가르치는 것을 좋아하는 이나모리는 그들을 위해 시간을 할애하기 시작한다. 결국 소문을 듣고 교토 밖에서도 참가하게 되었다. 그러던 중 오사카의 경영자들이 꼭 자신들도 참여할 수 있는 기회를 달라고 말하기 시작한 것을 계기로, 1989년 4월 '이나토모주쿠' 는 '세이와주쿠' 라고 이름을 고쳐 확대 개편되게 된다. 그해 8월에는 교세라 내에 사무국이 설치되었다.

"기업의 융 '성(盛)' 과 인덕의 '화(和)' 를 한데 모으다." 회원 약관 제2조를 이렇게 정해 '마음을 높이는 경영 스트레칭' 을 세이와주쿠의 원점으로 삼았다. 차세대를 키워내는 것을 목표로 하기도 해서 자연히 중소기업의 젊은 경영자들이 모였다. 그리고 모두 두 번째의 이나모리 가즈오를 목표로 열심히 가르침을 흡수해갔다. 이나모리와 연이 닿은 학원생들은 모두 몰라보게 표정이 생생해져갔다. 자신감 있게 사업에 매진한 결과 실적을 개선시킬 수 있었다. 소문은 빠르게 퍼져나가 입학 희망자는 해를 거칠 때마다 급속도로 증가해갔다. 어느 날 "고생하셨습니다" 하고 이나모리에게 말을 걸어온 학원생에게 "고생 따위 없다! '고생'에 경칭을 붙이는 바보가 어디 있느냐!"라고 꾸중한 이후 세이와주쿠에서는 "건강하십시오!"가 인사말이 되었다.

그를 열렬히 따르는 사람이라도 용서가 없었다. 잘못하면, "너 같은 바보는 파문이다!" 하고 고함치기도 했다. 특히 그가 화낼 때는 학원생이 경영철학이 없거나 철학이 흔들릴 때였다. 반면 잘하고 있는 경영자에게는 자애로운 아버지처럼 부드러웠다. 지지(致知)출판사의 후지오 히데아키 사장도 이나모리에게 가르침을 청하는 한 사람이다. 출판사 출범 때 이나모리 가즈오는 '지지출판사의 앞길을 기념하며'라는 격려의 글을 보냈다. "우리나라에 유력 경영 잡지는 많이 있지만, 사람의 마음에 초점을 맞춘 편집 방침을 고수하고 있는 지지출판사는 특히 우수하다. 일본 경제 발전의 시대 변화와 함께 이곳의 존재는 점점 더 중요해질 것이다." 이후 후지오는 이 문장을 늘 가지고 다니며 너덜너덜해지면 다시금 복사해 읽으며 자극받곤 했다고 한다.

세이와주쿠 모임 속에서 우키가와 카즈노리 저스트시스템 사장, 키타무라 요우지로 이탈리야드 사장, 난부 야스유키 파소나그룹 대표, 야우치 히로시 피아 사장 등 저명한 벤처 경영자가 배출되었다. 이 밖에 축구 전 일본 대표 감독인 오카다 타케시나, 발레리나인 모리시타 요코, 요코즈나 하쿠호 등도 세이와주쿠에 이름을 올리게 된다.

이나모리의 인품에 커다란 매력을 느끼고 수업이 지방이나 해외에서 개최되어도 따라가는 학원생들도 많았다. '추종'이라고 말해도 좋을 것이다. 실제로 함께 있는 것만으로 그의 아무렇지도 않은 언동이나 행동에 감동하는 일이 자주 일어났다. 1999년 대만 수업에서의 일이다. 그날 중화요리의 마무리는 앙금이 맛있는 복숭아 만두였다. 우연히 같은 테이블에서 화장실에 가려던 학원생에게 "이 만두 맛있네"라고 얘기했다. 그런데 테이블을 보니 이미 다른 사람이 먹은 듯 사라져 있었다. "누구냐, 더 먹은 녀석은! 애초 접시 위에는 사람 수만큼 있었을 것이다. 어떻게 나누면 모두에게 돌아가는지가 눈에 보이지 않는 녀석은 경영자로서 실격이다!" 사소한 것이라도 경영자의 마음가짐이라 생각하는 살아 있는 자세에 학원생들은 감동을 금치 못했다.

2000년 홋카이도에서 수업할 때는 마침 이나모리의 머리가 KDDI 설립으로 가득한 때였다. 앞으로의 통신 산업은 어떻게 해야 하는가? 도요타의 진의는 무엇인가? 10년 후 이 업계는 어떻게 되어 있겠는가? 학원생들이 뜨겁게 물어왔다. 그때의 이나모리의 말이 예언자의 그것처럼 이후 차례로 실현되어 학원생들은 모두 감탄했다고 한다.

1992년에는 제1회 세이와주쿠 전국대회가 열렸지만 일본이라는 경계를 넘어서는 데 그리 많은 시간을 요하지 않았다. 그의 가르침은 민족주의를 배경으로 한 것이 아니라 인류 전반에 대한 보편적인 가르침이다.

이나모리의 팬들은 전 세계에 퍼져 1999년부터는 해외에서도 참가하게 된다. 그리고 2011년 7월 제19회 때부터는 세이와주쿠 세계 대회가 열리게 된다. 일본 수강생들은 이나모리를 통해 해외 사람들과 교제하는 방법도 배웠다. 예를 들면 21세기에 들어가면서 일본에서는 중국 위협론이 빠르게 성장했고 중일 관계도 삐걱거리기 시작했다. 그런데 이나모리는 "중국은 위협의 대상이 아니다!" 하고 일찍부터 주장했다. 〈닛케이 비즈니스〉 2001년 10월 15일자에 실린 '중국 위협론에 반박하다'에서는 중국 위협론에 다음과 같이 반박하고 있다. 조금 길지만 그의 중국에 대한 견해를 잘 보여주는 문장이며, 현재에도 충분히 생각해볼 내용이기 때문에 조금 요약해 인용해보려 한다.

중국 기업의 규모가 거대하게 되자, 제대로 싸울 수 없게 된 일본 기업 중에는 중국을 기피하고 싫어하는 사람들이나, 기술 공여를 끊자고 말하기 시작하는 사람들이 나왔습니다. 그러나 이것은 일본이 스스로 만들어낸 결과이며 결코 중국이 나쁜 것이 아님을 주의해야 합니다. (중략)

그렇다면 일본 기업은 어떻게 해야 하는가. 그것은 중국과의 일체화, 즉 중국 사람도 일본과 파트너를 맺어 좋았다고 생각하도록 만드는 것입니다. 좀 더 구체적으로 말하자면, 중국이 산업화되어가는 과정에서 우리 일본 기업이 합작 등을 통해 좋은 의미에서 그들을 육성해 '일본 사람들이 기술과 공장 관리에 대해 가르쳐줬다'고 그들이 고마움을 느끼게 만드는 것입니다. 합작에 의한 배당 등에 있어서도 좋은 거래였다고 그들이 느낄 만한 구조를 만드는 것이 중요합니다. (중략)

지금 일본의 경영자들에게 요구되는 것은 이기적인 개인주의와는 구별을 분명히 한 사회 정의라든지 이웃 사랑, 말하자면 '이타적' 경영 윤리를 가지는 것은 아닐까요. (중략)

비용이 저렴하다는 것으로 중국에 가서 그것을 이용하는 것은 틀리지 않다고 생각합니다. 그러나 그것만으로는 안 됩니다. 중국인의 관리직도 직원도 모두 자신의 기업의 가족으로 간직하고 행복하게 만들어나가야 합니다. 그것이 바로 글로벌 기업이라는 것입니다. 중국과 함께 지내기로 결정했다면, 떼려야 뗄 수 없는 중국을 포용하는 정도의 마음과 각오가 필요합니다. 눈앞의 이익에만 집착해서는 안 되는 것입니다.

중국뿐만 아니라 상대국을 '포용할 정도의 마음과 각오'야말로 해외 진출 성공의 열쇠라고 말한 것이다.

2004년 2월 19일에는 미국 최초의 세이와주쿠가 LA에서 개최된다. 해외에서는 브라질, 중국 등에 이어 다섯 번째였다. 이나모리는 특히 미국에 애착이 있다. 아무런 성과도 얻지 못한 첫 번째 미국 출장의 억울함은 잊으려고 해도 잊을 수 없었다. 그 후에도 샌디에이고 공장의 경영과 AVX사의 인수 등 미국은 이나모리에게 시련과 꿈과 가능성을 준 기억에 남는 나라다. 그래서 미국에서 경영론을 말하는 것은 감개무량했다.

세이와주쿠는 2018년 말 기준, 국내에 56개소, 해외 44개소로 마침내 100개소를 달성했고, 수강생 수가 1만 3,832명에 달했다. 많은 국가와 사람들에게 경영의 씨앗을 뿌렸다. 그리고 2018년 12월 6일, 연호가 바뀌는 2019년 연말에 세이와주쿠를 해산할 것임을 발표한다.

세이와주쿠의 운영을 다른 사람에게 맡기는 경우에, 생각이나 조직의 본연의 자세는 어쩔 수 없이 변화한다. 그 전조는 종종 볼 수 있었다. 이나모리가 전수한 경영철학이라는 명목으로 자신의 독창성을 더한 저작을 발표하고 강연 활동을 하는 학원생이 나온 것이다. 독창성을 더해 발전시켜 자신만의 경영 기법을 만들어내는 것은 매우 훌륭하다. 그러나 그것을 이나모리 가즈오의 이름으로 세상에 전하는 것은 잘못

된 것이다.

전해야 할 것은 숨기지 않고 모든 수강생들에게 전달했다는 성취감도 그 결정에 작용했다. 학원생들에게 일말의 아쉬움은 남겠지만, 앞으로의 세대가 자신의 기대를 저버리지 않도록 새로운 비약을 하는 것이 요구되고 있다. 다시 말하지만, 씨앗을 뿌린 것이다. 세이와주쿠가 없어져도 우리는 지금 그대로의 이나모리 가즈오의 가치관, 일하는 방법, 삶의 방법을 접할 수 있다. 그것은 이나모리 가즈오가 엄청난 수의 강연록이나 저작을 남겼기 때문이다.

유통 혁명을 일으킨 다이에의 나카우치 이사오가 《우리의 염가판매 철학》을 간행할 때, 이 책은 엄청난 반향을 일으키게 되지만, 그는 갑자기 절판한 다음 저서를 세상에 내놓지 않았다. 그것은 잡지 〈재계〉의 발행인이었던 미키 요노스케가 "경영자가 책을 쓰면, 그것에 묶여 시대에의 대응이 그만큼 느려진다" 하고 간언했기 때문이라고 알려져 있다.

하지만 마쓰시타 고노스케도, 이나모리 가즈오도 그들 자신이 얻은 경영철학을 숨기지 않았다. 오히려 적극적으로 차세대에 전하고자 했다. 그것은 그들 자신이 도달한 경영철학이 한때의 유행이 아니라 시대를 초월한 것이라는 자신감을 가졌다는 증거일 것이다. "일에도 인생에도 법칙이 있다. 그 법칙에 따른 인간은 성공하고, 벗어난 인간은 실패한다."《성공과 실패의 법칙》이것이 이나모리가 터득한 신념이었다.

자민당 정치에 환멸을 느끼다

1991년 59세 때 이나모리는 제3차 임시행정 개혁추진 심의회(행혁심) 회
장을 하고 있었던 일경련의 회장 스즈키 에이지로부터 '세계 속의 일본
부회'의 부회장을 맡아줄 수 있는지 요청을 받았다. 우연히 스즈키의
친척의 자식이 교세라 사원이었고, 그로부터 '교세라 철학 수첩'을 보
게 되고 감동해 "이런 경영철학을 갖고 있는 사람에게 부회장 자리를
맡기고 싶다"는 마음으로 결정했다고 한다. 《JAL의 기적》

　이나모리는 흔쾌히 수락해 같은 해 2월부터 1년 반 동안 부회장직을
맡게 되었다. 토코우가 회장을 맡은 제2임조는 '증세 없는 재정 재건'
을 내걸고, 카토 히로시 게이오 대학 교수와 세지마 류조 이토추상사
회장 등이 활약했다. 그 성과의 하나인 전기통신 사업 자유화에 의해
제2전전이 탄생한 것은 이미 언급한 대로다. 제2임조의 의도대로 자유
화에 의한 전화 요금 인하 효과로 일본 경제는 활성화되었다. 이나모리
가 그 주인공이다. 바로 제3차 행혁심 부회장에 어울리는 인선이었다.

　자리를 받아들인 이상 결과를 내고 싶어 조속히 위원 선정에 착수했
다. 친구였던 야노 토오루 교토대 동남아 연구센터 소장 외에 야마모토
타쿠마 후지츠 회장을 부회장 대리에 임명하고, 전문위원으로 정치평
론가 야야마 타로, 이와쿠니 테츠도 이즈모 시장, 키요하라 타케히코
산케이 신문 논설위원장, 후쿠가와 신지 고베 제강 부사장, 마츠 노부
오 전 주미대사 등 27명을 임명했다.

　이나모리는 외교의 기본 이념을 정하면서 헌법 전문에 불교 사상을
더하자는 방안을 내놓았다. 헌법 전문은 존중해야 하지만 기독교 사상

이 들어 있다. 그래서 불교 사상을 가미해 균형을 취하려 한 것이다. 부회에서는 활발한 논의가 전개되어 방향 감각은 곧 결정되었다. 수동적인 외교에서 벗어나 국제 질서 만들기에 적극적으로 참여해나갈 외교정책을 지향하자는 의미였다.

그러나 기존의 외무성을 중심으로 하는 관료 주도의 외교를 내각 주도로 전환하려고 한다는 의견이 나와 외무성의 위기감을 부채질했다. 외무성의 압력에 의해 부회의 중간보고가 강제로 연기된 것이다. 1991년 6월 18일 〈마이니치신문〉은 '외교 개정안도 후퇴, 부처의 압력 강해'라는 제목의 기사를 쓰고 있었다. 그리고 중간보고 발표 다음 날인 1991년 6월 25일 〈마이니치신문〉에 '구체적 안건을 담아내지 않고 부처의 반발에 밀려', '내각 관방 강화 방안은 후퇴'라고 쓰인 기사가 나오는데, 이에 대해 이나모리는 반격에 나선다.

외교 문제의 본론에서 약간 벗어나 있지만 국제 표준에서 본 일본의 제도적 후진성을 논의하고 이를 최종 보고서 초안에 담은 것이다. 1992년 5월 14일에 정리한 최종 보고서의 안건 가운데는 차량의 6개월 점검 폐지, 우량 운전자에 한해 운전면허증의 유효 기간을 5년으로 하고 여권의 유효 기간을 10년으로 하자는 제언이 담겨 있었다. 지금 일본인들이 누리고 있는 것들이다.

DDI는 우정의 재량 행정에 휘둘리고, 제3차 행혁심에서는 외무성 벽에 막혀 관료 조직의 세력권 의식과 보수적 체질에 질린 이나모리는 "일본은 민주주의 국가가 아니라 '관 민주주의' 국가다. 내 고향의 위인 오쿠보 도시미치가 만든 조직이 이런 것일 줄은 몰랐다" 하고 그 어느 때보다 현 체제에 대한 반감을 드러내기 시작한다. 장기 집권에 거만해진 자민당의 오만과 관료의 전횡, 그 때문에 발생하는 사회의 정체와 폐색감에 견딜 수 없었다. 그 속에서 자민당이 NTT와 겹쳐 보였던 것이 틀림없다. 정권 교체의 필요성을 확신하게 된 그는 공개적으로 일본의 정치에 새로운 바람을 불어넣고 싶다고 입에 담기 시작한다.

행혁심 부회장으로 관청에 출입하던 중 알게 된 정치인도 증가했다. 그중 한 사람이 당시 자민당 간사장이었던 오자와 이치로다. 1993년에 오자와가 저술한《일본 개조 계획》을 읽고, 근본이 있는 정치인이라고 감탄했다. 그러던 중 오자와가 교토에 왔을 때 교토에서, 이나모리가 도쿄에 갔을 때 도쿄에서 식사를 함께하게 된다. 이나모리가 행혁심을 하고 있을 때 오자와는 정치 개혁에 뜻을 뒀고, 두 사람은 구습을 끊지 않으면 이 나라에 미래가 없다는 생각에 동의했다. 그리고 오자와가 이를 행동에 옮긴다.

1993년 6월 사회당, 공명당, 민사당이 제출한 미야자와 기이치 총리 불신임안은 하네다파와 오자와가 찬성표를 던진 것으로 통과되었다. 중의원은 해산되고 총선거에 돌입했다. 오자와는 미래의 총리 후보로 주목받고 있었음에도 불구하고, 하네다 츠토무 등과 함께 자민당을 뛰쳐나와 신생당을 창당하고 당 대표 간사에 취임한다. 이때 선거에서 자민당은 과반 의석을 잃고 호소가와 모리히로가 주도하는 비자민 연립 정권이 탄생한다. 하지만 호소가와 연립 정권은 오합지졸에 불과하며 본격적인 정권 교체를 가능하게 하는 양대 정당 정치에는 밀리는 것이었다. 그런 오자와의 소속당은 신생당에서 신진당, 자유당으로 어지럽게 바뀌었지만, 자유당이 민주당과 합병해 신생 민주당이 탄생함에 따라 단독 야당에 의한 정권의 길을 보였다.

드디어 이나모리는 정권 교체의 꿈을 말하게 된다. 민주당 전당대회 연단에 서서 젊은 후보자들에게 격문을 날리기까지 했다. "정권을 잡지 못하면 의미가 없다. 자민당 일당 정치를 타파하는 것이다!" 일본의 경영자로서는 매우 이색적이다. 절대 집권 여당인 자민당을 응원하거나 중립에 있는 것이 비즈니스 측면에서 유리한 것은 분명하다. 일부러 야당을 지지하려면 상당한 담력이 필요하다.

하지만 예전에 같은 것을 시도한 선배 경영자 있었다. 마쓰시타 고노스케다. 마쓰시타는 소니의 모리타, 와코루 츠카모토, 우시오전기의 우시오와 함께 신당 운동을 일으켜 자민당 일당 지배에 도전하려고 했다. 그러나 도중에 좌절하고 깨져 대신 설립한 마쓰시타 정치경제주쿠를 통해 자신의 DNA를 담은 정치인을 양성하기 시작한다. 모리타는 마쓰시타와 함께 《근심을 논하자: 일본은 지금 무엇을 생각해야 할지》를 공동으로 출간할 정도의 우국 동지다. 그리고 츠카모토는 마쓰시타가 어려서 잃은 아들 또래에다 같은 고이치라는 이름이었기 때문에 대단히 그를 귀여워했다. 우시오도 마찬가지다. 그들이 함께 이나모리의 DDI 출범에 관여한 것은 우연이 아닐 것이다.

마쓰시타는 뜻을 다 이루지 못하고 세상을 떠났지만, 이나모리는 그 뜻을 이어 위기감을 국민과 공유하고 정치를 바꿔 활력 있는 사회를 실현하고자 했다. 이나모리 가즈오는 마쓰시타 정치경제주쿠 출신 민주당 중의원 의원인 마에하라 세이지를 초선 때부터 응원하고 이윽고 그의 후원 회장에 취임한다. 그리고 2003년 11월 중의원 선거 전에 '정권 교체가 가능한 국가를 만들자'는 의견 광고를 전국 신문에 내기까지 했다. 정권 교체를 명확하게 밝힌 이 선거에서 민주당은 대약진을 거듭해 비례 구 투표에서 자민당을 앞섰다. 드디어 민주당의 정권 탈취가 현실이 된 것이다.

양친과의 이별

"부모님은 내가 구체적으로 어떤 일을 하고 있었는지 잘 몰랐다고 생각한다. 교세라의 신제품과 첨단 기술에 대해 두 사람을 앞에 두고 강의한 적도 있었지만, 싱글벙글 웃으며 들어주고 있어도 이해하지는 못했을 것이다." 《응석받이》

교세라의 이름이 팔리기 시작했을 무렵 잡지의 취재기자가 키미가 있는 곳으로 오게 되었다. 기자가 교세라 제품에 대해 물었을 때 "잘 모릅니다. 전구를 연결하는 도자기 소켓 같은 것이죠? 그 소켓을 만드는 거라고, 친구에게 설명하고 있어요"라고 답했다고 한다. 마쓰시타가 창업기에 만들었던 유명한 히트 상품인 양가지 소켓과 혼동하고 있었던 것이다. 그것을 들은 이나모리는 다음과 같이 생각했다. '소켓이든 뭐든 좋다. 어머니의 그 말에 웃음이 났다. 무엇이든 내가 하고 있는 것을 기쁘게 생각해주는 것이 순수하게 기뻤다.'

교세라 창업 이래 바빠서 집에는 좀처럼 갈 수 없었다. 그래도 가끔 올 때 어머니가 직접 만든 된장국을 내주는 것만으로 행복했다. 끝없는 기운이 솟았다. 그의 어머니, 키미의 유일한 취미는 파친코였다. 좋아할 뿐만 아니라 잘했다. "가면 반드시 경품을 받아와 자식이나 손자에게 나눠줬습니다. 정말 잘하셨지요." 이는 딸들의 말이다. 때때로 이나모리는 귀성했을 때 키미와 함께 파친코 가게로 발길을 돌렸다. "나보다 어머니가 더 잘했고, 공짜 사탕을 항상 많이 받고는 소녀처럼 기쁜 듯 미소를 보였다." 이나모리는 어머니의 그런 모습이 보고 싶어서 파친코에 함께 갔던 것이다.

그런데 성실한 케사이치는 이를 탐탁지 않게 생각했다. "네 아버지가 파친코 갈 돈을 안 주는구나." 가끔 키미가 이렇게 호소하면 그는 살짝 용돈을 전달하기도 했다. 케사이치는 본래부터 걱정이 많았기 때문에 충분히 용돈을 드려도 그 돈을 저축했다. 그러면서 "가즈오가 사업에 실패하면 돈을 건네야…"라고 말하곤 했다. 부모에게 있어 자식은 몇 살이 되어도 그저 아이인 것이다.

1992년의 일이다. 키미가 요통을 호소해 병원에 데려갔더니 백혈병으로 진단되었다. 케사이치에게는 절대 말할 수 없었다. 가족들은 한동안 입을 다물었고, 키미는 평소대로 생활을 이어나갔다. 그러다가 어느 날 욕실에서 넘어져 골절로 인근 병원에 입원하게 된다. 아무것도 모르는 케사이치는 걱정스런 마음으로 매일 아내를 찾아 돌봤지만, 그녀는 병이 점점 악화되고 여위어갈 뿐이었다. 그럼에도 키미는 케사이치를 걱정하며 "밥 먹었어요?"라고 묻고는 자신이 남긴 병원 음식을 먹도록 권했다.

결국 케사이치도 그녀가 단순한 골절이 아님을 알게 된다. 병명을 전해 듣고 충격을 받은 그는 수척해져 가는 키미를 보는 것을 힘들어 했다. 병원에 가는 횟수도 줄어들었다. 바쁜 이나모리 역시 좀처럼 귀성할 수 없었다. 그래도 억지로 시간을 만들어 딸을 데리고 문병했지만 그 역시 점차 병들어 수척해져 가는 어머니의 모습을 차마 볼 수 없었다.

입원한 지 3개월 만인 1992년 2월 27일 5시 13분, 키미는 결국 세상을 떠나고 말았다. 향년 82세였다. 이때 해외에 나가 있던 이나모리는 사랑하는 어머니의 임종을 지켜보지 못했다. "만약 지금 어머니가 살아 있다면… 하는 식의 몽상을 해본다. 지금 눈앞에 어머니가 있다 해도, 이상하게도 특별히 말하고 싶은 것은 없다. 다만, 시골집 밥상 앞에 앉아 어머니가 만들어주는 맛있는 된장국이나 건어물을 먹을 수 있으면 더없이 행복할 것 같다."《응석받이》에서 '어머니는 하나님과 동의어'라는 마지막 장을 쓰고 있을 정도로 어머니를 사랑해마지 않았던 그는 마지막으로 이렇게 적고 있다. "다시 파친코 가게에 모시고 가고 싶다."

아내를 잃은 케사이치는 금방 체력이 떨어지며 갑자기 늙어버렸다. "나도 앞으로 3년 후 저세상으로 가고 싶어요. 3년간은 키미의 공양을 해줘야 하니…." 이런 나약한 말을 반복하며, 아무리 주위에서 격려해도 "홀아비가 되어보지 않으면 몰라요" 하고 혼자가 된 외로움을 호소했다. 그러던 중 "이제 살고 싶지 않다"라는 말까지 입에 담게 된다. 복부가 아프다고 말하기 시작한 것은 그로부터 얼마 지나지 않아서였다.

나중에 알게 된 사실이지만 간암이었다. 그런데 아무리 말해도 병원에 가려고 하지 않았다. 키미가 병원에서 사망한 것으로 인해 병원에 발길을 돌리는 것조차 싫어해 안 간다고 우겼다. 그러다 결국엔 더 이상 우기지 못하게 된다. 통증이 너무나 심해진 것이다. 병원에 입원시켰더니 아니나 다를까 병세가 진행되고 있었다. 그의 소망대로 죽음은 신속하게 찾아왔다. 숨을 거둔 것은 입원하고 3주 후인 9월 28일, 87년의 생애였다.

키미 때도 그랬지만, 장례 절차는 모두 토시노리가 척척 도맡아줬다. 두 사람 모두 장례식은 생전에 그들 부부가 사이좋게 참배하던 서본원사 가고시마 별원에서 성대하게 열렸다. 마침 이 무렵 이나모리는 안도 우 타다오의 설계에 의한 이나모리 회관을 가고시마 대학에 기부하기로 하고, 거기에 부모의 이름을 딴 '키미&케사 기념관'을 설치할 예정이었다. 건물 밖에서 구형의 홀의 일부가 보이는 참신한 디자인이다. 생전에 두 사람을 건설 현장에 안내한 적도 있었고 그들도 완성을 기대하고 있었지만, 불행히도 그대로의 '기념관'이 되어버렸다.

1994년 10월 31일 열린 준공식 날 연단에 섰던 이나모리는 참석자들 앞에서 부모를 기렸다. 두 사람이 없다면 자신의 생명은 없었을 것이고, 두 사람의 가르침이 없었다면 지금의 자신은 없었다. 마음으로 손을 잡고 천국에 있는 케사이치와 키미에게 홀의 완성을 보고했다.

교토상공회의소 회장으로 취임하다

이나모리 가즈오는 교토상공회의소 회장이었다. 처음엔 츠카모토의 요청에 마지못해 부회장에 취임했었다. 이름을 빌려주는 것일 뿐이라는 거듭된 설득이 있었고 실제 회의에도 거의 나오지 않았다. 그런데 1994년 6월경 츠카모토에게 이런 이야기를 들었다. "교토 건도● 1200

● 나라의 도읍을 세운다는 뜻.

년 사업도 차질 없이 끝났고, 이쯤에서 회장직을 너에게 바톤 터치하고 싶다."

청천벽력과도 같은 소리였다. 이나모리는 말도 안 된다며 크게 머리를 흔들어 단호히 거절했다. 하지만 그렇다고 포기할 츠카모토가 아니었다. 그가 젊은 시절에 어떻게 해도 만나주지 않는 도매상이 있었다. 숙박하고 있던 여관에 매일같이 찾아가도 만나주지 않고 그를 쫓아냈다. 궁리 끝에 츠카모토는 변장을 하고 여주인의 눈을 속여 기어이 방에 입성했고, 상대는 결국 그 열성에 기가 질려 거래를 허락했다.

무언가 하겠다고 결정했을 때 상대를 몰아가는 박력은 이나모리에 뒤지지 않는다. 이때도 도망다니는 이나모리를 반년간 끊임없이 설득해, 그해 말 억지로 회장직을 넘기고 만다. 결정타가 된 것은 다음의 말이었다. "자신의 회사만이 중요하고, 지역을 위해 봉사하는 것이 그렇게도 싫더냐!" 여기에는 역시 이나모리도 정색하고 화를 냈다. 아무리 친한 츠카모토라고 해도, 해도 되는 말이 있고 안 되는 말이 있었다. 무심코 목소리를 높였다. 사회 공헌에 관해서는 누구보다 잘하고 있다는 자부심이 있었다.

"애당초 당신은 회장직이 하고 싶어서 하고 있던 것이잖소?"

"자네는 그렇게 보고 있었는가…."

츠카모토의 얼굴이 흐려졌다. 거기에서 츠카모토의 어조가 바뀌었다. 교토상공회의소 회장이라는 일의 어려움과 명예욕이나 자기 현시욕구에서 할 수 있는 일이 아님을 차례로 설명했다. 이나모리도 차분히 듣게 되었을 정도다. "나는 외부 재계 활동에 무관심했기 때문에, 그때까지 츠카모토 씨가 좋아서 회장이 되었다고 생각했다. 그것이 자신의 회사는 물론 개인 시간도 희생하는 것이란 걸 그때 처음 알았다."《이나모리 가즈오의 악동 자서전》) 그리고 "교세라가 여기까지 훌륭하게 성장하기까지 유무형으로 교토 사람들의 신세를 진 것과 다름없다. 이제 보답할 때가 아닌가" 하고 각오를 다졌다.

1995년 1월 이나모리는 교토상공회의소 회장에 취임한다. 교토라는 곳은 이상한 마을이다. 신사, 불각이 늘어서 고도로 알려져 있지만, 그것만이 아니다. 뭔가 정체 모를 깊이를 지니고 있다. 과거 그들은 메이지 유신으로 왕을 잃었다. 지금도 교토 사람은 다시 왕실이 교토로 돌아오는 일을 '환도'라 부르며 기다리고 있다. 귀족과 왕실의 납품 상인이 몽땅 다른 곳으로 옮겨가면서 교토의 인구는 35만 명에서 20만 명으로 격감했지만, 그 보상으로 메이지 정부에서 지급된 권업 기립금 등을 바탕으로 비와호 호숫물을 끌어 권업 박람회를 개최하고 수력 발전소를 건설하고 전철을 달리게 하는 등 일본의 식산흥업의 선두를 달릴 의지를 보였다.

사찰이 자산을 가지고 있는 것은 당연하지만 그들 중에도 엄청난 부자가 있었다. 그들은 니나가와 혁신정부가 계속되어도 인프라와 산업진흥을 제쳐둘 뿐만 아니라 오히려 거리가 변하지 않는 상태로 남아 있는 것에 만족하고 있었다. 사실 이제와선 그것이 관광 자원으로서 보물이 되어 있다. 교토는 전통을 지키는 한편 지금 말할 벤처기업에 품을 내어주는 도량도 보였다. 와코루, 무라타제작소, 로옴, 닌텐도, 호리바제작소, 옴론, 닛토전공, 무라타기계, 대일본스크린제작소 등 일본을 대표하는 유력 기업의 대부분이 교토에 본사를 둔 것으로 알려져 있다. 물론 교세라도 거기에 포함되어 있다.

와코루의 츠카모토가 지금까지 서양만 있었던 브래지어와 코르셋 등의 체형 보정용 여성 속옷이라는 새로운 영역에 와블 브랜드를 확립한 것에 대해선 이미 말했다. 전자 부품 회사로서 세계적으로 유명한 무라타제작소는 원래 직원 2~3명의 무라타 도자기 공방이라는 작은 공방이었다. 그러다 군부의 요청으로 산화티티타늄 연구를 시작한 것을 계기로 콘덴서 개발에 성공했다. 전후, 전자 세라믹 콘덴서의 장래성에 주목해 세계 제일의 점유율을 장악한 기업으로 성장했다.

로옴의 사토 켄이치로는 원래 음악가를 목표로 하고 있었지만, 피아노 콩쿠르에서 준우승밖에 할 수 없었기에 그 길을 포기하고 리츠메이칸 대학의 공학부 재학 중 탄소 피막 저항기 특허를 얻고 졸업과 동시에 그것을 생산해 오늘의 대를 이뤘다. 대학 시절 음악가를 지향했던 것도 있어 로옴 홀을 건설했으며, 교토교향악단 유지에 많은 기부를 하고 있다. 닌텐도의 야마우치 히로시는 원래 트럼프와 화투를 만들었다. 패미콤으로 세계를 선도하는 기업이 되었다. 또 교토 대학에서 핵 물리학을 공부했던 호리바 마사오는 원폭 개발을 두려워했던 GHQ가 원자물리학의 연구를 금지하자 부득이 호리바무선연구소를 설립했다. 그리고 그것이 세계 최고 수준의 분석ㆍ계측 기기 회사 호리바로 발전해나간 것이다.

교토의 벤처 비즈니스 성공 신화의 공통점은 처음에는 모두 그 분야의 '아마추어'였다는 것이다. 타인을 흉내내지 않고 가격 경쟁을 하지 않고 기술에서 압도적인 점유율을 장악한다. 이런 진귀한 'Only One' 기업 모임은 서로 간섭하지 않고 존중하면서도 경쟁하면서 높은 곳을 목표로 삼아왔다. 모두 일본에서 만족하지 않고 세계를 목표로 했다. "교토 제일, 일본 제일, 세계 제일이 되자!" 하고 큰 꿈을 입에 담고 있던 것은 이나모리 가즈오만이 아니었다. 그들은 도쿄 따위는 의식하지 않고 교토에서 세계에 도전해갔다. 그래서 오사카의 기업처럼 본사를 도쿄에 옮기려 하는 것은 아예 생각하지 않았다. 지역 활성화라는, 이 나라가 안고 있는 오늘날의 과제에 하나의 해결책을 제시하고 있는 것이 교토의 'Only One' 기업들인 셈이다.

교토상공회의소 회장으로서 전통 산업도 제대로 안배해야 했다. 신흥 기업은 건실했지만, 전통 산업의 측면에 문제가 산적해 있었다. 특히 니시 진이나 무로마치로 대표되는 일본 의류 산업이 그랬다. 생활 습관의 변화에 따라 기모노를 입을 기회가 줄어 매출이 극단적으로 줄어 있었다. 그래서 이나모리는 '기모노 서미트'의 개최를 옹호했다. 전통 마을 교토의 복원에 주력했다. 고도세(고도 보존 협력 세금) 문제로 꼬인 교토불교회와 교토 사이의 갈등 해소에도 나섰다. 1985년 당시의 교토 시장 이마가와 마사히코는 교토의 유산 보호를 목적으로 교토 시내의 사찰 입장료에 세금을 부과해 고도세를 도입했다. 그런데 이에 기요미즈데라를 비롯한 유명한 사원이 반발해 교토불교회가 교토를 상대로 소송을 일으키는 등 큰 혼란이 생겼다. 결국 1988년 3월 교토시는 고도세를 폐지했지만, 불신을 지울 수 없었던 교토불교회와 교토시의 불화가 길게 꼬리를 잇고 있었던 것이다.

후술하겠지만, 이나모리는 이 당시 이미 출가해 승적을 가지고 있었다. 그래서 불교 관계자들도 마음을 연 것이다. 1999년 5월 20일 양측은 '하나가 되어 교토의 관광 진흥과 경관을 배려한 마을 만들기에 노력하겠다'는 공동 성명에 서명을 하고 수년에 걸친 다툼을 해결한다.

가고시마 대학 이나모리 회관(구체는 키미&케사 기념관 외벽, 저자 촬영).

아버지 케사이치와 어머니 키미.

역사적 화해(우측부터 마스모토 교토 시장, 이나모리 가즈오, 아리마 교토불교회 이사장.

"과거에서 벗어나, 함께 새로운 세기를 향합시다." 보도진의 플래시를 받으면서 마스모토 요리카네 교토 시장, 아리마 라이테이 교토불교회 이사장, 그리고 매개체 이나모리 가즈오 세 사람은 상냥하게 악수를 나누며 화해 무드를 어필했다.

이렇게 되기까지 가장 큰 활약을 한 이나모리 가즈오에 대해 〈동양 경제〉는 이렇게 평하고 있다. "교토 시장 선거에서는 마스모토 요리카네 시장을 이끌고 회장 스스로 선두에 섰고, 1999년에는 17년간 대치해온 교토불교회와 교토의 '화해'를 연출했다. 엔고, 규제 완화, 제로 금리 해제. 교토에서 대담하게 발언할 때마다 전국의 신문이 대서특필했다. '눈에 띄는 것이 싫다'고 말한 이나모리 가즈오가 역대 회장 누구보다도 눈에 띄고 있다. 이 '모순'이 이나모리 가즈오다." (〈동양 경제〉, 2000년 8월 15일)

이나모리는 결국 회장직을 6년간 유지하고 2001년 2월 퇴임한다. 무라타기계의 무라타 준이치에게 회장직을 넘기게 되었다. 전에 무라타 회장과 인터뷰했을 때 "회장이 되는 것은 싫다고 말씀하셨지만 일단 취임하고 나니 철저히 대처해 매우 큰일을 해냈습니다. 존경할 만한, 정말 대단한 분입니다"라고 말한 것이 인상적이었다.

위암 수술과 출가

이나모리 가즈오의 사진을 연령대별로 살펴보면 재미있는 것이 발견된다. 나이에 따라 분위기가 크게 바뀌었다는 것이다. 거기에서 그의 사업에 대한 자세나 처한 환경, 정신적 성숙을 명확하게 읽을 수 있다. 만지면 베일 듯한 엄격한 얼굴을 하고 있는 것이 DDI 출시 무렵이다. 눈빛이 반짝하고 살기마저 느껴진다. 거인에 대항하는 긴장감과 더불어 불상사에 의한 공격까지 받고 있어 신경이 곤두서 있는 모습이 애처롭다. 그런데 그런 그가 어떤 일을 계기로 동네 할아버지 같은 온화한 표정으로 변해 간다. 그 일은 '출가'였다.

1996년 9월 교토상공회의소의 정례 기자 회견에서 갑자기 "본인은 65살이 되면 불문에 들어갑니다" 하고 발표해 발칵 뒤집혔다. 곧 츠카모토로부터 전화가 왔다. "예전부터 듣고는 있었지만, 교토상공회의소 회장직을 차내는 듯한 무책임한 행동은 곤란해." 물론 주위에 민폐를 끼칠 생각은 없었다. "적당한 후임자를 찾을 때까지 무책임한 짓은 하지 않습니다" 하고 답했다.

출가의 계기가 된 것은 우연히 일본 방문 중이던 인도 요가의 성인과 만난 것이었다. 인도 전승 의학 아유르베다를 연구하고 있다고 했다. "맥을 진찰합시다" 해서 팔을 냈는데, 그가 어린 시절에 결핵을 앓은 것과 최근의 삼차 신경통까지 진찰해냈다. 그리고 마지막으로 "80세 정도까지 살 수 있습니다"라고 말한 것이다. 그 말이 귀에서 떠나지 않아 수명이 80임을 전제로 살아가고자 생각하기 시작했다. 인간은 사회에 나오기까지 20년 가까운 준비 기간이 필요하다. 사회에 나와서 열심히 일하고 세상을 위해 기여하기까지 40년, 그 후 60세를 전후하여 정년을 맞이한다. 사회인이 되고 나서의 40년은 말하자면 '영혼을 닦는 기간'이다. 영혼을 닦지 않은 탓으로 성공을 거둔 사람이 비참한 말로를 걸었다는 예는 쏟아져나오고 있다.

인생 80년을 전제로 이나모리는 정년을 맞이한 60세 전후부터 80세까지의 20년을 죽음을 맞이하기 위한 준비 기간으로 잡았다. 그것은 죽을 각오를 결정하는 것이 아니다. 이나모리는 죽음을 영혼의 여행으로 파악하고 있었고, 결핵을 선고받은 그날부터 죽음의 각오는 벌써 한 바 있었다. 여행을 떠나가는 영혼을 정돈하기 위한 준비에 20년이 필요하다고 본 것이다. 인생의 총결산을 조용히 맞이하는 의미에서도 60이 되면 경영 일선에서 물러나야 한다고 생각하게 되었다. 그리고 마지막 20년을 맞아 먼저하고 싶은 것, 그것은 보통 사람의 생각인 취미 등이 아니라 '출가'였던 것이다.

우선 니시카타에게 문의해보기로 했다. 니시카타는 이때 묘심사의 주지가 되어 있었다. 원래 원복사는 묘심사파였지만 그 덕망에 일찍부터 묘심사의 주지에의 소리가 높아지고 있었다. 예전에도 거절했던 적이 있어, 다음에도 시원스럽게 거절해버릴 것 같아 다시 타진이 왔을 때, 억지로 주지를 맡도록 만든 것이다. 이렇게 니시카타는 일본 최대의 선사 묘심사의 주지가 되어 노사가 아니라 예하라는 존칭으로 불리게 되었다. 니시카타는 이나모리에게 이렇게 말했다. "삭발하고 득도를 하면 좋습니다. 그러나 그 후에는 다시 사회에 돌아가 사회에 공헌하는 것이 당신에게 있어 부처님의 길이 아니겠습니까?" 이 말에 이나모리 가즈오의 마음은 정해졌다.

1997년 6월 주주 총회에서 교세라, DDI의 명예회장으로 물러난 이나모리는 6월 29일에 득도식을 실시해 불문에 들어가기로 결정한다. 그런데 여기에서 의외의 사태가 일어난다. 질병이 발견된 것이다. 그것도 생명에 관련되는 질병이었다. 이나모리 부부는 항상 사이좋게 함께 정기 검진을 받고 있었다.

그해는 검진 날이 2월 15일로 예정되어 있었으나 그 전날 아사코가 컨디션을 무너뜨려 연기하고 간신히 받게 된 날짜가 6월 9일이었다. 그 사이 그가 얼마나 바빴는지를 알 수 있다. 그때 위 엑스레이에서 '위궤양 가능성이 있음'이 진단되어 6월 14일 위 내시경 검사를 통해 조직을 4군데 정도 채취하는 조직검사를 받는다. 그러고는 6월 19일 교토상공회의소에서 회의를 하던 중 갑자기 담당 의사의 연락을 받게 된다. "위암이 발견되었습니다. 즉시 수술을 해야 합니다."

그날 밤은 오카야마에서 세이와주쿠의 강연이 예정되어 있었다. 보통의 사람이라면 취소하고 병원에 갔을 것이다. 그런데 이나모리는 예정대로 오카야마로 가서 일정을 소화하고 교토로 돌아가기로 결정한다. 게다가 도중에 신칸센의 차내에서 도쿄 방면으로 돌아가는 학원생을 만나자 교토에 도착할 때까지 뜨겁게 경영 상담을 해주기도 한다. 맨투맨 지도를 받게 된 그 학원생은 진심으로 감사했을 테지만 설마 이나모리가 암 선고를 받은 직후라고는 미처 생각하지 못했을 것이다.

결국 아사코의 걱정을 뒷전으로 심야에 귀가했다. "귀가해 다시 위암에 대해 생각해봤지만, 마음의 혼란이 조금도 없는 자신을 발견하고 안심하고 잠들었다고 생각한다."《인생과 경영》 이나모리는 암 발병에도 인생의 수행과 마음가짐을 통해 영혼을 닦고 있었던 것이다. 위암 발견 다음 날에야 의사와 상담을 했으며 6월 29일 수술하게 되었다. 바로 득도식을 예정하고 있던 날이었다.

그리고 그는 세상을 깜짝 놀라게 할 행동에 나섰다. 6월 27일 위암임을 공표한 것이다. 상장 회사인 교세라에 정보 공개가 중요하다는 생각에 따른 것이었다. 1997년 6월 28일자 〈마이니치신문〉은 '교세라 이나모리 씨 위암을 공표'라는 제목을 붙여 "수술 전에 공표하는 것은 '본일이 없다(경단련)'라고 할 정도로 희귀한 일"이라 보도하고 있다.

마침내 수술의 날을 맞이했다. 이미 생각보다 암이 진행된 상태라 수술을 통해 위의 3분의 2를 절제하게 되었다. 암세포가 확산 직전이었다고 한다. 위험한 상황이었다. 하지만 생각해보면 2월에 검진을 받았다면 발견되지 않았을지도 모른다. 검진이 늦었던 것이 다행이었다. 득도 후 수행을 위해 일정도 비우고 있었으며, 그 기간을 이용해 입원할 수 있었다. 불행 중 정말로 다행이었다. 그런데 좋은 것만은 아니었던 것이, 수술 후 경과가 그리 좋지 않았기 때문이다.

수술 후 통증이 계속되는 것은 흔히 있는 일이라 참고 있었지만, 아무래도 상태가 이상했다. 일주일 후에는 링거를 분리해 미음을 먹어도 좋다고 했지만 막상 먹을 때 심한 통증이 따랐다. 한밤중 고통이 계속되어 새벽에 숙직 주치의를 불렀다. 검사해보니 위와 장을 연결한 곳의 봉합이 잘되지 않았고 약간의 누설이 있었다. 미음을 많이 먹었다면 복막염을 일으킬 뻔했다. "다시 한 번 수술하는 것도 매우 위험하기 때문에 자연스럽게 붙기를 기다립시다" 하는 의사의 말에 다시금 링거 생활로 돌아가고 2주 정도면 퇴원할 수 있을 거라 생각했던 입원 기간은 예상보다 길어졌다.

무슨 일이 있어도 초지 관철하는 것이 이나모리 가즈오다. 입원 및 수술 그리고 또다시 입원이라는 예상치 못한 사건이 겹쳐졌지만 출가하고 싶다는 의사는 확고했다. 수술하고 석 달 후 1997년 9월 7일, 원복사에서 염원의 득도식에 임할 수 있었다. 주관은 물론 니시카타 예하다. 본명에서 한 글자 따와 '다이와'라는 승명을 받았다. 언론은 이나모리의 출가를 비중 있게 다뤘고 삭발한 그의 모습이 신문과 잡지를 장식했다.

체력 회복을 기다렸고 11월 수행을 위해 다시 원복사를 찾았다. 짧은 기간이었지만 수술 후 몸에는 혹독한 수행이었다. 걱정되어 달려온 세이와주쿠의 사람들이 멀리서 지켜보고 있었다. 11월이라고 해도 교토 교외의 아침은 충분히 춥다. 오전 3시에 일어나 밤 11시에 취침하는, '일어나 반 첩 잘 때 한 첩'이라 불리는 좌선삼매(坐禪三昧)의 삶이다. 식사는 일즙일채. 아침은 죽에 무절임 낮에는 보리밥에 된장국, 밤에는 무조림이 나왔지만 위를 절개한 후이므로 적다고 생각한 일 없이 오히려 남을 정도였다.

게다가 그 몸을 하고서도 가사에 짚신 차림으로 젊은 승려들과 탁발에도 나섰다. 돌아오는 길, 초로의 부인에게서 100엔 구슬을 받을 때는 눈물이 날 뻔했다. 그가 억 단위로 취급하던 돈에서는 맛볼 수 없던 것이 거기에 있었다. 계속 경영자로 있었다면 평생 맛볼 수 없었던 얻기 어려운 경험이었다.

병상에서 일어난 직후의 몸이면서 일심으로 수행하는 이나모리의 모습에 니시카타는 무심코 "어설픈 종교인이 도달할 수 있는 경지가 아니다"라고 감탄의 말을 흘렸다. 그런 그에게 경의를 표해 원복사의 좌선당에는 지금도 '다이와 선사'라는 꼬리표가 달려 있다. 하지만 니시카타는 수행을 마친 이나모리에게 이렇게 말을 걸었다. "머리털을 빨리 기르십시오. 여기서 승려들과 함께 수행하는 것은 힘든 일입니다. 우선 빨리 회사에 돌아가십시오."

교세라 본사 전경.

득도식의 이나모리 가즈오

불교의 세계에서 출가하는 것만이 수행의 길은 아니다. 재가하면서 불도에 귀의하는 방법도 있다. 대승 불교의 주요 불전의 하나로 유마경이 있는데, 거기에 등장하는 고대 인도의 상인인 비 말라키르티(유마 거사)는 재가하면서 깨달음의 경지에 도달해 문수보살에게조차 설법할 정도로 높은 덕을 쌓고 사람들을 행복으로 이끌어갔다. 니시카타는 영적인 높은 곳을 목표로 하고 싶다는 이나모리의 마음을 알면서도 그에게 그것은 재가의 수행이 최선의 길이라고 가르쳐준 것이다. 이렇게 해서 이나모리 가즈오는 다시 비즈니스의 세계로 돌아갔다.

기력은 충만했지만 컨디션 악화는 그 후에도 계속되었다. 득도 다음해인 1998년, 세이와주쿠 전국 대회를 앞둔 2월 10일의 일이다. 그날은 교토상공회의소에서 집무를 하고 점심은 회의소 직원과 함께 지하 식당에서 튀김 우동을 먹고 있었지만, 그 직후 심한 복통을 겪었다. 천천히 씹어먹어야 한다고 들었는데, 그만 급하게 먹어버린 것이다. 빨리 집에 돌아와 누웠지만 낫지 않았다. 그러던 중 통증이 증가하여 더 이상 참지 못할 지경이 되었다. 택시를 불러 급히 병원으로 갔다. 진찰 결과 장폐색을 일으키고 있는 것으로 나타났다. 먹은 것이 잘 움직여 나가지 않고 장내에 정체해버리고 있던 것이다. 사망률도 높은 위험한 증상인 만큼 즉시 입원해 수술을 했다. 결국 수술은 무사히 끝났지만 예정되어 있던 세이와주쿠 전국 대회는 불참해야 했다. 학원생들에게 면목이 없었다.

그로부터 1년 후 브라질과 파라과이에 해외 출장을 갔는데, 또 장폐색이 재발한다. 총 세 번의 장폐색 증세가 생겼는데, 이에 넌더리가 난 그는 면을 후루룩 먹는 것은 포기하고 하나하나 음미하며 먹게 되었다.

1998년 8월 교토시 후시미구에 당대 최고의 설계가인 쿠로가와 키쇼우가 설계한 교세라 본사 빌딩이 완성된다. 지상 20층, 높이 95m로 교토 제일의 높이를 자랑했다. 사람과 환경에 친화적인 건물이 될 수 있도록 설계되어 남측 벽면과 옥상에 자사의 태양 전지 패널을 약 1,900장 붙였다. 발전 용량은 200Kw를 초과해 한 동의 건물의 태양광 발전 시스템으로는 세계 최대 규모였다. 입구는 1층과 2층이 연결되어 있다. 1층에는 피카소와 히가시야마 카이이, 히라야마 이쿠오 등의 명화가 늘어선 박물관, 위층에는 교세라의 역사와 제품을 전시하는 교세라 파인 세라믹관을 병설하고 공개하기로 했다. 재미있는 것은 12층이다. 여기에는 100첩 규모의 일본식 방이 있다. 도코노마에 족자도 있어 외형은 여관 술집과 같다. 이제 마음껏 회식을 할 수 있게 되었다.

한 달에 한 번 있는 임원 미팅에는 전체 그룹의 임원이 모인다. 당시에는 일본식 방을 절반으로 분할해 절반은 짐을 보관했다. 느긋하게 100첩 전부를 사용하는 편이 좋다고 생각하지만 굳이 그렇게 하지 않았다. 그 이유를 물었더니 교세라의 야마구치 고로 회장은 이렇게 말했다. "좁은 곳이 끼어 앉기 때문에 좋은 것이 아닌가요? 서로 어깨를 기대고 팔꿈치가 맞닿을 정도로 친밀하게 앉아 냄비를 공유하다 보면 그중 술에 취해 누가 어떤 컵을 썼는지도 모르게 됩니다. 이것을 두세 번 해보면, 누구와도 친해질 수 있습니다."《이나모리류 회식》

회사가 커져도, 하고 있는 일은 크게 변하지 않았다. 새로운 본사 건물이 만들어지기 전 가고시마로의 출장자가 많기 때문에 고쿠부 공장에 가까운 기리시마시에 호텔을 건설했다. 디자인은 역시 쿠로카와 기쇼다. 그런데 호텔 이름을 어떻게 할 것인가를 두고 옥신각신했다.

"'호텔 아모레'로 하자!" 하고 이나모리가 말했기 때문이다. 아모레는 그가 간직하고 있는 '사랑'을 의미하는 이탈리아어다. 가족에 대한 사랑이며, 회사에 대한 사랑이며, 직원에 대한 사랑이며 고향에 대한 사랑이기도 했다. 하지만 생각이 너무 앞선 것 같았다. 주위에선 깜짝 놀라며 반대했다. "그럼 러브호텔로 오인될 겁니다."

"어디가 러브호텔이야?" 그는 납득하지 않았다. 잠시 불만에 찬 얼굴이었지만, 결국 '호텔 교세라'로 결정했다. 1995년 개업한 호텔의 아트리움에는 '알리 아모레'라는 이름이 붙여졌다. 알리(ali)는 날개라는 뜻이다. '사랑의 날개'라는 의미일 것이다.

유명무실한 NTT의 분할

휴대전화와 PHS전화 외에도 이나모리가 주목한 것이 '이리듐 계획'이다. 모토로라가 제창한 것으로, 인공위성을 통해 전 세계 어디서나 전화할 수 있는 꿈같은 계획이다. 처음에는 77기의 인공위성을 사용할 예정이었으므로 원자번호 77의 이리듐(Iridium)에서 그 이름이 채택되었다. 웅장한 구상에 마음이 움직인 이나모리는 1993년 일본 이리듐을 설립해 대표권을 가진 회장에 취임했다.

성공시키면 일본뿐만 아니라 세계의 정보통신을 변화시킬 수 있다고 분발했지만, 그 실현에의 길은 험난하기만 했다. 1998년 11월 드디어 서비스가 시작했지만 처음부터 오산의 연속이었다. 일본의 가입 대수는 계획의 3할(3,000대)에 그쳤다. 비싼 전화 요금 외에 단말기 한 대가 40만 엔 전후인 것과 약 400g이라는 무게가 원인이었다. 판매 침체는 미국의 경우도 마찬가지였다. 위기감을 안고 대폭적인 통화 요금 인하를 실시했지만, 가입자 침체는 사업 모체인 미국 이리듐의 경영을 압박하고 사업을 시작한 지 얼마 안 된 8월 13일에 이미 파탄이 났다. 미국의 민사 재생법인 챕터11에 따른 경영 재건을 강요했다. DDI도 재건에 협력하기로 하고 새로운 회사가 자산을 계승하도록 서비스를 재개했지만, 휴대전화 사용 가능 지역 확대로 위성 방식을 사용하는 메리트는 점차 사라져버렸다. 개발도상국과 해상 극지 등에서 근무하는 사람에게는 유용한 것이지만 이용자가 제한된 어려운 경영 상황이 계속되었다.

한편 일본의 전기통신 사업의 자유화는 NTT의 분할이라는 정작 중요한 부분에 칼을 대지 않은 채 시간만이 보내고 있었다. 여전히 DDI와 같은 신전전은 거대 기업 NTT와의 싸움을 피할 수 없게 되어 자유 경쟁과는 거리가 먼 상황이었다. 1990년 3월 전기통신 심의회(도요타 에이지 회장)가 "1995년도를 목표로 NTT를 장거리 전화 회사와 지역 전화 회사로 분리한다"고 기한을 끈 답신을 내줬다. 그런데 정부는 조금도 움직일 기색이 없었다. 분할 반대파는 기술 면에서 국제 경쟁력 약화를 주장했다. 실제로 광섬유나 PHS 등 전신전화공사 시절부터 쌓아온 기술력은 세계에 자랑할 만한 것이었다. 하지만 한편으로 세계 표준이 아니라 국제적으로 통용되지 않는 것이 많았던 것도 사실이었다. 제아무리 예산을 써도 정부가 뒷받침하겠거니 하는 안이한 사고방식으로 인한 위기감 없음이 오히려 국제 경쟁력을 떨어뜨린 측면도 부정할 수 없었다.

NTT는 우정성에 대한 불신이 있었다. 지금까지 좀처럼 말을 듣지 않았던 구 전전공사를 약화시킬 기회라고 우정성이 파악하고 있는 것이 아니냐는 의구심이 있었던 것이다. 실제로 우정성은 '수급 조정 조항' 등의 재량 행정을 풀 생각은 없었고, 오히려 신전전의 등장으로 재량 행정의 대상 기업이 늘어난 정도로 생각하고 있었다. NTT 측에 의심이 생긴 것도 무리는 아니다. 그런 의도가 분할의 발목을 잡고 결국 NTT의 경영 형태는 정치 결정에 맡겨지게 되었다. 이나모리에게 그것은 최악의 시나리오였다. 자민당 내 NTT 분할에 반대하는 무리의 힘이 강했기 때문이다.

1996년 12월 6일 정부 발표 내용은 NTT에 매우 유리한 내용으로 바뀌어 있었다. 지역 기업의 동일본전신전화주식회사(NTT동일본)와 서일본전신전화주식회사(NTT서일본), 장거리 통신 회사의 NTT커뮤니케이션즈(NTT컴)로 나눠지게 되었지만, NTT는 지주 회사로 남게 된다. 자본이 분리되지 않았기에 형식적인 분할에 지나지 않았다. 게다가 지금까지 독립적으로 운영되고 있었던 NTT도코모, NTT데이터까지 산하에 들어가 새로운 국제 통신 부문도 가질 수 있다는 덤까지 붙었다. NTT는 기존의 전전공사보다 강대한 세력을 가지게 되어 자유화에 역행하는 사태가 일어난 것이다.

이나모리는 분노했지만 참견도 못 하고 1999년 7월 1일 실시가 통고되었다. 문답무용(問答無用)의 결정이다. 여기에서 국제 통신의 자유화에 대해서도 언급해두고 싶다. 1998년 국제전신전화주식회사(KDD)법이 폐지되는 것도 결정되어, 국제 통신 사업에 신규 진입이 가능하게 되었다. NTT가 진출할 수 있게 된 것은 이 때문이었다. 원래 KDD는 전전공사에서 국제 통신을 담당하고 분리 독립한 우정성 직할의 특수 회사로, NTT와 마찬가지로 지금까지 국제 통신 사업은 그들이 독점해 왔다. 1979년에는 KDD 사건이라는 부패 사건을 일으킬 만큼 큰 수익을 올리고 접대비를 물 쓰듯 사용했다. 국제 전화 요금이 비싸게 머물고 있던 것은 말할 것도 없다. 이나모리가 NTT 이외에 국민의 이익에 반하는 것으로 생각하고 있던 회사였다.

자유화해 국제 통신을 다루는 신전전의 등장이 예상되었다. 그렇게 되면 국제 전화 요금 인하 압력에 의한 수지 악화는 자명하다. 대신 KDD는 국내 통신 사업에 진출할 수 있게 된 셈이지만, 그렇게 간단한 것이 아니었다. 원래 그들은 경쟁에 노출된 상태로 사업을 한 일이 없는 것이다. 결국 무리하게 발돋움하고 국내 통신 사업에 많은 투자를 시작해 윤택했던 과거의 축적을 순식간에 탕진해나가게 된다. 그 희비극과 DDI와의 관계에 대해서는 뒤에 자세히 다루도록 하겠다.

최악의 정치 결정으로 NTT는 더욱 강력한 기업 그룹이 되어 이나모리의 앞을 가로막게 됐다. 기존 세력과 이권이 자유로운 경제 활동을 저해하고 있었다. 하지만 이제 정해진 것은 뒤집히지 않는다. '그쪽이 그렇게 나온다면, 이쪽에도 생각이 있다!' 이나모리는 끝없는 분노를 행동으로 분출했다. 지금까지의 신전전 단일화에 대한 반대 입장을 바꾸고 스스로 NTT에 대항하는 새로운 회사 설립에 나선 것이다. '소용돌이의 중심에서 일을 하라'는 말은 지금까지 직장에서 여러 번 해왔던 것이지만, 스스로 전기통신 사업의 재편이라는 '소용돌이'의 중심이 될 것을 결의했다. 게다가 대등 합병하자는 것이 아니라 자신의 깃발 아래 결집해 달라고 호소한 것이다.

이나모리는 그 이유에 대해 다음과 같이 말하고 있다. "본래 합병은 1+1=2가 아닌 3도 4도 될 수 있는 것입니다. 그런데 2는커녕 1.5 정도밖에 되지 않는 경우가 적지 않습니다. 일본에는 '화합을 통해 귀해진다' 라는 말이 있습니다. 싸움은 가급적 피하고 싶습니다. '내가 먼저'가 아니라 '함께 노력합시다' 라는 기분 좋은 형태로 악수하는 것입니다. 자웅을 겨루고 싶지 않으니까 '대등 합병'을 선택하는 것입니다. 그러나 본래 기업이란 수장이 있고 '조직'이 형성되어 있지 않으면 아무것도 할 수 없습니다. 결국 이두, 삼두 정치가 되어버리면 안 되는 것입니다." (〈경제계〉, 2000년 8월 8일)

NTT에 대항할 수 있는 것은 자신밖에 없다는 확신이 그에게 힘을 주고 있었다. 설득하고 다녔던 상대는 매일 치열한 경쟁을 벌이고 있는 라이벌 회사들이다. 그는 IDO의 최대 주주인 도요타자동차의 오쿠다 히로시 사장, KDD의 나카무라 타이조우 회장과 니시모토 타다시 사장 등과 잇달아 만나 "통신 업계는 변화가 심하고 빠른 의사 결정이 필요하다. 한 기업의 이해를 극복하고 대의를 따라주면 안 되겠는가?"며 고개를 숙였다. 각오는 하고 있었지만 재편의 길은 쉬운 것이 아니었다.

DDI는 우선 국제 전화의 신전전으로 마쓰시타전기 등이 설립하고 있는 일본국제통신(ITJ)과의 합병을 도모했다. 그런데 금세 파국을 맞는다. 모두들 이나모리가 무서웠던 것이다.

ITJ 행마는 곧 발견된다. 1997년 3월, ITJ는 일본텔레콤에 흡수합병된다. 이로써 일본텔레콤은 국내 및 국제 전화의 일괄 서비스를 제공하는 최초의 신전전이 되었다. 그것은 바로 처음에 DDI가 노리던 것이었다. DDI가 ITJ와의 합병에 실패한 것을 보고 KDD가 추파를 보내왔다.

전술한 바와 같이 KDD는 NTT 같은 전 국책 회사다. 사내에는 도쿄 대학과 게이오 파벌이 있다. 교세라와는 물과 기름 관계였고 협상은 처음부터 난항이 예상되었다.

당시를 기억하는 이나모리는 이렇게 말했다. "KDD 간부는 정말 귀한 사람들 같아 맞물리지 않아서 고생했습니다." 우선 저쪽이 요구를 늘려왔다. KDD라는 사명을 남길 뿐만 아니라 역사와 브랜드 파워를 고려해 합병 비율을 자신들에게 유리하게 해 달라고 했다. 비상장 회사라면 몰라도 상장 회사 간 합병 비율은 주식의 시가총액에서 결정될 것이다. 일단 이것은 거절했으나, 그들의 자존심이 얼마나 높았는지를 보여주는 이런 일화도 있다. "아무리 세상이 바뀌었기로서니, 우리는 신생 기업이 입을 열 상대가 아니다"라는 말에 DDI 측이 협상장에서 뛰쳐나갔다는 것이다. 전 KDD 직원 사이에서는 그것을 입에 올린 인물의 이름까지 전해져 있기 때문에, 실제 이야기였다.

그리고 협상 끝에 그들은 '이나모리 회장의 은퇴'를 조건으로 내왔다. 그의 수완을 경계한 것이었다. '나 하나 은퇴해서 해결된다면….' 본인은 승낙하려 했지만 주위에서 만류했다. 이렇게 협상은 무산되었다. 놀랄 만한 것은 파담 직후 1997년 11월 25일 KDD가 일본고속통신과의 합병을 발표한 것이다. 그들이 양다리를 걸쳤음이 드러난 사건이었다. 사명은 KDD로 하고 이듬해 10월 새로운 회사를 설립해 10% 정도의 지분을 도요타자동차가 보유하고 최대 주주가 된다는 계획이었다.

이 합병을 전후해서 DDI의 오쿠야마 사장에게 도요타 측의 자문을 맡은 골드만삭스 일본 법인의 담당자가 IDO에 대한 정보를 전했다. 《도전자》 도요타는 일본고속통신과 KDD가 함께함으로써 당면 과제를 정착시킨 점에서, 이번에는 그들이 일본고속통신에 이어 주주인 IDO를 어떻게든 하고 싶다고 생각했던 듯하다. 도쿄와 나고야라는 가장 비옥한 시장을 독차지했음에도 불구하고 도요타 주도의 모바일 회사인 IDO는 1997년 3월에 최종 적자 59억 엔, 1998년 3월에는 385억 엔으로 거액의 적자를 계속 냈다. 불행히도 '간판 방식'으로 대표되는 도요타식 경영은 통신 업계에서 통용되지 않았던 것이다. 그러던 중 골드만삭스에서 "도요타 측이 IDO의 미래에 대해 DDI와 대화하고 싶어 합니다"라고 전한 것이다.

도쿄와 나고야를 영업 지역으로 하는 IDO와 기타 지역에서 영업하고 있는 DDI 산하 셀룰러 8사는 영업 지역이 보완 관계에 있기 때문에 업무 제휴의 의미가 매우 컸다. 그러나 격이 다르다고 비하한데다 도쿄뿐만 아니라 나고야까지 빼앗긴 원한이 잊혀진 것은 아니었다. "도요타는 뭐하는 곳이냐"라는 일념으로 지금까지 걸어온 것이다. 하지만 이나모리는 과거의 경위는 일단 잊고 합병의 길을 찾고자 했다.

1998년 6월 히오키 아키라가 오쿠야마 유우사이의 뒤를 이어 DDI 사장으로 취임한다. DDI 사장은 관료 출신뿐이라며 비난을 받아온 가운데 최초 토박이 사장의 탄생이었다. 그리고 DDI가 진행하고자 한 업계 재편에 새로운 움직임이 나오기 시작했다. 일본고속통신과 합병하며 염원하던 국내 통신 체제 강화를 꾀한 KDD가 DDI에 도와 달라고 울며 달려온 것이다. 이전 협상 결렬에서 1년 정도밖에 지나지 않았을 때였다.

"우리는 이전과 달라졌습니다"라고 했지만 변한 것은 재무 내용이었다. 국내 통신 설비 신설 부담뿐만 아니라 국제 통신 부문도 신전전의 등장으로 가격 인하 압력에 노출되어 실적은 급격히 악화되었다. 1999년 3월 실적에 대폭적인 적자가 예상되고 있었다. 일본고속통신과의 합병 효과는 보이지 않았다. KDD의 상장 후 시가총액은 약 1조 엔, 반면 DDI는 약 3조 엔이었다.

어쨌든 KDD의 요청에 따라 회의를 했다. 그런데 놀랍게도, 그들은 여전히 합병 비율을 고집했다. 신기한 일은 아니었다. 그들은 실적 및 재무 내용 이외에 아무것도 변하지 않은 상태였다. 하지만 이번에는 합병 협상을 백지화하지 않고 세세하게 논의를 계속하기로 했다. 그들이 백기를 내거는 것은 시간문제였기 때문이다.

KDDI의 탄생

지금까지 이나모리는 IDO의 츠카다 다케오 사장과 여러 차례 회의를 거듭했지만, 1998년 12월 츠카다는 결의를 가슴에 품고 협상 테이블에 앉아 있었다. 그는 IDO의 실적 부진에의 책임을 지고 사장 퇴임을 결정하고, 마지막에 봉공의 노력으로 합병 문제를 끝장내려 결심했던 것이다.

DDI도 신전전에서 유일하게 흑자를 기록하고 있다고는 해도 실적은 별로 신통치 않았다. 1998년 3월 최종 이익은 전분기 대비 25.2%의 이익 감소였다. 산하의 셀룰러 8사는 호조였지만 PHS 사업을 다루는 DDI포켓은 채무 초과 상태였고, 이리듐 계획도 밝은 전망은 보이지 않았다. "이대로는 서로 자멸입니다." 회담을 하는 두 사람 모두 그렇게 동의했다.

　합종연횡에 의한 압도적 두 번째 그룹의 형성으로 막강한 세력을 유지하는 NTT와 맞서기 위해서는 합병이 절대적으로 필요하다. 하지만 이나모리는 그 자리에서도 다짐한 것처럼 지금까지의 주장을 되풀이했다. "아주 조금이라도 좋습니다, DDI 우위를 확실히 해주셨으면 합니다. 이것은 내 통신에 대한 정념입니다." '정념'이라는, 일상생활은 물론 비즈니스의 세계에서도 그다지 사용되지 않는 말이었는데, 정말 말할 수 없는 힘을 가지고 상대의 가슴을 뒤흔들었다. 이번에는 츠카다가 끄덕일 차례였다. "그렇게 (도요타에) 전하도록 하죠."

　이렇게 DDI와 IDO의 합병이 빠르게 진행되기 시작했다. 얼마 지나지 않아 KDD가 이에 참가하게 되고, 세 회사의 대합병이 시작된다. 이나모리 가즈오는 〈이코노미스트〉와의 인터뷰에서 다음과 같이 말하고 있다. "과거 일본 기업의 합병 사례를 보면, 대등 합병에 제대로 융화하지 못한 경우가 많습니다. 몇 년이 되도록 어깨끈을 메고 투쟁하고 있습니다. 그래선 함께하는 의미가 없습니다. 이 인터뷰는 역사적으로 기록될 것이므로 역시 말해야 한다고 생각합니다만, 나는 도요타와 KDD에 '매우 건방지게 들릴지도 모르지만, 제2전전이 가장 잘하고 있다고 생각하기 때문에 제2전전의 깃발 아래 합병을 해주길 바란다. 합병 후 제2전전의 주도로 전개하고 싶다'고 말했습니다. '외부 발표는 대등 합병으로 해도 상관없지만 실질적으로는 흡수합병을 하는 조건으로 승인해주셨으면 한다'라고 제안한 것입니다." (〈이코노미스트〉, 1993년 12월 9일)

　이나모리의 특징은 흔들리지 않는 것이다. 이번 업계 재편에서도 그의 축은 철두철미해 흔들리지 않았다. 그런 점에서 오쿠야마도 일하기 쉬웠을 것이다. 합병 후 도요타에 제삼자 할당 증자를 해 교세라보다 약간 낮은 두 번째로 큰 주주로서 처우하고 이나모리와 함께 도요타 쇼이치로의 명예회장 임명을 약속했다. 창업 이래의 동지인 우시오전기, 소니, 세콤엔 미안한 일을 했지만, 도요타에 대한 최대한의 양보였다. 츠카다는 이나모리의 협상의 터프함에 대해 이렇게 회상하고 있다. "피곤했다. 도요타 시대, GM과 제휴한 때 아이아코카의 불쾌한 행동도 난처했지만 이나모리는 밀도가 있었다. 한마디 한마디 낭비가 없어, 이것은 매우 피곤했다."(〈동양 경제〉, 2000년 8월 15일)

아이아코카는 명차 무스탕을 낳고 포드의 사장, 크라이슬러의 회장을 역임한 인물이다. 빈사 상태의 크라이슬러를 살리려 수십만 명의 일자리를 지켰던 것에 '미국 산업계의 영웅'이라고 대선 출마 소문까지 돌았던 미국의 명경영인이다. 츠카다가 보기에 이나모리는 아이아코카에 비견할 만하다고 느꼈던 것이다. 합병 협상 중에 하마터면 파담을 일으킬 뻔한 아찔한 사건이 일어났다. 1999년 6월 하순 DDI가 IDO와 영업 지역이 겹치는 츠카셀룰러도쿄·도카이·간사이 3사의 주식을 닛산에서 취득하고 자회사화한다고 발표한 것이다. 닛산자동차가 경영 위기에 빠져 주식을 놓지 않을 수 없었기 때문에 일어난 사태였다. 어차피 나중에 합병할 테니 문제없을 것이라고 가볍게 생각한 것이 문제였다. IDO 측이 불신을 느낄 수밖에 없었다.

이나모리는 즉시 사태 수습에 매달렸다. 그다음 달 사장인 히오키를 불과 1년 만에 퇴임하게 해 고문직을 맡게 하고 오쿠야마 회장이 사장을 겸임하는 인사를 발표했다. 퇴임 이유는 질병으로 했다. "5월의 연휴 무렵부터 자택 요양에 들어갔다. 의장을 맡을 예정이었던 주주 총회에 참석할 수 없을 만큼 컨디션을 무너뜨렸다"고 발표되었지만, 히오키에게 책임을 지게 함으로써 통합 결의를 보여준 인사였다.

이 과감한 대처로 다시 통합 협상은 움직이기 시작했다. 세세한 합병 조건을 포함한 최종 조정에 들어가 KDD도 지금까지의 요구를 철회하기로 동의한다. 존속 회사는 제2전전으로 로고는 KDDI지만 새로운 회사명은 DDI로 이상한 출발을 하게 됐다. 본 건이 대등 합병이 아니라 DDI의 IDO와 KDD에 대한 '흡수합병'이라는 것을 확실히 보여주기 위함이다. 합병 비율이 그 실태를 대변하고 있다. IDO(액면가 5만엔):DDI(액면가 5,000엔)는 2.9:1이었고, KDD(액면가 500엔):DDI는 92.1:1이었다. 최근 실적이 부진했다고는 하지만 DDI의 기업 가치가 월등했다. 그래도 상당 부분 KDD에 양보한 숫자였다.

그러나 이나모리는 군살이 많이 눈에 띄는 KDD 대해 "합병 전에 경영의 슬림화를 부탁하고 싶다"라고 구조조정을 요구했다. 1만 4,700명 있던 직원을 5년간 2,000명 절감하는 것을 목표로 세우고, 조기 퇴직자를 모집해 손쉽게 작업을 수행할 수 있었다. 관공서적인 분위기의 회사였던 만큼 모두들 이나모리식의 경영에 공포를 가졌고, 합병 전 KDD의 존재감은 어쩔 수 없이 낮아졌다. KDD의 자존심의 높이와 시세를 보는 눈이 없음이 스스로의 목을 맨 것이다.

1999년 12월 16일 세 회사의 합병이 공식적으로 발표되어 도내 호텔에서 기자 회견이 열렸다. 단상에 오른 것은 이나모리와 오쿠야마 DDI 사장 외에 니시구치 야스오 교세라 사장, 도요타의 오쿠다 히로시 회장과 후지오 사장, KDD의 니시모토 타다시 사장 IDO의 나카가와 사토시 사장 이렇게 7명이었다. 눈부신 섬광이 그들을 감싸고 미소로 손을 잡고 결속을 호소했다. 그 모습을 바라보는 교세라와 DDI 관계자는 모두 감개무량했다. 15년 전 신전전의 세 회사는 일제히 전기통신 사업에 진출해 휴대전화에서 큰 핸디캡을 가진 채 시작을 강요당했지만, 그럼에도 이나모리는 자신만의 철학 및 아메바 경영의 힘으로 이 새로운 사업을 훌륭하게 성공으로 이끌었다.

도요타도, KDD도 처음에는 '교세라 따위가' 라는 노골적인 태도를 보였다. 하지만 전기통신 세계는 신생 기업이 대기업을 뛰어넘을 수 있다는 큰 기회를 보여주었다. 결과적으로 이나모리는 일본을 대표하는 기업인 도요타자동차를 스스로의 힘으로 이겨낸 것이다. 사실 KDDI의 출범 직전 이나모리는 어려운 결정을 내려야 했다. 차세대 휴대전화 사업(3세대 이동통신 시스템, 3G)에서 어떤 표준을 채택하는가에 대한 것이다. DDI도, IDO도 처음에는 우정성의 지도를 받아 NTT도코모가 중심이 되어 진행하고 있던 일본 · 유럽 방식(W-CDMA)을 채택하기로 했지만, 고민에 고민을 거듭한 끝에 이를 철회하고 퀄컴이 이끄는 미국 중심의 'cdmaOne' 진영에 참여하기로 결정한다.

통신 방식의 차이는 생사를 오가는 큰 모험이다. 이나모리 스스로 미국으로 건너가 퀄컴에 교섭을 벌였다. 여기에는 깊은 뜻이 있었다. 우정성이 '재량 행정'으로 차세대 이동통신 사업자로 준비하고 있던 틀은 3사였다. 도코모와 J폰(일본텔레콤의 자회사)이 일본 · 유럽 방식으로 손을 드는 동안 퀄컴이 cdmaOne에서 일본에 상륙할 태세를 보이고 있었던 것이다. 강력한 라이벌의 등장이었다. DDI도, IDO도 참가할 수 없게 될 가능성이 있었다. 이에 이나모리 가즈오가 퀄컴과 손을 잡는 방식으로 그들의 상륙을 저지하고 참가하지 못하도록 위험을 회피한 셈이다. 도요타의 경영진도 이나모리 가즈오의 행동력에 감탄했고, IDO도 이를 모방했다.

여담이지만, 실은 이나모리는 퀼컴과 더 깊은 이야기를 하고 있었다. 그리고 2000년 말 교세라는 퀼컴의 휴대전화 제조 부문을 인수하는 계약을 체결하고 휴대폰 제조 판매 사업을 비약적으로 향상시키는 데 성공했다. 라이벌도 수중에 넣으려는 발상의 힘이 발휘됐다. 그는 사람들의 생각을 한 번 더 뛰어넘고 있었던 것이다. 그러던 중에도 대 합병의 준비가 진행되고 있었다. 2000년 7월 IDO도 DDI 셀룰러 8사 휴대폰도 'au'라는 통일 브랜드를 걸게 되고, 11월에는 셀룰러 7사를 합병해 au를 발족한다. 오키나와셀룰러만은 이미 상장한 것도 있어서 지역 기업으로 남기게 되었다.

그리고 2000년 10월 1일 마침내 새로운 회사 설립의 날을 맞이했다. 당일 아침 하늘은 두꺼운 구름이 깔려 있었지만, 신주쿠의 KDDI 본사로 향하는 이나모리의 표정은 밝았다. 구 KDD 본사는 통신이라는 중요한 사회 인프라를 담당하면서 내진성과 테러 대비를 갖춘, 신주쿠의 고층 빌딩군 중에서도 한층 견고하게 세워진 건물이었다. 고층의 창문을 통해 맑은 날에는 선명하게 후지산이 보였다. 그 본사 27층에서 처음으로 KDDI 경영 회의가 열려 임원들이 즐비하게 늘어섰다.

DDI 사장 오쿠야마가 새로운 회사의 사장이 되고, 회장은 우시오, 부회장이 니시 모토였다. 이나모리 가즈오와 도요타 쇼이치로는 명예회장이 되었다. 대표권 있는 부사장이 다섯 명이 있으며, 그 한 사람이 오노데라였다. 세 회사의 전직 임원 모두를 배려한 결과, 임원의 수는

58명으로 늘어났으나 출범하자마자 줄일 생각이었다. 당연히 그들도 그것을 알고 있어 긴장감이 전해져왔다.

3사가 통합된 1999년 3월 매출액은 2조 36억 엔이 된다. 10조를 넘는 NTT에 미치지는 못했지만, 그래도 장거리 · 국제 통신의 점유율은 NTT커뮤니케이션즈의 약 50%에 비해 29%, 11월 말 휴대전화 · PHS 가입자는 NTT도코모의 2,800만 대에 비해 1,600만 대에 달했다. 단연 두 번째 그룹이 된 것으로 염원하던 NTT그룹을 추격할 태세가 드디어 갖춰졌다. 하지만 문제가 산적해 있었다. 가장 큰 것이 부채 문제였다. "다이에인가? KDDI인가?"라고 불릴 정도의 거액 채무 2조 2,000억 엔을 안고 시작했던 것이다. 빚을 싫어하는 이나모리가 보면 졸도할 만한 숫자였다.

KDDI 출범과 동시에 맹렬한 구조조정을 명령했다. 불필요한 자산은 없는지 조사한 결과 먼저 처분한 것은 부동산이었다. 본사를 포함한 도쿄 · 나고야 · 오사카의 자신의 건물 4동을 증권화를 통해 균형화(실질적으로 매각)했으며, 부동산 자회사인 KDDI 개발 자체를 오릭스에 매각했다. 철저한 합리화에 의해 2003년 3월에는 채무 잔액이 9,000억 엔으로 하락하는 데까지 향상시켰다. 부채가 많아 불리게 됐던 별명 다이에는 KDDI가 출범하고 4년 후인 2004년에 파탄 산업 재생법의 적용을 받고 있다. 실로 위험한 상황이었다. "로고는 KDDI이지만, 사명은 DDI입니다." 이 같은 모순적인 상황을 오래 지속할 이유는 없었다.

설립 이듬해 4월 회사명을 로고와 동일한 KDDI 주식회사로 바꿨다. 가뜩이나 구 KDD 직원들은 사기가 떨어지고 있었다. 이들에 대한 배려도 있었다. 그리고 오쿠야마 대신 오노데라가 사장으로 취임한다. 새로운 회사에 필요한 것은 공통의 가치와 기업 문화를 양성하는 것이다. 오노데라는 이를 위해 철학을 철저히 지키도록 강조했다. 물론 "개인의 사상, 신조는 자유로워야 하는데, 철학의 강요는 이상하다"는 이론도 나왔다. 특히 KDD 출신의 반발은 컸다. 그래도 포기하지 않고 직원들을 설득하여 'KDDI 철학'을 제정하는 한편, 3사의 다른 급여 체계와 인사 제도의 통합을 도모하는 등 융화를 진행해갔다.

이나모리는 오노데라 사장의 취임을 지켜보며 KDDI 명예회장에서 물러나 최고고문으로 취임했지만 이후에도 마음이 편안해지는 일은 없었다. NTT 강대화의 움직임은 멈출 줄 몰랐고, 2005년에 NTT가 발표한 '중기 경영 전략'에서는 그룹 통합 운영 강화가 나와 이나모리를 격노케 했다.

한편 KDDI는 2006년 도쿄전력 그룹인 전력 계통 통신 사업자 파워드컴을 흡수합병한다. 거인과의 싸움은 끝이 보이지 않았다. 그 혼돈 속에서 기회를 발견한 것이 손정의다. 꾸준히 힘을 키운 소프트뱅크는 2004년 7월 일본텔레콤을 인수하고 그 2년 후에는 휴대전화 시장에 진입했다. 한편 센모토의 이액세스도 이모바일을 설립해 2008년 휴대전화 시장에 진입하지만, 그때 소프트뱅크그룹에 들어가게 되었다. 이렇게 소프트뱅크는 3위 그룹이지만 NTT와 KDDI를 위협하는 존재로 성장해 통신 산업은 바로 전국 시대에 돌입하게 되었다.

5장

회생의 기적을 일으키다

JAL 재생의 기록

삼고초려

교세라 명예회장, KDDI 최고고문이 된 이나모리 가즈오는 조금 시간적 여유를 가질 수 있게 되었다. 그러자 지금까지라면 생각도 하지 않았던 여러 가지 꿈을, 마치 다시 소년이 된 것 같은 호기심으로 추격하기 시작한다. 그의 경우 꿈도 컸다. 우선 우주였다. 미국의 카네기재단이 중심이 되어 칠레 라스칸파나스에 큰 천체 망원경을 설치하고, 우주의 시작을 규명하려는 계획이 진행되고 있다는 소식을 듣고 프로젝트에 협력을 제안했다.

다음은 시간을 거스른 여행이었다. 친하게 지내던 철학자 우메하라 다케시의 지원 요청도 있어, 벼농사 문명의 기원을 탐구하는 일·중 공동 프로젝트에 협력하기로 했다. 자신의 선조가 더듬어온 길을 생각하며 자신이 어디에서 왔는지를 추적하는 것은 로맨틱한 일이었다.

'인생 마지막 20년'을 이러한 지적 호기심의 추구와 조용한 사색 속에서 보내기 시작한 이나모리였지만 일흔의 목소리를 듣고도 "이나모리 씨 아닙니까?"라는 소리는 그치지 않았다. 그렇게 칠순을 맞이한 그에게 뜻밖의 일이 들어온다. 그것이 일본항공(JAL)의 회생이었다. 계기는 민주당에 의한 정권 교체였다. 2009년 9월 16일 기다리고 기다리던 날이 온 것이다. 새 정부에 기대하고 있던 이는 이나모리뿐만이 아니었다. 이때 국민의 기대감이 얼마나 높았는지는 지지율을 봐도 알 수 있다. 민주당 정권 첫 총리가 된 하토야마 유키오의 당초의 지지율은 무려 77%를 기록했다〈마이니치신문〉조사). 이는 우정성 민영화를 내건 자민당의 고이즈미 준이치로가 정권을 수립했을 때의 85%에 이은 두 번째로 높은 숫자다.

이나모리가 응원해온 마에하라는 국토교통장관으로 입각해 마에하라파를 이끌고 총리 자리를 엿볼 수준까지 되었다. 이나모리는 민주당 정권의 탄생을 축하하면서도, 이 정권이 극히 취약한 토대 위에 서 있는 것에 의구심을 품고 있었다. 정권 교체가 실현되었을 때 "내 역할은 끝났다"며, 거리를 두려고 했던 것도 다음에 찾아올 국민의 실망을 반쯤 예감하고 있었기 때문이었다. 하지만 한편 '호인'의 피가 끓어 어떻게든 지탱해주고 싶은 마음도 있었다. 민주당 정권이 처음 안고 있는 정치적 의제 중 하나가 JAL 재생이었다. 이를 담당한 국토교통 대신 마에하라는 이나모리 가즈오에게 무릎을 꿇고 도움을 요청해왔다.

"이나모리 씨, 들으신 대로입니다. JAL 재건의 우두머리가 되어주셨으면 합니다." 이런 경우의 이나모리 가즈오는 무표정한 얼굴이 된다. 쉽게 답을 낼 수 있는 상황이 아니기 때문에 반응하지 않는 것으로, 거절할지도 모르는데 붙임성 있게 웃음을 띄우는 것은 불성실한 태도라는 게 그의 생각이었다. 대신 머릿속은 풀가동하고 있었다. JAL이 얼마나 심각한 상태인지 '불 속의 밤을 줍는다'는 말이 있을 정도로, 죽지 못해 살아있을 따름이라는 것을 언론에서 들어 알고 있었다. 협력해주고 싶은 마음은 있지만, 전혀 전문 분야가 아니었다. 무엇보다 경영의 질이 떨어지면 인명과 직결한다는 것이 그의 마음을 무겁게 했다. 가볍게 착수할 일이 아니다.

결론은 나왔다. "나는 적임자가 아닙니다. 죄송하지만 접수하기 어렵습니다." 분명히 다른 해석의 여지가 없는 말로 거절했다. 마에하라의 부탁이니까 가능한 해주고 싶지만 이것만은 어쩔 수 없었다. 그런데 며칠 지난 뒤 또 다시 마에하라가 부탁을 해왔다. 이나모리 가즈오는 다시금 고사했다. 그 뒤로도 마에하라가 다시 묻고 답하는 상황이 여러 번 반복되었다. 삼고초려였다. 분명히 이나모리는 지금까지 몇 개나 되는 기업을 재건한 경험이 있었다. 야시카와 타이토도 그랬지만, 미타공업의 재건은 최고의 성공 사례였다.

미타공업은 '복사는 미타'라는 광고로 일세를 풍미한 복사기 제조 업체다. 1998년 복사기 디지털화에 대한 대응의 지연이나 분식 회계 등으로 실적이 악화되어 자금 융통에 고민하던 회사 사장이 "어떻게든 직원을 도와 달라"고 지원을 요청해온 것이다. 1998년 8월 회사 재건 법의 적용을 신청했다. 부채 총액은 2,000억 엔을 넘어 제조업의 도산은 전후 최대였다. 2000년 1월 회사 재건 법의 적용이 결정된 미타공업은 교세라의 100% 자회사 교세라미타로서 새로운 출발을 했다.

이나모리는 회사에 아메바 경영을 도입하고 경영 체제를 확립하는 동시에 철학의 정착을 도모했다. 이전 미타공업의 직원들도 회사 재건을 위해 열심히 노력을 계속했다. 그 결과 예정보다 7년 빨리 재건 계획을 종료했다. 새로운 히트 상품을 탄생시켜 순조롭게 성장을 거듭한 교세라미타는 우량 기업으로 재탄생했다. 마에하라도 그러한 수완을 접하고 부탁했을 것이다.

하지만 미타공업의 기업 규모는 JAL의 10분의 1이다. 비교할 수 있는 것이 아니다. 측근들도 맹반대했다. 전문 분야가 아닐 뿐만 아니라 관공서 체질의 회사였다. 전전공사로 고생하고 있었던 신토우 총재의 모습을 상기시켰다. 그럼에도 고민에 고민을 거듭한 끝에 이나모리는 받아들였다. 그가 '대의'를 위해 일어선 것이다. '이 회사를 재건하면 곤경에 빠져 있는 다른 모든 기업도 일어설 수 있다. JAL 회생은 단순히 한 기업의 구제뿐만 아니라 일본이라는 국가 전체의 구제가 된다.'

서남 전쟁 때 젊은이들에게 추앙받게 된 사이고 다카모리가 "이미 한 번 잃은 것이나 다름없는 목숨, 당신을 위해 바치겠습니다"라고 말했다고 하는 고사를 생각나게 한다. 당시 이나모리의 나이 77세. 결코 젊지 않다. 목숨을 깎아내리는 일이 될 것을 각오한 도전이었다.

살아 있으니 가능한 것

여기서 JAL의 '방황의 역사'에 대해 언급하고자 한다. JAL이 얼마나 심각한 상태인지를 모르고는, 이 회사 재건을 맡은 이나모리의 비장한 결의는 이해할 수 없기 때문이다. 일본항공은 전후 정부 주도 아래 반관반민 회사로 설립되었다. 일본인의 환대의 정신으로 세계 최초로 기내 물수건 서비스를 시작하는 등 직원의 우수성도 있고, 일본의 내셔널 플래그 캐리어(국가를 대표하는 항공사)로 국내외에서 높은 평가를 획득하기도 했다. 그러나 한편으로 제아무리 예산을 써도 정부가 뒷받침하겠거니 하는 안이한 사고방식에서 채산성 등의 의식이 낮고, 게다가 항공기 구매 및 공항 발착 범위의 이권에 정치인들이 몰려 출입업자와의 유착 문제도 일찍부터 지적되고 있었다.

그리고 무엇보다 노동조합 운동의 본거지로 알려져 있으며, 조합이 8개나 있었다. 연봉 3,000만 엔을 초과하는 파일럿조차 더욱 처우 개선을 요구하고 있었을 징도였다. 경영의 허술함에 제동이 걸리지 않았다. 운용 실패로 안게 된 거액의 손실도 해결의 전망이 보이지 않았고, 1981년에 최초의 토박이 사장 타카기 야스모토가 취임해 사내의 사기가 오를 것이라고 생각했지만 잇따른 사고가 경영 악화를 가져왔다.

1982년 2월에는 정신 질환을 앓던 기장이 역 분사 레버를 당기고 하네다 앞바다에서 착륙 태세에 들어가 기체가 해면에 격돌하여, 승객·승무원 240명이 사망하고, 49명이 중경상을 입는 초유의 사고가 일어났다. 그리고 3년 반 후인 1985년 8월 12일 520명이나 되는 고귀한 생명을 앗아간 오스 타카야마의 123편 추락 사고가 발생했다. 세계 항공 역사상 사망자가 두 번째로 많은 재앙이었다. JAL의 신용은 땅으로 추락했다. 사내의 사기는 어쩔 수 없이 바닥을 쳤고, 그해의 12월 다카기는 사장 자리에서 쫓겨났다.

사태를 중요하게 본 나카소네 총리는 JAL의 경영 체질 개선을 위한 민영화를 결정하고, 그 기수 역을 누가 할 것인지 이토추상사 회장의 세지마 류조에게 인선을 의뢰한다. 세지마가 추천한 것은 카네가후치 방직(후 카네보)의 회장 이토 준지였다. 다각화 경영으로 이름을 날렸고, 노동 대책도 자랑하고 있는 명경영인이다. JAL 부회장을 지낸 뒤 그 이듬해 회장에 취임했다. 사장은 교통부 출신으로 전 총무 사무차관인 야마지 스스무, 부사장은 이 분야에서 영업부장을 한 토시미츠 마츠오가 올랐다.

이토는 주위의 기대대로 노사 협력과 다각화 경영을 추진한다. 그러나 노사 협조 노선은 노동조합을 증대시켜버렸다. 급진적인 조합과 회사 쪽의 조합에 의한 '노동 대립'은 심각한 속도로 증가, 사내에서 괴문서가 난무하고 있는 상황이 된다. 야마지 사장과의 불화도 깊어지면서, 이토는 실의에 빠져 불과 1년 3개월 만에 사임한다. 노사 협조는 커녕 꼬인 노사 관계만이 남았다. 이토의 목표였던 다각화 경영은 야마지의 후임 토시미츠 마츠오 사장에게 인계되었지만, 그의 무모한 해외 리조트 투자는 오히려 역효과가 났다.

최고경영자가 누가 되더라도 경영 개선은 진행되지 않았다. 오히려 안전상의 문제가 잇따르고 사업 개선 명령이 나오는 결과뿐이었다. 사장의 전횡, 의원들을 끌어들인 추한 사내 항쟁의 일상화, 남의 일처럼 바라보고 있는 직원들…. 오스타카 산의 비극이 다시 일어날지도 모른다는 세간의 비판이 모였다.

또한 외부 환경이 급변하고 있었다. 동시 다발 테러, 사스(중증 급성 호흡기 증후군), 신종 플루 문제 등 해외여행을 자제하려는 움직임이 이어졌다. 마무리라고 할 것이 2008년의 리먼 쇼크가 터졌다. 결국 JAL은 아무것도 할 수 없는 상황에 빠졌다. 자민당은 전일본공수주식회사(ANA)와의 합병을 포함해 민간에 의한 해법을 고려하고 있었지만, 민주당이 정권을 가지고 국토교통장관에 취임한 마에하라는 자민당의 방안을 파기했다. 얀바 댐 건설의 동결뿐만 아니라 자민당 정치의 차이점을 강조하는 상징으로 JAL 재생이 이용된 느낌도 있었다. 이미 국토교통성은 지식인위원회를 설치하고 있었지만, 관료 주도에서 정치 주도로 가닥을 끊으려는 민주당의 정책도 있고, 마에하라 장관은 사적으로 JAL 재생 태스크 포스를 출범해 조사에 착수한다. 태스크 포스는 리더가 될 변호사 다카기 신지로 외에도 토야마 카즈히코나 오쿠 소이치로 등 마에하라와 구면인 멤버가 모였다. 특히 다카기는 다이에 및 카네보의 재건을 주도한 도산 · 기업 재건의 전문가다.

2009년 10월 13일 태스크 포스는 은행단의 채권 포기를 골자로 한 재건 초안을 제시한다. 법적 정리를 채용할 경우의 운항 중단 리스크를 감수해야 하므로, 사적 정리를 선택하는 게 합리적이라고 결론지었던 것이다. 재판 절차에 의하지 않고 채권자와의 조정에 의해 재건의 길을 모색하자는 것이다. 회사 재건법에 의한 법정 관리로는 기존의 주식이 휴지가 되어버린다. 관계자 간의 조정을 통한 기업 재건을 자랑하던 다카기가 도산의 형태가 아닌 자발적 재건의 길을 모색하고자 했다.

한편 재무부는 공적 자금 투입을 최대한 줄이고 싶은 의도를 가지고 있었고, 이미 많은 돈을 투입한 메가뱅크는 공적 자금을 이용한 과감한 재건을 바라고 있었다. 기업 재건에 쉬운 안건은 없지만, 규모가 큰 만큼 관계자들의 기대 차이를 조정하는 것은 쉬운 일이 아니었다. 그리고 이때 즈음 민주당에서 차기 총리 자리를 노리는 간 나오토 부총리 겸 국가 전략 담당 장관과 마에하라 세이지 국토교통 대신의 세력 다툼도 미묘한 영향을 미치기 시작한다. 간은 재무부의 의향을 살리면서 공적 자금 투입을 줄이는 길을 찾으려 하고, 마에하라의 입김이 닿은 태스크 포스 방안을 채택하지 않는 방향으로 방향타를 뺀다. 여기에서 중소기업을 재생하는 기관이어야 할 기업 재생 지원기구를 예외적으로 사용할 안이 부상하고 있었다. 이 기구가 장관의 관할 하에 있었기 때문이었다.

결국 태스크 포스는 JAL 회생을 기업 재생 지원기구에 투입했고 자산 평가를 다시 처음부터 시작했다. 누가 해도 그다지 결과가 바뀌는 것 없이 시간만 지나 상처가 확산될 뿐이었다. 기업 재생 지원기구의 재생 위원장은 세토 히데오 변호사였다. 다카기뿐만 아니라 수많은 파탄 처리를 다뤄온 것으로 알려져 있었다. 세토는 태스크 포스가 생각했던 사적 정리에 의한 재생이 아니라 사전 조정형 회사 재건법 적용을 모색하고 있었다. 사적 정리의 좋은 점을 포함한 법적 정리라고 할 수 있겠다.

JAL의 경영이 악화된 배경에는 이권에 몰려 세력이 경영을 좌지우지해온 측면도 부정할 수 없다. 회사 재건법에 의한 법정 관리를 한 것은 그것을 근본적으로 재검토하지 않고서는 JAL의 회생은 있을 수 없다는 생각에서였다. 하지만 결과적으로 기업 재생 지원기구가 만든 재건 방안은 사적 정리와 법적 정리의 차이는 있지만 대부분의 태스크 포스 방안을 답습하는 정도였다.

JAL은 1조 5,000억 엔의 누적 부채를 안고 2010년 3월에는 2,700억 엔의 적자가 예상되는 유사 파산 상태였다. 당연히 주가는 이미 급락했지만 사적 정리 또는 법정 관리를 둘러싸고 매일 뉴스에 오르면서 급등락을 반복하고 있었다. 회사 재건법 신청이 언론에 누설되기 시작했고 JAL의 자금 사정은 더욱 악화되었다. 더 이상의 시간적 유예는 없었다.

회사 재건법의 적용 신청 예정일까지 남은 일주일을 끈 2010년 1월 13일 기업 재생 지원기구의 경영진은 도쿄 아카사카의 뉴 오타니 호텔

JAL 회장 취임 회견.

비행 시뮬레이션을 시찰하는 이나모리 가즈오.

JAL 현장을 시찰하는 이나모리 가즈오.

에서 이나모리와 만나 다시 한 번 지원 요청을 했다. "받아들이겠지만 일부 조건이 있습니다." 이나모리 가즈오는 그렇게 말을 꺼냈다. "관재인으로서가 아니라 회장의 입장에서 경영 지도에 임하고 싶습니다. JAL에서 일하는 것은 일주일에 2~3일, 그 대신 보상은 받지 않겠습니다."

기구 측은 그 자리에서 승낙하고 회의는 빠르게 끝났다. 돌아가는 길에 메모장에서 종이를 꺼내 기구의 면면 앞에서 읽어줬다. (오오니시 야스유키,《이나모리 가즈오의 마지막 싸움》)

이 나이를 먹고 또다시 넘어야 하는가, 이도 살아 있으니 가능한 것이지.

―사요의 중산

《신고킨와카슈(新古今和歌集)》에 담긴 사이교의 노래다. 여기 나오는 '사요의 중산'은 시즈오카현 가케가와 시 사요시카에 있는 동산을 말한다. 당시 교토에서 관동에 가려면, 스즈카, 사요의 중산(시즈오카), 하코네의 세 가지 난관을 넘지 않으면 안되었다. 그리고 사요의 중산에 밤울음 바위가 있어, 밤이 되면 울음소리를 낸다는 전설이 있었다. 사이교가 만년의 여행을 비장한 마음으로 읊은 노래에다 JAL 재생에 임하는 자신의 기분을 담은 것이다.

이나모리의 비장함이 전해져 온다. 지금까지 교세라 50년, KDDI 27년의 역사 속에서 조기 퇴직자를 모집할지언정 강제 정리해고는 한 번도 하지 않았던 이나모리지만 이번에는 불가피한 상황이었다. 그것을 생각만 해도 그의 마음이 따끔따끔 아파왔다.

계획의 성취는 불요불굴의 일심에 있다

2010년 1월 19일 JAL은 도쿄지방법원에 회생 절차 신청을 하고, 이날 기업 재생 지원기구가 관재인이 되는 것이 정해졌다. 부채 총액 2조 3,221억 엔. 전후 최대 규모의 파산이었다. 다음 날 JAL 주식은 상장 폐지, 단위 미만 주식을 포함한 44만 명의 주주가 가지고 있던 주식이 휴지 조각이 되는 것으로 결정되어 금융 기관은 5,215억 엔의 채권 포기를 강요했다. 기존 자본인 2,500억 엔을 100% 감자 진행하고 대신 기업 재생 지원기구에 의한 증자 3,500억 엔이 실시되었다. 그 자금은 일본 정책 투자 은행이 정부 보증 융자했다. 정부 보증 대출이기 때문에 국민 부담에 의한 공적 자금이다. 기구는 JAL 재상장으로 이 공적 자금을 회수하는 시나리오를 세웠다.

관재인이 된 기업 재생 지원기구는 JAL의 협력도 얻으면서 재건 계획을 작성하게 된다. 그 내용을 도쿄지방법원이 감시하는데 재건 가능성이 높다고 판단되면 회사 재건법이 적용되고 관재인은 회생 계획 이행을 위한 노력을 하게 된다. 그리고 재건 계획이 무사히 달성되면 회사 재건은 종료되고 다시 상장의 길을 열 수 있다. 하지만 그것이 얼마나 어려운 것인지는 통계를 봐도 알 수 있다.

데이터뱅크의 조사에 따르면 1962년 이후에 회사 재건법을 신청한 상장 회사 138개사 중 2011년 10월 말까지 파산 및 정산 등 '2차 파산' 한 기업은 22.5%다. 그 외의 요인도 포함해 보면 '소멸' 한 회사는 42.8%에 이른다. 하물며 주식 재상장에 도달한 회사는 138개사 중 9개뿐이다. 이나모리 가즈오가 도전하려고 했던 것은 바로 '생환율 7%의 싸움' 이었던 것이다.

원래 기업 재생 지원기구는 지원을 결정하고 2년 이내에 지원 종료가 의무화되어 있으며, 재상장 타이밍은 한시적이다. 이나모리는 바늘구멍을 통과하는 것 같은 어려운 일을 하고 있었다. 회사 재건법 신청에 대한 책임을 지는 형태로 사장 니시마츠 하루카가 퇴임하고 대신 오오니시 켄이 사장에, 이나모리는 예정대로 회장에 취임했다. 오오니시는 도쿄대를 졸업한 정비 전문의 사람이다. 경영진이 완전히 굳건하다 말하기는 어려웠지만 이나모리는 기대를 한 몸에 짊어지고 경영 일선에 서게 되었다.

JAL 회생을 맡은 것은 어디까지나 이나모리 가즈오 개인이다. 그는 처음부터 회사에 민폐를 끼치지 않겠다고 결정했다. 하지만 아무리 그래도 혼자서는 무리였다. 부하직원을 두 명 데려가기로 했다. 교세라커뮤니케이션시스템(KCCS) 회장 모리타 나오유키와 오랫동안 이나모리의 비서를 맡아온 오오타 요시히토로, 각각 당시 67세와 55세였다.

KCCS라는 회사는 교세라그룹 중에서도 독특한 회사다. 1995년 아메바 경영에서 축적된 노하우를 타사에도 적용하기 위해 설립되었다. 바로 JAL에도 그것을 도입하려는 계획이었다. 모리타는 언급한 바와 같이 가고시마 대학의 후배고, 오오타는 이나모리와 같은 약사 마을에서 자라 같은 니시다 초등학교에 다녔다. 리츠메이칸 대학을 졸업 할 때 막연히 해외에서 일하고 싶다고 생각했지만 결국 선택한 것은 교세라였다. 고향의 존경받는 선배가 설립한 회사였기 때문이다. 원하는 대로 해외 부문에 배속되어 조지 워싱턴 대학에서 사비(社費)로 유학도 했다.

귀국해 경영기획실에 배속되어 이나모리가 제3차 행혁심 '세계 속의 일본 부회' 부회장에 취임했을 때, 행정 개혁 담당 비서로 기용됐다. 이후 20년 이상 그는 이나모리를 보좌해왔다. 이나모리의 생각을 누구보다 잘 아는 측근이라고 해도 좋다. 이나모리는 모리타와 오오타를 일본 항공 관재인 대리 겸 회장 보좌로 거느리고 JAL에 탑승했다.

이나모리가 부임한 2010년 2월 1일 JAL 본사 위층 윙 홀에 간부 사원 200명이 모였다. '팀 이나모리'가 소개된 후 이나모리가 연단에 섰다. "저는 이번 재건 계획을 해내겠습니다. 주주들을 위한 것도, 관재인을 위한 것도 아니고 '전체 직원의 물심양면의 행복의 추구', 경영 목표를 이 한 점에 모아 JAL의 회생에 대처하고자 합니다." 지금까지 실천해왔던 '직원 제일의 정신'의 기치를 여기서도 먼저 내건 것이다. "신계획의 성취는 그저 불요불굴(不撓不屈)의 일심으로 외골수적으로 생각하고 의기를 높여, 강하고, 한결같이." 경애하는 사상가 나카무라 텐푸의 말을 인용해 그들의 분발을 촉구하는 회장 취임사였다.

그런데 이나모리의 인사가 끝나자마자 한 임원이 안색을 바꾸고 오오타의 옆으로 다가왔다. "그건 안 됩니다." '직원 제일의 정신'이 이 회사에서는 통용되지 않는다고 주장한 것이다. 재건 계획에서는 인력 감축과 대우의 검토 등 엄격한 구조조정을 계획하고 있었기 때문이다. 하지만 이나모리는 철회하지 않았다. 그것을 철회할 정도라면, 기업 경영을 하고 있는 의미가 없다. 이 회사의 어둠의 깊이를 새삼 실감했다. 모리타는 이나모리가 부임 인사에서 선보인 나카무라 텐푸의 말을 포스터로 사무실에 붙이는 것을 제안했다. 분명 활기가 생길 것이다. 그러나 이것도 "구조조정 중이므로 포스터를 찍어낼 돈이 없습니다"라며

JAL의 간부들은 저항했다. "그렇다면 교세라에서 찍어오겠습니다!" 라고 했더니 마지못해 따랐다. '이런 회사 정말 재생할 수 있는 것인가….' 어두운 기분이 되었다. '계획은 일류, 변명은 초일류'라고 불린 JAL의 '근성'을 뜯어고칠 필요가 있었다.

위기감을 느낀 모리타는 한 남자를 데려오는 것을 이나모리에게 제안한다. 그 남자의 이름은 요네야마 마코토로 KCCS에서 모리타의 오른팔이다. 1980년 교세라에 입사한 요네야마는 입사 3년째에 야시카와의 합병에 관여하고 미타공업의 재건에 종사한 교세라의 '재건 프로'다. 다른 멤버들보다 한 달 늦게 요네야마가 왔다. 미타공업 재건 시 교세라에서 데려간 재건팀은 요네야마를 포함한 10명이었지만, JAL에 데려간 것은 결국 이 세 명뿐이었다.

JAL이라는 회사는 관료보다 관료적인 것으로 알려져왔지만 일반 민간 기업에서는 상상도 할 수 없는 일이 얼마든지 있었다. 이나모리는 우선 조직도를 주문했다. 그것을 보니 약 1,500개의 조직이 있었다. 그런데 그 일부는 직원이 한 명도 없는 '유령 부서'라고 했다. 시험 삼아 조사해보니 실제로 사람이 '살아 있는 조직'은 600개밖에 없고, 나머지 900개는 '유령 부서'라는 것을 알 수 있었다. 《이나모리 가즈오의 마지막 싸움》 그 이유를 듣고는 더 놀랐다. 한 번 만든 조직은 불필요하게 되어도 접지 않고 방치해왔다는 것이다.

사람이 없는 부서에 비용만 발할 뿐이었다. 예를 들어, 일단 사람이 있던 유령 부서의 경우 그대로 방에 PC가 놓여 있다. 그래서 JAL은 직원 수보다 PC 숫자가 더 많았다. 이나모리는 사내 조직이 아메바처럼 활성화되어 움직이고 있는 교세라와 완전히 반대인 회사에 들어오게 된 것이다. 이 상상을 초월하는 조직을 앞에 두고 그가 무엇부터 손을 대야 좋을지 고민했을 것은 쉽게 상상이 간다. 하지만 그런 그에게 세상은 동정하기는커녕 오히려 각오를 꺾이게 만들었다.

'올바른 사고방식'에 의한 경영

2010년 4월 충격적인 책이 발매되었다. 제목은 《JAL 재생의 거짓말》. 저자의 이름을 보자마자 이나모리는 얼굴이 흐려졌다. 하필 야야마 타로였기 때문이다. 제2임조에서 국철 분할 민영화를 강력하게 추진해 높은 식견으로 알려진 인물이다. 그것을 기대하고 이나모리는 제3차 행혁심 모임에서도 그에게 위원을 부탁했다. 그런 그가 JAL 회생에 대한 맹렬한 비판을 전개하고 있었다.

"국철은 당시 2조 엔의 적자를 흘려 부채 27조 엔을 국가가 부담했다. 그 부담은 아직도 국민이 계속 지불하고 있지만, JR 7사는 훌륭하게 회복했다. 그러나 일본항공에 그런 변모를 기대하는 것은 전혀 무리다. 게다가 3년 만에 V자형의 회복을 목표로 하는 것은 말도 안 되는 일이다. 가장 좋은 해결 방법은 일본항공을 해체해 국제노선을 전일본공수주식회사에 팔아 일본의 메가 캐리어로 길러내는 것이다. 국내선은 커뮤터(소규모 항공사)의 진입을 자유롭게 인정한다. 국내는 전일본공수주식회사와 커뮤터의 경쟁으로 항공 요금을 낮춰야 한다. 더 이상 불필요한 세금을 쏟아부어선 안 된다. JAL을 해체할 수 없는 이유는 어디에도 없다. 재건 계획이 성공할 가능성은 거의 제로. 명경영자의 명성을 더럽힐 수 있다."

　야야마가 가벼운 마음으로 이 책을 세상에 내보였다고는 생각되지 않았다. 이 책의 내용에 사실 오인은 거의 없었고, 탁월한 견해도 많았다. 단지 '생각'과 '가치관'이 달랐을 뿐이다. 야야마는 이나모리와 달리 일본항공을 해체하는 것에 따른 직원의 고통을 눈감아줄 수 있었다. 하지만 그것은 자칫 '통증'이라는 정서적인 것 이상의 깊은 상처를 남긴다. 회생에 성공했다고 생각한 이나모리조차도 후일 부당해고 소송을 당한다.

　야야마는 이나모리 가즈오라는 경영자의 실력을 과소평가하고 있었다. '기적'을 행할 수 없으면 신이 아니다. 이나모리가 '경영의 신'이라고 불리는 것을 그가 잊었던 것이다. JAL을 회생시키자고 각오를 했던 이나모리는 뒤를 돌아보지 않았다. 그리고 그는 먼저 현장을 아는 것부터 시작했다. 비행기 정비 공장이나 공항에 들러 시찰하고 거기서 일하는 사람들과 말을 주고받았다. 100인 이상의 모든 자회사의 사장과 한 시간씩 총 100시간 이상의 인터뷰를 소화했다. 점심 식사 시간이 나지 않으면 1층 편의점에서 삼각 김밥을 사다 베어물고 있었다. 면담을 거듭한 끝에, JAL에는 회사의 구석구석에 '전 국유 기업'이라는 긍지와 지금도 역할은 변하지 않았다는 의식이 깊이 남아 있다는 것을 알게 되었다.

　"이익보다 안전을 우선할 것"이라거나 "공공성을 생각해 적자 노선일지라도 비행을 해야…" 하는 식의 생각은 훌륭하다. 그러나 이익이 없으면 안전을 위한 투자도, 노선 확보도, 비행기 구입도 할 수 없다. 그들은 비행은 알고 있어도 경영을 유지하는 방법을 몰랐던 것이다.

여기에 이상한 일이 일어났다. JAL에서 가장 귀찮은 것이 노동조합이라고 이나모리도 각오하고 있었고 주위도 그렇게 굳게 믿고 있었지만, 이나모리의 경영 방식이 생각보다 솔직하게 침투해가고 있었다. 노동조합을 지원하는 민주당이 삼고초려로 간절히 부탁해 이나모리가 회생에 나서고 있다는 것도 그들의 마음을 열게 하는 요인이 되고 있었다.

그는 당시를 떠올리며 이렇게 말했다. "이른바 경영자로 이야기를 하는 것이 아니라 일개 인간으로서 무엇이 옳은 것인가라는 관점에서 이야기를 했기 때문에, 점점 만나고 있는 동안 나를 신뢰하는 분위기가 나왔습니다." 오히려 완고하게 이나모리의 지도를 거부하려고 했던 것은 노동조합이 아니라 경영의 중추에 앉아 있던 간부들이었다.

'아마추어인 이나모리 씨가 항공 업계에 대해 무엇을 알겠는가!' 그들이 그렇게 생각한 것도 당연한 일이었다. 사실 이나모리는 업계 사정 등은 몰랐다. 그러나 회사 경영의 기본은 같다. 2010년 5월 26일부터 교세라 때와 같이 월 1회 임원을 모아 성과보고회를 열기로 했다. 그러자 곧 이 회사의 문제점이 떠올랐다. 놀랍게도 전월의 숫자를 바탕으로 논의할 수 있게 되는 데까지 두 달이 걸린 것이다. 현장은 숫자를 가지고 있다. 하지만 그것을 집계하는 시스템은 가지고 있지 않았다. 숫자도 없이 회사 경영이 이뤄질 리가 없다. 민간 기업에서 말하는 '경영'이 이 회사에는 존재하지 않았기 때문이다.

조속히 A3 사이즈의 성과보고회 회의자료가 만들어졌다. 70가지 정도의 과목이 늘어섰고 그 옆에는 월별 마스터플랜, 실적, 계획 등의 세세한 숫자가 빽빽이 기재된 것이 60~70페이지에 이르렀다. 이 자료를 바탕으로 사흘 동안 아침부터 저녁까지 끝없이 회의를 계속했다. 각 본부의 계정마다 연도 계획과 월별 실적의 차이를 설명하도록 지시했다. 실적이 올라 있지 않음에도 위기감을 가지고 있지 않은 본부장에겐 "남의 일처럼 이야기하는데 이는 네가 리더로서 만든 결과이지 않은가!" 하고 분노를 폭발시켰다. "미시적인 것을 모른 채 거시적인 것을 말하지 마라"고도 했다.

현장 비용, 그것도 세세한 요소마다 분해한 비용의 내용도 모른 채 경영을 말할 수는 없다. 회의자료의 포맷은 자주 변경되었다. "다음 달부터 이 과목의 순서를 바꿔 달라"라거나 "이 과목의 명칭을 재검토 해 달라" 하고 이나모리가 매월 세세히 지시했기 때문이다. 대단한 것은 이나모리의 지시를 받아 작업하는 오오타였다. 그에게 변화의 이유를 묻자 "이 순서라면 직원이 동기부여되지 않을 것이다.", "이 과목명이라면 직원들은 알기 어렵지 않겠는가"와 같은 명쾌한 대답이 돌아왔다.

《JAL의 기적》

"예산이라는 말은 좋지 않다. 예산이라는 말은 이제 평생 쓰지 마라"라는 이나모리의 지시로 예산이라는 말을 '계획'으로 대체하기도 했다. 이나모리는 교세라 회계학과 자신의 경영철학을 성과보고회 회의자료에 담으려고 했다. 아울러 그것을 JAL의 내부 사정에 적용하고자 궁리도 했다. 이것이 경영이라는 것을 JAL 간부들도 피부로 느끼기 시작했다. 결국 실적보고회에서 사용하는 회의자료는 그 포맷의 완성까지 거의 1년이 걸렸다. 이나모리 회장은 취임 이후 일부러 교토에서 이타미 공항까지 가서 JAL을 타고 도쿄 텐노즈의 JAL 본사로 향했다. 신칸센으로 가는 것이 훨씬 편했음에도 현장을 알기 위해 JAL에 타는 것을 일의 일환이라고 생각했던 것이다. 게다가 이코노미석에 앉았다.

오오타는 《JAL의 기적》에서 다음과 같은 일화를 소개하고 있다. 한 번은 비서부에 고객으로부터 다음과 같은 내용의 편지가 도착했다. "얼마 전 오사카에서 하네다까지 JAL을 이용하게 되었습니다. 이코노미석이었습니다만, 목적지에 도착하고 내릴 때 옆에 앉아 있던 나보다 훨씬 나이 많은 사람이 일부러 위 선반의 짐칸에서 짐을 내려줬습니다. 그때 서두르고 있었기 때문에 감사를 표할 수 없었습니다만, 혹시 이나모리 씨가 아닐까 생각하고 편지를 드리고 있습니다. 그렇다면 감사의 마음을 전합니다." 오오타가 이나모리에게 그 편지를 보여주자 단 한마디를 말했다고 한다. "손님을 소중히 하는 것은 당연한 것이다. 짐을 내려준 것이 뭐 대수로운 일인가?"

경영의 신으로 불리게 되어도 자신의 행동이나 생활 태도는 교세라 초창기와 전혀 바뀐 바 없었던 것이다. JAL의 일을 시작하고 나서는 주말밖에 집에 돌아가지 못하고, 회사 근처의 호텔에서 거주했다. 호텔 조식 뷔페는 양이 많다. 아까운 생각이 들어 본사 1층의 편의점에서 직접 도시락을 사다가 회장실에서 먹는 것이 일과가 되었다. 집에서 나올 때 아사코가 월요일부터 금요일까지의 셔츠와 속옷을 가방에 넣어주곤 했다. 우연히 친구 카와가미와 만났을 때 그는 "일주일분을 가져가지 말고 호텔에서 세탁하면 되잖아"라고 했지만, 이나모리는 그런 사치는 생각도 해보지 않았던 것 같고, "오래된 습관이니까…" 하며 부끄러워해 박장대소했다고 한다. 그것이 바로 이나모리류의 '삶'이었다.

'JAL 철학'을 세우다

JAL에 부임해 3주 정도가 지났을 무렵 이나모리는 간부의 의식 개혁을 도모한 '리더 교육' 실시를 오오타에게 명령했다. 이나모리 가즈오의 경영을 모르는 JAL의 사람은 리더와 매니저의 차이를 몰랐다. 집단을 이끄는 지도자는 리더여야 하며 아메바 경영의 책임자도 결코 매니저라고 부르지 않았다. JAL의 의식 개혁을 위해 필요한 것은 관리 방법을 배우는 관리 교육이 아니라 지도자로서의 마음가짐을 만드는 리더 교육이다. 그것을 이나모리는 확신했다.

그런데 의외로 기업 재생 지원기구에서 반대의 목소리가 높아졌다. 그들이 이나모리 가즈오에게 기대한 것은 단시일 내에 경영 개선을 가져올 즉효적인 경영 노하우였기 때문이다. '한다', '하지 않는다'로 두 달 정도 입씨름이 이어졌지만 결국 기구 측이 포기해 2010년 5월 1일 지도자 교육을 실시하기 위한 의식 개혁 추진 준비실이 JAL 내부에 들어섰다. 그런데 또 문제가 발생한다. 의식 개혁 추진 준비실 담당자가 리더 교육을 컨설팅 업체에 외주하려고 한 것이다.

"스스로 해봐야 의미가 있지 않은가!" 당황해서 오오타가 그것을 막았다. 의식 개혁은 먼저 의식 개혁 추진 준비실 담당자가 나서야 했다. JAL 경영진의 의식을 철저하게 바꾸기 위해 "하루에 3시간의 연수를 주 6회, 일요일 이외는 전부하고 싶다"고 제안했지만, "그럼 일상 업무에 지장이 있습니다. 주 2회가 맞습니다" 하고 저항해왔다. 그 중간인 주 4회를 하기로 정하고, 6월 1일부터 7월 7일까지 한 달이라는 단기간의 집중 커리큘럼이 짜여졌다. 처음에는 오오니시 사장 이하 임원 전원을 포함한 경영진 52명이 대상이었다. 사장이라고 해도 예외는 없었다.

6월 어느 날 참가자 전원이 임원 회의실에 얼굴을 비쳤다. '리더의 바람직한 모습'이라는 이나모리 강의로 제1회 리더 교육이 시작되었다. "당신들은 한 번 회사를 무너뜨린 겁니다. 원래라면 지금쯤 직업 교육소에 다니고 있어야 하는 것입니다." 그들의 눈을 뜨게 하기 위해 굳이 어려운 말을 사용하기도 했다. "이익 없이는 안전도 없다", "영업이익률은 최소 10%여야 한다"라는 말도 반복했다. '안전 운행보다 이익을 우선할 것인가!' 하면 내심 강하게 반발하는 사람도 있었지만, 안전을 소홀히 하고도 이익을 추구하라고 말할 리 없었다. 비판을 받는 것을 감안하고, 그들에게 이익 의식을 심어내려고 한 표현이었다. 회생 계획만을 생각한 것이 아니다. 10년 후, 20년 후까지 JAL이 살아남기 위해서였다.

강의 후엔 각 그룹으로 나눠 논의를 하고 다음 날까지 보고서를 제출하기로 했다. 이나모리는 그 모든 보고서를 읽었다. 그 이후는 오오타가 주로 강의했지만 이나모리도 일주일에 한 번꼴로 '경영의 12개명'에 대해 강의했다. 그가 가고시마 대학에서 강연했을 때의 영상을 통해 '회계의 7원칙'을 보여주고, 이토 켄스케 교세라 고문과 오노데라 타다시 KDDI 회장에게도 강연을 의뢰했다. 세이와주쿠의 사람들이 협력해준 것은 고마웠다. "당신들은 정말 축복받았습니다. 아니모리 씨에게 직접 가르침을 받을 수 있으니까요."

강사를 맡은 세이와주쿠의 학원생들은 JAL 경영진에 절실히 그렇게 말했지만, 그들은 그때 당시엔 이해하지 못한 것 같았다. 사실 이나모리가 JAL 재건에 나선다는 말을 들었을 때부터 세이와주쿠의 학원생들은 움직여주고 있었다. 이나모리를 응원하자는 목소리가 누가 먼저랄 것도 없이 나와 머지않아 'JAL을 지원하는 55만 명의 자발적인 모임, JAL 응원단'이 일어났다. 당시 세이와주쿠의 수강생은 5,500명이었다. 학원생 1인당 100명씩 JAL에 타라고 부르면 총 55만 명이 된다. 그래서 '55만 명의 자발적인 모임'인 셈이다. JAL 직원들에게 응원의 메시지를 쓰고 탑승할 때 전해주어 격려하자는 운동도 전개되었다. 평소 이나모리의 지도에 보답하고자 모두들 동분서주해줬다. 이나모리 혼자 싸우고 있는 게 아니었던 것이다.

지도자 교육 강의가 끝나면 그 자리에서 회식을 가졌다. JAL의 임원들이 가장 당황한 것은 혹시 이것일 수도 있었다. "이리 와서 좀 마시지 않겠습니까?"라는 이나모리의 권유를 거절한 임원의 대부분은 잠시 후 허둥지둥 방을 나갔다. "정신론에 빠질 여유 따위 없습니다." 그렇게 말하기를 서슴지 않는 사람도 있었다. 이나모리의 모습을 옆에서 보고 있던 오오타는 "보고 있는 내가 오히려 힘들었다"고 회상한다. 교세라류 회식의 기본인 '전원 참가'가 아직 실현되지 않았던 것이다.

그런데 그들의 태도가 확 바뀌는 계기가 찾아온다. 제1회 리더 교육의 종반에 열린 합숙 회식이었다. 연수 장소를 밖으로 옮겨 그대로 그 호텔에 모두 묵게 되었다. 본사에 가까운 가와사키의 저렴한 비즈니스 호텔에 합숙 장소를 잡았지만 여전히 참가자들의 표정에는 당황스러운 기색이 떠올라 있었다. 이대로는 안 된다고 생각한 오오타는 한 가지 방안을 생각해낸다. 연수 후 회식을 다다미에서 하게 할 계획으로 그는 회의실의 테이블과 의자를 모두 치우고 빌려온 다다미를 깐 것이다. 마침내 모두가 자리에 앉게 되었다. 그것 외에는 아무것도 바꾸지 않았다. 단지 그것뿐이었는데도 회식 분위기가 확 바뀌었다. 모두의 마음이 단번에 열렸다. 참가자 결의 표명을 받게 되어 1인당 3분씩 이야기를 하기로 했지만, 모두 흥분해 좀처럼 끝나지 않았다. 두 번이나 세 번씩 발언하는 사람도 있었다. 원래 다들 JAL을 진심으로 사랑해마지 않는 사람들이었던 것이다.

말하고 싶은 것은 산더미처럼 있었다. 팀 이나모리에 대해 가지고 있던 마음의 벽이 드디어 무너지려 하고 있었다. 오오타는 오전 2시 무렵에 방으로 돌아와 잤지만 다음 날 아침 4시 가까이까지 장소에 남아 논의하고 있던 사람도 있었다고 한다. 지금까지 이날의 일은 JAL에서 '전설의 합숙'이라고 불리고 있다. 이를 계기로 회식의 분위기가 완전히 바뀌었다. 열이 오르면 노래가 나오는 것이 교세라 흐름이다. 이나모리가 참여할 때에는 군가를 불렀다. 모두 한 목소리로 합창하면 자연히 벅차 올랐다.

처음에는 어떻게 될까 걱정했던 제1차 지도자 교육이었지만, 모두가 마음에 같은 것을 품고 마지막 날을 맞이했다. 그리고 이날도 이나모리가 강사를 맡아 깔끔하게 끝났다. 결국 52명의 임원 전원이 총 17번 과정 모두에 출석해줬다. 많은 숙제와 보고서 제출을 완수했다. 이전 JAL은 임원이 모여 교육을 받는 등 기회가 있어도 늘 결석자가 있었다. 그런데 거짓말 같은 일이 발생했다. 이렇게 임원 및 관리자의 의식이 먼저 변하기 시작했던 것이다.

이른 시기부터 오오니시 사장은 신생 JAL의 기업 이념을 새롭게 책정하려고 했지만, 교세라 같은 직원 제일주의로 가야 하는 것인가 헤매고 있었다. 상대 조합이 어떻게 생각하는지는 이전의 문제로서, 원래

JAL은 주식의 가치를 제로로 만들어 부채를 탕감받은 회사다. 갑자기 기업 이념의 시작 부분에 '모든 직원의 물심양면의 행복을 추구한다'는 말을 내걸어도 좋은 것인지, 임원들 사이에서도 논쟁이 있었다. 어쩔 줄 몰라 이나모리에게 상담했는데, 그는 그 자리에서 대답했다. "이 기업 이념은 영구 불멸의 것이라고 생각합니다." 기업인 이상 재건인 것은 관계없다. 직원 제일주의는 기업 존립의 기둥이 되어야 할 보편적인 것이다. 이나모리의 한마디로 'JAL 기업 이념'의 골격은 정해진다.

(JAL 사보 〈ROUTE〉, 2012년 9월)

'JAL 기업 이념'이 제정되고 즉시 회사에 공표되어 연수의 시작 부분에서는 전원이 기립해 창화하는 것이 기본이 되었다. "JAL 그룹은 전 직원의 물심양면의 행복을 추구한다. 하나, 고객에게 최상의 서비스를 제공한다. 하나, 기업 가치를 높이고 사회의 진보 발전에 공헌한다!" 더 이상 조합의 걱정을 입에 담는 사람이 없어졌다. 그리고 이나모리는 오오타에게 다음 지시를 내린다. "기업 이념뿐만 아니라 JAL 자신의 철학을 만들어 달라."

그리고 2010년 12월 'JAL 철학'이 완성된다. 제1부는 '훌륭한 삶을 위해'이며, 제2부는 '훌륭한 JAL이 되기 위해서는'이라고 되어 있다. 훌륭한 인생이 훌륭한 회사 앞에 있는 것이야말로 직원 제일의 정신을 나타내는 것이었다. 자기실현을 완수하는 것으로 회사도 잘 나아갈 수 있다. 그것을 모든 직원에게 철저하게 가르치고 싶었던 것이다. 그리고 2011년 4월부터 그룹 회사를 포함한 전 직원을 대상으로 한 JAL 철학 교육을 시작했다. 석 달에 한 번, 1회당 두 시간 연수다. 직원 '개념'부터 바꿔갔다. 이것이야말로 바로 의식 개혁, 벡터를 맞추는 작업이었다.

JAL 철학은 교세라 철학에는 없는 새로운 단어가 포함되어 있다. 예를 들어 '최고의 바톤 터치' 등이 그렇다. 자신이 담당하고 있는 업무만을 생각하는 것이 아니라 다음의 공정을 담당하고 있는 사람을 배려하는 마음, 이것이 잘 작동하는 경우 작업은 원활하게 된다는 뜻이다. 지금까지 JAL 조종사는 인사를 하지 않는 것이 상식이었다. 직원은 물론 승객도 미소를 보이지 않았다. 주위에 아첨하지 않고 고고한 것, 이것이 그들의 자랑이기도 했다. 하지만 이것 또한 서서히 변해갔다. '최고의 바톤 터치'를 해나가자는 마음이 침투해간 결과였다. 마음이 하나가 되어 공통 언어가 늘어난 것으로 부서 간 커뮤니케이션은 크게 향상되었다. JAL 내부의 분위기는 빠르게 변해갔다.

그러던 어느 날 이나모리는 간부 직원을 앞에 두고 이렇게 이야기했다. "나는 JAL을, 직원 여러분을 사랑합니다. 앞으로도 힘든 것을 말할지도 모르지만, 그것은 여러분이 행복했으면 좋겠다고 바라고 있기 때문입니다. 힘든 여정은 계속될 것이라 생각하지만, 꼭 함께 열심히 갑시다."

옆에 있던 오오타는 이때 간부 몇몇이 울고 있다는 것을 깨달았다. 놀라서 이유를 묻자 그들은 이렇게 말했다고 한다. "이런 때 수장은 더 힘내라고 격려하는 것이 보통인데, 이나모리 씨는 우리를 사랑한다고 말해줬습니다. 사랑은 자신을 희생해서라도 상대에게 최선을 다하고자 할 때 나오는 말입니다. 그것을 듣고 감동해 눈물이 나왔습니다."《JAL의 기적》 당초의 경계심은 사라지고 이나모리의 말이 그들의 마음에 여과 없이 다다르기 시작했던 것이다.

JAL에서 실현한 '전원이 일구는 경영'

—

'가치관' 다음은 '일하는 방식'이다. 기업 재생 지원기구는 이나모리가 JAL에 아메바 경영을 도입하는 것에 관해서는 처음부터 쌍수를 들고 찬성했다. "기업 재생 지원기구의 소문을 듣고 국내외 초일류 컨설팅 회사에서 JAL 재건을 돕고 싶다는 연락을 산더미처럼 해오고 있었던 것입니다. 세계 최신 경영 기법이 많이 있는 가운데, 기업 재생 지원기 구가 선택한 것이 이나모리 씨이며, 아메바 경영이었습니다." (모리타 나 오유키, 《전원이 일구는 조직 JAL을 재생시킨 '아메바 경영'의 교과서》)

이나모리는 먼저 아메바 경영을 가능하게 하는 체제 구축에 착수한 다. 2010년 5월 성과보고회를 시작한 때를 같이해 40세 전후의 젊은 경영진으로 구성된 '조직 개혁 프로젝트'를 시작했다. 바로 차세대를 짊어질 젊은이들이다. 팀 이나모리가 조언한 것은 당연한 것이지만, 그들의 양 어깨에 JAL의 미래가 달려 있었다. 진지함이 달랐다. 밤낮없이 구상을 가다듬어 올려 7월에 보고서를 제출했다.

이에 따라 8월부터 11월까지 인사를 검토해 12월에 조직 개혁을 단행했다. 사내를 채산 부문인 '사업 부서'와 그것을 측면에서 지원하는 '사업지원 부서'로 분리하여, 이나모리의 주선으로 아메바 경영 전략 본부로 '노선총괄본부'가 설치되게 되었다. 그들이 목표로 한 것은, 간단히 말하면 '노선 한 편당 수지를 다음 날 낼 수 있도록 하는 것'이었다. 한 대의 비행기를 조종하는 데는 조종사, 객실 승무원, 정비사의 인건비, 항공기 임대 요금, 연료비, 공항의 전기 요금과 수도 요금 등 여러 가지 잡다한 비용이 달려 있다. 이를 분석해 시간당 부가가치를 낼 수 있는 곳까지 파악하려고 한 것이다.

이렇게 노선총괄본부는 아메바 경영의 첫 걸음을 내디뎠다. 본부장은 이나모리가 전부터 눈독을 들이고 있던 인물이 취임하는데, 이는 나중에 이야기하겠다. 어쨌든 아메바 경영을 도입한 JAL의 현장은 마치 교세라에서 일하고 있는 것과 같은 이미지였다. 실제로 노선총괄본부 국제 담당이었던 요네자와 후미는 이렇게 말했다. "우리의 노선총괄본부라는 것은 말하자면 제조 업체입니다. 예를 들어 한 번 비행을 한다 했을 때 기재 객실 본부에서 객실 승무원(CA), 운항 본부에서 운항 승무원(조종사), 정비 본부에서 정비사를 '구입' 할 수 있습니다. 이렇게 하나의 제품처럼 판매 본부가 팔아주면, 판매 본부에 영업 수수료를 통과시킵니다. 판매 본부의 매매에서 수수료 및 각 본부에 구매 대금을 뺀 것이 노선총괄본부의 이익이 됩니다." (하라에이 지로,《마음은 바꿀 수 있다》)

지금까지 JAL의 비용 의식의 결여는 누차에 걸쳐 주간지에 기삿거리를 제공하며 증명해왔다. 하지만 지금에 와서 마침내 그들은 교세라 흐름 경영의 기본인 '매출 확대, 비용 최소화'에 도전하기 시작한 것이다. 통근 택시는 심야와 새벽 이외에는 사용할 수 없게 되고, 기본적으로 파일럿도 버스 · 전철로 통근하게 되었다. 영업계의 부서에서는 접대비 및 회의 비용 등도 나오지 않게 되었다. 하지만 경영 측면에서 이러한 지도를 한 시기는 짧다. 아메바 경영의 장점이 JAL에서도 발휘된 것이다. 비용 절감을 위에서만 일방적으로 지시하면 사기가 떨어진다. 그러나 아메바 경영이라면 그것이 아메바의 수익 향상으로 이어지기 때문에 사기는 오히려 상승한다. 실적은 최고 경영진이 추구하는 것이라는, 즉 남의 일처럼 생각하는 사람이 없어져, 현장의 자발적인 노력으로 비용 절감이 진행되었다. 바로 교세라류의 '전원 경영'이었다.

파일럿도 비행기 운행을 할 때 연비 향상을 목표로 하려고 지혜를 짜냈다. 파일럿은 집에서 물병을 지참하게 되었다. 무게가 가벼워지면 항공기의 연비도 좋아진다. 객실 승무원은 기내에 반입하는 자신의 짐을 줄이기 위해 사무실에 계량기를 두고 하루 1인당 500g 감소 운동에 임했다. 그야말로 나사 한 개, 종이컵 한 개에 이르는 단위로 철저한 비용 의식을 공유한 결과, 연간 800억 엔의 비용 절감에 성공했다.

기내 판매는 일단 목표 관리가 엄격하지 않았지만, 비행 한 번에 10만 엔 정도 목표를 설정해 사무실 보드에 각각의 목표 달성율을 쓰고 아메바 리더에게 보고하도록 했다. 이때 회사 전체적으로 임한 것이 'JAL 카드'의 입회 캠페인이다. 파일럿 양성이 경영 파탄으로 중단되었기 때문에 지상 근무에 의존하고 있던 원래 파일럿 후보의 사원이 발안해 시작한 제도였다. 전 직종 대상으로 직원 한 사람당 세 명 획득을 할당량으로, 2010년 11월부터 다음 해의 3월 말까지 10만 명 확보를 목표로 진행했다. 사내 게시판의 아메바마다 이름을 붙여 달성한 사람은 형광펜으로 칠해나간다. 회사 전체가 하나가 되어 열심히 했다. 당황하는 목소리도 없지 않았지만, 아메바 경영의 도입도, 캠페인의 실시도 전체적으로 보면 긍정적인 측면이 더 컸다. 실시간으로 자신들의 노력을 이해하고 실행할 수 있었고, 작은 팀으로 나뉘어 있어서 자신의 공헌도를 명확하게 실감할 수 있었기 때문이다.

오오니시 사장은 당시를 이렇게 회상하고 있다. "'너희들, 사실 이길 거야'라고 두 달 후의 경기 결과를 미리 가르쳐도 조금도 불타오르지 않는다. 3만 명의 단체전에서는 자신이 공헌할 수 있는지 여부도 알 수 없다. 그러나 10명의 팀에서 매월 승패를 알고 있으면 '성공했다', '아쉽다' 하고 직원들이 일희일비한다. 과거 JAL은 일희도 일비도 하지 않는 조직이었지만, 아메바 경영으로 살아 있는 회사가 되었다.〞(〈일본경제신문〉, 2013년 2월 2일)

회생 계획안이지만 개발은 신중하게 진행되어 예정보다 두 달 지연된 2010년 8월 말 드디어 도쿄지방법원에 제출할 수 있었다. 회생 절차 개시 시점에서 채무 초과액 9,592억 엔, 도산 사업 연도인 2010년 3월 영업이익은 1,337억 엔의 적자였다. 그런 상태에서 재건 첫해 2011년 3월에는 갑자기 641억 엔의 영업이익으로 V자 회복시키겠다는 꿈과 같은 내용이었다. 지식인들 사이에서 탁상공론이라는 의문의 목소리가 높아졌다. 확실히 재상장을 전제로 하고 그것을 가능하게 하기 위해 만들어진 숫자다. 그러나 여기까지 왔다면 할 수밖에 없다. 공적 자금이 투입되고 있었다. JAL 재생이 실패하면 국민에게 더 폐를 끼쳐 일본 경제는 큰 타격을 입을 것이었다.

11월 30일 법정 관리인가 결정이 내려져 이듬해 12월 1일에 100% 감자가 실시되었다. 계획대로 기업 재생 지원기구가 주당 2,000엔으로 3,500억 엔의 출자를 하고, JAL은 기업 재생 지원기구의 100% 자회사가 되었다. 재생 계획으로 직원 감축 등 대규모 구조조정이 이뤄지게 되어 있었다. 이나모리가 도전한 것은 인원 정리를 진행하면서 직원의 동요를 최소화해야 하는 매우 어려운 문제였던 것이다.

직원의 10% 정도에 해당하는 1,500명 절감을 목표로 희망퇴직자를 모집했다. 희망퇴직자의 모집 목표는 조종사 370명, 승무원 550명, 종합직 580명(이 중 정비 480명, 사무 100명)이었다. 종합직은 1차 모집에서 목표에 도달했지만 조종사 및 객실 승무원은 목표에 닿지 않았다. 결국 2010년 12월 조종사 81명, 승무원 84명을 '정리 해고' 하게 된다. 정리 해고란 인원 정리를 해야만 회사의 경영을 유지할 수 있는 경우에 행해지는 최후 수단이다. 과연 이것은 큰 상처를 남겼다. 조종사 74명, 승무원 72명이 원고가 되어 부당해고 재판이 제기된 것이다.

2011년 2월 8일 일본 기자 클럽에서의 강연에서 이 정리 해고에 대한 질문이 날아갔다. 이나모리는 괴로운 속마음에 대해 다음과 같이 말했다. "재건 계획에서 약속한 인원 삭감 목표까지 아직 1,607명 남았던 것입니다. (정리 해고한) 1,607명을 남기는 것이 경영상 불가능하느냐 하면, 그렇지 않은 것은 여러분도 아실 것이라 생각합니다. 그러나 JAL은 지금까지 약속을 지키지 못해왔습니다. 이번 재건 계획을 제출하면서 약속을 하고 법원도 채권자도 이것이라면 좋다고 인정해 주신 것을 또 1년도 지나지 않아 어길 수는 없었습니다. 참을 수 없고, 도와주고 싶은 마음은 굴뚝이었습니다. 그러나 그러한 상황 때문에 그러지 못했습니다. 지금 (부당 해고 건으로) 재판 중에 있지만 언젠가 분명 그런 분들에게 어떻게든 보답할 수 있지 않을까라고 생각합니다."

여기서 '1,607명을 남기는 것이 경영상 불가능하느냐 하면, 그렇지 않다' 라는 건 사실 맞지 않는 말이었다. 원래 재건 계획의 감축 목표와 일치하고 있다. 재건 계획은 기업 재생 지원기구가 중심이 되어 만든 계획이지만 결국에는 이나모리도 승인했다. 직원 제일주의를 표방하고 인원 감축을 하지 않는 것을 가슴에 맹세하고 경영을 해온 그에게 있어 이렇게 무심코 말해버릴 만큼 후회하는 일이었던 것이다.

2012년 3월 도쿄지방법원에서 선고된 판결은 '해고는 유효' 라는 것. 원고 측은 상고했지만 고등 법원의 판결도 법원과 마찬가지며, 2015년 2월 대법원은 상고 기각·상고 불수리 결정을 내리며 재판은 종결됐다. JAL은 이제 그 실적을 회복하고 다시 승무원의 대량 채용을 단행하고 있다. 정리 해고된 사람들은 그 보도를 듣고, 석연치 않은 마음이었을 것이다. 재판의 결과와는 별도로 정리 해고라는 것의 죄를 세상에 보인 결과가 되었다.

기적의 V자 회복

JAL 재건이 일시적 연명이어서는 안 된다. 이를 위해 이 회사가 쉽게 전처럼 돌아가지 않을 정도로 민간 기업의 경영 기본을 가르쳐야 했다. 그래서 이나모리는 재건 계획이 진행되기 시작하는 동시에 그의 영혼을 이어줄 후계자 선정에 들어갔다. 신생 JAL은 그 신임 사장에게 맡기고 자신은 회장직을 퇴임할 생각이었다. 그에게는 일찍부터 마음에 둔 사람이 JAL 안에 있었다.

2010년 12월 운항본부장 우에키 요시하루를 회장실로 호출했다. 무슨 일일까 하고 당황스럽게 방으로 들어온 우에키는 "노선총괄본부장을 맡도록 하지." 불쑥 이나모리가 건넨 말에 그만 할 말을 잃는다. 임원의 말석으로 운항본부장이 되고 나서 아직 10개월밖에 되지 않았다. 아메바 경영의 핵심인 노선총괄본부가 설치된다는 말을 듣고 도대체 누가 본부장이 될까 하고 남의 일처럼 생각하고 있던 참이었다.

"그럴 만한 지식도 경험도 없습니다." 그가 고사하자 이나모리는 표정을 바꾸지 않고 이렇게 말했다. "그런 것은 알고 있네." JAL에 와서 이나모리는 임원들을 주의 깊게 관찰하고 있었다. 그리고 눈에 띈 것이 우에키였다. 그는 사극 스타였던 카타오카치 에조우의 아들로 아역의 경험도 있다는 이색 경력의 소유자였다. 파일럿을 목표로 항공 대학교를 도전했지만 실패했다. 게이오 대학 법학부에 진학하고서도 하늘의 꿈을 포기하지 않고 두 번째 시험에서 합격해 1975년 JAL에 입사했다.

차기 사장은 현장 출신이 좋겠다고 이나모리는 처음부터 생각하고 있었다. 조종사 출신으로 덕망 있는 우에키를 상사로 하면 사내 반발 억제에도 효과가 있다. 기업 재생 지원 위원장으로 온 세토 히데오도 즉시 찬성해줬다. 이렇게 우에키를 노선총괄본부장으로 해 차기 사장의 제왕학을 배우게 한 것이다. 여기까지는 거의 이나모리의 의도대로 진행되어왔다. 아메바 경영을 통한 전례 없는 수익력으로 허들이 높았던 재건 계획의 달성을 거의 사정권에 넣기 시작했다. 그간의 교육으로 직원들의 의식은 높다. 후계자도 선정해두었고, 나머지는 회사 재건 절차의 종료와 재상장의 날을 기다릴 뿐이라고 모두가 생각하고 있었다.

그런데 하늘이 그들에게 시련을 주었다. 생각치도 못한 전대미문의 천재지변이 닥쳐온 것이다. 2011년 3월 11일 발생한 동일본 대지진이다. 하지만 JAL은 강해지고 있었다. 자신들이 재생 중의 몸임을 잊고 즉시 지진 재해 구호를 위해 일어섰다. "우리 회사는 총력을 기울여 도호쿠에 구호물자를 보낸다!"

지상의 도로망도, 철도도 먹통이었다. 도호쿠 신칸센 복구까지 자신들이 대신하자고 결정해 회사 전체가 하나가 되었다. '인간으로서 무엇이 올바른지 판단하는.', '현장주의에 충실한', '속도감을 가지고 결정하고 행동하는' 이런 JAL 철학의 정신이 여기에서 발휘되었다. 옛날이라면 수직적으로 부서의 대표자가 모여 먼저 회의부터 시작했을 것이지만, 이때는 현장에서 제언이 잇따라 나왔다. "야마가타 공항을 대량수송의 허브로 삼읍시다!"

결국 이 방안이 채택되어, 50인승 비행기가 하루 4편밖에 비행하지 않았던 야마가타 공항에서 JAL 직원들이 전국에서 모여 물자를 받을 체제를 갖추기 시작했다. 우에키가 본부장이 된 노선총괄본부도 풀가동했다. 야마가타 공항으로 임시 항공편을 내었다. 그 수가 무려 27편이었다. 전일본공수주식회사도 비슷한 움직임을 했지만 운항편에서는 JAL이 앞섰다. 작년에 파산한 회사라고는 생각되지 않았다. 아니 그 이상으로 이전의 JAL은 이런 빠른 움직임이 없었다.

재해 지원에 나선 그들이었지만 결국 피해는 그들 자신에 이르고 만다. 재해 소식에 해외에서 일본으로 오는 여행객과 비즈니스맨이 급감한 것이다. 국내선 이용자도 떨어졌다. 이전의 JAL이라면 이대로 질질 실적을 악화시키고 있었을 것이다. 하지만 그들은 부흥 지원을 계속하면서 재건 계획의 달성에 대해서도 포기하지 않았다. 아메바 경영은 위기일수록 그 진가를 발휘한다. 전체 아메바가 어느 때보다 활성화되고 전력으로 위기 해결에 나섰다. 모두 자신이 할 수 있는 최선은 무엇인가를 생각하고 지혜를 짜냈다. '최고의 바톤 터치'의 사이클을 회사 전체적으로 풀회전시켰다.

한 편당 수지 계산은 이미 다음 날 나오게 되어 있다. 이용률의 저하도 즉시 파악할 수 있으며, 적정한 감편 조치에 시간이 걸리지 않는다.

소형 항공기로의 전환 및 거주자의 재배치 등도 정교한 계산을 바탕으로 진행되었다. 이미 노선총괄본부 직원은 해외 공항의 JAL 라운지의 수도세까지 머리에 그리고 있었다. 세세한 숫자 더미가 정확한 미래 예측을 가능하게 해 피해를 최소한으로 막았다. 바로 이나모리 가즈오 교육의 산물이었다.

모든 숫자가 '가시화' 되어 있기 때문에 어느 부서가 힘든지, 어느 부서가 노력하고 있는지도 한눈에 알 수 있었다. 힘든 부서가 조용히 있어도 모두가 응원했으며 노력한 부서에는 칭찬의 목소리가 모였다. 하지만 지진이 발생한 3월 말이 마감이었던 JAL 카드의 입회 캠페인을 중단하자는 이야기가 나와 인트라넷에서 실적의 피드백은 중단되었다. 그런 때 센다이 공항의 정비 담당자로부터 전화가 왔다. "여기에서 카드 획득 인원을 보냈는데, 업데이트되지 않는 이유가 뭐지?"라는 물음이었다. 재해지의 동료가 아직 포기하지 않고 노력했던 것이다. 그로 인해 반대로 격려 캠페인은 계속되게 되었다. 결국 3월 말 시점에서 1만 명 정도가 부족하여 3개월의 기간을 연장하기도 했지만, 목표의 10만 명을 훌륭하게 달성했다. 목표에 대한 집착이 이전과는 달랐다. 그들은 지진 재해의 영향을 최소화하면서 실적을 꾸준히 올리고 있었다.

회사 재건 절차가 끝나면 드디어 다음 목표였다. 재상장이다. 재상장의 주간사 증권은 과거의 JAL과의 거래 경위에서 노무라증권이 유력했지만 결국 다이와증권의 지명이 내정된다. 교세라의 상장 이후 수년 동안 쌓아온 신뢰가 있었기 때문이다. 하지만 재상장의 길은 쉬운 것이 아니었다. 이 2년은 철저히 비용 절감에 노력해왔지만, 그럼에도 한계가 있었다. 재상장 전만 호결산이고 이후의 실적이 따르지 않는다는 것은 상장해서 주주에게 폐를 끼칠 뿐이었다. 실적 회복을 주도한 이나모리도 재상장 후 경영 일선에서 물러나는 것이 거의 기정 노선이었다. 카리스마가 사라진 후 JAL은 다시금 원래 정부가 뒷받침하겠거니 하는 안이한 체질로 돌아가지 않는다고 할 수 없었다.

시장 관계자의 불안을 감안할 때 재상장은 신중에 신중을 기할 필요가 있었다. 그래서 그들은 파산 이전 JAL이 대주주의 동향에 주가를 급등락시켜버린 것에 대한 반성으로 안정 주주를 만들어두려고 했다. 재상장 시 주식 수를 줄이는 데도 이어진다. 우선 메가뱅크나 상사에 주식 보유를 제의했지만 냉담한 반응이었다. JAL 주식이 휴지 조각이 된 것은 바로 얼마 전의 일이었으니 쉽게 예상할 수 있는 반응이었다. 맡아줄 손이 좀처럼 나타나지 않은 채 시간만 흘러갔다. 교세라는 당초부터 안정 주주 역할을 하려고 했지만, 그 외에 응해준 것은 도쿄해상일동화재와 이나모리의 친구들의 회사뿐이었다.

이렇게 회생 절차 종료 직전인 2011년 3월 15일 주당 2,000엔 총 127억 엔의 제삼자 할당이 이뤄졌다. 투자자는 총 8개사로 교세라와 주간사의 다이와증권에서 대부분인 100억 엔을 맡았다. 재상장을 위해 신중에 신중을 기울인 생각일지도 모르지만, 이 제삼자 할당 증자는 최악의 타이밍이었다. 회사 재건의 종료와 통상 결산을 앞두고 내부 사람은 그 결산이 좋은 실적이라는 것을 알고 있었기 때문이다. 아무리 비상장 회사에 내부자 거래 규제는 적용되지 않는다 하지만 부당한 이익 공여라고 해도 어쩔 수 없었다. 당연히 다이와증권은 사전에 컴플라이언스 체크를 하고 있었으며, 그들은 문제가 없다고 판단했지만 나중에 비판을 받게 된다. 그러다가 2011년 3월 28일을 맞아 무사히 JAL의 회생 절차는 종료되었다.

JAL 회생은 당초 예상을 훨씬 뛰어넘는 것이었다. 2011년 3월 영업이익은 약 1,800억 엔으로 사상 최대의 흑자를 기록했다. 또한 당초 이익 감소를 전망했던 2012년 3월에도 사상 최대의 2,049억 엔의 영업이익을 내고, 최고 이익 기록을 2년 연속 경신하게 됐다. 말 그대로 V자 회복이었다. 2012년 3월 실적을 보면 매출액은 파산 전에 비해 4할 감소되었다. 운항 노선 검색 및 수익성 사업 매각 등에 의한 것이다. 그럼에도 경비 절감을 철저히 하고, 운영 비용을 반감시켰기에 최고 이익을 낼 수 있었다.

재상장 전에 JAL의 경영 상태를 분석한 증권 분석가들은 아메바 경영의 위력에 감탄했다. 철저하게 낭비를 배제한 한편 이나모리는 JAL에 대한 배려를 잊지 않았다. 그것은 도쿄-샌프란시스코 간 노선이다. JAL이 일본에서 처음으로 운항한 국제선인 호놀룰루를 경유하는 하네다와 샌프란시스코 사이의 노선이었다. 기념비적인 이 노선은 뉴욕 항공편 등에 비해 수익성은 낮았지만 선조의 업적을 기리기 위해 굳이 남겼다.

기업의 가치는 숫자만으로는 표현할 수 없다. 도덕과 자부심 등 눈에 보이지 않는 장부 외 자산이야말로 기업을 지원하고 있다. 과거의 역사를 모두 부정하는 것이 아니라 선인이 어렵게 개척한 업적을 인정하고, 그것을 가슴을 펴고 이어가라는 메시지를 그들에게 전한 것이다.

겸손한 마음으로

2012년 1월 11일 사업 집행 임원이었던 우에키 요시하루는 다시 이나모리 가즈오에게 불려갔다. 회장실로 들어서자 이나모리 외에 세토도 있었다. "자네가 다음 사장을 맡아주게"라는 말을 들은 그의 얼굴에 다른 놀라움은 없었다. 그리고 2월 15일 임시 주주 총회 후 이사회에서 우에키가 사장에, 오오니시가 회장에 취임, 오오타 요시히토가 전무로서 우에키를 지원하는 형태로 새로운 체제가 시작된다. 회장직에서 퇴임한 이나모리는 대표권 없는 명예회장으로 JAL 재건을 끝까지 지켜보게 되었다.

사장 취임 회견에서 우에키 신 사장은 'JAL 그룹 중기 경영 계획'을 발표한다. 점보라는 애칭으로 불린 보잉 747을 연비 등을 감안해 퇴출시켜나갈 방침이었다. 그것에 관련된 전문 정비사의 존재를 생각하면, 전문가들 사이에서도 논쟁의 여지가 있는 과감한 결단이었다. 사실 구조조정만으로는 기업의 지속적인 성장은 기대할 수 없다. 그래서 같은 미국 보잉사의 최신예 787을 지금의 35대에서 45대로 늘려 국제선을 강화하는 것을 강조했다. 신임 초 재건 후를 대비한 공격적인 자세를 보여 이나모리의 기대에 부응한 것이다.

2012년 9월 19일 마침내 JAL은 도쿄증권거래소 제1부에 재상장을 한다. 2010년 2월 상장 폐지된 이후 불과 2년 7개월 만에 '생환율 7%의 투쟁'에 승리했을 뿐 아니라 과거에 유례없는 속도로 그것을 실현한 것이다. 대신 다이와증권에 부담을 주었다. 그들의 영업 현장은 더위를 탄 게 아니고 JAL을 타고 있었다고 한다. (《선택》, 2012년 9월)

실제로 공모 가격 3,790엔에 재상장 시초가는 3,810엔. 어떻게든 공모 실패는 면했지만, 위험한 상황이었다. 앞서 언급했듯이 기업 재생 지원기구에서 3,500억 엔을 출자받고 있던 것이지만, 기구는 1년 10개월 여의 투자 기간으로 3,000억 엔 이상의 자본 이득을 얻고, 일본 정책투자 은행에서 6,000억 엔의 대출을 전액 상환할 수 있었다. 국민 경제에 큰 부정적인 영향을 미친 JAL 파산이었지만 공적 자금을 전액 상환해 상처를 최소화할 수 있었다.

이나모리는 재상장 즈음 해, JAL의 전 임직원을 위해 다음과 같은 메시지를 발표했다. "겸손하게, 자만하지 말고, 더욱 노력하라." 그 후 '겸손하고, 자만하지 말고' 는 JAL의 표어가 되었다. 다시 생각해보면, JAL 재생은 결코 평탄한 길이 아니었다. 재생 방법에 관해선 백가쟁명(百家爭鳴)●이었다. 정권 교체에 의한 혼란과 재정 악화를 우려하는 재무부의 압력, 민주당 정권의 권력 투쟁에 휘말려 심지어 동일본 대지진이라는 생각지도 못한 천재지변도 겪었다.

JAL도 처음에는 경계감에 고슴도치처럼 되어 있었다. 안전보다 이익을 우선하냐는 비판도 날아갔다. 그러나 '올바른 가치관'을 보여주고 결과를 내놓음으로써 그들의 마음은 점차 열려갔다. 그리고 마침내 그들은 이나모리 가즈오의 경영철학을 희망의 빛으로 삼아 난국에서 무사히 살아남을 수 있었다. 우에키는 이나모리의 JAL 재건을 이렇게 회상한다. "가끔 '명예회장이 오셔서 3년간 회사와 직원의 무엇이 가장

● 학자나 논객이 각자의 입장에서 자유로이 의견을 발표하고 논쟁하는 일.

JAL 입사식에서 종이비행기를 날리는 이나모리 가즈오

이사 퇴임 후 감사회에 모인 JAL 사원들.

변화했습니까?'라고 묻습니다. 한마디로 대답한다면 '채산 의식이 높아졌다'고 말하면 알기 쉽다고 생각합니다. 하지만 나는 무엇보다 직원들의 마음이 아름다워진 것이 가장 달라진 것이라고 생각합니다."(《세이와주쿠》123호)

누구나 할 수 있는 일이 아니다. 그것은 바로 이나모리 가즈오라는 '경영의 신'이 일으킨 일본의 경영 역사에 남을 '기적의 재생'이었다. 그러나 세상은 JAL 회생이 실현되자 손바닥을 뒤집은 것처럼 "이런 방식이라면 누구나 할 수 있다.", "뭔가 맛있는 이야기가 있기 때문에 맡은 것은 아닐까?"라고 말하기 시작했다. 상장 이전 제삼자 할당 증자에도 의혹의 눈길이 쏟아졌다. 국회에서 다뤄져 오오니시 회장이 참고인으로 불려가는 사태가 된다. 윌컴(전 DDI포켓)의 재건도 비판의 대상이 되었다. DDI포켓 매각 후에도 교세라와 KDDI는 윌컴의 4할의 지분을 가지고 있었으며, 회사 재건은 중요한 경영 과제였다.

윌컴은 JAL이 법정 관리를 신청한 다음 달 JAL 같은 사전 패키지형 법정 관리를 신청해 기업 재생 지원기구 외에 소프트뱅크와 투자 펀드 어드밴티지 파트너에 지원 요청한다. 결국 기업 재생 지원기구의 출자의 90%가 JAL과 윌컴이 되어버렸던 것에 비판의 화살이 쏟아진 것이다. 게다가 회사 재건법을 이용한 것까지 비판했다. 5,250억 엔의 빚을 탕감해달라고 한 결과, 채무 면제 이익의 형태로 회사 이익이 계상된다. 그런데 이 5,250억 엔의 채무 면제 이익은 세무상 손해 본 것으로 할 수 있어, 2018년까지 결손금의 이월이 가능해 7년 동안 법인세를 지불하지 않고 이익을 올리는 것이 가능하게 된다는 이유였다.

재건 후 회사가 바로 다시 경영난에 빠지지 않게 하기 위한 배려이며, 회사 재건법은 처음부터 그런 구조로 되어 있던 것이지만, JAL은 이나모리 가즈오의 대수술을 통해 고수익 기업으로 거듭나고 있었다. 이에 라이벌인 전일본공수주식회사는 너무 불공평하다고 비명을 질렀다. 그들도 9,000억 엔의 부채를 안고 필사적으로 이를 악물고 경영하고 있었다. 재상장으로 시가총액이 전일본공수주식회사를 앞지른 것이 그들을 자극한 듯했다. 이대로 몇 년 후에는 JAL에 인수될 수도 있다고 불만을 폭발시킨 것이다.

그러던 중 언론이 이러한 문제에 별로 관심을 갖지 않는 것이 이상하다는 소리까지 나왔다. au와 JAL이 대규모 광고주이기 때문에 언론이 보도를 회피하고 있다는 소문이 들려왔다. 아무리 그래도 과한 추측이었다. 신문이나 주간지를 열 때마다 이런 기사를 보게 된 이나모리는 상처를 받았다. 국가를 위해 생각하고 신명(身命)을 걸고 인수해 경영자 인생의 집대성이라고 할 성과까지 냈는데 오히려 비판이 나오리라곤 생각하지 못했다. 칭찬을 받고 싶다고 생각해 인수한 것은 아니다. 하지만 악의에 찬 목소리가 너무 많음에 아쉬움이 복받쳐왔다. 이나모리 가즈오라는 경영자의 됨됨이를 잘 알고 있는 교세라와 KDDI의 직원들, 또는 세이와주쿠의 사람들도 같은 생각을 공유하고 있었다.

2013년 3월 19일 이나모리의 JAL 이사 퇴임 기자 회견이 열렸다. JAL 회생을 향한 투쟁의 나날에 마침표를 찍는 날이 온 것이다. 본사 위층 윙 홀에 100명이 넘는 취재진이 모인 가운데 오후 다섯 시가 되자 이나모리는 우에키 사장과 함께 모습을 드러냈다. 밝은 회색 정장에 빨간 넥타이의 젊은 옷차림과는 정반대로 그 표정은 어두웠다.

처음에 우에키 사장이 말문을 열었다. "4월 1일부터의 새로운 체제에 대해 제가 설명해드리겠습니다. 오늘 개최하는 임시 이사회에서 명예회장 이나모리 가즈오 씨가 이사직에서 물러나게 되었습니다. 앞으로 회장 오오니시와 제가 앞장서서 이나모리 씨가 심어주신 철학 및 부문별 채산을 두 기둥으로 삼아 겸손하게 노력을 계속하겠습니다."

우에키의 이야기가 끝나자 이나모리가 마이크를 잡고 말하기 시작했다. "몇 년 전, 항공 업계의 아마추어인데다 전혀 무지한 제가 무모하게 중임을 맡은 것은 JAL의 3만 2,000명의 고용을 지키고 일본 경제에 미치는 영향을 막고 싶다는 생각에서였습니다. JAL 직원들이 도산이라는 죽음의 늪에서 일어나 제 생각과 경영 기법을 받아들인 것으로 성과는 순식간에 회복했습니다. 스스로도 믿을 수 없을 정도의 훌륭한 성과를 남길 수 있었다고 생각하고 있습니다. 여러분의 지원에 진심으로 감사드립니다."

그는 여기서 한숨을 들이쉬고서 말을 이어갔다. "그런데 이렇게 잘되고 나니, 그에 대해 여러 가지 비방 및 중상모략을 하는 분들이 계십니다. 모처럼 여기까지 올라온 JAL 직원들에게 '열심히 최선을 다해 올라왔구나'라고 따뜻한 눈으로 격려하는 것이 아니라, 오히려 그들을 공격하는 일이 행해지고 있는 것은 매우 유감스럽게 생각합니다. '이것이 사회인가, 세상인가' 하고 마음 아파하고 있습니다. (내부자 의혹에 관해) 지금이야 재상장해 주가도 올랐기 때문에 그리 말할 수 있을지 모릅니다. 하지만 당시엔 2차 파산의 가능성이 있다고 전해지던 때여서 그만큼의 돈을 투자해주는 곳이 아무 데도 없었습니다. 결과론적으로 의혹을 받는 것으로, 희생을 기울여 투자에 응해준 사람들이 괴로워하고 있는 것에 대해 유감스럽게 생각합니다."

그때까지 표정을 바꾸지 않고 담담하게 말해왔던 이나모리였지만 여기에서 잠시 얼굴을 찌푸렸다. 상당히 분했던 것이 틀림없다. 또는 눈물을 참았던 것일지도 모른다. 하지만 마지막으로, "일본의 경영자들에게 메시지를 부탁합니다"라고 말하며 기분을 고쳐 얼굴을 들었다. "일본 기업의 리더는 더 강한 의지로 회사를 이끌어나가야 합니다. 투지 없는 경영은 안 됩니다. 자신의 회사를 어떻게 해서든지 훌륭하게 만들고자 하는 투혼을 불태워주십시오."

마지막은 후진의 경영자들에게 보내는 뜨거운 성원으로 마감했다. 이것으로 이나모리는 JAL 재건이라는 무거운 짐을 겨우 내릴 수 있었다. 어깨의 짐을 내려놓은 것은 이나모리뿐만이 아니었다. 기자 회견이 있던 날로부터 며칠이 지나 그가 교토의 집 거실에서 휴식을 취하고 있는데, 부엌에 있던 아사코가 이렇게 중얼거렸다. "나는 말이야, 3년 전에 교토대 병원 의사 선생님께 말했어. '선생님, 지금부터 3년간만이라도 아프지 않도록 잘 부탁드립니다'라고." 《이나모리 가즈오의 마지막 싸움》 이나모리는 생각 없이 아사코 쪽을 돌아봤다. 만약 아사코가 병으로 쓰러졌다면 이나모리가 JAL 재건에 집중할 수 없었을 것이다. 아사코는 마지막으로 큰일에 도전하는 남편에게 짐이 될까 두려워 의사에게 그런 말을 했던 것이다. 이 3년 동안 이나모리는 일주일에 사흘에서 나흘은 교토의 집을 비우고 있었다. 이나모리도 싸우고 있었지만 아사코 역시 함께 싸우는 여정이었음을 알 수 있다.

JAL 재생을 통해 이나모리의 경영 기법과 경영철학이 업종을 불구하고 절대적인 힘을 발휘하는 것이 다시 한 번 입증되어 카리스마 경영자로서의 명성은 더욱 높아졌다. JAL이 재상장한 해(2012년)에 실시된 조사에서 이나모리 가즈오는 '이상적인 경영자'(일본 능률 협회 그룹) 제1위를 차지(그때까지 마쓰시타 고노스케가 3년 연속 1위)했고, '사장들이 선정한 올해의 사장'(산업 능률 대학)에서도 제1위를 차지했다. 후자는 직원 100명 이상의 기업 경영자를 대상으로 한 설문이었다. 경영의 어려움을 잘 알고 있는 세상의 사장들은 언론의 비판에 귀를 기울이지 않았다. 만약 자신이 이나모리의 입장이라면 하고 상상하니 섬뜩해져 이나모리가 일으킨 '기적'에 탄복하고 진심으로 칭찬을 보낸 것이다.

JAL 회생은 직원의 '가치관'과 '일하는 방식'을 바꾼 것으로 실현했다. 일본의 재생 또한 일본인의 '가치관'과 '일하는 방식'이 바뀌면 실현할 수 있는 것이다. 그것은 정부에 대한 메시지이기도 했다. 그런데 민주당 정권은 하토야마 총리가 국내외의 신뢰를 잃고 비틀거리기를 계속했고, 간 총리는 동일본 대지진에서 위기관리 능력이 없음을 드러냈다. 미숙함과 포퓰리즘에 의존한 정책으로 국민들로부터 버림을 받기 시작한 것이다. 그리고 결국 노다 총리를 마지막으로 정권을 다시 자민당에 빼앗기게 된다. 이나모리는 완전히 실망하고 이후 정치에 관심을 보이지 않게 되었다. "매우 외로운 마음이 들었다"라는 말을 이번에는 다른 의미로 중얼거리고 있었다.

6장

늘 이타적인 마음으로

'인류에의 사랑'을 실천하다

"속세에 살면서 다양한 고락을 맛보고 행복과 불행의 파도에 흘러가면서도 곧 숨이 끊어질 그날까지 열심히 살아간다. 그 과정 자체를 자신을 닦는 기회로 삼아 인간성을 높이고 정신을 수양해, 세상에 왔을 때보다 높은 차원의 영혼을 가지고 세상을 떠나가는 것이다. 나는 이것 외에 다른 삶의 목적은 없다고 생각한다." 《성공과 실패의 법칙》

이나모리는 자신의 인간성을 강화하고 정신 수양하는 것을 매일 노력해왔다. 그런 그에게는 조금 색다른 습관이 있었는데, 그중 하나가 아침의 반성 시간이었다. 화장실에서 얼굴을 씻을 때 어제 자신의 행동은 어떠했는지, 자신과 대화하는 것이다. 전날 분위기를 타서 과음하거나 하면 마음속의 '또 다른 자신'이 이나모리를 꾸짖는다. 그러면 아무도 없는데 거울 앞에서 미안, 미안하며 사과를 하는 것이다. 모르는 사람이 보면 좀 위험한 사람이란 생각이 들 것 같은 광경이다. "반성의 인생이 중요하다" 하고 이나모리는 자주 입에 올렸지만, 그 자신이 매일 그것을 실행하고 있던 것이다.

끊임없이 반성을 반복하며 위기감을 가지고 경영해온 그는 성공을 얻는 것도 결국 인생의 시련임을 파악하게 된다. "직장에서 큰 성공을 거뒀고, 지위나 명예, 재산을 획득했다고 합시다. 사람들은 그것을 보고, '얼마나 멋진 인생인가' 하고 부러워하는 겁니다. 그런데 사실은 그것은 하늘이 준 엄격한 '시련'입니다. 성공적인 결과와 지위에 자만하고 명성에 취하고, 재물에 빠져 노력을 게을리하는지, 아니면 성공을 양식으로 더 고귀한 목표를 내걸어 겸손하게 노력을 거듭해가는지에 따라 나중에는 하늘과 땅 차이만큼 갈립니다. 즉 하늘은 성공이라는 '시련'을 사람들에게 제공해서 그 사람을 시험하고 있습니다."《삶의 방법》)

그의 이 말은 깊고 무겁다. 이나모리가 지적한 대로 지위에 자만하고, 명성에 취하고, 재물에 빠져 노력을 게을리하여 전락하는 성공자는 쏟아져나오고 있다. 성공하는 것도 어렵지만, 성공을 계속 유지하는 것은 더욱 어렵다. 우리는 이나모리의 성공 비결을 배울 뿐만 아니라 성공한 후에도 자만하지 않고 겸손을 유지하는 자세를 똑바로 배울 필요가 있을 것이다.

"재물을 멀리하는 것에 길이 있다." 과거 이나모리는 그렇게 말했지만, 돈의 사용법에서 그 사람의 삶의 방식을 볼 수 있다. 성공한 사람이 들고 나가야 할 '고귀한 목표'는 사회에 대한 보은, 즉 사회 공헌이라는 확신이 이나모리에겐 있었다. 하지만 한마디로 사회 공헌이라고 해도 거기에 무언가 메시지가 없으면 돈은 활기를 잃는다.

사람을 사랑하는 것, 그것은 이나모리의 인생 저변에 흐르는 것이다. 어린 시절에는 가족이었고, 자라서는 학우이며 은사였으며, 교세라를 설립하고 나선 직원과 고객을 넘어, 결국 그 사랑은 국경도 넘어서게

제22회(2007년) 교토상 시상식.

교토상 시상식에서,
다카마도노미야 왕손
부부와 함께.

교토상 시상식에서 연설하는
이나모리 가즈오.

되었다. 그런 그는 '인류애'라는 메시지를 투입해 웅장한 사회 사업을 시작할 것을 결정한다. 그것이 교토상이었다.

'인류의 미래는 과학의 발전과 인류의 정신적 심화의 균형을 이룰 때 처음으로 안정된 것이 된다'는 이념을 내걸고 대상은 첨단 기술, 기초과학, 정신과학·표현 예술(현재는 사상 예술)의 세 부문으로 당초 상금은 노벨상과 거의 같은 금액인 부문당 4,500만 엔으로 설정했다. 사무국은 당초 '이나모리상'이라는 호칭을 상정하고 있었지만, "상은 공공성을 고려해야 한다"는 이나모리의 한마디로 '교토상'이라고 이름을 고쳤다.

이나모리는 자신이 소유하고 있던 교세라 주식과 현금 약 200억 엔을 기금으로, 1984년 교토상 운영을 위한 재단법인 이나모리 재단을 출범시켰다. 이때 그는 아직 52살의 나이였다. 제2전전에 도전하려는 시기의 일이다. 당시 그의 사업 욕심이 가장 번성했던 시기이지만, 신사업 진출이 축재 같은 사리사욕을 위한 것이 아님은 같은 시기에 사재를 털어 교토상을 설립하는 것으로 명확하게 알 수 있다. 그리고 이러한 큰 규모의 사회 공헌이 일가를 이룬 노인만의 역할이 아님도 그는 우리에게 가르쳐주고 있다.

제1회는 교토상 창설 기념 특별상으로 지금까지의 공적을 기리는 의미를 담아 노벨 재단을 표창했다. 시상식을 무사히 끝내고 안심했던 이나모리가 출장지에서 부담 없이 읽어내려간 〈도쿄 신문〉에 마침 '교토상'이라는 제목의 칼럼이 실려 있었다. 거기에는 이렇게 적혀 있었다. "참 시원시원한 돈의 사용법이다." 필자는 그 명배우 모리시게 히사야였다. 최고의 이해자를 얻었다는 생각이 들었던 이나모리가 감사의 마음을 담아 그에게 제2회 시상식 초대장을 보냈다. 그러자 모리시게는 일면식도 없었던 이나모리의 초대에 응해 회장에 발길을 옮겨준 것이다. 이후로는 시상식의 단골손님이 되었다. 수상자도 자신의 생각에 부응해 상금을 같은 용도로 사용했다.

1995년 기초과학상을 수상한 우주 물리학의 하야시 쓰시로(제11회 수상자)는 학생의 장학금을 위해 교토 대학에 하야시 기금을 출범시켰다. 미국의 컴퓨터 과학자 도널드 커누스(제12회 수상자)는 시상식에 데리고 온 가족의 여비만을 받고 전액을 캘리포니아주 산타 클라라 지역 재단에 기부했다. 이러한 형태의 사회 공헌은 설립하기보다 지속하기가 더 어려운 것이지만, 교토상은 현재도 세계 최고의 권위 있는 국제 상으로 인정받고 있다.

매년 다카라가이케 교토 국제 회의장에서 열리는 시상식에는 화려한 행사가 있다. 연예인들이 춤추고, 교토시 교향악단의 연주가 있으며, 형형색색의 일본 옷을 입은 아이들에 의한 일본 노래와 화려한 춤을 선보인다. 노래를 좋아하는 이나모리가 이벤트의 마지막에 꼭 선정하는 두 노래가 있다. 하나는 〈푸른 지구는 누구의 것〉(사카타 히로오 작사 · 토미타 이사오 작곡)으로, 인류애를 테마로 하고 있어 이 상과도 매우 잘 어울렸다. 그리고 끝으로 반드시 불려지는 노래가 가곡 〈고향〉이다. 쇼후 공업에서 고생할 때, 미래에 대한 희망을 찾지 못하고 향수병에 걸렸을 때, 그때 느꼈던 안타까운 향수를 이 노래는 마치 어제의 일처럼 생각나게 해준다. 생각하면 그때부터 지금까지 잘 견디며 살아온 것이다. 돌이켜보면 그 모든 것이 그리웠다.

너의 생각은 반드시 실현된다

고희를 맞이한 이나모리는 복지 사업을 검토하기 시작했다. 평소 그는 연일 아동 학대 관련 뉴스가 흐르는 것에 마음 아파했다. 한편 세상에는 아이는 낳았지만 가난해서 키울 수 없는 가정도 있다. 부모님의 큰 사랑을 받으며 성장한 그이기에 더더욱 그러한 아이들이 불쌍하게 생각되었다. '가족과 함께 살 수 없게 된 아이들을 위해 고아원을 만들어 주고 싶다'는 생각을 하기 시작한 것이다.

교토의 복지 담당자에게 들은 바에 따르면, 남부 지역에는 그런 시설이 별로 없어서 마이즈루와 카메오 같은 교토 북부 지역의 시설에 신세를 지고 있다고 한다. 그래서 교토 남부에 고아원을 만들고자 결심했다. 쉬는 날이 되면 적당한 후보지를 찾아다녔다. 회사의 업무와는 관계없는 것으로 스스로 차를 운전하고 자신의 발로 찾아 걸었다. 명예회장이 되어도, 공사 혼동을 하지 않는다는 그의 철학에는 변함이 없었다. 교토 남부 세이카 마을 동사무소에서 가까운 조금 높은 위치에 있는 농지로 결정했다. 결정 후의 신속한 행동은 일할 때와 같았다. 용지 및 운영 노하우가 있는 직원을 확보하고 인허가를 받아 조속히 건설에 착수했다.

기공식 날 이나모리는 직원들의 앞에서 이렇게 인사했다. "삼라만상 모든 것에 대해 감사합니다. 그런 반성, 감사, 그것은 매우 중요한 것입니다. 거기에서 태어나는 아름답고 부드러운 연민의 마음이 자비의 마음, 사랑하는 마음이며, 그러한 마음이 실은 인간에게 가장 중요한 것입니다."

그는 분명 그 착하고 강했던 어머니 키미를 생각하면서 이 말을 입에 담고 있던 것임에 틀림없다. 직원이 얼마나 격려받았는지 미뤄 짐작할 수 있을 것이다. 이나모리는 이 시설을 밝은 건물로 만드는 것에 고집을 보였다. "아이들이 '친구들을 부르고 싶다'고 생각하는 곳으로 만들고 싶다"는 바람에서였다. 완성된 건물은 남프랑스풍의 붉은 지붕에 흰색 벽을 가진 마치 고급 호텔의 별장 같았다. 유아가 20명, 아동(18세 이하) 60명이 입소 가능하도록 했고, 관내는 넓고, 깨끗하고, 정원의 잔디도 아름답게 꾸몄다. 주위에 건물이 없는 시골이어서 햇빛도 좋고, 불어오는 바람도 상쾌했다.

이렇게 2004년 8월 1일 교토 남부 세이카 마을에 고아원·유치원 '교토 다이와의 집'을 개소했다. '다이와'는 이나모리의 승명이다. 부처님의 자비심을 이 시설에 투입한 것이다. 세이카 마을의 이름 유래가 '국체의 정화'(일본의 가장 아름다운 미점)라는 구절에 있다는 것도 대단히 어울린다. 시설 내에는 부모나 친척들을 위한 면회실도 있다. 지금까지 유치원이 멀어서 거의 얼굴을 보이지 못했던 부모님들도 '교토 다이와의 집'이 생겨 자주 얼굴을 보일 수 있게 되었다고 기뻐해줬다. 지금도 이나모리가 설립한 지 얼마 되지 않은 '교토 다이와의 집'의 크리스마스 파티 때 얼굴을 내밀었던 당시의 사진이 남아 있다. 아이들에게 둘러싸인 사진 속 그는 만면의 미소를 짓고 있어 마치 산타클로스 같다. '교토 다이와의 집' 그 자체가 좋은 선물이었다.

'교토 다이와의 집'을 개소한 해에 이나모리 가즈오는 《너의 생각은 반드시 실현된다》를 출간했다. 그때 1,000권을 매입해 전국의 소년원과 감별소, 아동 복지 시설에 배포했다. 거기에 있는 아이들이 꼭 손에

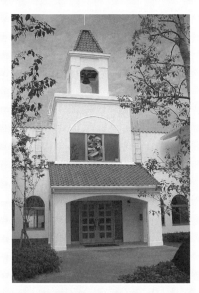

교토 다이와의 집 전경.

교세라 본사 1층 로비에 있는 이나모리의 동상
(저자 촬영).

교토 다이와의 집의 입소 아동에게 말을 거는 이나모리 가즈오.

들고 읽기를 원했기 때문이다. 그리고 알게 하고 싶었다. 누구나 열심히 노력하면 꿈은 실현된다는 것을. "재능이 부족하더라도 열정이 있으면 다른 사람에게 지지 않는다. 그러나 그 이상으로 중요한 것이 있을 것이다. 그것은 마음의 자세다. 인간으로서 올바른 가치관을 가지고 목표를 향해 열심히 노력하면 반드시 꿈은 실현된다." 《너의 생각은 반드시 실현된다》)

그의 성공은 그에게 말하게 하면 간단한 일이다. '인간으로서 올바른지'가 첫 번째 판단 기준이고, '이타의 마음'을 가슴에 품고, 한결같이 '매우 진지하게' 살아온 결과에 지나지 않는다. 이나모리는 자신의 삶을 되돌아보고 이렇게 말했다. "자칫하면 인간은 자기중심적인 발상에 근거한 행동을 하거나, 바로 겸손을 잊고 거만한 태도를 취해버린다. 또한 타인에 대한 질투심과 분노를 안게 될 수도 있다. 그러나 이러한 사악한 마음으로 올바른 판단을 할 수 있을 리 없다. '자신에게' 편리한 판단이 아니라 보편적인 '인간'으로서의 올바른 판단을 우리는 유념해야 한다. 지금도 돌이켜보면, 경영의 경험도 없는 내가 이런 기본적인 윤리, 도덕을 바탕으로 경영을 추진해온 것이 현재의 성공을 가져다준 밑거름이라 생각한다. 만약에 제대로 배운 경영의 지식과 경험이 있었다면, '인간으로서 잘 살고 있는지'보다는 경험과 경영 기법을 기준으로 판단하고, 이마에 땀을 흘리는 일보다는 편하게 돈을 벌려 하고 있었을지도 모른다. 그렇다면 현재의 교세라는 결코 없었을 것이다." 《인생과 경영》)

그리고 그는 2018년 4월, 그다음 해에 재단 설립·교토상 창설 35주년을 맞이하는 것을 계기로 '이타적인 마음을 영원히'라는 메시지를 발표했다. "이타적인 경영으로 사회에서 얻은 돈은 역시 '이타적인 마음'을 가지고 사회에 환원해야 하며, 그러한 '이타의 순환' 이야말로 사회를 진정으로 풍요롭게 하는 것이라 생각해 오늘에 이르렀습니다. 이 교토상은 사회에 대한 보답이자, 내 '이타주의 철학'의 실천이기도 합니다."

자국밖에 생각하지 않는 국가, 자신의 이익만 생각하는 개인이 늘고 있는 요즘이기 때문에 이나모리의 '이타주의 철학'은 더욱 빛을 더해가고 있다. 사람들이 이기심을 억제하고, '이타적인 마음'으로 주위를 배려하고, 사회를 생각하고, 국가를 생각하고 인류의 안녕을 생각한다면 반드시 밝은 미래가 열릴 것이다.

그리고 우리는 무엇보다 차세대의 일을 생각해야 한다. 차세대를 짊어질 아이들은 나라의 보물이다. '인류'를 의식하는 그의 시선은 아직 보지 못한 미래의 아이들에게조차 쏠리고 있다는 생각이 든다. 그리고 이나모리 가즈오는 시간을 넘어 그들에게 이렇게 말하는 것이 틀림없다.

"진지하게 살아봐라. 너의 생각은 반드시 실현된다!"

우리는 일상생활 속에서 아무렇지 않게 '열심히'라는 말을 사용하고
있지만, 이나모리 가즈오라는 사람의 삶을 더듬어보면, 그 말 자체인
삶의 방식이 자리한다. 또 거기에 있는 것은 인간으로서 올바른 길을
결사적으로 걷고자 했던 한결같은 순수함이다. 그를 생각하면 자연히
떠오른 말이 바로 '마음에 사심은 없다'였다.

이 말은 사이고 다카모리가 모신 사쓰마의 명군 시마즈 나리아키라●
가 좌우명으로 삼은 말이다. 가고시마 사람이라면 한 번쯤은 '마음에
사심은 없다'라고 쓰여진 나리아키라의 책을 진품이든 복제품이든 눈
에 담게 되었을 것이다. 그만큼 유명한 말이다.

2018년 말에 가진 인터뷰 때 당시 88세이던 그는 필자에게 이렇게
말했다. "좌고우면(左顧右眄)하지 않고 자신이 믿는 길을 오로지 똑바로,
약간의 사심도 갖지 않고 걸어온 것입니다." 그 말을 들었을 때 이 제목
으로 정하길 잘했다고 진심으로 생각했다. 그는 이렇게 덧붙였다. "돈

● 에도 시대 후기부터 말기 시마즈 가문의 제28대 당주이자 사쓰마번의 제11대 번주로, 서양 학문
과 문물을 받아들여 번의 산업을 발전시켰으며, 메이지 유신을 선도했다.

을 버는 것에 대해 나는 그다지 재능은 없었다고 생각합니다." 그는 돈 벌이를 위해 일해왔던 것이 결코 아니었던 것이다. 열심히 일하는 것이 삶을 풍요롭게 하고 인격적인 성장을 실현시킨다. 이나모리의 인생에서 그것을 새삼 실감한다.

그러나 한편으로 그것에 의문을 던지는 최근의 풍조에 일말의 불안을 느끼지 않을 수 없다. 이나모리 가즈오의 《일하는 방법》●●이라는 책이 있는데, 거기서 그는 이렇게 경종을 울리고 있다. "'왜 일하는지', '무엇을 위해 일하는지' 많은 사람들이 지금 일의 의의와 그 목적을 잃고 있는 것 같습니다."

최근 '일하는 방식의 개혁'이 제창되어 2017년 3월 28일 근무형태 실현 회의가 발표한 '일하는 방식 실행 계획'에는 다음과 같은 구절이 있다. "장시간 노동은 구조적인 문제이며, 기업 문화와 거래 관행을 검토하는 것도 필요하다. '젊은 시절 낮은 월급으로 한도 없이 일했다'라고 생각하는 분도 많을지도 모르지만, 일단 '열정 사원'이라는 개념 자체를 부정하는 일본이 되어가고 있다. 노사가 선두에 서서 일하는 방식의 근본에 있는 장시간 노동 문화를 바꿀 수 있다고 기대한다."

이 말을 부정할 생각은 없다. 그러나 본래 '일하는 방식 개혁'은 미래의 급속한 노동 인구 감소에 대비하기 위한 노동 생산성의 비약적 향상이 그 목적이었을 것이다. 그런데 '프리미엄 프라이데이'(월말 금요일 퇴근 시간을 오후 세 시로 당기는 운동) 같은 사람 부족 실태를 무시한 시책이 크게 다뤄지면서, 조기 퇴근이나 휴가 취득이 '일하는 방식 개혁'이라

●● 이 책은 국내에 《왜 일하는가》(2010, 서돌)로 출간되었다.

고 오해하고 있는 사람들이 많다. 과로사 같은 노동 환경은 논외이지만, '적당히', '어깨에 힘을 빼고' 훌륭한 일을 할 수 있을 정도로 세상은 호락호락하지 않다. '필사적으로 일할 것'을 부정해린다면 인적 자원이 유일한 자원인 국가가 쇠퇴하는 것은 물론 사람들이 살아가는 것의 의미조차 잃어버리게 된다. 즉 '일하는 방식 개혁'은 이나모리의 '성실하고 진지하게 일하고', '누구에게도 지지 않는 노력을 하며', '포기하지 않는 사람에게 진정한 충족감이 찾아온다'와 같은 말에 대한 부정이 아닌 것이다.

사람들은 올림픽 등에서 활약하는 스포츠맨에 몹시 감동한다. 그들이 한 가지에 철저하게 몰두해 육체와 영혼을 갈고닦은 사람이기 때문일 것이다. 하지만 비슷한 노력을 하고 있는 경영자와 직원들에게 감정이입하기 어려운 것은 당연하다. 스포츠도 단체 경기가 있는 것처럼 회사는 많은 동료와 같은 목표를 향해가는 기쁨이 있다. 러시아월드컵에서 일본 대표팀의 활약 등으로도 증명된 바와 같이 개인의 힘으로는 손색이 있어도 팀으로 한다면 힘을 발휘할 수 있는 케이스도 있다.

"회사 사람이 되어서는 안 됩니다. 그 조직 이외에서도 통용될 수 있는 제너럴리스트가 되어야 합니다." 대학조차도 그렇게 가르치는 시대이지만, '애사심'을 가지고 일하는 것을 부정할 필요가 어디에 있는 것인가. 저출산 고령화라는 피할 방법이 없는 현실을 앞에 두고, 우리가 불연속의 개혁을 강요당하고 있는 것은 사실이다. 하지만 그 전에 무엇을 바꿀지, 무엇을 바꾸지 않을지를 단단히 파악해야 한다. 과연 지금까지 성공해온 선인들의 '일하는 방식'을 이제는 구식이라고 모두 벗어던져도 좋은 것인지 생각해봐야 한다.

그가 걸어온 길의 연장선상에 앞으로 경영의 최적 솔루션은 더 이상 없을지도 모른다. 하지만 예나 지금이나 일하고 있는 것은 인간이다. 그 사람이 회사에 최대한의 수익을 창출해 거기서 일하는 직원이 보람을 가지고 일할 수 있는 환경을 철저하게 추구해온 이나모리 가즈오의 경영자로서의 인생 속에 지금의 우리를 위한 풍부한 제안이 포함되지 않았을 리 없다.

중소기업 소유자는 추종자가 많다. 원래 이 사회에서 중소기업의 경영자만큼 '진지하게' 경영과 마주하고 있는 사람들도 없을 것이다. 그들은 진짜를 간파해낸다. 그들에게 일시적 유행의 경영 지침서 등은 무용하다. 이나모리의 경영철학에는 보편성과 실용성이 있고, 실제 체험에 근거한 설득력이 있기 때문에, 그들의 마음을 움직이는 것이다. 세이와주쿠에 모이는 많은 이들이 감동을 느끼는 것도 바로 그것이다. '일하는 방식'은 '삶의 방식'으로 통한다.

마지막으로, 일의 소중함을 실감하는 이나모리의 말을 내걸고 펜을 내려놓고자 한다. "일하는 것은 인간에게 더 중후하고 숭고하고 큰 가치와 의미를 지닌 행위입니다. 노동은 욕망을 극복하고 마음을 닦고 인간성을 만들어가는 효과가 있습니다. 단순히 사는 양식을 얻을 목적뿐만 아니라 더 많은 부차적인 기능이 있습니다. 그러므로 일상 업무를 심혈을 기울여 열심히 해나가는 것이 중요합니다. 그것이야말로 영혼을 닦고 마음을 높이기 위한 귀한 '수행'이 될 것입니다."《삶의 방법》

2019년 3월 2일
기타 야스토시

1932년(0세)   1월 21일 가고시마시 약사 마을에서 출생.

1933년(1세)   12월 23일 현 일왕(아키히토) 탄생.

1937년(5세)   7월 7일 루거우차오 사건.

1938년(6세)   4월 가고시마 시립 니시 소학교 입학, 국가 총동원법 성립.

1939년(7세)   9월 1일 제2차 세계대전 발발.

1940년(8세)   9월 27일 삼국 동맹 성립.

1941년(9세)   12월 8일 진주만 태평양 전쟁 개전.

1944년(12세)   3월 가고시마 제1고등학교 수험 실패. 4월 니시다진조 고등 소학교
입학.

1945년(13세)   3월 가고시마 제1고등학교 다시 수험 실패. 4월 사립 가고시마 중학교
입학. 8월 15일 종전.

1948년(16세)   4월 가고시마시 고등학교 제3부 입학.

1951년(19세)   3월 오사카 대학 의학부 수험 실패. 4월 가고시마 현립대학 공학부 입
학. 9월 8일 샌프란시스코 강화 조약 조인.

1952년(20세)	4월 28일 독립 회복.
1955년(23세)	3월 가고시마 현립대학 공학부 졸업. 4월, 쇼후공업 입사.
1956년(24세)	7월 U자형 켈시마 생산 개시. 7월 17일 〈경제백서〉가 '더 이상 전후가 아니다'라고 선언.
1957년(25세)	2월 특수 도자기 소성용 전기 터널로 고안.
1958년(26세)	상사와 기술 개발 정책에서 충돌. 새로운 회사 설립을 결의. 12월 혈판장 형태로 창업 멤버 8명이 서명. 12월 13일 쇼후공업을 퇴사. 12월 14일 스나가 아사코와 결혼. 12월 23일 도쿄타워 완성. 텍사스인스트루먼트가 IC를 개발.
1959년(27세)	4월 1일 교토세라믹(미야기 오토야 사장) 설립. 이사 및 기술부장에 취임. 4월 10일 왕세자 아키히토, 쇼다 미치코 씨와 결혼.
1960년(28세)	1월 1일 쿠루마자키 신사에 첫 참배 시작. 4월 30일 소니, 세계 최초의 트랜지스터 TV 발매. 9월 1일 NHK 등 여섯 방송국에서 컬러 TV 본방송 개시. 12월 27일 정부 '국민 소득 배증 계획'을 결정.
1961년(29세)	4월 29일 고졸 직원 처우 개선을 요구, 단체 교섭 제의.
1962년(30세)	미국에서 반도체 IC 생산 시작. 7월 8일 미국에 첫 해외 출장.
1963년(31세)	5월 24일 교세라 시가현 공장 준공. 6월 5일 흑사 댐 완성. 7월 51일 메이신 고속도로 개통. 10월 제1회 운동회를 교토 니시쿄고쿠 운동장에서 개최.
1964년(32세)	4월 1일 일본, IMF 8조국 이행. 해외여행 자유화. 5월 28일 초대 사장 미야기 오토야 회장 취임, 아오야마 세이지 사장 취임. 10월 1일 도카이도 신칸센 영업 개시(도쿄—신오사카). 10월 10일 도쿄 올림픽 개막.
1965년(33세)	1월 시간당 채산 제도, 회식 제도 도입. 7월 1일 메이신 고속도로 개통. 이자나기 경기 시작.
1966년(34세)	3월 본사 기능을 시가현 공장으로 이전. 3월 31일 일본의 총인구 1억 명 돌파 4월 IBM으로부터 대형 범용 컴퓨터용 IC 기판 수주. 5월 16일

	중국에서 문화 대혁명 시작. 5월 23일 이나모리 가즈오 교세라 사장 취임. 아오야마 세이지 회장 취임.
1967년(35세)	8월 20일 경영 이념 제정. 12월 《교세라 철학》 제1집 발행.
1968년(36세)	2월 21일 첫 해외 주재원을 미국 LA에 파견. 3월 26일 고토감람석의 저항심체의 납품 실적으로 미국의 텍사스인스트루먼트로부터 표창. 7월 1일 전전공사, 호출기 영업을 시작.
1969년(37세)	5월 26일 도메이고속도로 개통. 6월 10일 GNP 세계 2위. 7월 다층 패키지의 개발에 성공. 7월 2일 가고시마 공장 준공. 7월 20일 미국 아폴로 11호가 인류 역사상 처음 달에 착륙.
1970년(38세)	3월 14일 일본 만국 박람회 개막.
1971년(39세)	3월 26일 페어차일드 샌디에이고 공장을 인수하여 KII 샌디에이고 공장으로 변경. 8월 15일 금과 달러의 일시 교체 정지(닉슨 쇼크). 8월 28일 엔 변동 환율제로 이행. 10월 1일 오사카증권거래소 제2부, 교토증권거래소에 상장.
1972년(40세)	3월 15일 '대규모 집적 회로용 세라믹 다층 패키지의 개발'에 의해, 제18회 오카치 기념 생산특상 수상. 5월 15일 오키나와의 시정권 반환. 7월 5일 교토시 히가시야마구 야마시나에 새로운 본사 사옥 준공. 8월 4일 교세라 최초의 윤무 대회가 시가현 공장에서 개최. 9월 1일 도쿄증권거래소 제2부 상장. 10월 1일 가고시마 고쿠부 공장 조업 개시.
1973년(41세)	1월 28일 월매출 9억 엔 달성 기념으로 홍콩 2박 3일의 사원 여행 실시. 7월 31일 월 매출 20억 엔 달성.
1974년(42세)	2월 1일 도쿄 · 오사카증권거래소 제1부에 지정 기준. 4월 17일 이나모리, 과학 기술청 장관상 수상. 10월 1일 교세라인터내셔널(KIC) 설립. 오일 쇼크 이후의 불황으로 임금 인상 1년 동결을 노동조합에 신청. GNP 전후 첫 마이너스 성장.
1975년(43세)	3월 30일 노동조합, 회사의 요청을 받아들여 1년간 임금 동결을 결정. 4월 30일 베트남 전쟁 종결. 9월 23일 주가가 2,990엔으로 일본 제1

	위 달성. 10월 1일 파나소닉, 샤프 등과 합작으로 재팬솔라에너지(JSEC) 설립.
1976년(44세)	2월 18일 미국 예탁 증권(ADR) 발행. 3월 30일 1976년도 결산에서 무차입 경영을 실현.
1977년(45세)	10월 1일 주식회사 쿠레산베루 설립.
1978년(46세)	5월 주식회사 뉴메디컬 설립. 8월 12일 중일 평화 우호 조약 조인.
1979년(47세)	1월 17일 제2차 오일 쇼크. 9월 20일 사이버넷공업이 교세라그룹으로 들어옴. 10월 1일 미국 샌디에이고에서 명예시민 칭호를 받음.
1980년(48세)	2월 20일 사이버넷공업이 트라이던트사를 합병. 4월 미국 전자 부품 업체 Emcon, Inc.를 인수. 5월 31일 뉴욕증권거래소에 상장. 동시에 두 번째 ADR을 발행. 6월 18일 미 상원 결의안, 일본 차 수입 규제를 제안. 8월 10일 원복사에 '교세라 직원의 무덤' 완성.
1981년(49세)	1월 '반기념상 명예상' 수상. 3월 16일 제2임조 발족.
1982년(50세)	10월 1일 쿠레산베루 일본 캐스트 사이버넷공업, 뉴 메디컬을 흡수합병하고 회사 이름도 교세라주식회사로 변경.
1983년(51세)	7월 15일 '패미콤' 발매. 7월 18일 세이와주쿠의 전신인 이나토모주쿠 발족. 10월 1일 야시카를 흡수 합병. 토미오카광학유한공사, 교세라그룹에 합병.
1984년(52세)	4월 12일 재단법인 이나모리 재단을 설립하고 이사장에 취임. 4월 29일 자수포장을 수상. 5월 12일 NHK 위성 방송 개시. 6월 1일 제2전전기획을 설립하고 대표이사에 취임. 12월 20일 전전공사 개혁 세 법안 성립(25일 공포). 12월 31일 타이토에 자본 참가. 미국 애플 32비트 PC인 '매킨토시'를 발매.
1985년(53세)	4월 1일 일본전신전화(NTT), 일본담배산업(JT) 발족. 4월 25일 교토 경제 동우회 대표 간사 취임. 6월 21일 제2전전기획이 제1종 전기통신사업 허가 취득. 제2전전(DDI)으로 사명 변경. 6월 28일 교세라 대표이사 회장을 겸임. 9월 22일 플라자 합의. 11월 10일 제1회 교토상 시상식을

국립 교토 국제 회관에서 개최.

| 1986년(54세) | 4월 1일 남녀 고용 기회 균등법 시행. 7월 31일 미일 반도체 협상 합의. 10월 1일 교세라 사장에 안죠우 킨쥬 취임.

| 1987년(55세) | 2월 재팬솔라에너지(JSEC)를 합병. 4월 1일 JR 분할개업. 6월 1일 DDI, 간사이셀룰러전화 설립. 1월 20일 전일본 민간 노동조합 연합회 발족.

| 1989년(57세) | 1월 7일 쇼와 일왕 붕어. 2월 리쿠르트 사건. 4월 1일 소비세 도입. 4월 27일 마쓰시타 고노스케 사망. 11월 11일 베를린 장벽 붕괴. 12월 29일 도쿄증권거래소 평균 주가 3만 8,915엔의 사상 최고치 기록. '이나토 모주쿠'를 '세이와주쿠'로 명칭 변경.

| 1990년(58세) | 1월 19일 미국의 주요 전자 부품 제조 업체인 AVX Corporation을 인수.

| 1991년(59세) | 2월 6일 제 3차 행혁심 '세계 속의 일본부회' 부회장에 취임. 7월 26일 DDI, 닛산자동차와 공동으로 주식회사 츠카셀룰러도쿄를 설립.

| 1992년(60세) | 2월 14일 DDI, 닛산자동차와 공동으로 주식회사 츠카셀룰러도카이를 설립. 7월 1일 NTT도코모 설립. 7월 23일 제1회 세이와주쿠 전국 대회 개최.

| 1993년(61세) | 1월 1일 EU 발족. 4월 28일 DDI와 공동으로 일본이리듐을 설립. 9월 3일 DDI, 도쿄증권거래소 제2부 상장. 10월 5일 DDI, 삿포로에서의 간이형 휴대전화 시스템(PHS)의 실용화 실험을 시작.

| 1994년(62세) | 4월 1일 셀룰러그룹이 디지털 방식 휴대전화 서비스를 시작. 1월 5일 GHz대에서의 디지털 휴대전화 서비스 시작. 7월 1일 DDI포켓을 설립.

| 1995년(63세) | 1월 1일 교토상공회의소 회장으로 취임. 1월 17일 한신·아와지 대지진. 3월 20일 도쿄 지하철 사린 사건 발생. 4월 19일 도쿄 외환 시장에서 1달러당 79.75엔 기록. 7월 1일 DDI포켓이 도쿄와 삿포로에서 PHS의 공중 서비스를 시작. 8월 15일 AVX사가 뉴욕증권거래소에 재상장. 9월 1일 DDI, 도쿄증권거래소 제2부에서 제1부에 지정 기준.

1996년(64세)	10월 중국 광동성 동관시에서 영예시민 칭호를 받음. 12월 6일 이나모리가 주재하는 '미·일 21세기위원회' 가 발족. 12월 제7회 동양경제상 'Person of The Year' 수상.
1997년(65세)	6월 교세라와 제2전전 명예회장에 취임. 6월 29일 위암 수술. 9월 7일 임제종 묘신지파 원복사에서 득도. '다이와' 라는 승명을 받음.
1998년(66세)	8월 18일 후시미구 다케다에 새로운 본사 건물이 준공, 교세라 본사를 이전. 10월 22일 DDI 국제 전화 서비스를 시작. 11월 1일 일본이리듐이 이리듐 서비스를 시작.
1999년(67세)	12월 미국 퀄컴에서 휴대폰 사업을 인수하고 '교세라무선코퍼레이션' (KWC)을 설립.
2000년(68세)	1월 18일 교세라미타(KMC)가 발족. 3월 사업 부진으로 이리듐 서비스 종료. 10월, DDI, KDD, IDO가 합병해 주식회사 DDI(통칭 및 로고는 KDDI)가 발족. 이나모리 DDI의 명예회장에 취임. 교세라, 제2전전의 지원으로 칠레 라스캄파나스 천문대에 세계 최대의 반사 망원경을 완성.
2001년(69세)	2월 이나모리 재단과 CSIS(전략 국제 문제 연구소)의 공동 주최로 '미일 리더십 회의' 를 개최. 6월 KDDI의 최고 고문에 취임. 9월 11일 미국 동시 다발 테러. 10월 15일 교토시 시민영예상을 수상. 10월 중국 천진시 인민 정부의 경제 고문으로 취임. 12월 중국 귀주성 귀양시에서 영예시민 칭호를 받음. 교토상공회의소 회장을 퇴임하고 명예회장으로 취임.
2002년(70세)	4월 이나모리 재단과 CSIS 공동으로 '아부샤이아·이나모리 리더십 아카데미' 를 개설. 11월 7일 교세라 경영 연구소에서 '철학 임원 간부 연수' 가 시작, 이나모리와 교세라가 기부해 임제종 묘신지파 원복사의 본당과 창고를 개축.
2003년(71세)	5월 사회 복지 법인 세이와 복지회를 설립 이사장에 취임. 7월 재단법인 이나모리 복지 재단을 설립, 이사장에 취임. 12월, 앤드루카네기박애상 수상.

2004년(72세)	2월 29일 미국 최초의 '세이와주쿠' 발족. 8월 1일 고아원·유치원 '교토 다이와의 집' 개설. 10월 1일 미국 투자 회사 칼라일과 공동으로 DDI포켓을 인수. 10월 13일 다이에가 자주 재건을 단념. 산업 재생기구에 지원 요청.
2005년(73세)	2월 2일 DDI포켓이 윌컴으로 사명 변경. 4월 중국 강서성 징더전시에서 명예시민 칭호를 받음. 중국 징더전시 인민 정부의 고급 경제 고문으로 취임. 6월 교세라의 이사를 퇴임. 9월 교세라가 보유한 타이토의 주식을 스퀘어에닉스에 매각.
2006년(74세)	9월 중국 '평화발전공헌상'을 수상.
2009년(77세)	9월 민주당 정권이 탄생. 하토야마 유키오 대표가 제93대 총리에 취임. 10월 일본항공 기업 재생 지원기구에 지원을 요청.
2010년(78세)	1월 19일 JAL, 회사 재건법의 적용을 신청. 동시에 기업 재생 지원기구(현 지역 경제 활성화 지원기구)에 의한 지원 결정. 2월 1일 이나모리 일본항공 회장에 취임. 3월 JAL, 교세라와 다이와증권 등 8개 회사에 대해 제삼자 할당 증자를 실시. 5월 1일 JAL의 리더 계층의 의식 개혁을 위한 의식 개혁 추진 준비실을 개설. 성과보고회를 시작(이후 매월 개최). 6월 1일 JAL의 경영 간부 52명을 대상으로 제1차 지도자 교육 실시. 이후 부장이나 과장 등으로 대상을 확대. 8월 31일 JAL 회생 계획안을 도쿄지방법원에 제출. 9월 'JAL 철학 검토위원회'가 발족. 9월 7일 센카쿠 열도 앞바다에서 중국 어선과 해상 보안청의 순시선의 충돌 사고가 발생. 이후 중국에서 반일 시위가 빈발. 11월 도쿄지방법원이 JAL 회생 계획을 인가. 12월 15일 JAL 부문별 채산 제도 도입을 통해 새로운 조직 구조로 전환. 노선별 수지를 명확히 하기 위해 노선총괄본부 신설.
2011년(79세)	1월 JAL 그룹 기업 이념과 'JAL 철학'을 책정·공표. 2월 'JAL 철학 수첩'을 배포. 3월 11일 동일본 대지진, 후쿠시마 제1원자력 발전소 사고가 발생. 3월 28일 회생 절차가 완료. 4월 1일 일본항공 명예회장에 취임. 4월 JAL의 전 임직원을 대상으로 JAL 철학 교육을 시작. 새로운 IT 시스템의 가동에 의해 부문별 채산 제도를 시작. 10월 31일 엔화 환율이 1 달러당 75.32엔으로 전후 최고치를 기록.

2012년(80세)	9월 19일 2년 8개월 만에 JAL의 주식 재상장.
2013년(81세)	1월 세계경제포럼 연례회의에서 강연. 3월 19일 회사 경영에서 은퇴 선언. 4월 1일 JAL 명예회장으로 취임. 교토 대학으로부터 '명예 펠로우'의 칭호를 받음.
2015년(83세)	2월 고아원·유치원 '교토 다이와의 집' 창립 10주년 기념식 개최. 4월 JAL 최고 고문으로 취임. 11월 가고시마현에서 현민 영예 표창, 가고시마시에서 시민 메달을 수상.
2017년(85세)	11월 가고시마에 교세라 주식 100만 주 기부. 동 대학에서 수납식을 개최.
2018년(86세)	4월 교토상 상금 5,000만 엔에서 1억 엔으로 증액.

참고문헌

- 가와시마 고타로, 《이나모리 가즈오의 이익을 늘리는 열혈경영: 일본경제 톱리더 편》, 파루출판.
- 기타카타 마사토 · 쿠보 슌스케, 《이나모리류 회식 최강 조직을 만드는 최고의 회식》, 닛케이BP사.
- 〈경제계〉, "세 회사 합병, 신 DDI를 도전하는 나의 진심", 2000년 8월.
- 〈경제계〉, "우시오 지로 씨가 회장으로 취임한 신 DDI는 NTT에 이길 수 있을까?", 2000년 5월.
- 고바야시 노리오키, 《전화 전쟁 - 신전전 VS 제2전전》, 논담사.
- 〈교토신문〉, "과거를 등지고 신세기로", 1999년 5월 21일.
- 〈교토신문〉, "삶의 의미", 2003년 9월 6일.
- 〈교토신문〉, 2004년 3월 2일 "미국에서 최초의 세이와주쿠 발족".
- 나가노 켄지, 《일본 경제 생존을 건 투쟁 경영자》, 신조사.
- 나가카와 코우키, 《이나모리 가즈오의 세이와주쿠 경영 비전 〈사례 연구〉 - 불경기엔 기회가 달라진다》, 청춘출판사.
- 나가카와 코우키, 《실천하는 사람 · 이나모리 가즈오 선(善)하게 움직일 것! - 세이와주쿠의 경영 비전과 핵심》, 청춘출판사.
- 〈닛케이 비즈니스〉, "이 사람과 교세라 회장 이나모리 가즈오 씨④ - 아침이면 또 다른 내가 나를 꾸짖는다", 1996년 4월 27일.
- 〈닛케이 비즈니스〉, "리더의 의지와 개성이 직원을 움직인다 세계에 아첨해선 국제화할 수 없다", 1996년 8월 21일.

- 〈닛케이 비즈니스〉, "우리는 퇴장하자", 2002년 7월 1일.
- 〈닛케이 비즈니스〉, "사실은 부탁받으면 거절 못 하는 세심한 사람, 너무 신격화되어, 생각과 평판이 괴리", 1999년 1월 18일.
- 〈닛케이 비즈니스〉, "중국 위협론을 반박하다", 2001년 10월 15일.
- 닛케이BP사, 《경영자란 이나모리 가즈오와 그 문하생들》, 닛케이BP사.
- 다니구치 마시하루, 《생명의 실상》, 생장의 집.
- 다카라베 세이치, 《교토 기업의 실력》, 실업의 일본사.
- 〈ROUTE(JAL 사보)〉, 2012년 9월호.
- 마치다 테츠, 《거대 독점 NTT의 숙죄》, 신조사.
- 〈매일신문〉, "교세라 이나모리 씨 위암을 공표", 1997년 6월 28일.
- 〈매일신문〉, "교세라 이나모리 회장 퇴임 불문에", 1996년 10월 1일.
- 〈매일신문〉, "일본 재생 혼돈에서부터", 2002년 4월 14일.
- 모리타 나오유키, 《돈 버는 회사의 과장 심득 12개명》, 환동사.
- 모리타 나오유키, 《전원이 버는 조직 JAL을 재생시킨 아메바 경영의 교과서》, 닛케이BP사.
- 무라카미 류, TV도쿄 보도국 편, 《칸브리아 궁전 취업 가이드−무라카미 류×73명의 경제인》, 일본경제신문출판사.
- 〈문예 춘추〉, "분할 반대론의 어리석음", 1995년 11월.
- 〈문예 춘추〉, "경영자의 물러날 때 꿈은 불교 삼매경", 1996년 12월.
- 미나기 카즈요시, 《마쓰시타 고노스케와 이나모리 가즈오−경영의 신의 원점》, 종합법령출판.
- 사이토 타카오, 《가식의 경영자 이나모리 가즈오》, 금요일.
- 〈산스포〉, "이나모리 스님의 소개가 통했다!! 교토시와 불교회가 화해 무드. 거절하고 있던 교토상공회의소 회장에 취임한 이유는…", 1999년 5월 5일.
- 〈산케이신문〉, 1983년 12월 23일.
- 〈산케이신문〉, "정보 공개 중요하다며 암 공표", 1997년 6월 28일.
- 〈석간 후지〉, "강경한 인재 등용술로 이나모리 지배", 2003년 5월 20일.
- 〈선데이 매일〉, "독점 인터뷰 문제 다발 교세라 이나모리 회장이 침묵을 깨고 전체

반론", 1985년 8월 4일.

- 〈선택〉, "교세라 이나모리 스승의 가면 아래", 1998년 7월.
- 〈선택〉, "경제 정보 캡슐 교세라의 나카지마 요시오 미타공업 지원의 뒤에서 흘린 땀", 1998년 9월.
- 〈선택〉, "JAL 재상장 주간사 다이와가 이런저런 수단으로 맹영업", 2012년 9월.
- 세이와주쿠, 《기관지 세이와주쿠》, 세이와주쿠.
- 〈세이와주쿠〉, 야마구치 야스히코, "그때 그 시절 이나모리 가즈오 씨", 2000년 9월, 36호.
- 〈세이와주쿠〉, 니시에다 오사무, "그때 그 시절 이나모리 가즈오 씨", 2007년 6월, 78호.
- 센모토 사치오, 《브로드밴드 혁명의 길 DDI, 이·액세스의 도전》, 경제계.
- 센모토 사치오, 《보람의 혁신-자신을 높이는 진정한 인간력이란》, 청춘출판사.
- 센모토 사치오, 《감사할 줄 모르는 노력은 없다-절대 성공할 수 없다고 말할 때가 최대의 기회다》, 고마서점.
- 센모토 사치오, 《당신은 인생을 어떻게 걷는가: 일본을 바꾼 기업가의 메시지》, 중앙공론신사.
- 소니매거진스 비즈니스북(편), 《이나모리 가즈오 어록: 경영으로 예술을 하는 고고한 기업가》, 소니매거진스.
- 스즈키 요시카즈, 《MOT를 통해 읽는 파인 세라믹스 기술 전략》, 일간공업신문사.
- 스즈키 타카히로, 《역전전략 월컴 약점을 장점으로 바꾸는 의지의 경영》, 다이아몬드사.
- 〈스포니치〉, "시리즈 남자들의 빛과 그림자 두 번의 결핵, 세 번의 시험 실패", 2000년 1월 26일.
- 쓰노다 후사코, 《우리 조국-우박사 운명의 씨앗》, 신조사.
- 쓰노다 후사코, 《민비 암살-조선 왕조 말기의 국모》, 신조사.
- 시라키 요이치, 《도자기 기술사》, 기보당출판.
- 시모무라 미치코(편), 《이나모리 가즈오와 후쿠시마의 아이들, 사람은 무엇을 위해 사는가》, KK 론구세라즈.

- 시부 카즈키, 《도전자》, 일본경제신문출판사.
- 아메바 경영 학술 연구회(편), 《아메바 경영 – 이론과 실증》, KCCS 경영 컨설팅.
- 〈아사히신문〉, "사람 이나모리 가즈오 씨", 1985년 1월 28일.
- 아오야마 세이지, 《마음의 교세라 20년》(비매품).
- 아오키 사다노부, 《거대 기업 NTT 왕국》, 전파신문사.
- 야야마 타로, 《JAL 재생의 거짓말》, PHP연구소.
- NTT, 〈NTT 회사 연혁〉.
- 오오니시 야스유키, 《이나모리 가즈오 마지막 싸움》, 일본경제신문출판사.
- 오오타 요시히토, 《JAL의 기적》, 지지출판사.
- 요네무라 류우, 《순교와 민중 – 숨은 염불고》, 동우사.
- 요미우리신문 해설부, 《시대의 증언자(6) – 기업경영: 이나모리 가즈오 · 후쿠하라 요시하루》.
- 요시다 켄이, 《가고시마 이나모리 아카데미 연구 논문집: 가고시마 시대의 이나모리 가즈오 – 어린 시절부터 학창 시절까지》.
- 〈월간 경영 주쿠〉, "타이토, 제2전전과 자회사를 잇따라 상장 제2전전을 기초로 한 교세라 이나모리 가즈오 회장의 신사업 심득", 1993년 10월.
- 이나모리 가즈오, 《이나모리 가즈오의 악동 자서전》, 일본경제신문출판사.
- 이나모리 가즈오, 《삶의 방법: 인간으로서 가장 중요한 것》, 산마크출판.
- 이나모리 가즈오, 《일하는 방법: 왜 일하는가, 어떻게 일하는가》, 미카사서점.
- 이나모리 가즈오, 《너의 생각은 반드시 실현된다》, 재계연구소.
- 이나모리 가즈오, 《마음을 높이는 경영 스트레칭: 멋진 인생을 보내기 위해서》, PHP연구소.
- 이나모리 가즈오, 《경천애인: 내 경영을 지탱한 것은》, PHP연구소.
- 이나모리 가즈오, 《응석받이: 나를 지탱한 어머니의 가르침》, 소학관.
- 이나모리 가즈오, 《실천 경영 문답》, PHP연구소.
- 이나모리 가즈오, 《교세라 철학》, 산마크출판.
- 이나모리 가즈오, 《교세라 경영 12개명》, 교세라주식회사.
- 이나모리 가즈오, 《이나모리 가즈오의 실학 경영 및 회계》, 일본경제신문출판사[이

책은 국내에 《이나모리 가즈오의 회계경영》(2010, 다산북스)으로 출간되었다].

- 이나모리 가즈오, 《성공과 실패의 법칙》, 지지출판사.

- 이나모리 가즈오, 《성공의 요체》, 지지출판사[이 책은 국내에 《성공의 요체》(2016, 한국경제신문)로 출간되었다].

- 이나모리 가즈오, 《인생의 왕도》, 닛케이BP사.

- 이나모리 가즈오, 《직원을 움직이게 하는 7개의 열쇠: 이나모리 가즈오의 경영 문답》, 일본경제신문출판사.

- 이나모리 가즈오, 《가치관에 따라 인생·일의 결과가 달라진다》, 다이와서점[이 책은 국내에 《이나모리 가즈오의 인생을 바라보는 안목》(2017, 쌤앤파커스)으로 출간되었다].

- 이나모리 가즈오, 《인생과 경영 인간으로서 올바른 것을 추구하라》, 지지출판사.

- 이나모리 가즈오, 《불황을 극복하는 다섯 가지 방안: 지금 무엇을 할 것인가》, 산마크 출판.

- 이나모리 가즈오, 《매우 진지하게 살아라》, NHK출판.

- 이나모리 가즈오, 《성공에 대한 열정》, PHP연구소.

- 이나모리 가즈오, 《불타는 투혼》, 마이니치신문출판사[이 책은 국내에 《불타는 투혼》(2014, 한국경제신문)으로 출간되었다].

- 이나모리 가즈오, 《이나모리 가즈오의 경영학원 Q&A: 고수익 기업의 만드는 방법》, 일본경제신문출판사.

- 이나모리 가즈오, 《이나모리 가즈오의 철학: 사람은 무엇을 위해 사는가》, PHP연구소.

- 이나모리 가즈오·야마나카, 《현명하게 사느니 참을성 있는 바보가 되라》, 아사히신문출판사.

- 이마무라 요시노부, 《JICD(국제 치과 학사회 일본부회)》, "쇼후공업 창업자 쇼후 카죠우에 대해: 미술도자기에서 인공 도자기 치아까지", 2015년 46호.

- 이베 시로, 《교세라 피로물든 대차 대조표－이나모리 가즈오의 처절한 경영》, 산수서점.

- 이이다 아키라, 《세계 어디에도 없는 회사를 만든다!》, 초사사.

- 이즈미 히로시, 《입문 일렉트로닉스4 – 전자 세라믹》, 성문당신광사.
- 이토 켄스케, 《마음에 부는 바람》, 문원고.
- 이토 켄스케, 《포기하지 않을 힘: 죽음과 영혼의 의미로부터 생각하다》, PHP연구소
- 이토 켄스케, 《리더의 영혼》, 궁립사.
- 인도우 아사미, 《JAL 재생 고수익 기업으로의 전환》, 일본경제신문출판사.
- 〈일간 겐다이〉, "하리기 야스오 사장관찰(184) – 인공 뼈의 약사법 위반 문제의 진상은", 1989년 1월 19일.
- 〈일간 겐다이〉, "비즈니스 센터 핫라인 교세라 이나모리 회장 '자사주 매입은 즉시 중단할 일'이 펼친 파문", 1996년 6월 1일.
- 〈일간 겐다이〉, "스즈키 야스오 사장관찰(1384) – 타이토 주식과 제2전전 주식의 호조가 지병을 퇴치", 1993년 9월 21일.
- 〈일간 겐다이〉, "스즈키 야스오 사장관찰(1386) – 9년 전에 제2전전을 창업했을 때 승산이 있었다!?", 1993년 9월 23일.
- 〈일간 겐다이〉, "스즈키 야스오 사장관찰(1388) – 98년에는 세계로 통화할 수 있는 휴대전화를 만들겠다", 1993년 9월 27일.
- 〈일간 겐다이〉, "최고경영자의 또 다른 얼굴(185) – 두 명의 남자를 만난 덕분에…", 1984년 11월 27일.
- 〈일간 겐다이〉, "최고경영자의 또 다른 얼굴(186) – 아카사카의 요리집에서 태어난 제2전전".
- 〈일경산업신문〉, "강요된 금연", 1985년 1월 24일.
- 〈일본경제신문〉, "일요일 대담: 통신 혁명의 주역은 모였다", 1985년 4월 7일.
- 〈일본경제신문〉, "하버드대 일본 동창회 이나모리 · 교세라 회장 표창", 1994년 11월 21일.
- 〈일본경제신문〉, "인간 발견: 동기는 선한가", 1995년 4월 28일.
- 〈일본경제신문〉, "이나모리 학원장, 손정의에게 걱정스런 얼굴", 1996년 9월 4일.
- 〈일본경제신문〉, "기업의 선택 발전을 방해하는 질서 편중", 1996년 9월 11일.
- 〈일본경제신문〉, "염원해 마지않던 불문에 들어가", 1997년 9월 8일.
- 〈재계〉, "교세라 신임 사장 · 안쿄우 킨쥬의 역할", 1986년 9월 2일.

- 〈재계〉, "경영 평론 60여년의 무대", 1995년 4월 25일.
- 〈재계〉, "유쾌한 동료 소칠회", 1997년 8월 5일.
- 〈재계〉, "행정 개혁도 세 공사의 민영화가 실현됐을 뿐, 관 주도를 개혁해 국민주도 의 국가를 만들 기회", 1999년 2월 2일.
- 〈조(潮)〉, 1984년 4월호.
- 〈주간 동양경제〉, "새로운 천년의 일본인", 2000 8월 5일.
- 〈주간 문춘〉, "이나모리 가즈오 교세라 명예회장, 출가 파계승이라 부르지 말아 달라", 1997년 9월 25일.
- 〈주간 신조〉, 1983 6월 30일호.
- 〈주간 아사히〉, "1985년을 뜨겁게 달군 경영자 6 - 제2전전으로 경제계 본류에 도전하는 교세라 이나모리 가즈오의 광기와 의협", 1985년 3월 1일.
- 〈주간 현대〉, "연재대담 - 각계의 화제를 직격 야마구치 토시오 중의원 의원 정계의 우시와카마루가 쳐들어간다!", 1991년 7월 20일.
- 카토 카츠미, 《한 소년의 꿈: 교세라의 기적》, 현대창조사.
- 카토 카츠미, 《교세라 슈퍼 성장의 비밀》, 논담사.
- 칸자키 마사키, 《NTT 민영화의 공죄》, 일간공업신문사.
- KDD, 〈KDD 회사 연혁〉.
- 코다마 히로시, 《환상곡 손정의와 소프트뱅크의 과거 · 현재 · 미래》, 코다마 히로시 저, 닛케이BP사.
- 쿠니토모 류이치, 《교세라 · 과격한 성공의 비밀》, 코우서점.
- 쿠니토모 류이치, 《교세라 · 이나모리 가즈오 혈기과 심려의 경영》, 파루출판.
- 쿠니토모 류이치, 《이나모리 가즈오 · 아메바 경영》, 파루출판.
- 타키모토 타다오, 《교세라 악마의 경영술》, 이스트프레스.
- 〈프레지던트〉, "특집 마쓰시타 고노스케와 이나모리 가즈오: 일본형 경영을 만든 마쓰시타 고노스케와 포스트 일본형 경영을 표방하는 이나모리 가즈오. 두 사람의 경영의 신이 이룩한 위업은?", 1997년 8월.
- 〈프레지던트〉, "특집 마쓰시타 고노스케와 이나모리 가즈오: 교세라와 마쓰시타의 경영과 기업 문화를 경영학자가 철저 비교. 일본형 기업의 공통점과 차이점은?",

1997년 8월.

- 〈PEOPLE〉, "의외로 서민적인 교세라 이나모리 회장의 식도락".
- PHP연구소, 《경영정담 — 마쓰시타 고노스케 대담집》, PHP연구소.
- 하라에이 지로, 《마음은 바꿀 수 있다: 자신, 사람, 회사 모두 함께 이뤄내다 — JAL 재생 40개의 철학》, 다이아몬드사.
- 하리기 야스오, 《좌절을 극복하는 적극적 경영, 이나모리 가즈오》, 논담사.

이나모리 가즈오

마음에 사심은 없다

제1판 1쇄 발행 | 2019년 4월 29일
제1판 2쇄 발행 | 2019년 5월 21일

지은이 | 기타 야스토시
옮긴이 | 양준호
펴낸이 | 한경준
펴낸곳 | 한국경제신문 한경BP
책임편집 | 이혜영
교정교열 | 이근일
저작권 | 백상아
홍보 | 이여진
마케팅 | 배한일 · 김규형
디자인 | 지소영
본문디자인 | 디자인 현

주소 | 서울특별시 중구 청파로 463
기획출판팀 | 02-3604-553~6
영업마케팅팀 | 02-3604-595, 583   FAX | 02-3604-599
H | http://bp.hankyung.com   E | bp@hankyung.com
F | www.facebook.com/hankyungbp
등록 | 제 2-315(1967. 5. 15)

ISBN 978-89-475-4471-9 03320